# História da Umbanda

*Uma Religião Brasileira*

"O livro que vai transformar
sua forma de ver a Umbanda"

*Alexândre Cumino*

# História da Umbanda

*Uma Religião Brasileira*

"O livro que vai transformar
sua forma de ver a Umbanda"

MADRAS

© 2024, Madras Editora Ltda.

*Editor*:
Wagner Veneziani Costa (*in memoriam*)

*Produção e Capa*:
Daniel Marques

*Revisão:*
Jane Pessoa
Sônia Batista
Arlete Genari

---

**Dados Internacionais de Catalogação na Publicação (CIP)**
**(Câmara Brasileira do Livro, SP, Brasil)**

Cumino, Alexândre
História da Umbanda: uma religião brasileira/Alexândre Cumino.
– São Paulo: Madras, 2024.

ISBN 978-85-370-0492-0

    5 ed.
    1. Umbanda (Culto) 2. Umbanda (Culto) –
História 3. Umbanda (Culto) – Origem 4. Umbanda (Culto) – Rituais I. Título.

10-06272                  CDD-299.672

    Índices para catálogo sistemático:
    1. Umbanda: Doutrina, rituais e comportamento:
    Religiões afro-brasileiras 299.672

---

É proibida a reprodução total ou parcial desta obra, de qualquer forma ou por qualquer meio eletrônico, mecânico, inclusive por meio de processos xerográficos, incluindo ainda o uso da internet, sem a permissão expressa da Madras Editora, na pessoa de seu editor (Lei nº 9.610, de 19.2.98).

Todos os direitos desta edição reservados pela

**MADRAS EDITORA LTDA.**
Rua Paulo Gonçalves, 88 — Santana
CEP: 02403-020 — São Paulo/SP
Tel.: (11) 2281-5555 – (11) 98128-7754
www.madras.com.br

# Dedicatória

*Dedico este livro a todos os umbandistas que vão além do simples frequentar ou praticar Umbanda, que estudam e se dedicam, de corpo, mente e espírito à Religião Umbanda. A estes que afirmam de coração: Sou umbandista!*

# Umbanda, quem és?

*Por Elcy Barbosa*[*]
– Quem sou? É difícil determinar
Sou a fuga para alguns, a coragem para outros.

Sou o tambor que ecoa nos terreiros, trazendo o som das selvas e das senzalas. Sou o cântico que chama ao convívio seres de outros planos.

Sou a senzala do Preto-Velho, a ocara do Bugre, a cerimônia do Pajé, a encruzilhada do Exu, o jardim da Ibejada, o nirvana do Hindu e o céu dos Orixás.

Sou o café amargo e o cachimbo do Preto-Velho, o charuto do Caboclo e do Exu; o cigarro da Pomba-Gira e o doce do Ibejê.

Sou a gargalhada da Rosa Caveira do Cruzeiro das Almas, o requebro da Maria Padilha das Almas, a seriedade do Seu Marabô.

Sou o sorriso e a meiguice de Maria Conga de Aruanda e de Pai José de Aruanda; a traquinada de Mariazinha da Praia, Risotinho, Joãozinho da Mata e a sabedoria do Caboclo Tupynambá.

Sou o fluido que se desprende das mãos do médium levando a saúde e a paz.

Sou o isolamento dos orientais, onde o mantra se mistura ao perfume suave do incenso.

Sou o Templo dos sinceros e o teatro dos atores.
Sou livre. Não tenho Papas.
Sou determinada e forte.
Minhas forças? Elas estão no homem que sofre e que clama por piedade, por amor, por caridade.
Minhas forças estão nas entidades espirituais que me utilizam para seu crescimento.
Estão nos elementos. Na água, na terra, no fogo e no ar; na pemba, na tuia, no mandala do ponto riscado.
Estão finalmente na tua crença, na tua Fé, que é o elemento mais importante na minha alquimia.
Minhas forças estão em ti, no teu interior, lá no fundo, na última partícula da tua mente, onde te ligas ao Criador.
Quem sou?
Sou a humildade, mas cresço quando combatida.
Sou a prece, a magia, o ensinamento milenar, sou cultura.
Sou o mistério, o segredo, sou o amor e a esperança. Sou a cura. Sou de ti. Sou de Deus.
Sou Umbanda. Só isso.
Sou Umbanda.

---

\*. Nosso irmão e Sacerdote Pedro Miranda, atual presidente da UEUB (União Espiritista de Umbanda do Brasil), esclarece que: *O nosso querido irmão Elcyr Barbosa, dirigente do Centro Espírita Jesus de Naxareth, realizou suas sessões de caridade durante muito tempo na sede da União Espiritista de Umbanda do Brasil. Eu o conheci muito bem. Era um irmão destituído de qualquer apego às coisas materiais. Tudo que escrevia dizia que não lhe pertencia, mas sim à imensa família da nossa Umbanda. A mensagem pode ser publicada sem qualquer receio. Sugerimos apenas que se diga que foi uma mensagem recebida do plano da espiritualidade pelo irmão Elcyr Barbosa. Fraternalmente, Pedro Miranda União Espiritista de Umbanda do Brasil*

# Agradecimentos

Agradeço a Deus, aos Orixás e Mentores de Umbanda pela oportunidade;

Ao Amigo, Irmão, Mestre e Pai Espiritual **Rubens Saraceni** por ser meu principal incentivador no estudo amplo e irrestrito da Umbanda, além de qualquer proselitismo;

Ao Amigo, Irmão e Mestre **Wagner Veneziani Costa** por dar o título *História da Umbanda* para um primeiro ensaio que lhe apresentei sobre a *Trajetória de Uma Religião*. A responsabilidade de escrever "a" ou "uma" *História da Umbanda* me exigiu mais estudo, dedicação e disciplina, ampliando os horizontes deste material;

Ao Sacerdote **Pai Ronaldo Linares**, meu "Avô de Santo", pelo carinho, atenção, pelas intermináveis conversas, tantas informações e ensinamentos que vem me passando durante anos sobre Zélio de Moraes e a Religião Umbanda;

A Mãe **Zilméia de Moraes Cunha** pelo carinho com que sempre me recebe e pela oportunidade de pisar no mesmo chão que pisou **Zélio de Moraes**. Encontrar com **Pai Antônio** e **Tiana**, ter sua bênção, é motivo de muita força para meu caminhar;

A **Lygia Cunha** e **Carlos Hebling** por mostrarem que a Umbanda foi feita para o homem e não o homem para a Umbanda;

A **Lygia Cunha** e **Leonardo Cunha dos Santos** pela ajuda inestimável, carinho e atenção, em ler os originais e me auxiliar na correção dos fatos e passagens referentes ao vosso "Bizu" (Zélio de Moraes) e à Tenda Espírita Nossa Senhora da Piedade;

Ao Irmão, Sacerdote e Historiador da Umbanda, **Diamantino Fernandes Trindade** por compartilhar alguns títulos e informações inéditos para mim;

A **Mãe Maria de Omulú**, da **Casa Branca de Oxalá**, por ter confiado a mim boa parte do material que a ela foi entregue pela saudosa **Lilia Ribeiro**, da TULEF, que juntou um dos maiores acervos sobre Zélio de Moraes.

A **Laura Carreta**, que digitou muitos dos textos que aqui estão e teve a paciência de ler e reler as várias versões e atualizações dos originais;

**A Alzira Saraceni, Stela Saraceni, Graziela Saraceni, Mauricio Saraceni e Lipe; Jorge Scritori, Adelaide Scritori, Bárbara Scritori e Osmar Santos; Rodrigo Queiroz; Fernando Sepe e Massako; Mônica Berezutchi, Marcelo Berezutchi, Guilherme Berezutchi e Gustavo Berezutchi; Adriano Camargo, Andréa Camargo e Thaís Camargo; Nilson Corrêa; Marcel Oliveira, Pier e Jú; Sebastião Vanderlei Peres e Claudete; Silvana Veneziani Costa e José Bruno; Edmundo Pelizari; Severino Sena, Cida e Mayza; Sandra Santos; Mirian Soares de Lima; Dr. Hédio Silva Junior; Alexandre Balverde; Laerte e Cristiane; Dr. Basílio; Walter Destefani; Paulo Ludogero, Catia Ludogero e Renan Ludogero; Laura Costa; Edson Góes; Ricardo Luiz Alves da Cunha; Mercedes Soares, Paco e Daiane; Conceição Florindo e Rita Florindo; Mãe Herminia, Elaine e Sandra; Luiz Renato; Jorge Luiz dos Santos; Marcos Mozol; Ya Moraes; Ângela Amaral; Angélica Lisanti; Maria de Fátima Gonçalves; Patrícia Ungareli; Augusto Corrêa; Gero Maita; Babá Dirce Paludete Fogo; Norma Linares, João Linares, Marco Linares e Maria Aparecida Linares; Pai Jamil Rachid e Iara; Ogã Juvenal; Pai Aguirre; Pai Joãozinho 7 Pedreiras; Nilo Massone; Marcelo Fritz; Pai Pedro Miranda; Waldir Persona; Pai Elcio de Oxalá; Jéferson "Cigano"; Pai Varela; Maria Aparecida Nalésio; Mãe Norma de Iansã; Cássio Ribeiro; Marques Rebelo e Virginia; Victor Rebelo; Claudinei Rodrigues e Flavio Rodrigues; Claudio e Regiane; Silvio da Costa Matos e Sandro da Costa Matos; Pai Engels de Xangô; Lurdes de Campos Vieira; Alexandre Meireles; Alex D'Oxóssi (Soares); Manoel Lopes; Ronaldo Alpedrin (Mestre Azul); "Cláudio Zeus"; Renato Guimarães; Nelsinho, Décio, Fernando, Walter, Washington, Luiz e Michele (Casa de Velas Santa Rita), Raul (Casa Oxalá), Jurema Ribeiro e Osmar Ribeiro (Casa Jurema), Dirce, Lélis e Luciana; Sidnei e Helena; Ana Maria e Fiore; Ivete Furlan; Jorge dos Santos; Célia Martins S'antana; Galileu Godoy e Vera Godoy; Samar e Rubens (Rubnalvo); Aline Lenita; Caetano dos Santos; Cátia Diotto; Cláudio Ricomini; Sonia**

**Regina Ishibashi; Adilson Martins; Alan Michelon; André Saldanha e Regiane; Ana Rita Puopolo; Fátima S'antana Cardoso; Helmar Gomes; Maria Natália Brazil; Mitsuko Oshiro; Priscilla de Mello; Rosangela Bologna; Reno Nascimento; Suzete Maria dos Santos; Sharlene Lopes; Alesssandra Lima; Cirlene Dias e Sandra; Igor Bologna; Jair Mendes; Jenilson dos Santos; José Tuneca; Marina Estela; José Luiz dos Santos; Ricardo Poncio Mendes; Roseli da Silva Paula; William Eduardo Merlo; Marcos Barbosa; Sergio Navarro; Pedro Rogério; Marcos Modesto e Marilene Modesto** simplesmente por *estamos juntos* nesta jornada, em que ninguém faz nada sozinho.

Agradeço aos professores do Curso de Ciências da Religião na Faculdade Claretiano, em especial ao coordenador do curso **Pr. Dr. Antônio Boeing e a Dra. Patrícia Ricardo de Souza**.

Também agradeço a todos que criticam meu trabalho, a vocês também ofereço mais esta obra; afinal, tudo tem uma razão de ser...

# Depoimentos

*"Foram 100 anos de muita luta para nós. Fiquei muito feliz em ter em mãos uma grande pesquisa sobre a nossa Umbanda, bem esclarecedora. Parabéns!"*
– **Lygia Cunha** – neta de Zélio de Moraes e Presidente da Tenda Espírita Nossa Senhora da Piedade

"Considero o livro do Alexândre uma referência fundamental para todos aqueles que queiram conhecer um pouco mais a fundo a história da Umbanda."
– **Leonardo Cunha dos Santos** – um trabalhador da Umbanda do Cabloco das Sete Encruzilhadas, bisneto de Zélio de Moraes

*"Ah, como teria sido mais fácil o meu trabalho se nas décadas de 1950 e 1960 eu pudesse ter lido este livro."*
– **Pai Ronaldo Linares** – Sacerdote de Umbanda, Presidente da FUGABC

*"Espero que este livro torne-se fundamental para o estudo, tanto da história da Umbanda quanto dela própria como uma religião brasileira, fundada por um brasileiro."*
– **Pai Rubens Saraceni** – Sacerdote de Umbanda, Médium Psicógrafo e Presidente do Colégio de Umbanda Sagrada Pai Benedito de Aruanda

*"Alexândre Cumino nos presenteia com este livro. Fruto de pesquisa consistente de um religioso incansável, sensível e coerente."*
– **Prof. Dra. Patrícia Ricardo de Souza** – Faculdades Integradas Claretianas, São Paulo

*"Religião é indispensável para a vida, como bem afirma Riobaldo, em Grande Sertão: Veredas, de Guimarães Rosa: 'todo-o-mundo é louco. O senhor, eu, nós, as pessoas todas. Por isso é que se carece principalmente de religião: para desendoidecer, desdoidar. Reza é que cura loucura'. É nesta perspectiva que se enquadra o excelente trabalho de Alexândre Cumino, que busca garantir a memória dos grandes feitos dos que fizeram e fazem a Umbanda contribuir para desendoidecer, desdoidar muita gente."*
– **Prof. Dr. Antonio Boeing** – Coordenador do Curso de Bacharelado de Ciências da Religião nas Faculdades Integradas Claretianas, São Paulo

# Índice

Apresentação ................................................................. 16
Prefácio ........................................................................ 19
Prefácio da 4ª Edição .................................................... 21
Novos Olhares para a História da Umbanda ................. 27
Qual é a Origem da Umbanda? ..................................... 32
Como Surgiu a Ideia Deste Livro .................................. 45
Introdução e Objetivo ................................................... 47

*Capítulo 1*
**Origens da Umbanda** ............................................... 50
   Origem espírita ("kardecista") ................................. 50
   Origem africana ....................................................... 64
   Origem indígena ...................................................... 73
   Origem cristã e origem católica ............................... 80
   Origem mágica ........................................................ 82
   Origem espiritual ..................................................... 89
   Origem mítica ......................................................... 93

*Capítulo 2*
**Umbandas** ................................................................ 97
   Qualificar ou não qualificar? .................................. 107

*Capítulo 3*
**A Palavra Umbanda** ............................................... 109
   Diferentes interpretações para a palavra Umbanda .... 112

*Capítulo 4*
**O que é Umbanda?** ................................................. 122

## Capítulo 5
**Trajetória da Umbanda** .................................................... 133
   Uma religião brasileira ................................................. 133
   Nascimento da Umbanda ............................................... 134
   Apagamentos Históricos ................................................ 141
   Períodos de expansão umbandista ................................. 150
      Primeira Onda Umbandista (1908 a 1928) – O Nascimento ... 151
      Segunda Onda Umbandista (1929 a 1944) – A Legitimação ... 153
         Macumbas cariocas ................................................ 161
         Legitimação da Umbanda ...................................... 165
      Terceira Onda Umbandista (1945 a 1979) – Expansão
         Vertiginosa ............................................................ 172
         Movimento federativo ............................................ 174
         Federações paulistas .............................................. 175
         Política umbandista ............................................... 177
         A Igreja ................................................................. 182
         Ditadura militar .................................................... 183
         Apoio intelectual ................................................... 184
         Festa de Iemanjá em São Paulo ............................. 185
         Notícias da década de 1970 ................................... 190
      O Esvaziamento (1980 a 1990) – Refluxo umbandista ............ 194
         Federações paulistas na década de 1980 ................ 198
      Quarta Onda Umbandista (1990 aos dias atuais) –
A Maturidade .................................................................... 199
         Pertença umbandista e Censo – IBGE .................. 201
         Federação Umbandista do Grande ABC ............... 205
         União de Tendas de Umbanda e Candomblé do Brasil ...... 205
         Primado do Brasil ................................................. 206
         Associação Umbandista e Espiritualista do Estado de
         São Paulo .............................................................. 206
         Número de terreiros paulistas registrados em cartório ....... 207
         Fatos do renascimento umbandista ........................ 208
         Surge a literatura psicografada de Umbanda ......... 210
         Centenário da Umbanda ....................................... 211

## Capítulo 6
**Primeiro Congresso Brasileiro do Espiritismo de
Umbanda** ........................................................................ 212
   Introdução .................................................................... 214
   A ideia do Congresso ................................................... 214

A Comissão Organizadora ......................................................... 214
Reuniões preparatórias ............................................................. 215
O programa ............................................................................. 215
Discurso inaugural ................................................................... 216
O Espiritismo de Umbanda na evolução dos povos:
fundamentos históricos e filosóficos ........................................... 217
Umbanda: suas origens, sua natureza e sua forma ..................... 220
O Espiritismo de Umbanda como religião, ciência e filosofia ..... 221
A medicina em face do Espiritismo ........................................... 221
O ocultismo através dos tempos ................................................ 222
Introdução ao estudo da Linha Branca de Umbanda .................. 223
A Linha Branca de Umbanda e a sua hierarquia ......................... 224
Discurso de encerramento ......................................................... 224
Conclusões .............................................................................. 224
Segundo e Terceiro Congressos ................................................ 226

## *Capítulo 7*
**Pioneiros da Literatura Umbandista** ....................................... 231
    Primeiros autores umbandistas ................................................. 234
        Leal de Souza .................................................................... 234
        João de Freitas ................................................................... 237
        Waldemar L. Bento ............................................................ 239
        Primeiro Congresso Brasileiro do Espiritismo de
Umbanda ................................................................................. 239
        Lourenço Braga .................................................................. 240
        Emanuel Zespo ................................................................... 241
            O que é a Umbanda?, 1946 ............................................ 242
            Banhos de descarga e amacis, 1950 ............................... 243
            Codificação da Lei da Umbanda, 1953 ........................... 244
        J. Dias Sobrinho ................................................................ 246
        Maria Toledo Palmer ......................................................... 248
        Oliveira Magno .................................................................. 249
            Umbanda e Ocultismo, 1952 ......................................... 251
            Ritual prático de Umbanda, 1953 ................................... 252
            Práticas de Umbanda, 1954 ............................................ 253
            Antigas orações da Umbanda, [s.d] ................................ 253
        Silvio Pereira Maciel .......................................................... 254
            Alquimia de Umbanda, 1950 ......................................... 254
            Umbanda Mista, [s.d.] ................................................... 258
            Irradiação Universal de Umbanda, [s.d.] ........................ 258

Tancredo da Silva Pinto e Byron Torres de Freitas ................. 258
    Doutrina e ritual de Umbanda, 1951, em parceria
    com Byron Torres de Freitas ............................................. 259
    As mirongas de Umbanda, 1953, em parceria
    com Byron Torres de Freitas ............................................. 263
    Camba de Umbanda,[ s.d.], em parceria
    com Byron Torres de Freitas ............................................. 265
    A origem da Umbanda, [s.d.] ............................................ 267
Aluízio Fontenele .................................................................... 267
    O Espiritismo no conceito das religiões e a Lei
da Umbanda, [s.d.] ..................................................................... 268
    Umbanda através dos séculos, [s.d.] .................................. 269
    Exu, [s.d.] ........................................................................... 273
Yokaanam ................................................................................. 276
Samuel Ponze .......................................................................... 277
Florisbela M. Sousa Franco ..................................................... 277
    Umbanda, 1953 .................................................................. 278
    Umbanda para os médiuns, 1958 ...................................... 280
AB'D Ruanda ........................................................................... 280
    Lex Umbanda: Catecismo, 1954 ....................................... 281
Segunda e terceira gerações de autores umbandistas ............ 283
A literatura de Umbanda hoje ................................................. 284
    Rubens Saraceni ................................................................. 284
        Umbanda Sagrada ........................................................ 287
        Doutrina e Teologia de Umbanda Sagrada ................. 287
        Os Arquétipos da Umbanda ........................................ 287
        As Sete Linhas de Umbanda ...................................... 288
        Tratado Geral de Umbanda ......................................... 288
        Formulário de Consagrações Umbandistas ................ 288
        Código de Umbanda .................................................... 288
        Orixás: Teogonia de Umbanda ................................... 289

*Capítulo 8*
**Literatura Científica: um Olhar de Fora** ........................ 293
    Nina Rodrigues ................................................................... 297
    Arthur Ramos ..................................................................... 298
    Edison Carneiro ................................................................. 299
    Roger Bastide ..................................................................... 300
    Candido Procópio Ferreira de Camargo ............................ 302
    Diana Brown ...................................................................... 304
    Renato Ortiz ....................................................................... 306

    Patrícia Birman .................................................................. 308
    Maria Helena Vilas Boas Concone ......................................... 309
    Lísias Nogueira Negrão ........................................................ 310
    Eduardo Refkalefsky ............................................................ 312

**Crítica de Fora** ........................................................................ 314

**Conclusão** ............................................................................... 322

**Anexo 1**
    Zélio de Moraes ................................................................... 324
        Registros históricos de Zélio Fernandino de Moraes ............. 330
            Fita 52 ........................................................................ 330
            Fita 31 A .................................................................... 336
            Fita 50 A .................................................................... 340
            Fita 56 B .................................................................... 341

**Anexo 2**
Leal de Souza ............................................................................ 343

**Anexo 3**
Como Conheci Zélio de Moraes ..................................................... 357

**Anexo 4**
Entrevista com Dona Lygia Cunha ................................................ 361

**Anexo 5**
Capitão Pessoa ........................................................................... 368

**Anexo 6**
Lourenço Braga ......................................................................... 374

**Anexo 7**
O Espiritismo é uma Religião? ...................................................... 383

**Anexo 8**
Chico Xavier e a Religião Umbanda ............................................... 385
    Pinga Fogo, Chico Xavier e a Umbanda ................................. 392
    Dos hippies à Umbanda ....................................................... 393

**Anexo 9**
Umbanda Fundada ou Anunciada? ................................................ 394

**Bibliografia** ............................................................................. 396

# Apresentação

Na vida, ainda que muitos não acreditem nessa afirmação, tudo tem o seu "porquê".

Pois bem. O fato é que eu sabia que o meu amigo e irmão de fé, Alexândre Cumino, vinha trabalhando há tempos em um livro sobre a história da Umbanda por meio das obras literárias de autores umbandistas.

De vez em quando, eu perguntava-lhe sobre o livro e ele me respondia que estava escrevendo-o devagar para que viesse a ser um livro útil a quem quisesse estudar a história da Umbanda a partir da sua literatura e da visão dos seus autores iniciais.

Aguardei o resultado, pois sei que o Alexândre é um pesquisador meticuloso e incansável.

Eis que, finalmente, em janeiro de 2010, ele entregou-me um volumoso resumo do seu trabalho de pesquisa, e eu, ao folheá-lo lentamente, vi uma obra única, cuja alma é a dele, imparcial e detalhista.

Ao lê-lo, fui vislumbrando todo o primeiro século da Umbanda por intermédio de dezenas de autores que a definiram e a modelaram como uma genuína religião brasileira, fundada por um brasileiro, Pai Zélio Fernandino de Moraes, e aceita por milhões de médiuns "umbandistas".

Quem quiser negar que a Umbanda é uma religião brasileira, que negue. Quem quiser negar que foi Pai Zélio que fundou-a, que o negue. Mas ninguém seja enganado por esses "infiéis", porque as provas estão dentro deste livro, que, espero, torne-se fundamental para o estudo, tanto da história da Umbanda quanto dela própria como uma religião brasileira, fundada por um brasileiro.

Inclusive, foi por sugestão minha que Alexândre retirou parte de suas pesquisas deste livro, pois acredito que autores que tudo fizeram para negar que a Umbanda é uma religião brasileira e que o seu fundador foi Pai Zélio de Moraes, um brasileiro, não merecem sequer ser lembrados ou citados.

Não foram poucos os que se esforçaram para negar essa verdade histórica, e o fizeram por puro egoísmo, uma vez que não foram eles que receberam a árdua missão de fundarem uma nova religião em meio a tantos cultos miscigenados já existentes no Brasil de 1908.

Eu vivo repetindo que médiuns, mediunidade e manifestação de espíritos sempre existiram e sempre existirão. Mas também vivo afirmando que, como tudo isso acontece na Umbanda, só nessa religião isso é possível, ainda que atualmente o seu "sistema de trabalho" já esteja entrando em outros cultos miscigenados, criados antes e por outros fundadores, também eles com suas missões sagradas.

Tanto isso é verdade que até o tradicional candomblé, com os seus vários "cultos de nações" africanas, está abrindo as suas portas para que em suas "roças" os nossos Caboclos, os nossos Pretos-Velhos, os nossos Exus, etc., lá também se manifestem e auxiliem quem precisar.

Não vejo isso como demérito ou algo nocivo, pois foram esses mesmos espíritos que popularizaram os Orixás e os renovaram por meio da fé e do amor no coração e na mente de milhões de brasileiros. E agora, retribuindo aos preservadores do culto a eles aqui no Brasil, voltam às origens, não mais como cultuadores dos Orixás, mas como espíritos que prestam a caridade em nome deles.

Raros são os candomblecistas que não têm seus Caboclos, seus Pretos-Velhos, seu "Exu de Umbanda" (Tranca Ruas, Sete Encruzilhadas, Veludo, Gira Mundo, etc.) e sua graciosa e faceira Pombajira, sendo que todas essas entidades foram trazidas ao conhecimento público por Pai Zélio de Moraes, por meio da religião fundada por ele. São entidades de Umbanda atuando em benefício dos médiuns candomblecistas, que também os amam e têm neles seus protetores espirituais. Fato esse que desencadeou uma nova miscigenação de cultos afins ou com as mesmas origens, denominado "Umbandomblé". E justamente por causa dessa miscigenação, é importante termos um livro que historie a Umbanda nesse seu primeiro século, porque daqui a outros cem anos, talvez seja outra a história do seu segundo século.

Por acompanhar o trabalho do irmão Alexândre Cumino, posso dizer que este livro começou a ser pensado por ele em 2006, quando o *Jornal de Umbanda Sagrada* (JUS) lançou o primeiro chamamento à comemoração de "um século de Umbanda", lembrado em primeira mão também por Alexândre.

Se não me falha a memória, o seu título original era "Cem anos de Umbanda", que evoluiu para a *História literária da Umbanda*, depois para a *Trajetória de uma religião* e, de tão denso, o trabalho do Alexândre Cumino finalizou-se como *História da Umbanda*.

Não vou antecipar nessa minha apresentação os tópicos históricos abordados pelo autor, porque prefiro que os leitores virem as próximas páginas e saibam disso por meio do meticuloso trabalho de pesquisa realizado pelo meu irmão em Oxalá, Pai Alexândre Cumino, Sacerdote e Escritor Umbandista.

*Rubens Saraceni*

A nova religião, a filha dileta dos Orixás, a Umbanda Sagrada, nasceu discretamente, foi aleitada nos seios generosos de Iemanjá, e formosa como uma Oxum já se encotra.
Mas é tão aguerrida como uma Iansã, tão curadora como um Ossaim, tão caçadora de almas como um Oxóssi, tão justiceira como um Xangô, tão caridosa como um Obaluayê, tão firme como um Ogum, tão punidora como um Omulu, ou mesmo tão consoladora como uma Nanã, o arquétipo ideal da velha e amorosa negra escrava, sempre pronta a sorrir ao ver seus netos crescendo na senzala.
Mas nem tudo se passou assim, tão "naturalmente".

*Pai Benedito de Aruanda, psicografado por Rubens Saraceni.*[1]

---

1. Saraceni, Rubens. *Os guardiões dos sete portais*. São Paulo: Madras Editora, 2005, p. 323.

# Prefácio

Com a responsabilidade de ser uma das poucas pessoas ainda vivas que conviveram com Pai Zélio Fernandino de Moraes, o Pai da Umbanda, e de ter ouvido dele a frase "*este é o homem que tornará conhecido o meu trabalho*", sou muito criterioso em tudo o que diz respeito à história da Umbanda. Por isso, é com grande satisfação que parabenizo a VOCÊ, LEITOR, pelo privilégio de poder se inteirar de todos os ensinamentos que esta obra encerra.

Ah, como teria sido mais fácil o meu trabalho se nas décadas de 1950 e 1960 eu pudesse ter lido este livro.

Tomando apenas o melhor do que escreveram diferentes autores umbandistas, e muitas vezes o pior dos que tentaram denegrir a nossa crença, Alexândre Cumino consegue nos levar por um passeio pela história, apresentando de forma clara e singela, por meio de lúcida pesquisa bibliográfica, o sólido, real e iluminado passado da Umbanda.

Caríssimo leitor, leia este livro como se estivesse lendo um bom romance, e não como se lesse um relatório. Saboreie cada opinião emitida como se estivesse apreciando um licor dulcíssimo, delicioso, ou como se estivesse ouvindo aquela música maravilhosa que você sente que foi composta só para você.

Se necessário, releia o texto. Não tenha pressa. Você não está esperando um final feliz; você está adquirindo um conhecimento precioso para quem tem a Umbanda como religião, e religião tem como componente essencial: a "tradição". Entenda que, com apenas 100 anos de idade, a Umbanda é uma criança diante da antiguidade das demais religiões, mas o novo sempre supera o velho.

Fico imensamente feliz ao constatar que jovens umbandistas estão trabalhando no sentido de criarem as nossas "Sagradas Escrituras", o passando a tradição de nossa religião. Fico imaginando que, em um futuro não muito distante, os umbandistas dirão: *"segundo informou Alexândre Cumino em História da Umbanda..."*, como hoje dizem os cristãos *"segundo o Evangelho de São Mateus"* ou ainda, *"conforme o descrito por Diamantino Fernandes Trindade, sobre Leal de Souza, o primeiro "escriba" da Umbanda, em seu depoimento sobre a Tenda Nossa Senhora da Piedade"*, da mesma forma que o padre afirma ser São Gerônimo o autor da *Vulgata*, a Bíblia como a conhecemos hoje.

Essas obras constituem o "gênese" desta nova religião que todos nós abraçamos com tanto amor. Essa busca pelo passado de qualquer religião é o que fica para a posteridade, é o que faz a tradição, que por sua vez consolida a religião.

A Umbanda precisa hoje, mais do que nunca, ser consolidada como religião brasileira; é como nosso povo bom, simples, valoroso e mestiço, fruto das três raças, mas com alma verde e amarela, trazendo bênçãos, conformação, consolo e felicidades para todo o Universo.

Termino com as palavras de Papai Zélio, por intermédio do Caboclo das Sete Encruzilhadas: "C*om os espíritos adiantados evoluímos, aprendemos. Aos atrasados, amparamos e ensinamos. E, a nenhum, negamos a oportunidade de uma comunicação"*.

Babalaô Ronaldo Antonio Linares

"O umbandista não precisa de uma catedral, como só o gênio humano é capaz de construir... o umbandista precisa apenas de um pouquinho da natureza, como só Deus foi capaz de criar".

Pai Ronaldo Linares[2]

---

2. *Festa de Yemanjá: Umbanda a Força Branca da Paz*, São Paulo, 2006. Documentário produzido pelos Estúdios Digitais Antares e pelo Colégio de Umbanda Sagrada Pai Benedito de Aruanda.

# Prefácio da 4ª Edição

*Por Leonardo Cunha*[3]

Conheci Alexândre Cumino, primeiro "de nome" – um jovem pesquisador da Umbanda e, até onde me lembro, já editor de um jornal que tratava da Umbanda, que fora a Boca do Mato, lugarejo na serra que liga Cachoeiras de Macacu a Friburgo, no Rio de Janeiro, entrevistar minha avó, Zilméa, então presidente da Tenda Espírita Nossa Senhora da Piedade. A Tenda foi criada em 1908, por ordens do Caboclo das Sete Encruzilhadas, através da mediunidade de meu bisavô, Zélio de Moraes, que passara a funcionar naquela localidade, junto à sede da Cabana de Pai Antônio, também criada a partir de ordens recebidas por meu bisavô.

Era uma "cria" de Rubens Sarraceni, por sua vez, filho espiritual de Sr. Ronaldo Linares, presidente da Federação Umbandista do Grande ABC, em São Paulo, um amigo fraterno da nossa família e grande divulgador do nome de meu bisavô, como o médium responsável pela fundação da Umbanda, principalmente naquele estado, onde, por anos, meu bisavô fora quase um ilustre desconhecido. Apesar de ser um estado com o qual a família tinha uma longa relação afetiva, e onde eu, naquele momento, estava vivendo.

Tratava-se, portanto, de uma espécie de "neto" espiritual de "Seu" Ronaldo – como nos acostumamos a chamá-lo, desde o famoso encontro dele com meu bisavô, ocorrido em 1972 ou 1973, ao qual tive a honra de testemunhar. A proximidade com Sr. Ronaldo o credenciava para uma recepção carinhosa não só por parte de minha avó, mas de toda a família, como de fato ocorreu.

---

3. Atual dirigente da Tenda Espírita Nossa Senhora da Piedade e bisneto de Zélio de Moraes, o fundador da Umbanda.

Na ocasião, eu, embora continuasse ligado à TENSP[4], não pude estar presente. Soube, porém, que ele deixara uma ótima impressão, passando a ser considerado, agora por méritos próprios, também como um amigo querido da família.

Nessa época, passou a enviar mensalmente para minha avó exemplares do *Jornal da Umbanda Sagrada*, que ele editava, e que eu sempre folheava e lia, cada vez que retornava a Niterói, onde minha avó ainda morava. E foi por meio dessas leituras que pude começar a conhecer seu trabalho como pesquisador e como escritor, passando também a admirá-lo como tal.

Não que eu concordasse com tudo que eu lia, mas, principalmente, porque percebia em seus textos um tom extremamente didático, mas também porque nessa época, eu, que já era professor universitário, pude perceber o quanto ele buscava ir fundo nas indagações que trazia em seus textos. Uma característica típica de que tem a alma de um verdadeiro pesquisador. Coisa que o tempo se encarregaria de confirmar.

O fato de morarmos no mesmo estado e até uma razoável proximidade física das cidades em que vivíamos não ajudaram num possível encontro. E, por algum tempo, continuei a conhecê-lo somente por seus escritos. Até que, em meados de 2008, ano do centenário da Umbanda e de "nossa casa", ele entrou em contato com minha mãe, convidando-nos para uma tarefa importantíssima, não só para nós, enquanto familiares e herdeiros espirituais de Zélio, mas para a própria Umbanda: ele estava escrevendo um livro que trataria da história da Umbanda e gostaria que revisássemos todos os trechos do seu livro, que de alguma forma envolvessem a história de meu bisavô, da TENSP e da nossa família.

Entendemos a tarefa como vital, porque já estávamos cansados de encontrar nos mais diversos sites, ou mesmo em muitos livros sobre Umbanda, informações completamente equivocadas sobre a história de meu bisavô e de nossa família. Impactando, de certa forma, na própria história da Umbanda.

Tarefa que, em nossas cabeças, se tornava ainda mais importante, porque estávamos no ano em que se comemoraria o centenário de nossa religião. Isso certamente traria grande destaque para o livro, possibilitando para os seus leitores uma visão mais realista dos fatos. Era uma oportunidade ímpar. Trazer luz a fatos e narrativas, que para muitos beiravam contos da carochinha. Claro, que por nossas idades, não fôramos testemunhas de quase nenhum deles. Mas sobre os quais, havíamos

---

4. Tenda Espírita Nossa Senhora da Piedade.

escutado relatos e testemunhos, alguns, inúmeras vezes, vindos daqueles que os tinham vivido. A tarefa foi aceita quase que de imediato.

Alexândre foi um dos poucos pesquisadores dos que escreveram em tempos mais recentes sobre a Umbanda, e um dos primeiros de uma nova geração de escritores umbandistas, que se preocupou em ouvir a família de Zélio, antes de publicar o seu livro. Tal fato por si só, aumentou minha admiração por ele e já me fez olhar com simpatia para o livro que estava por vir. Não por alguma viagem egoica de valorização familiar, mas acredito que por uma visão oriunda da minha experiência acadêmica, que me fazia ter extrema dificuldade em entender como tantos livros falavam de fatos ligados à nossa família e à nossa tenda, sem que seus autores ao menos tentassem nos ouvir.

Infelizmente, nessa época, minha avó, embora ainda viva, já sofrera o acidente que acabou destruindo sua prodigiosa memória, e não poderia mais nos ajudar. Em contrapartida, muitos relatos de suas experiências ainda ecoavam frescos em nossas mentes.

Mas nossas fontes, ao longo de nossas vidas, foram múltiplas: meu bisavô, Zélio; minha tia-bisavó Zilka; minha bisavó Maria Isabel, conhecida como Mana; meus avós maternos, Zilméa e Luiz, sempre atuante nos "bastidores" da tenda; meus tios-avós Zélia, que sucedeu meu bisavô no comando da TENSP, e seu marido Júlio; Zarcy, irmão caçula de minha avó e sua esposa Liége; meu avô paterno, Aristóteles, cambono do Caboclo das Sete Encruzilhadas, de Pai Antônio e do Orixá Malet; minha avó Georgette; meu pai, George, que fora também cambono de todas as entidades que trabalharam com meu bisavô; além de nós mesmos, que em menor escala, também havíamos tido a oportunidade de ver meu bisavô trabalhar.

Alexândre tratou de encaminhar os originais do livro para a casa de minha mãe, que nessa época, como eu, também residia, junto com seu marido Carlos e com minha avó, em Ilhabela/SP, deixando combinado que viria nos encontrar, tão logo acabássemos nossas leituras e tivéssemos nossos apontamentos sobre o texto.

Os originais foram lidos inicialmente por minha mãe, que fez suas observações, passando-os em sequência para mim. Não posso falar quais impressões ela teve, além da lembrança de que ela gostara muito do livro. Mas posso dizer, que para mim, a leitura foi profundamente impactante.

Em primeiro lugar, porque eu, que até então só conhecia a parte da história da Umbanda que envolvia a nossa família, com base, prioritariamente, nos relatos orais, vi um mundo novo se descortinar. Até então, a história da Piedade[5] me bastara, mas lendo os originais do livro que hoje vocês têm em mãos, tive plena ciência do quanto me faltava para que eu pudesse assumir a missão que hoje desempenho – de estar à frente da mais antiga tenda de Umbanda do Brasil e consequentemente do mundo.

Até então, seguira de forma quase estrita aquilo que nos impõe o regimento interno de nossa casa – a leitura dos três primeiros livros de Kardec, complementados pela leitura do livro de Leal de Souza – *O Espiritismo, a Magia e as Sete Linhas de Umbanda* – literatura até hoje obrigatória para todos os médiuns da Piedade. Também havia lido muitos outros livros espíritas, mas confesso que pouquíssimos sobre a Umbanda.

Talvez fosse algum preconceito, mas, sinceramente, acredito que não. Na verdade, atribuo tal fato muito mais a uma verdadeira estranheza com a maioria dos títulos sobre Umbanda, que eu encontrara até então. Estranheza que nascia, hoje eu consigo entender, da falta de identificação entre a Umbanda que aprendi a praticar, em relação àquelas descritas nos livros que haviam chegado em minhas mãos.

Aqueles originais me permitiram entender isso. Também foram eles que me fizeram entender de onde saíra a história do Aumbhandan, que, apesar de amplamente espalhada pela internet, se chocava frontalmente com os relatos e explicações que eu ouvira de meu bisavô. E de onde haviam saído também muitas outras histórias, por vezes, para lá de fantasiosas, de episódios diversos.

Enfim, a leitura daqueles originais teve um efeito fantástico sobre mim, não só por abrirem minha cabeça para um mundo novo, por me permitirem começar a compreender e respeitar as muitas outras formas de se praticar a Umbanda, desde que se mantenham fiéis a certos princípios básicos, mas principalmente por despertarem em mim uma vontade incrível de realizar pesquisas, para entender melhor a Umbanda em todas as suas formas e em toda a sua grandeza.

Mas o melhor de tudo ocorreu quando Alexândre veio até nós, para tratarmos daquilo que precisava ser revisto. Foi quando tivemos a oportunidade de ouvir novamente a voz de meu bisavô, nas fitas das entrevistas gravadas por Lilia Ribeiro. Quando pudemos encontrar trechos da história de nossa família e da Umbanda, que talvez só fossem inteligíveis para nós. Relatos que chegamos a ouvir presencialmente, mas que acreditávamos que estivessem para sempre perdidos. Guardados

---

5. Forma que usualmente tratamos a TENSP.

somente na nossa memória e em nossos corações. Fato este que por si só, em meu entender, já valia o livro.

A busca de Alexândre por saber, por conhecimento, me inspirou a fazer o mesmo, e seu livro foi a fonte inicial de múltiplos caminhos de investigação que segui. Cada autor citado neste livro, sejam umbandistas ou acadêmicos, se tornaram, com o tempo, também íntimos para mim. E hoje graças a eles e aos caminhos percorridos, sinto-me muito mais seguro para enfrentar os desafios que a missão de estar à frente da Piedade me impõem.

Isto nos fez mais próximos e hoje o tenho como um verdadeiro irmão.

Sei que a "praia" que frequentamos, nem sempre é a mesma. E que nem sempre os caminhos que seguimos são exatamente iguais. Mas isso, nem de longe, me afasta de enxergá-lo como alguém extremamente importante na história recente da Umbanda. E me sinto imensamente honrado de tê-lo como um amigo, como um irmão, não só de fé, mas também de coração.

Dessa forma, posso dizer que seu convite para prefaciar a 4ª edição deste livro me tocou de maneira profunda. Com certeza, não por vaidade, mas principalmente, por conta da importância que este livro teve para mim, conforme os relatos anteriores. Mas também, e principalmente, porque sei que estarei junto a pessoas que foram extremamente importantes na vida de Alexândre Cumino. E que assim, de certa forma, me tornarei uma delas. Algo extremamente honroso para mim e para a casa que eu represento.

Reler este livro, dez anos depois de sua primeira edição, me permitiu relembrar o quanto ele foi importante para o caminho que resolvi seguir e que hoje me permite entender a Umbanda em toda a sua diversidade.

Se o Chefe[6] nunca quis impor nada, a qualquer casa que não estava sob o seu comando, quem somos nós para agirmos diferente?

A Umbanda precisa de união, precisa de humildade, precisa que desarmemos nossos espíritos e ações. Não só em relação aos membros de nossas casas, ou das correntes que seguimos, mas em relação a todo irmão de fé que segue os seus valores básicos, independentemente de sua forma de praticá-la.

Essa é a essência da Umbanda!

Pena que nem todos ainda a tenham entendido!

---

6. Como chamamos na TENSP o Caboclo das Sete Encruzilhadas.

Acredito que este passo eu consegui dar, e se hoje eu sou um umbandista mais completo e mais ciente do papel que devo cumprir, sei que este livro e seu autor têm grande responsabilidade sobre isso.

Faço votos para que ele possa ajudar a cada leitor a conhecer e entender melhor a Umbanda, da mesma forma que ele me ajudou.

*Leonardo Cunha*
Atual dirigente da Tenda Espírita Nossa Senhora da Piedade e bisneto de Zélio de Moraes, o fundador da Umbanda

"Se um centro de Umbanda cobrar, coloque os dois pés para trás e saia correndo, isso não é Umbanda!"
Leonardo Cunha dos Santos[7]

(Bisneto de Zélio de Moraes, repetindo as palavras de seu bisavô)

---

7. Documentário em DVD: *Saravá 100 anos de Umbanda*, Chama Produções, <www.chomaproducoes.com.br>.

# Novos Olhares para a História da Umbanda

Após 15 anos da primeira edição deste livro, *História da Umbanda*, surgiam muitas outras reflexões e novos olhares para o contexto histórico, assim como vão se revelando mais e mais detalhes sobre os fatos que marcam a construção histórica da Umbanda.

Hoje temos muito mais informações e consciência da Raiz Africana da Umbanda, além de suas outras Raízes, citadas no capítulo "Origens da Umbanda". Pela importância em rever quaisquer apagamentos históricos, coloco a seguir dois textos que considero importantes para novos olhares mais inclusivos, de mais equidade e respeito, de honrar e validar todas as vertentes da Umbanda, principalmente as de raiz africana, sem entrar em choque ou debate sobre qual delas é a "Verdadeira Umbanda", ou quem tem o discurso correto em detrimento dos outros. Para um estudo honesto, precisamos sempre de um certo distanciamento emocional do objeto de estudo, bem como desapegar de querer validar nossas convicções, parciais, como se fossem verdades absolutas. Longe de esgotar o tema, espero apenas contribuir para um olhar mais amplo dos diversos pontos de vista acerca da Umbanda, como um todo, a partir de sua unidade e diversidade.

**Umbanda, Religião Brasileira, Afro-brasileira ou Afro-ameríndio-brasileira?**

Minha querida irmã, amiga, mulher do Axé, mulher do Samba, jornalista, sacerdotisa, Mãe de Santo do Terreiro Templo da Liberdade Tupinambá, Dirigente Espiritual do CECURE, mestre e doutora em Ciências da Religião pela PUC, Claudia Alexandre, me trouxe um questionamento que está no cerne de algumas de nossas construções e desconstruções enquanto Umbanda!

Coloco, a seguir, um questionamento da Dra. Claudia Alexandre e a resposta para esta questão que toca a muitos de nós na construção do modelo de religião Umbanda em nossas mentes e na sociedade:

Pergunta da Dra. Claudia Alexandre: Estou fazendo um texto sobre a supressão e o uso de termos que demarcam as contribuições de sujeitos/sujeitas negro-africanas da história do Brasil e das tradições de matrizes africanas, e tenho uma questão para você: Por que seu livro sobre a História da Umbanda diz na capa que ela é "uma religião brasileira", e não afro-ameríndia brasileira ou até afro-brasileira (conforme o IBGE)? Por que você recorreu à supressão do termo "afro"?

Resposta: Uma mesma Umbanda observada por ângulos diferentes pode se mostrar outra Umbanda, mesmo academicamente falando. É muito fácil defender ideias opostas com a mesma convicção.

Hoje eu sinto, percebo, entendo, defino e fundamento a Umbanda de uma forma diferente da época em que escrevi este livro. Por esta razão, vou dizer como fundamentei a pesquisa e o conceito em 2008, ao iniciar o estudo e escrita deste livro, até sua publicação em 2010, e como fundamento hoje, em 2024.

Umbanda é uma religião brasileira, formada de uma pluralidade de culturas das diversas etnias negras africanas, ameríndias e euro-judaico-espírita-católico-cristã. É possível encontrá-la também de forma diversa, como "Umbanda Afro", "Umbanda Espírita Cristã" ou "Umbanda Ameríndia", dependendo da maior ou menor influência de cada uma das culturas distintas que lhe dão origem, além de outras variações dessas "Umbandas", como, por exemplo, a "Umbanda Esotérica".

Na ocasião em que escrevi este livro, acreditava eu que não deveria dar mais atenção ou ênfase de uma de suas origens (africana, ameríndia ou europeia) em detrimento das outras.

Naquela época, acreditei na importância de afirmar uma identidade plural, tanto quanto plural é a identidade do Brasil em si, reafirmada por sentimentos de nacionalismo na construção de uma identidade da Umbanda. Esses sentimentos e visão são ressaltados na obra de alguns autores umbandistas, e por boa parte de seus praticantes, incluindo eu, na época em que escrevi o livro *História da Umbanda – Uma Religião Brasileira*.

Não bastava ter uma opinião, de que a Umbanda é brasileira, por isso fui buscar uma fundamentação acadêmica, com o resumo a seguir:

Dos primeiros pesquisadores, até Roger Bastide, em sua obra *As Religiões Africanas no Brasil* (1960), há interpretação de que a Umbanda é afro-brasileira. Bastide entende que está diante de uma religião ainda em construção, cita os conflitos de uma "luta racial" entre Espiritismo e Macumba. Para ele, "é difícil seguir historicamente os primeiros passos assim como descrevê-los".

No entanto seu orientando ou discípulo, Renato Ortiz, em *Morte Branca do Feiticeiro Negro* (1975), afirma que "não nos encontramos mais na presença de um sincretismo afro-brasileiro, mas diante de uma síntese brasileira..."

Ortiz afirma ainda que, neste sentido, divergimos da análise feita por Roger Bastide em seu livro *As Religiões Africanas no Brasil*, onde ele considera a Umbanda como uma religião negra, resultante da integração do homem de cor na sociedade brasileira.

É necessário, porém, assinalar que o pensamento de Roger Bastide havia consideravelmente evoluído nesses últimos anos. Já em 1972, ele insiste sobre o caráter nacional da Umbanda... Entretanto, depois de sua última viagem ao Brasil, seu julgamento torna-se mais claro; opondo Umbanda, macumba e Candomblé, ele dirá: "O Candomblé e a Macumba são considerados e se consideram como religiões africanas. Já o Espiritismo de Umbanda se considera uma religião nacional do Brasil. A grande maioria dos chefes das tendas são mulatos ou brancos de classe média...". O caráter de síntese e de brasilidade da Umbanda é, dessa forma, confirmado e reforçado.

Essas ideias de Renato Ortiz reforçam a ideia de apresentar a Umbanda apenas como Religião Brasileira. No entanto fecho o conceito, na época, com a teoria de uma "Matriz Religiosa Brasileira" como descrevo a seguir:

O Doutor em Comunicação e Cultura, Eduardo Refkalefsky (2007), afirma que Umbanda é religião de "Matriz Religiosa Brasileira", termo fundamentado pelo sociólogo José Bittencourt Filho (2003), de que existe uma matriz religiosa de identidade brasileira, formada por traços culturais diversos, dos povos que dão formação ao Brasil.

Por todo esse estudo, não posso ser leviano em apenas refutar um conceito, "Umbanda Brasileira", sem demonstrar que também existe fundamentação para tal.

Não é difícil afirmar as origens ou matrizes diversas para a Umbanda, como, por exemplo, Matriz Euro-cristã enquanto Culto Espírita, que tem seu mito fundante no dia 15 de novembro de 1908, por um jovem típico brasileiro de classe média, chamado Zélio de Moraes, em torno do qual se une um grupo de intelectuais afirmando-se "Espíritas Umbandistas", na busca por legitimação dessa Religião Brasileira, seguindo o modelo europeu de Espiritismo já devidamente legitimado e adequado ao mundo moderno, eurocêntrico, branco, colonial e cientificista.

Hoje, quando falo em origens, raízes, matrizes que dão formação à Umbanda, entendo que a matriz primeira é a africana, presente e destacada na Macumba, principalmente de origem negro Bantu Angola Kongo. Essa matriz surge em primeiro lugar e absorve as culturas ameríndia e euro-espirita-cristã, ainda enquanto Macumba, presente no século XIX, para então surgir a Religião Umbanda, devidamente reconhecida e legitimada no século XX.

Por isso, hoje eu diria que a Umbanda é uma Religião Afro-Brasileira, não apenas por reconhecer uma origem ou matriz primeira Africana Bantu, mas também por equidade e justiça ao apagamento sistemático dessa mesma cultura, negra africana, por parte de toda a sociedade brasileira racista, colonial, eurocêntrica, em especial os apagamentos internos promovidos pelos próprios umbandistas, com boa parte da sua formação intelectual a partir da década de 1930, negando sua matriz afro e até mesmo combatendo a Macumba como forma de religiosidade Afro Bantu, que lhe dá boa parte de sua formação.

Apenas em 1951, o sacerdote, escritor e sambista Tata Tancredo publicaria seu primeiro título, *Doutrina e Ritual de Umbanda*, reivindicando o devido lugar negro e africano da Umbanda como vertente Umbanda Omolocô. Esse homem negro passa a liderar a vertente africana da Umbanda e exercer seu papel fundando a Congregação Espírita Umbandista do Brasil, a qual passaria a reunir boa parte dos terreiros oriundos da Macumba, definidos como Umbanda Omolocô, Umbanda Mista, Umbanda Trançada, Umbanda de Angola, Umbanda Almas e Angola, Angolinha, Umbanda Bantu Ameríndia e outras que se caracterizam como Umbanda de raiz africana.

Podemos dizer que a Umbanda é Afro-ameríndia, também, por reconhecer a presença de povos e culturas originários que atravessam a Umbanda, seja pelos Caboclos indígenas ou por interações das mesmas que dão origem ao culto de Jurema e Catimbó no Nordeste, e mesmo por origens nativas ou nativas-católicas mais antigas, como a pajelança ou o culto da Santidade, fundado por um indígena batizado com o nome de Antônio, no século XVI, presente no recôncavo baiano.

Para novos tempos, lançamos novos olhares, reparadores de racismos e apagamentos históricos das culturas negras que mais marcam a Umbanda, como: ritual de transe de incorporação, tambor, dança, presença de divindades afro, Iorubás, como os Orixás.

Assim, reconheço que a negação da Umbanda enquanto religião afro-ameríndia ou afro-brasileira, a negação de suas origens, Africana ou Ameríndia, primeira, com uma posterior assimilação de conceitos espírita-cristão-católico, durante seu processo de construção, é a reprodução de racismo religioso, que está presente em seu processo de legitimação por meio dos próprios umbandistas, em seu discurso, registrado na larga literatura dos primeiros intelectuais umbandistas, sendo boa parte deles homens brancos egressos do Espiritismo de Allan Kardec.

Entendo os desafios de toda uma branquitude umbandista, que não vê descendentes de africanos, que desconhece a língua e a cultura africanas, e que se inferioriza diante da própria ignorância acerca de um saber milenar, riquíssimo, plural, encantador e gigante, como a cultura negra africana em suas diversas etnias, bem como a cultura ameríndia. Mais do que definir se é afro-brasileira, afro-ameríndia ou brasileira, estamos diante da indefinição e da insegurança na construção da identidade desses que praticam uma religião a qual não compreendem em sua totalidade ou que é mesmo incompreensível em seu todo, ficando cada um agarrado em um de seus fragmentos.

Precisamos de discursos reparadores e olhares mais que inclusivos, olhares de equidade. O racismo nos atravessa o tempo todo; assim, nos atravessa na Umbanda.

Ângela Davis ficou conhecida também por afirmar: "Em uma sociedade racista, não basta não ser racista, é preciso ser antirracista".

Ao reconhecer como o racismo atravessou a construção da Umbanda, ao incluir o discurso de Tata Tancredo na construção da religião, constatando que somos no mínimo o encontro da Macumba com o Espiritismo, ou mesmo um desdobramento da própria Macumba, onde ela engoliu o Espiritismo. É uma questão de consciência e não apenas acadêmica ou de vertente reconhecer a Umbanda como Religião Afro-Brasileira ou Afro-Ameríndio-Brasileira.

Concluo afirmando que hoje entendo Umbanda como Religião Afro-brasileira ou Afro-ameríndia Brasileira.

# Qual é a Origem da Umbanda?

O texto a seguir é uma entrevista que concedi ao médium e sacerdote Alan Barbieri sobre a História da Umbanda. Depois de mais de 15 anos da primeira edição deste livro, muitos outros olhares para esta história e seus eventos foram surgindo em meu campo de percepção; creio que este texto vai ajudar a desvendar muitos pontos obscuros do contexto em que surge ou se organiza a Umbanda no campo social, espiritual e material.

ALAN: O Cumino é um grande querido. A gente já disse para ele aqui nos bastidores, e repito aqui: você é uma grande inspiração para todos nós. Você é um grande incentivo, é um cara que é inteligente, sabe se posicionar, colocou a Umbanda até hoje no melhor lugar dela. Isso é incrível, meu irmão. A gente hoje vai conversar sobre vários assuntos, mas com foco em um objetivo.

ALEXÂNDRE: Eu tive um bom mestre, né?

ALAN: Rubens Saraceni.

ALEXÂNDRE: Sim. Tivemos, né? Eu acho que ele preparou a gente para dar uma espécie de continuidade para a expansão da religião, de uma forma que as pessoas pudessem entender onde elas estão chegando. O que é que eu estou praticando? Existe uma identidade religiosa? Existe uma forma de pensar? A criação e a estruturação de Teologia de Umbanda, do curso de Teologia de Umbanda, a publicação literária que ele trouxe, ele abriu um caminho que não existia. Não existia um campo literário para a Umbanda, para o romance umbandista. Absolutamente, gratidão por todos que vieram antes abrir esse caminho para a gente. Especialmente a ele, Rubens Saraceni, a quem eu peço a bênção onde ele estiver.

ALAN: Exatamente. Assim como nós agradecemos todos aqueles que vieram antes, que já faziam um trabalho, como eu agradeço a você.

Cumino, a gente tem várias coisas para falar no dia de hoje. Existem várias coisas muito importantes para trazer sobre a religião de Umbanda, especialmente sobre um questionamento que existe na internet, que é sobre a Umbanda não ter sido fundada pelo Zélio. Existe essa discussão. Novos teóricos, pessoas baseadas em achismos, estão falando uma série de coisas que desqualificam e descaracterizam o nascimento da religião em 1908, com Zélio de Moraes. Esse vai ser o nosso tema principal. A gente vai conversar muito sobre isso. Você, como o escritor da obra *História da Umbanda*, pela Editora Madras, é também um pesquisador, um estudioso da religião, e eu acho que não teria uma pessoa melhor para vir aqui falar sobre isso, esclarecer essa dúvida que é de tantas pessoas. Pessoas que estão chegando agora, que ficam confusas e não sabem no que acreditar, e pessoas que já são experientes, que também estão um pouco perdidas.

ALEXÂNDRE: Para responder a essa pergunta, a gente precisa de uma série, né? Uma série de uns 20 episódios para entender direitinho, porque a formação da Umbanda traz uma complexidade muito grande. Umbanda é uma pluralidade de rituais muito diferentes, que guardam semelhanças com elementos que vêm de lugares diferentes, de culturas diferentes e se encontram em um lugar quase afetivo, espiritual, em que a gente passa a se identificar: isto é Umbanda.

Em contrapartida, a gente tem questões históricas, de momentos históricos da criação ou da identificação da Umbanda enquanto uma religião na sociedade, com suas regras e formalidades.

E o que a gente pode pensar da Espiritualidade Umbanda, para além da religião? É uma espiritualidade que permeia todas as formas de Umbanda, todas as linhas de Umbanda, ou todas as Umbandas na sua pluralidade. As diversas Umbandas têm uma mesma espiritualidade, mas não têm uma mesma origem material, ancestral ou tradição; logo, a história de uma Umbanda pode não servir para outra Umbanda, no entanto, compartilham de uma mesma espiritualidade.

Antes de qualquer abordagem, precisamos lembrar que até a década de 1990, com o advento da internet, havia pouquíssimas informações sobre a História da Umbanda, e o contexto que se insere, o acesso a livros, jornais e artigos de época eram muito escassos. Então, era muito difícil ter informações, uma literatura ou um recurso de pesquisa que fosse mais a fundo no entendimento da sociedade brasileira e de como permeou a religiosidade afro-ameríndia, onde a Umbanda está transitando.

Para além de dogmatismos e verdades absolutas, ou purismo religioso, a Umbanda está constantemente flertando, trocando, se encruzilhando, encontrando e desencontrando em meio a filosofias e regionalidades. Há uma *umbandização* de outras práticas, assim como há inclusão dessas outras na Umbanda, como, por exemplo, a Linha dos Mestres da Jurema, em Pernambuco, no Catimbó; a Encantaria; o Tambor de Mina, no Maranhão; Pajelança amazônica; Cabula; Calundus; e mesmo a Macumba, enquanto termo técnico para definir uma cultura afro-brasileira que existia ali no Rio de Janeiro, que vai se encontrando e se permeando também com o Espiritismo.

Existe uma forma de Espiritismo bem ortodoxa, bem dura, e também um Espiritismo muito popular, quase que um Espiritismo de Caboclo. Em contrapartida, por exemplo, com um Candomblé Congo Angola, ou um Candomblé de Caboclo, que é o que existe até hoje na Bahia, num bairro chamado Cabula.

Cabula é o nome de um culto Banto, que é a base da Macumba no Rio de Janeiro, que por sua vez é a base de criação da Umbanda Africana, Umbanda Negra, Umbanda Omolocô ou Umbanda de Almas e Angola surgida no Rio de Janeiro, mas que na Bahia faz surgir o Candomblé Congo Angola e o Candomblé de Caboclo, práticas de base cultural Bantu.

Da mesma maneira que existe um Candomblé de Caboclo em Salvador, que é, por exemplo, o Candomblé do saudoso e popular Joãozinho da Goméia, que vem de Jubiabá. Em torno da década de 1960, Joãozinho vai para o Rio de Janeiro, levando um Candomblé de Caboclo, e lá encontra também um Espiritismo popular, ou uma forma de um Espiritismo de Caboclo, que está acontecendo no Rio de Janeiro, e é retratado no primeiro livro de Leal de Souza, *No Mundo dos Espíritos*, em 1924, quando ele ainda não era umbandista. Esse livro tem cerca de 300 capítulos, e ele visitou mais de 300 núcleos espiritas, centros espiritas, muitos funcionando na residência de famílias de classe média, na região do Rio de Janeiro, e em cerca de 20% deles existe incorporação de Caboclos e Pretos-Velhos. No entanto, em 1924, nenhum deles se identifica como "Centro de Umbanda", "Tenda de Umbanda" ou "Terreiro de Umbanda".

Nesse mesmo livro, Leal de Souza registra a primeira visita que ele fez à Tenda Espírita Nossa Senhora da Piedade, quando conhece Zélio de Moraes, o Caboclo das 7 Encruzilhadas e, naquela ocasião, não disse que estava visitando um centro de Umbanda, ele disse que estava visitando um centro espírita, no qual ele diz que reconhece a música da Macumba lá dentro.

Ainda nesse livro, ele cita que visita o terreiro do Pai Quintino, esse sim, um clássico Terreiro de Macumba, porque é um ritual afro-brasileiro de base Banto, que é a matriz da Macumba. A Macumba também não é algo homogêneo ou codificado, ela é algo plural, há uma diversidade de macumbas.

ALEXÂNDRE: Nessa construção, as datas são importantes, porque você tem o livro *No mundo dos Espíritos*, em 1924, e ele [Leal de Sousa] visita centenas de núcleos espíritas que trabalham com Caboclo e visita uma Macumba sob o comando de Pai Quintino. Ninguém diz que é terreiro de Umbanda. Nem os Espíritas nem a Macumba. Mas o Pai Quintino incorpora o Pai Rafael de Umbanda.

Então, a palavra Umbanda já era utilizada para identificar um Bacuro ou um Bakulo, que são os ancestrais na cultura Bantu, é o mais próximo do que identificamos como Pretos-Velhos. E o dirigente da Cabula em Salvador, nesse bairro chamado Cabula (que é onde vai surgir o Candomblé Angola e o Candomblé de Caboclo), chefe da Cabula, já era chamado de Embanda. Embanda, Umbanda e Quimbanda são sinônimos de sacerdote. No Candomblé Congo-Angola, o sacerdote é um "Tata Kimbanda". Kimbanda também é o nome de um culto afro-brasileiro derivado da parte da Macumba que não se identificou com a identidade Umbanda. Assim, as palavras Embanda, Umbanda e Kimbanda já existiam como sinônimos de sacerdote, xamã, médium, feiticeiro nas tradições Afro-bantu.

Só em torno da década de 1930, as pessoas vão começar a dizer que Umbanda é uma religião, por conta de todo um contexto histórico. Aqui temos um grupo forte que está vindo da Macumba passando a se identificar como Umbanda, e temos um grupo que está vindo de um Espiritismo popular se identificando como Umbanda. E essa Macumba é muito parecida com aquele Candomblé de Caboclo que está acontecendo em Salvador, mas com características regionais do Rio de Janeiro.

Logo, temos dois grupos distintos: um vindo do Espiritismo e se tornando Umbanda, outro vindo da Macumba e se tornando Umbanda; eles vão se distinguindo como Espiritismo de Umbanda ou Umbanda Branca, de um lado, e Umbanda Negra ou Umbanda Omolocô, Umbanda Bantu-Ameríndia, Almas e Angola, do outro, com suas variações e diversidades.

Se até a década de 1990 a gente não tinha essa costura tão bem feita, é porque não havia acesso a tantas informações. Imagina a 70 anos atrás, quando não tinha uma comunicação tão fácil, ou o entendimento do que se estava fazendo. Quando uma pessoa incorporava um Caboclo ou um Preto-Velho, passava a ser identificada com a palavra Umbanda. Era comum a pessoa começar a praticar Umbanda, a fazer parte de um Terreiro de Umbanda, incorporar e cambonar entidades e, ainda assim, não compreender nada sobre o que é, de fato, Umbanda. O estudo organizado, teológico, sobre Umbanda é muito recente. Na região de São Paulo, por exemplo, o máximo que se conhecia sobre a História da Umbanda era uma pequena história de Zélio de Moraes, contada e recontada por Pai Ronaldo Linares e repetida por muitos umbandistas. Levou muito tempo para que outras narrativas ganhassem o repertório paulista. Isso se deve ao fato de que boa parte da Umbanda paulista egressa do Espiritismo de Kardec, onde há uma identificação muito imediata com a história de Zélio de Moraes.

Algumas pessoas vivem uma Espiritualidade Umbanda, outras querem viver a rigidez da religião Umbanda, e muitos têm a Umbanda como uma filosofia de vida. Então, a Umbanda pode ser uma coisa para você e outra coisa para o outro. Por isso eu digo que tem uma Umbanda para cada umbandista.

ALAN: Incrível. Só com as palavras que você trouxe até aqui, Cumino, já dá para entender o porquê de algumas confusões. Porque a presença da Espiritualidade Umbanda sempre existiu.

ALEXÂNDRE: Para a sua espiritualidade se manifestar num terreiro, o templo precisa se enquadrar às regras da sociedade. Então, com certeza, você tem um AVCB, que é o alvará do Corpo de Bombeiros; você tem uma licença de funcionamento; um estatuto registrado em cartório, e esse estatuto tem uma diretoria composta por presidente, secretário e tesoureiro; e você tem também aqui um CNPJ para tudo isso funcionar. E o que é tudo isso? Isso é parte das formalidades de uma religião na sociedade, porque esse local é um templo de Umbanda, com todas as características de religião. Acima de tudo, Umbanda é uma religião muito urbana. Na Umbanda há o templo, o dirigente, que é um sacerdote; tem uma comunidade, e essas são todas características de religião.

Isso quer dizer que essa espiritualidade de Umbanda, tão livre, precisa se formatar no modelo religião para sobreviver e se enquadrar no modelo urbano, contemporâneo, de religião. Essa formatação, esse formato religião, só foi acontecer para a Umbanda no final da década de 1930, no Rio de Janeiro.

ALAN: Que movimento aconteceu na década de 1930? Que marco houve ali?

ALEXÂNDRE: Leal de Souza, em 1924, publica o livro No Mundo dos Espíritos, e ninguém se identifica como terreiro de Umbanda, ou religião de Umbanda, embora a palavra já esteja ali. Mas, em 1932, quando está escrevendo para o jornal A Noite, como jornalista e poeta parnasiano, ele já é um Espírita Umbandista e dirigente espiritual da Tenda Espírita Nossa Senhora da Conceição; já passou por um preparo com Zélio de Moraes, cujo encontro está registrado no título de 1924. Portanto, seis anos depois de conhecer Zélio de Moraes, Leal de Souza já é dirigente e se identifica como Espírita Umbandista, está publicando o primeiro livro de Umbanda, escrito por um umbandista, O Espiritismo, a Magia e as Sete Linhas de Umbanda. A primeira edição desse livro se popularizou nas redes sociais em PDF, no fim da década de 1990. Há alguns anos, eu recebi uma cópia do original dada por pai Ronaldo Linares, a quem eu peço a bênção. Esse original foi dado a pai Ronaldo por mãe Zélia e por mãe Zilméia (filhas de Zélio de Morais). Inclusive, eu tive o prazer de conhecer mãe Zilméia, e tenho muito carinho e amor pelo Leonardo, bisneto de Zélio e atual dirigente da Tenda Espírita Nossa Senhora da Piedade, e sua por sua mãe, dona Lígia.

Então, na primeira edição do livro, não tem um texto muito importante que saiu na última edição publicada recentemente pela editora Aruanda. Para lançar essa nova versão, a editora Aruanda buscou algumas matérias que não estavam na primeira edição do livro, e nessas matérias, temos Leal de Souza debatendo com a Federação Espírita, porque o autor e esse grupo que ele faz parte, com Zélio de Moraes, faziam questão de se identificar como Espíritas e querem fazer parte da Federação Espírita, como filiados ou associados. A Federação não aceita o pedido e afirma: "Vocês incorporam Caboclo e vocês incorporam Preto-Velho. O que vocês fazem não é Espiritismo".

Por isso surgiu a necessidade de, em 1939, por ordem do Caboclo das 7 Encruzilhadas, Zélio de Moraes fundar a primeira federação de Umbanda, que foi registrada como Federação Espírita de Umbanda do Brasil. Logo após a fundação, a Federação Espírita do Brasil (FEB) entrou com um processo, e eles foram obrigados a mudar o nome para UEUB – União Espiritista de Umbanda do Brasil.

Esse grupo se entendia espírita, queria ser espírita e queria identidade de espírita, mas de um espiritismo diferente, um espiritismo popular, um espiritismo de Linha. E esse espiritismo, nesse período, passou a se chamar Espiritismo de Umbanda, praticamente como se fosse um Espiritismo de Caboclo.

Eles estão ali, no Rio de Janeiro, num momento em que a Macumba também está no Rio de Janeiro, enquanto ritual afro-brasileiro, de ascensão afro-ameríndia, com a presença do Caboclo, que é a figura do indígena. O Caboclo, no ritual afro, é aquele que é o Dono da Terra, o povo originário, e por isso ele é reverenciado, como primeiro dono do chão em que estamos pisando, o ancestral da terra. Desta forma, por razões diferentes, o Caboclo está tanto na Macumba quanto no Espiritismo Popular, assim como está no Candomblé Congo-Angola e no Candomblé de Caboclo.

Isso tudo estava acontecendo ao mesmo tempo. Esse grupo de Espíritas consegue legitimar o nome Umbanda como: Espiritismo de Umbanda, Umbanda Branca, Linha de Umbanda e Demanda, com a documentação necessária para legalização e oficialização como religião na sociedade. Mas isso não quer dizer que eles também não foram perseguidos. Eles também sofreram preconceito e enfrentaram muitas coisas.

Desse grupo de Espíritas Umbandistas, egressos do Espiritismo, o mais velho, mais conhecido e respeitado entre eles é Zélio de Moraes, que em seu relato se reconhece como o primeiro a se identificar com um Espiritismo de Linha, com elementos e rituais identificados, agora na década de 1930, como Espiritismo de Umbanda. Dessa forma, a história de Zélio de Moraes é muito importante e inaugura um modelo de Umbanda Espírita.

Nas práticas de Umbanda Africana, Umbanda Negra, Umbanda Omolocô, sua legitimação começa a acontecer de forma organizada em torno da década de 1950, com seu maior expoente de liderança Federativa e Literária, Tata Tancredo. Esse grupo muito mais antigo que o grupo espírita evoca e reconhece uma origem ancestral milenar africana, que passa pelos Calundus, Cabula e Macumba, antes de se identificar Umbanda.

Embora esses grupos discordem uns dos outros em suas ideologias, doutrinas e filosofias, todos estão com a razão a partir de uma pluralidade. Essa espiritualidade brasileira está permeando em muitos lugares, essa espiritualidade do Caboclo e do Preto-Velho também está acontecendo lá em Pernambuco, com os Mestres da Jurema, por exemplo, que é principalmente o encontro do Toré dos Kariri Xocó e dos Fulniô, que se encontra com o Catolicismo popular.

Então, quando você pensa em Caboclo, ele está em várias regiões do Brasil. Mas quando está no Maranhão, é Tambor de Mina. Quando está em Pernambuco, é a linha dos Mestres da Jurema. Quando está em Salvador, é o Candomblé de Caboclo. Tem um Espiritismo de Caboclo acontecendo e tem uma Macumba onde o Caboclo está presente também. Mas, na construção da religião perante a sociedade, começa a surgir um modelo duro, que é o modelo dogmático e doutrinário de formatar uma religião, e assim se forma uma ortodoxia.

Quando você começa a formatar a religião, começa a falar: "Isso é isso", "Isso não é aquilo"; aquele grupo que vem do Espiritismo não se entende parte da Macumba, mas também não é aceito como Espiritismo. Eles sofrem preconceito por parte do Espiritismo ortodoxo, assim como quem é da Macumba também sofre preconceito por parte deles. Essa é uma realidade inegável. Assim como é inegável a questão da fé que permeia todo mundo. Todos estão buscando saber onde colocar a sua fé.

Onde fica o Preto-Velho e o Caboclo? Eles ficam com todo mundo. Não tomam partido, porque o Caboclo, o Preto-Velho, o Baiano, o Boiadeiro, a Criança, o Exu e a Pombagira não tomam parte nessas discussões de separação e de diferença, pois a Espiritualidade é muito acolhedora e muito transgressora. Tudo aquilo que em algum momento você criticou e pareceu ser muito estranho, em outro momento pode começar a se tornar normal.

Esses dias eu gravei um vídeo para ensinar as pessoas como firmar o seu Exu, ou fazer uma firmeza de Esquerda. Fiz questão de dizer, meu irmão, que com uma vela branca, um copo de cachaça e um charuto você firma o seu melhor amigo, você firma o seu Mestre, você firma alguém que é da sua família, que é seu. Aí, alguém perguntou: "Alexândre, você não acha que a gente está banalizando essas questões da nossa ancestralidade?"

Então, o que é banal para um, não é para o outro. O que é sagrado para uma pessoa, não é para outra. Porque eu posso entender que estou sacralizando uma espiritualidade tornando algo sagrado, e consagrando isso para a vida de muitas pessoas que sentem a presença do Exu e não sabem como firmar uma vela, que é a coisa mais simples.

Como é que eu posso ensinar a firmar uma vela para Deus, ou para o Anjo da Guarda, mas não posso ensinar para Exu? Então a gente tem de entender que isso também é preconceito. Você quer ensinar acender uma vela para Jesus? Pode. Você quer ensinar acender uma vela para Oxalá? Pode. Quer ensinar acender a vela para Caboclo? Pode. Quer ensinar acender uma vela para Exu? Não! Exu é segredo! Isso também é preconceito, porque o Exu é tão amado, tão querido, tão amoroso e tão acolhedor quanto o Caboclo.

ALAN: E tão necessário quanto os outros.

ALEXÂNDRE: Às vezes, o que é necessário para um pode não ser necessário para o outro. Mas é o que me encanta! Eu gosto mais de dizer tão encantador quanto o Caboclo, o Preto-Velho e a Criança.

O que pode não ser necessário para algumas pessoas, para outras, pode ser. Eu nunca senti que fosse necessário, mas que me encanta.

Hoje é necessário porque faz parte de quem eu sou. Olha que coisa louca! Hoje não existe eu sem a Pombagira Maria Preta. Não existe eu sem o Exu Sultão. Não existe eu sem o Caboclo Pena Branca. Não existe porque isso faz parte de quem eu sou.

E essa é a realidade de muitas pessoas. A pessoa pensa: "Mas o que é que eu estou fazendo? Ah, isso é Umbanda. Mas eu não me identifico com o fulano, não me identifico com o ciclano, não me identifico com essa identidade". E a gente esquece que existe uma pluralidade de Catolicismos, de Cristianismos, de Budismos, de Judaísmos. A diversidade religiosa está em todas as religiões, e a Espiritualidade permeia todas elas.

ALAN: O Cumino é um cara que fala com respeito, né? Você fala da religião de Umbanda com amor. Você fala da religião de Umbanda com paixão, mesmo. Você tem um respeito de fato com as tantas Umbandas, se eu posso dizer dessa forma, essa pluralidade que existe aí fora. A Espiritualidade talvez tenha um grande objetivo, um objetivo central, que para cada um se manifesta de uma forma.

ALEXÂNDRE: Certa vez meu Mestre, Exu Sultão, disse: "Quando você olha para o seu irmão e você se reconhece nele, é porque é UM. Quando ele olha para você e ele não te reconhece, é BANDA. Mas quando você se reconhece nele e ele se reconhece em você é UMBANDA".

Como me reconhecer em todos, todas e todes? Porque todos, todas e todes têm a sua Espiritualidade, e a Espiritualidade em mim é a que reconhece Espiritualidade em você, e não a minha forma religiosa quando difere da sua. Então eu estou olhando a FORMA. A religião é o copo, e a Espiritualidade o conteúdo. Quando eu olho para você, eu estou vendo a forma ou o conteúdo? Por isso a gente olha nos olhos, que é a janela da alma.

ALAN: Então, quando a gente vê discussões não produtivas, muitas vezes as pessoas estão muito mais apegadas ao copo, ao formato, ao tamanho e à cor do copo, e não necessariamente à Espiritualidade que toca com profundidade aquele ser, aquele indivíduo.

ALEXÂNDRE: Quando eu quero estar certo, quando alguém quer estar certo, e para que essa pessoa esteja certa, todos os outros precisam estar errados, então provavelmente tem um conflito na pessoa. Porque quando alguém diz que eu estou errado, o problema está na pessoa que olha. Porque certo ou errado não existe. O que é certo para um, não é para o outro, e só eu posso saber o que vai na minha alma, no meu coração, na minha Espiritualidade.

ALAN: Alê, você trouxe para nós uma aula de diversidade e pluralidade. Sei o quanto de conteúdo você tem aí. Eu queria deixar claro para as pessoas o seguinte: a gente tem todo esse movimento em torno da religião de Umbanda sua pluralidade, toda a sua diversidade cultural, mística, religiosa que existe dentro da Umbanda. Quando é que a Umbanda nasce, de fato? A Umbanda enquanto religião, nasce quando? Há uma discussão, um questionamento sobre a legitimidade de Zélio de Moraes e do seu trabalho. Quando, de fato, a gente pode considerar que a Umbanda nasce, se tudo isso já existia antes?

ALEXÂNDRE: A discussão de quando nasce a Umbanda é igual à discussão sobre quem nasceu primeiro: o ovo ou a galinha? Então o que é que nasceu o primeiro, a religião ou a espiritualidade? A discussão é essa porque sempre haverá alguém para dizer: "Isto já era a religião" ou "Não. Isso não era a religião, era espiritualidade". Porque para o olhar das ciências da religião, qualquer manifestação espiritual em grupo que segue uma mesma diretriz já é religião. Mas para ser reconhecida como religião na sociedade, você precisa estar com estatuto, alvará de funcionamento, registro em cartório, e precisa ter uma legalização perante o Estado.

Então quando você fala de onde surgiu a Umbanda, a gente tem que saber a partir de qual olhar. Porque se for a partir de um olhar ancestral africano, ela sempre existiu como uma ancestralidade. Agora eu posso pensar, e o Caboclo? Também é uma ancestralidade ameríndia, porque você já tem no século XVI um ritual indígena sincretizado com o catolicismo chamado Santidade, de Jaguaribe, que já fazia um trabalho Caboclo, de incorporação, de entidades que são ancestrais indígenas. Isso já permeava aqui, já pode ser considerado uma origem ou raiz ancestral indígena na Umbanda.

Mas a estrutura terreiro é uma estrutura muito africana, afro-brasileira. Por uma questão de equidade, a gente precisa dar muita atenção a como entendemos a nossa ancestralidade africana. Entender que nós temos uma ancestralidade africana, uma ancestralidade ameríndia, mas que tem um olhar de muitas pessoas que se identificam com o Espiritismo e dizem: "Olha, aqui quase todo mundo veio do Espiritismo. O que a gente faz vem do Espiritismo".

A vida de Zélio de Moraes é um fato. Zélio de Moraes é uma pessoa histórica. Zélio de Moraes existiu. O seu bisneto está aí, Leonardo Cunha e está à frente da Tenda Espírita Nossa Senhora da Piedade, junto de sua mãe, dona Lígia, que é filha de mãe Zilméia, que era a coisa mais linda e mais encantadora do mundo! Ela era chamada de "Carneirinho" pelo Pai Antônio.

A Tenda Espírita Nossa Senhora da Piedade está funcionando até hoje e faz parte da história, independente de se crer que Zélio de Moraes é, ou não, fundador da Umbanda. A história de um médium que multiplicou a sua forma de pensar a Espiritualidade, e que a partir dele centenas e até milhares de pessoas passaram a desenvolver um trabalho espiritual caritativo, é a história que precisa ser muito respeitada, acima de tudo.

Agora com relação a origem da Umbanda, a criação da Umbanda, quando que ele começa a utilizar o nome da Umbanda, quando a Umbanda é regularizada em cartório e tudo mais, são questões que merecem o nosso estudo, o nosso olhar de perto, o nosso cuidado... e saber que, dependendo de onde você vê, de qual ângulo, você tem diferentes pontos de vista, entendendo que cada ponto de vista é apenas a vista de um ponto.

Você consegue enxergar além do seu único ponto de vista? Consegue olhar com os olhos do outro, de outros pontos de vista? É isso que vai lhe dar uma visão *Exusíaca*. Uma visão global, uma visão esférica. Uma visão em que você não olha do ponto, mas em que você abre uma esfera em volta desse ponto. Você começa a olhar a partir de vários pontos de vista e a entender essa pluralidade como uma riqueza.

Zélio de Moraes não é um mito enquanto pessoa. O mito seria a gente crer que tudo veio apenas única e exclusivamente do Zélio, e que ele teria dito no dia 15 de novembro de 1908 que veio trazer a Umbanda, porque a palavra Umbanda não foi utilizada naquele momento.

O mito seria acreditar que tudo veio só dali. Por quê? Porque aqui tem um atabaque. E esse atabaque veio de onde? Veio da Macumba. Nós temos elementos aqui que vieram de um lugar, elementos que vieram de outro lugar, e no dia a dia dos terreiros de Umbanda a gente tem uma Espiritualidade formada por muito do que veio de Tata Tancredo, que veio da Macumba, que veio dos Calundus, da Cabula, da Jurema... mas nesse momento, estamos em São Paulo, que tem uma regionalidade muito característica, porque é um reduto do Espiritismo europeu e das comunidades italiana, portuguesa e espanhola, que tem uma identificação muito forte com a história de um homem que veio do Espiritismo, Zélio de Moraes.

No Rio de Janeiro, a gente tem a Macumba muito mais presente na Umbanda Omolocô, na Umbanda Trançada, na Umbanda Mista, na Angolinha, que é a Macumba. Quando a Macumba começa a ser perseguida, uma parte vai se tornar Umbanda Omolocô, e a outra parte, que não quis se tornar Umbanda, é a que vai se tornar Quimbanda. Daí você tem Pombagira e Exu como os reis da Quimbanda, porque eles não estavam presentes nessa forma, de pensar a Umbanda de uma maneira mais Espírita, que tinha um preconceito com relação à Macumba, assim como o Espiritismo mais ortodoxo tinha um preconceito com eles, e a Pombagira e o Exu ficavam lá naquela ponta, como os reis da Quimbanda.

O livro *O Guardião da Meia-Noite*, de Rubens Saraceni, é um grande marco que muda o nosso olhar para Exu, entidade na Umbanda, e depois também é o entendimento de Exu enquanto Orixá na Umbanda.

A gente precisa de contexto histórico para entender o que a gente está dizendo, e quem está nos acompanhando aqui precisa de muita profundidade para entender que a validade de um não desvalida o discurso do outro, e que a Umbanda é inclusiva.

Por que eu vou querer exclusividade se ela é inclusiva? Se ela recebeu o Cigano e a Cigana, o Baiano e a Baiana, o Marinheiro e a Marinheira, e recebe o Mestre da Jurema, seu Zé Pelintra, que vem lá da Jurema e está tão presente na Umbanda? Ela recebe o Malandro e recebe o até Cangaceiro! Se a Umbanda tem uma perspectiva inclusiva, o que é exclusividade? É quando a gente tem um olhar muito autocentrado.

ALAN: Sim. Acaba sendo uma manifestação do próprio ego. De certa maneira, em algum grau é uma manifestação do próprio ego.

ALEXÂNDRE: Eu até evito dizer isso, porque quando falamos que é uma manifestação do ego, isso também atinge a pessoa num lugar que ela não entendeu. A gente tem a questão do ego, mas há também a questão da pessoa que aprendeu dessa maneira. Por exemplo, como foi que aprendeu o pai Ronaldo Linares? Como ele ensinou? E quem aprendeu com ele, aprendeu como? E quem aprendeu com Tata Tancredo? Temos também Francisco Rivas Neto, autor de *Umbanda A Proto--Síntese Cósmica*, que foi discípulo de W.W. da Matta e Silva, e criou o conceito de escolas de Umbanda, que é a pluralidade das Umbandas.

Há linhas de pensamento na Umbanda nessa pluralidade, que vai de encontro com as outras. E bom é quando vai ao encontro, que é aquilo que vai junto. De encontro, é aquilo que vai que se chocar.

Pode existir uma questão do ego, mas também há uma questão de como é que a pessoa aprendeu. A gente tem que se dar a permissão e a liberdade de reaprender, reestudar, rever, reolhar. Porque até pouco tempo atrás, quase nada se sabia de Tata Tancredo. E hoje, muitas pessoas já ouviram falar dele, mas poucas leram a sua obra.

Eu gosto muito de ler, e logo que comecei na Umbanda, frequentei muito o sebo que tem no bairro da Liberdade, no centro de São Paulo, e tenho quase toda a literatura de Umbanda das décadas de 1940, 1950 e 1960. Eu tive a oportunidade de ler os títulos de Tata Tancredo, e por isso ele está presente neste livro. Antes de existir internet, era muito desafiador conseguir essas fontes antigas de material, cada seguimento se fechava dentro da sua verdade; de uns anos para cá, esse material da diversidade da Umbanda ficou mais acessível. Fico muito contente em ver que mesmo após muitos anos de lançado, este livro *História da Umbanda* continua atual, e traz um conceito importantíssimo para entender a Umbanda como um organismo vivo, que tem origens com raízes, diversas e plurais.

# Como Surgiu a Ideia Deste Livro

Em torno de agosto ou setembro de 2008, meu amigo, irmão e mestre Rubens Saraceni procurou-me com a proposta de escrever um texto sobre os primeiros autores da Umbanda. Ele sabia que eu possuía tal material e que o estudava com o objetivo de passar aos alunos dos cursos de Sacerdócio Umbandista conceitos sobre a história literária "esquecida" da Umbanda, apresentando alguns de seus "ilustres" e "desconhecidos" autores, como Leal de Souza, Capitão Pessoa, João Severino Ramos, João de Freitas, Diamantino Coelho Fernandez, Alfredo Antonio Rego, Jaime Madruga, Aluízio Fontenele, Sylvio Pereira Maciel, Lourenço Braga, Yokaanam, Oliveira Magno, Tata Tancredo, Byron, Emanuel Zespo, Samuel Ponze, Cavalcanti Bandeira e Florisbela de Souza, entre outros pioneiros nas letras umbandistas.

Ao organizar essa literatura, algo aconteceu em minha relação com esses autores. O que antes me confundia, essa situação de cada um falar e escrever o que quer e bem entende, apresentando opiniões diversas uns dos outros, passou a me fascinar. Como poderia uma mesma religião, a Umbanda, ser explicada de formas tão diferentes e até antagônicas a ponto de apresentar-se como "Umbandas"?

Da estranheza inicial passei à admiração do *outro* – "o outro umbandista" – pela coragem, na tentativa de expressar a Umbanda por meio de palavras, mesmo sabendo que palavras não dão conta de capturar o sagrado transcendente. Sem fontes bibliográficas, esses senhores e senhoras procuraram apresentar suas experiências religiosas com a intenção clara de dar um sentido ao que vivenciavam e identificavam como Umbanda.

Comecei a reler minhas "relíquias" de Umbanda com um novo olhar, cada título assumia nova *cor*, *sabor* e *aroma*; eu é quem havia mudado. Partindo desse ponto, muitas informações vieram à luz, e agora se revelava o que antes estava oculto por trás de minha postura crítica.

Quando estamos abertos ao diferente, tornamo-nos inclusivos, e não exclusivos ou exclusivistas com relação à nossa visão parcial da realidade. O outro sou eu em um prisma diferente da mesma Umbanda, no entanto, sua lógica de compreensão é diversa da minha; logo, o diferente se torna igual, pois não existe visão unilateral em nada do que é humano. Assim, para enriquecer o material inseri um estudo que vinha fazendo sobre as origens da Umbanda e da palavra Umbanda.

Perante o desafio de escrever um livro sobre a História da Umbanda, confesso que meus olhos brilharam, o coração bateu mais forte e a cabeça foi longe. Esta é uma oportunidade única que estou tendo de perpetuar para e na religião Umbanda fatos tão importantes quanto tijolos na construção de sua história.

Se até aqui cheguei, foi por crédito e mérito de meus mestres, orientadores, professores, guias e entidades que me amparam na matéria e no astral. Pois é pela fé que me atrevo a escrever, sem ser escritor; e deve ser registrado: é a Umbanda que me enche de coragem para fazer este voo literário, e aos Orixás entrego os resultados do mesmo...

Salve, axé e saravá a todos os filhos dessa mesma e única Umbanda!

*Alexândre Cumino*

# Introdução e Objetivo

No dia 15 de novembro de 2008, a Umbanda completou seu primeiro centenário, um século de atividades, e, como não poderia deixar de ser, os umbandistas entraram em reflexão sobre a história da religião.

A Umbanda é herdeira das experiências religiosas de três raças (branca, negra e vermelha) e muitas culturas. Ela amadurece com capacidade ímpar e recicla-se o tempo todo em busca de uma identidade. Tem a vantagem de aprender com os acertos e os erros das outras religiões, buscando uma visão mais universalista para explicar a realidade que nos cerca.

Cem anos na época de Abraão, Moisés, Cristo ou mesmo na Idade Média, e cem anos hoje, caracterizam situações bem distintas. Temos a impressão de que *o tempo passa cada vez mais rápido*, o que nos leva a um confronto entre a opinião do senso comum e a realidade que encerra essa afirmação. Nem sempre nossas impressões correspondem à realidade, algumas pessoas acreditam que era possível fazer mais coisas dentro do período de uma hora há algumas décadas. O fato é que, em espaço cada vez menor de tempo, tomamos ciência de um número maior de informações sobre o que acontece no mundo. O homem de hoje está cercado por uma overdose de informações, cada vez mais atarefado e ocupado.

Depois da Revolução Industrial nos tornamos escravos do relógio, *tempo é dinheiro* e *produção é o que importa*. Deixamos de viver a qualidade de vida do artesão para nos entregarmos à linha de produção industrial. Este foi o *Admirável Mundo Novo*, os *Tempos Modernos*, em que o elemento humano foi pressionado pelo sistema e tencionado por suas expectativas com relação à vida. Ganhamos em objetividade, tecnologia, informação, troca cultural e um mundo globalizado, que favorece e sufoca ao mesmo tempo, dependendo do ponto de vista. Perdemos em subjetividade, humanismo, sensibilidade e vida.

Neste mundo contemporâneo, chamado de pós-moderno, procura-se um equilíbrio entre o objetivo e o subjetivo no ser humano, buscando harmonia com a realidade ou realidades que o cercam. A natureza, a ciência e a fé procuram o equilíbrio perdido na história da humanidade movida pela cobiça, pela exploração e pelo acúmulo de bens palpáveis, temporais e seculares.

A Umbanda nasceu naquele mundo moderno e busca soluções para sobreviver neste mundo pós-moderno, que possivelmente pode oferecer soluções dentro de novos paradigmas. Enquanto os positivistas[8] prenunciavam *a morte de Deus* e declaravam *ilusão infantil* toda e qualquer crença religiosa, espíritos de conhecimento e sabedoria milenares traziam um novo culto, mediúnico, em solo brasileiro. Podemos dizer que foi uma contracultura, a criação de uma nova religião na contramão do modernismo; no entanto, já nascia prenunciando espiritualidade e universalidade, muito à frente de seu tempo.

Mas ela não nasceu sozinha, foi precedida em 50 anos pelo *Espiritismo* (*Kardecismo*) e outros tantos anos pelos cultos afro-brasileiros; logo absorveu de um e de outro o que lhe cabia, unindo universos distintos em uma cultura de base cristã. Desenvolveu-se lado a lado com as Macumbas Cariocas,[9] o Candomblé Baiano, o Catimbó Pernambucano, o Tambor de Mina Maranhense, o Terecô, a Jurema, o Toré, a Encantaria e a Pajelança Amazônica, a Santeria Cubana, a Obea Caribenha, o Vodu Haitiano, o Hoodoo Americano, o Culto Intiamericano, a Maria Lionça na Venezuela, o Palo Cubano e Mexicano, a Quimbanda e outros... A Umbanda foi crescendo e compartilhando valores.

Apesar de captar influências diversas, a Umbanda está além de simples sincretismo ou bricolagem cultural, para se afirmar como religião brasileira. Dinâmica e adaptável às diferentes realidades sociais, culturais e geográficas, a Umbanda é uma alternativa espiritual e religiosa para um novo tempo.

O objetivo deste livro é apresentar *uma* história da religião Umbanda que permita ao leitor entender, de forma simples, o universo onde ela nasceu, cresceu e se desenvolveu. Para tanto, vamos buscar suas origens (raízes), definições (fundamentação), nascimento (fundação),

---

8. Movimento iniciado com a Revolução Francesa, encabeçado por Augusto Comte, no início do mundo moderno, em que trazia, como ideia forte, a convicção de que a ciência substituiria a religião e que, com o tempo, encontraria as respostas que o homem buscava na fé.
9. Em seu conceito sociológico e teológico, e não de preconceito ou carga pejorativa que carrega hoje a palavra "macumba".

crescimento (expansão), fatos (história), literatura (bibliografia), doutrina (filosofia) e atualidades. Esperamos atingir este objetivo de forma consciente da complexidade da mesma e da inviabilidade de alcançar o todo.

Procurei tratar a Umbanda como organismo vivo e complexo, do qual recebi ânimo e inspiração por meio de milhares de espíritos, encarnados e desencarnados, todos habitando ou transitando por este universo umbandista.

Fui ao encontro intelectual e místico com as "fontes", transcendendo o papel para enriquecer o mesmo. Espero, leitor, que você possa me acompanhar, para além do que está escrito, ao encontro dessa egrégora. No entanto, é indispensável "esvaziar o copo" e permitir-se absorver estas informações sem "transbordar"; receba o que aqui está, sem comparações. Todo este material é dedicado a uma causa maior que todos nós juntos... A causa umbandista!

Não há pretensão de convencer ninguém a nada, afinal, por outros ângulos a mesma Umbanda se mostra outra Umbanda. A história é a mesma, o que muda é o "código" ou a "chave" de interpretação, por meio dos quais se atribuem diferentes sentidos aos mesmos fatos.

Este é um livro para ser lido com o coração... uma vez que foi escrito com o coração... E como diria Câmara Cascudo: "O que tem de ser tem muita força".[10]

---

10. Citado por Stella Caymmi em *Dorival Caymi: o mar e o tempo*. São Paulo: Ed. 34, 2001, p. 11.

*Capítulo 1*

# Origens da Umbanda

*Nada surge do nada, nada há de novo sob o sol*, todas as religiões são formadas de cultos e culturas anteriores, que lhe emprestaram símbolos, ritos e mitos combinados e ressignificados. Assim foi com o Judaísmo, o Cristianismo, o Islamismo, o Hinduísmo, o Budismo, etc., e não seria diferente com a Umbanda.

A Umbanda, como um organismo vivo, nos possibilita reconhecer sua ancestralidade na forma de uma árvore genealógica, identificando suas "origens".[11] Nossa proposta aqui é apresentar essas raízes diversas, para, em seguida, levantarmos a questão de seu nascimento ou concretização no mundo material.[12]

> Ressalto mais uma vez que, se a Umbanda é uma religião nova, seus valores religiosos fundamentais são ancestrais e foram herdados de culturas religiosas anteriores ao Cristianismo [...] salientamos que ela tem na sua base de formação os cultos afros, os cultos nativos, a doutrina espírita kardecista, a religião católica e um pouco da religião oriental (Budismo e Hinduísmo) e também da magia [...].[13]

## 1. Origem Espírita ("kardecista")

A primeira manifestação de Umbanda é a incorporação do Caboclo das Sete Encruzilhadas no médium Zélio de Moraes, ao que consta, dentro da recém-fundada Federação Espírita de Niterói.[14]

---

11. Por origens ou raízes entenda-se matrizes, elementos formadores ou influências na formação da religião Umbanda.
12. Veja anexo "Umbanda fundada ou anunciada?" na página 377.
13. Saraceni, Rubens. *Umbanda Sagrada: religião, ciência, magia e mistério*. São Paulo: Madras Editora, 2001, p. 12.
14. Veja anexo sobre Zélio de Moraes na página 338.

Zélio não era espírita, embora seu pai fosse simpatizante. De todo modo, o que ele encontrou na filosofia e na prática codificada por Allan Kardec serviria como base para a criação da Umbanda, de tal forma que, durante muitas décadas, costumava-se defini-la como "Espiritismo de Umbanda". O próprio Zélio se identificava como "espírita", assim como sua filha Zilméia de Moraes. Na Tenda Espírita Nossa Senhora da Piedade (TENSP), sempre havia uma "mesa branca" posta para as comunicações do "Chefe" (Caboclo das Sete Encruzilhadas).

**Leal de Souza**,[15] médium preparado por Zélio de Moraes, primeiro autor umbandista, registrou em seu livro *O Espiritismo, a magia e as sete linhas de umbanda*, de 1933, um capítulo inteiro (capítulo 31) para defender a origem espírita da Umbanda, como vemos abaixo:

# O Kardecismo e a Linha Branca de Umbanda

A Linha Branca de Umbanda e Demanda está perfeitamente enquadrada na doutrina de Allan Kardec e nos livros do grande codificador; nada se encontra susceptível de condená-la.

Cotejemos com os seus escritos os princípios da Linha Branca de Umbanda, por nós expostos no *Diário de Notícias,* edição de 27 de novembro de 1932.

A organização da linha no espaço corresponde à determinada zona da Terra, atendendo-se, ao constituí-la, às variações de cultura e moral intelectual, com aproveitamento das entidades espirituais mais afins com as populações dessas paragens.

Allan Kardec, à página 219 do *Livro dos Espíritos* escreve:

519. As aglomerações de indivíduos, como as sociedades, as cidades, as nações, têm espíritos protetores especiais?.

Tem, pela razão de que esses agregados são individualidades coletivas que, caminhando para um objetivo comum, precisam de uma direção superior.

520. Os espíritos protetores das coletividades são de natureza mais elevada do que os que se ligam aos indivíduos?

Tudo é relativo ao grau de adiantamento, que se trate de coletividades, que de indivíduos.

E quanto às afinidades, na mesma página:

---

15. Para saber mais sobre Leal de Souza, veja anexo na página 324.

Os espíritos preferem estar no meio dos que se lhes assemelham. Acham-se aí mais à vontade e mais certos de serem ouvidos. É pelas suas tendências que o homem atrai os Espíritos e isso quer esteja só, quer faça parte de um todo coletivo, como uma sociedade, uma cidade ou um povo. Portanto, as sociedades, as cidades e os povos são, de acordo com as paixões e o caráter neles predominantes, assistidos por espíritos mais ou menos elevados.

Os protetores da Linha Branca de Umbanda se apresentam com o nome de caboclos e pretos, porém, frequentemente, não foram nem caboclos nem pretos.

Allan Kardec, à página 215 do *Livro dos Espíritos*, ensina:

Fazeis questão de nomes: eles (os protetores) tomam um, que vos inspire confiança.

Mas como poderemos, sem o perigo de sermos mistificadores, confiar em entidades que se apresentam com os nomes supostos?

Allan Kardec, à página 449 do *Livro dos Espíritos*, esclarece:

Julgai, pois, dos Espíritos, pela natureza de seus ensinos. Não olvideis que entre eles há os que ainda não se despojaram das ideias que levaram da vida terrena. Sabei distingui-los pela linguagem de que usam. Julgai-os pelo conjunto do que vos dizem; vede se há encadeamento lógico em suas ideias; se nestas nada revela ignorância, orgulho ou malevolência; em suma, se suas palavras trazem todo o cunho de sabedoria que a verdadeira superioridade manifesta. Se o vosso mundo fosse inacessível ao erro, seria perfeito, e longe disso se acha ele.

Ora, esses espíritos de caboclos ou pretos, e os que como tais se apresentam, pela tradição de nossa raça e pelas afinidades de nosso povo, são humildes e bons, e pregam, invariavelmente, sem solução de continuidade, a doutrina resumida nos dez mandamentos e ampliada por Jesus. Entre os protetores da Linha Branca, alguns não são espíritos superiores, e há também os atrasados, porém, bons, quando o grau de cultura dos protegidos não exige a assistência de entidades de grande elevação, conforme o conceito de Allan Kardec, à página 216 do *Livro dos Espíritos*:

Todo homem tem um espírito que por ele vela, mas as missões são relativas ao fim que visam. Não dais a uma criança, que está aprendendo a ler, um professor de filosofia", e em trecho já transcrito explica: "que tudo é relativo ao grau de adiantamento, quer se trate de coletividades, quer de indivíduos.

Esses trabalhadores, porém, na Linha Branca, estão sob a direção de guias de maior elevação, de acordo com o dizer de Allan Kardec, na página 318 do *Livro dos Espíritos*, sobre os espíritos familiares, que:

são bons, porém, muitas vezes pouco adiantados e até levianos. Ocupam-se de boa mente com as particularidades da vida íntima e só atuam com ordem ou permissão dos Espíritos Protetores".

O objetivo da Linha Branca é a prática da caridade e Allan Kardec, no *Evangelho segundo o Espiritismo*, proclama repetidamente que "fora da caridade não há salvação.

A Linha Branca, pela ação dos espíritos que a constituem, prepara um ambiente favorável a operosidade de seus adeptos. Será isso contrário aos preceitos de Allan Kardec? Não, pois vemos, nos períodos acima transcritos, que os espíritos familiares, com ordem ou permissão dos Espíritos Protetores, tratam até de particularidades da vida íntima. No mesmo livro, à página 221-222, lê-se:

525. Exercem os espíritos alguma influência nos acontecimentos da vida?

Certamente, pois que te aconselham.

Exercem essa influência, por outra forma que não apenas pelos pensamentos que sugerem, isto é, têm ação direta sobre o cumprimento das coisas?

Sim, mas nunca atuam fora das leis da natureza.

Na página 214 do *Livro dos Espíritos* consta: "A ação dos espíritos que vos querem bem é sempre regulada de maneira que não vos tolha o livre-arbítrio", e à página 222 o mestre elucida:

Imaginamos erradamente que aos Espíritos só caiba manifestar sua ação por fenômenos extraordinários. Quiséramos que nos viessem auxiliar por meio de milagres e os figuramos sempre armados de uma varinha mágica. Por não ser assim, é que oculta nos parece a intervenção que tem nas coisas deste mundo, e muito natural o que se executa com o concurso deles.

Assim é que, provocando, por exemplo, o encontro de duas pessoas que suporão encontrar-se por acaso; inspirando a alguém a ideia de passar por determinado lugar; chamando-lhe a atenção para certo ponto, se disso resultar o que tenham em vista, eles obram de tal maneira que o homem, crente de que obedece a um impulso próprio, conserva sempre o seu livre-arbítrio.

Assim, os caboclos e pretos da Linha Branca de Umbanda, quando intervêm nos atos da vida material, em benefício desta ou daquela pessoa, agem conforme os princípios de Allan Kardec.

Na Linha Branca, o castigo dos médiuns e adeptos que erram conscientemente, é o abandono em que os deixam os protetores, expondo-os ao domínio de espíritos maus.

À página 213 do *Livro dos Espíritos* Allan Kardec leciona:

496. O espírito, que abandona o seu protegido, que deixa de lhe fazer bem, pode fazer-lhe mal?

Os bons espíritos nunca fazem mal. Deixam que o façam aqueles que lhe tomam o lugar. Costumais então lançar a conta da sorte as desgraças que vos acabrunham, quando só as sofreis por culpa vossa.

E adiante, na mesma página:

498. Será por não poder lutar contra espíritos malévolos que um Espírito protetor deixa que seu protegido se transvie na vida?

Não é porque não possa, mas porque não quer.

*A divergência única entre Allan Kardec e a Linha Branca de Umbanda é mais aparente do que real. Allan Kardec não acreditava na magia*, e a Linha Branca acredita que a desfaz. Mas a magia tem dois processos: o que se baseia na ação fluídica dos espíritos, e esta não é contestada, mas até demonstrada por Allan Kardec. O outro se fundamenta na volatilização da propriedade de certos corpos, e o glorioso mestre, ao que parece, não teve oportunidade, ou tempo, de estudar esse assunto.

Nas últimas páginas, 356-357, de suas *Obras póstumas*, os que as coligiram observam, sob a assinatura de P. G. Laymarie:

No Congresso espírita e espiritualista de 1890, declararam os delegados que, de 1869 para cá, estudos seguidos tinham revelado coisas novas e que, segundo o ensino traçado por Allan Kardec, alguns dos princípios do Espiritismo, sobre os quais o mestre tinha baseado o seu ensino, deviam ser postos em relação com o progresso da ciência em geral realizados nos 20 anos.

Depois dessa observação transcorreram 42 anos, e muitas das conclusões do mestre tem de ser retificadas, mas a sua insignificante discordância com a Linha Branca de Umbanda desaparece, apagada por estas palavras transcritas do *Livro dos Espíritos*, páginas 449-450:

Que importam algumas dissidências, divergências mais de forma do que de fundo? Notai que os princípios fundamentais são os mesmos por toda a parte e vos hão de unir em um pensamento comum: o amor de Deus e a prática do bem.

E o amor de Deus e a prática do bem são a divisa da Linha Branca de Umbanda.[16]

**Primeiro Congresso Brasileiro do Espiritismo de Umbanda**, realizado em 1941, como iniciativa da Federação Espírita de Umbanda do Brasil, fundada em 1939, por recomendação do Caboclo das Sete Encruzilhadas, também defendeu identidade espírita para a Umbanda,

---

16. Souza, Leal de. *O Espiritismo, a magia e as sete linhas de Umbanda*. Rio de Janeiro: Coletânea de reportagens do jornal *Diário de Notícias*, 1933, p. 101-106.

que se confirma nos nomes do congresso e da federação, independentemente de qualquer tese ou teorias.[17]

**Lourenço Braga**, 1942, compartilhava da mesma opinião que Leal de Souza, como vemos abaixo em dois textos publicados com o título *Umbanda e Quimbanda*:

### Caboclos, africanos e kardecistas

Trecho de um artigo que publiquei [Lourenço Braga] em *A Vanguarda* do dia 11 de março de 1941 em resposta a um outro artigo em que um confrade kardecista dava a entender que espírito de caboclo ou de africano não podia ser guia e nem protetor de médiuns ou de centros.

Deus, a natureza, o Absoluto, enfim como queiram entender, é, como todos sabem, sumamente justo, bom, misericordioso, onipotente, onisciente, etc.

Dito isto, pergunto agora aos srs. kardecistas:

– Qual a condição para um espírito ser guia ou protetor?

Todos responderão naturalmente: Ter Luz!

Pergunto: Qual a condição para um espírito ter luz?

Todos responderão: Ter virtude, isto é, ser simples, bom, carinhoso, humilde, piedoso, etc., e não ter ódio, inveja, orgulho, ciúme, maldade, vaidade, avareza, etc.

Pergunto ainda: Ter virtudes é privilégio das criaturas da raça branca? Se é privilégio então chegamos ao absurdo de admitirmos Deus como sendo injusto por ter criado uma raça privilegiada. Se, porém, não é privilégio das criaturas da raça branca, pois que Deus é sumamente justo, poderão, portanto, as criaturas das outras raças possuir virtudes também e assim, depois de desencarnadas, ter luz e ser guias ou protetores de pessoas ou centros.

É preciso não confundir luz intelectual com luz provinda da evolução espiritual, bem diferente uma da outra!

Digo mais, um espírito reencarna-se em uma tribo de caboclos ou de selvagens africanos, como missionário, isto é, para levar àqueles, nos meios dos quais reencarnou, uma certa soma de conhecimentos. Quando ele desencarnar é um espírito de luz, porquanto luz bastante já possuía, tanto que se reencarnou como missionário e ninguém poderá dizer que ele não foi africano ou caboclo em sua última reencarnação.

Sabem muito bem todos os kardecistas que os espíritos tomam a forma que querem e, assim sendo, nada impede que os espíritos de luz, por afinidade, se agrupem em falanges para praticar o bem e tomem a forma

---

17. Veja no capítulo 5 mais detalhes sobre o Congresso.

de caboclos, africanos, etc., ou para praticarem o mal, se forem inferiores, tomem a forma de bichos ou outra qualquer [...].[18]

Ser espírita

Ser espírita é ser virtuoso!

Ser virtuoso é não ter vícios feios, é ser simples, bom, caridoso, humilde, abnegado, desprendido, verdadeiro, piedoso, honesto, leal, justo, fiel, sincero, etc. [...]

Kardecismo é espiritismo!

Umbanda é também espiritismo!

Kardecismo é espiritismo doutrinário, científico e filosófico.

Umbandismo é espiritismo prático, é magia branca.

Um e outro tem caráter religioso.

Kardecismo é o espiritismo adequado para o nosso maior grau de evolução.

Umbandismo é o espiritismo para o nosso atual grau de evolução.

Ser kardecista é seguir fielmente o Evangelho Espírita, é estar próximo da perfeição.

Infelizmente, uns e outros, como todos os habitantes deste planeta, pecam por obras, por palavras e por pensamentos; logo não podem ser considerados como verdadeiros kardecistas, porque não seguem fielmente o Evangelho. Donde podemos concluir que UMBANDISTAS e KARDECISTAS são, apenas, ES-PI-RI-TIS-TAS, isto é, são criaturas que praticam o espiritismo.[19]

**Capitão Pessoa**, em entrevista ao *Correio da Noite*, 1941, afirma:

Não há, propriamente, diversidades de crenças espíritas. Há diversidade de ritual. Os fenômenos espíritas começaram a ser estudados de maneira metódica, racional, por Allan kardec, que foi o Codificador do Espiritismo. Mas há manifestações espíritas que se realizam sob outro ritual, constituindo o chamado Espiritismo de Umbanda. É o que realizavam os nossos antigos africanos, que o trouxeram da África. A sua prática é, por certo, antiquíssima, e fora impossível fixar-lhe a origem.[20]

**Cavalcanti Bandeira** também defende a Umbanda como Espiritismo:

A Umbanda é caracteristicamente um culto espírita, não só pelas razões históricas de sua formação sincrética, como pelos seus aspectos doutrinários e práticas de mediunismo em suas diversas modalidades, sendo medianeira nas comunicações dos espíritos. Claro que é um espiritismo

---

18. Braga, Lourenço. *Umbanda e Quimbanda*. Rio de Janeiro: Spiker, 1961, p. 51-52.
19. Id., op. cit., p. 64.
20. Pessoa, José Álvares. *Correio da Noite*, 1941. In: Bandeira, Cavalcanti. *O que é a Umbanda*. Rio de Janeiro, 1973, p. 116.

com ritual e ritmado ao som de cânticos, e vez por outra com algum instrumento musical, seja nas sessões em "terreiros" ou em edifícios [...].

Espírita – O que tem relação com o Espiritismo, adepto do Espiritismo; aquele que crê nas manifestações dos Espíritos (Allan Kardec, *O Livro dos Médiuns*, 21. ed., p. 411). E a prova disso é que ele (o Espiritismo) conta entre os seus aderentes homens de todas as crenças, que por esse fato não renunciaram a suas convicções; católicos fervorosos que não deixam de praticar todos os deveres do seu culto, quando a igreja não os repele; protestantes de todas as seitas, israelitas, muçulmanos e mesmo budistas e bramanistas (Allan Kardec, *O que é o Espiritismo*, 10. ed., p. 85) [...].

Baseados em Kardec, é-nos lícito então dizer que: Todo aquele que crê nas manifestações dos Espíritos é Espírita; ora, o umbandista nelas crê, logo o umbandista é espírita.

Kardec igualmente escreveu que "todo espírita é espiritualista mas nem todo espiritualista é espírita" (*O Livro dos Médiuns*, 21. ed., Cap. XXII, p. 411).

Raciocinando com o Codificador, podemos dizer: Todo protestante é cristão; mas nem todo cristão é protestante [...].

Assim, todo umbandista é espírita, porque aceita a manifestação dos Espíritos, mas nem todo espírita é umbandista, porque nem todo espírita aceita as práticas de Umbanda.

[...] na *Revue Spirite*, 1869, p. 25, Kardec escreveu: "Para que alguém seja considerado espírita basta que simpatize com os princípios da Doutrina e que por eles paute a sua conduta", o que constitui um adendo a mais à definição por ele mesmo feita [...].[21]

**Decelso**, em *Umbanda de Caboclos*, escreveu:

**Espiritismo de Umbanda**

Por muitos anos continuará a controvérsia: Religião Umbanda e Religião Espírita de Umbanda.

Cremos ser bem maior o número de adeptos da Religião Espírita de Umbanda, ainda que defendamos apenas o nome Religião Umbanda, sou contudo forçado a admitir a verdade: religião espírita de umbanda.

Comparemos: A União Espiritista de Umbanda do Brasil, herdeira da Federação Espírita de Umbanda, segundo os anais do Primeiro Congresso de Espiritismo de Umbanda, não tem por onde seguir senão à religião espírita de Umbanda, e a União orienta uma grande corrente espírita de umbanda em nosso país; segue-se o movimento do Rio Grande do Sul, como se evidencia na leitura de sua literatura; São Paulo, tendo

---

21. Ibid., p. 114.

o Primado de Umbanda que segue uma orientação espírita de umbanda. Leia-se o glossário editado pelo Primado Nacional: "A Umbanda, tanto quanto o Espiritismo, é uma ciência de experimentação e passível de evolução em grau que não se pode limitar" (p. 96); e a Cruzada Federativa Espírita de Umbanda, sob a direção do confrade José Antonio Barbosa, que em seu livro *Manual dos Chefes e Médiuns dos Terreiros de Umbanda*, à página 5, afirma: "Umbanda ou Doutrina da Luz é uma palavra de origem africana que serve para designar uma forma peculiar de *espiritismo religioso* [...]" (o grifo é meu).

[...] Em nosso entender nada está definido em Umbanda, portanto estarão certos os que afirmam ser uma "religião espírita de Umbanda" e estes constituem a maioria.

Até mesmo os de Omolocôs, e outras "nações" do Rito Tradicional ou tradicionalistas, seguem práticas espiritistas. É o caso da Congregação Espírita de Umbanda, dirigida por Tancredo da Silva Pinto que é Tata, isto é, sacerdote do Omolocô.

[...] Referindo-se à fundação da União Espiritualista Umbanda de Jesus, diria o comandante José Alves Pessoa: "instituição que se propõe a fazer a articulação de todos os centros onde se pratica o *Espiritismo de Umbanda* (o grifo é meu). "Queremos, diz o comandante José Alves Pessoa, uniformizar a nossa liturgia, o nosso ritual, a orientação seguida para o preparo dos sacerdotes de Umbanda".[22]

A "origem kardecista" ou mesmo a "influência espírita" na Umbanda é algo real e muito importante na formação da religião. Boa parte da doutrina umbandista bebeu dessa fonte, apresentando conceitos idênticos sobre reencarnação, carma, evolução, espíritos e mundo astral. É comum entre os umbandistas estudar a obra de Kardec, admirar Chico Xavier* e invocar a presença dos médicos do astral em nome de Bezerra de Menezes.

A dificuldade em explicar o que é Umbanda, aliada ao preconceito levou muitos adeptos a se apresentarem como espíritas ou católicos, o que vem mudando de uns anos para cá.

Cavalcanti Bandeira, baseado na obra de Kardec, demonstra que é possível ser católico e espírita, da mesma forma como muitos se consideram católicos e umbandistas ou ainda espíritas-umbandistas, o que é justificável pelas próprias palavras de Kardec. No entanto, não é tão simples quando os valores de um segmento se chocam com os valores do outro.

---

22. Ibid., p. 23-26.
* N.E.: Suregimos a leitura de *Chico Xavier – Inédito*, de Eduardo Carvalho Monteiro, Madras Editora. Ver também o anexo "Chico Xavier e a Umbanda", na p. 379 desta obra.

A Umbanda é muito cristã, lembramos que basta a imagem de Cristo e sua adoração no ponto mais alto do altar umbandista para nos identificarmos como cristãos umbandistas, o que é uma opção válida. A Umbanda vem recebendo muitos adjetivos; já na literatura de Leal de Souza encontramos a *Linha Branca de Umbanda*, raiz do conceito, e o uso do termo *Umbanda Branca*. (Veja no final deste capítulo o tema "Umbandas", para entender melhor essas adjetivações.)

Embora o umbandista possa se identificar como espírita, o ritual da religião Umbanda não pode ser definido como "ritual espírita", pois Allan Kardec, com clareza, afirma em sua codificação que Espiritismo não é religião, não tem ritual e não aceita a prática de magia.

Kardec é cientista e pesquisador, um homem do mundo moderno-positivista, para quem a magia representava algo atrasado com relação à religião, e esta atrasada com relação à ciência.[23] É dessa forma que surgem alguns pontos de conflito entre Kardecismo e Umbanda; é por isso também que alguns dos "espíritas ortodoxos" usam esse argumento para recriminar a prática umbandista ou simplesmente para salientar sua condição oposta aos preceitos de Kardec.

Destaco abaixo algumas passagens da obra de Kardec que não se enquadram na prática da religião Umbanda, principalmente no que diz respeito à magia, como bem ilustrou Leal de Souza, começando pelo livro *O que é o Espiritismo*:

> O Espiritismo é, ao mesmo tempo, uma ciência de observação e uma doutrina filosófica. Como ciência prática, ele consiste nas relações que se estabelecem entre nós e os espíritos; como filosofia, compreende todas as consequências morais que dimanam dessas mesmas relações.
>
> Podemos defini-lo assim:
>
> *O Espiritismo é uma ciência*[24] que trata da natureza, origem e destino dos Espíritos, bem como de suas relações com o mundo corporal.
>
> Todas as religiões são necessariamente fundadas sobre o espiritualismo. *Aquele que crê que em nós existe outra coisa, além da matéria, é espiritualista,* o que não implica crença nos Espíritos e nas suas manifestações [...].
>
> *Para novas coisas são necessários termos novos, quando se quer evitar equívocos.* Se eu tivesse dado à minha Revista a qualificação de espiritualista, não lhe teria especificado o objeto, porque, sem desmentir-lhe o título, bem poderia nada dizer nela sobre os Espíritos, e até combatê-los [...].

---

23. Veja anexo "O Espiritismo é uma religião?" na página 365.
24. É considerado ciência a aplicação de um método ao estudo de certo objeto.

Se adotei os termos espírita, espiritismo, é porque eles exprimem, sem equívoco, as ideias relativas aos Espíritos.

Todo espírita é necessariamente espiritualista, mas nem todos os espiritualistas são espíritas.

*Longe de fazer reviver a feitiçaria, o Espiritismo a aniquila, despojando-a do seu pretenso poder sobrenatural, de suas fórmulas, engrimanços, amuletos e talismãs, e reduzindo a seu justo valor os fenômenos possíveis, sem sair das leis naturais.*[25]

Vejamos algumas considerações do *O Livro dos Espíritos:*

551. Pode um homem mau, com o auxílio de um mau Espírito que lhe seja dedicado, fazer mal ao seu próximo?

Não, Deus não o permitiria.

553. Que efeito podem produzir as fórmulas e prática mediante as quais pessoas há que pretendem dispor do concurso dos Espíritos?

O efeito de torná-las ridículas, se procedem de boa-fé. No caso contrário, são tratantes que merecem castigo. Todas as fórmulas são mera charlatanaria. *Não há palavra sacramental nenhuma, nenhum sinal cabalístico, nem talismã, que tenha qualquer ação sobre os Espíritos,* porquanto estes só são atraídos pelo pensamento e não pelas coisas materiais.

– Mas não é exato que alguns Espíritos têm ditado, eles próprios, fórmulas cabalísticas?

*Efetivamente, Espíritos há que indicam sinais, palavras estranhas, ou prescrevem a prática de atos, por meio dos quais se fazem chamados conjuros. Mas, ficai certos de que são espíritos que de vós outros escarnecem e zombam da vossa credulidade.*[26]

Essas considerações são um contraponto, para que não se confunda Umbanda com Kardecismo, embora tenham muitas semelhanças e pontos em comum. Kardecismo é origem para a Umbanda de mesmo nível e respeito que suas outras origens. Kardecismo é raiz para a Umbanda, assim como o Judaísmo para o Cristianismo, no entanto, a Umbanda não tem apenas essa raiz. Se quiser chamar Umbanda de Espiritismo, que fique claro que é outro espiritismo e não o "Kardecismo clássico".

Kardec quando questionado, de forma direta, se espiritismo é religião, afirma que "formalmente não", mas "ideologicamente sim";[27] no entanto, deu abertura para que o adepto de qualquer religião possa vir a

---

25. Kardec, Allan. *O que é o Espiritismo*. Rio de Janeiro: FEB, 2006, p. 55; 74; 116. (Grifo meu).
26. Id. *O Livro dos Espíritos*. Rio de Janeiro: FEB, 2006. (Grifo meu).
27. Veja anexo "O Espiritismo é uma religião?", na página 365.

ser espírita. É com essa linha de raciocínio que o umbandista pode ser espírita ou que o espírita pode praticar a Umbanda; no entanto, isso não reduz a Umbanda ao Kardecismo, ou vice-versa.

Não podemos dizer que a atitude dos senhores presentes na famosa sessão espírita do dia 15 de novembro de 1908 seria aprovada por Allan Kardec, ou que estariam embasados na filosofia codificada por ele, no momento em que expulsam os espíritos de ex-escravos negros da mesa de comunicações, na qual se manifestou pela primeira vez o Caboclo das Sete Encruzilhadas na mediunidade de Zélio de Moraes. Com certeza, Kardec não teria a mesma atitude.

Uma prova de que Kardec, no mínimo, ouviria o que o Preto-velho e o Caboclo tem a dizer é o diálogo travado entre Kardec e "Pai César", um negro nascido na África e levado para Louisiana quando tinha 15 anos. Essa entidade lembra muito as características que identificam um "Preto-velho", embora lhe falte a ideologia umbandista inseparável da entidade de Umbanda; no entanto, ele não foi tratado com indiferença e muito menos discriminação por Kardec, como podemos ver abaixo:

### Preto-velho fala com Kardec

Pouca gente sabe, mas em uma das reuniões realizadas na Sociedade Parisiense de Estudos Espíritas, Allan Kardec evocou um Espírito que, segundo as terminologias da cultura brasileira, poderia ser classificado como um "preto-velho". Esse encontro, narrado pelo próprio Kardec nas páginas da sua histórica *Revista Espírita* (*Revue Spirite*), de junho de 1859, aconteceu na reunião do dia 25 de março daquele mesmo ano. Pai César – este o nome do Espírito comunicante – havia desencarnado em 8 de fevereiro também de 1859 com 138 anos de idade – segundo davam conta as notícias da época –, fato este que certamente chamou a atenção do Codificador, que logo se interessou em obter, da Espiritualidade, mais informações sobre o falecido, que havia encerrado a sua existência física perto de Covington, nos Estados Unidos. Pai César havia nascido na África e tinha sido levado para a Louisiana quando tinha apenas 15 anos.

Antes de iniciar a sessão em que se faria presente Pai César, Allan Kardec indagou ao Espírito São Luís, que coordenava o trabalho, se haveria algum impedimento em evocar aquele companheiro recém--chegado ao Plano Espiritual. Ao que respondeu São Luís que não, prontificando-se, inclusive, a prestar auxílio no intercâmbio. E assim se fez. A comunicação, contudo, mal iniciada, já conclamou os participantes do grupo a muitas reflexões. Na sua mensagem, Pai César desabafou, expondo a todos as mágoas guardadas em seu coração, fruto dos sofrimentos por que passara na Terra em função do preconceito que naqueles dias graçava em ainda maior escala do que hoje. E tamanhas eram as feridas que trazia no peito que chegou a dizer a Kardec que não gostaria de voltar à Terra novamente como negro, estaria assim, no seu entendimento, fugindo da maldade, fruto da ignorância humana. Quando indagado também sobre sua idade, se tinha vivido mesmo 138 anos, Pai César disse não ter certeza, fato compreensível, como esclarece o Codificador, visto que os negros não possuíam naqueles tempos registro civil de nascimento, sobretudo os oriundos da África, pelo que só poderiam ter uma noção aproximada da sua idade real.

A comunicação de Pai César certamente ajudou Kardec, em muito, a reforçar as suas teses contra o preconceito, o mesmo preconceito que o levou a fazer, dois anos depois, nas páginas da mesma *Revista Espírita*, em outubro de 1861, a declaração a seguir, na qual deixou patente o papel que o Espiritismo teria no processo evolutivo da humanidade, ajudando a pôr fim na escuridão que ainda subjuga mentes e corações: "O Espiritismo, restituindo ao espírito o seu verdadeiro papel na criação, constatando a superioridade da inteligência sobre a matéria, apaga naturalmente todas as distinções estabelecidas entre os homens segundo as vantagens corpóreas e mundanas, sobre as quais só o orgulho fundou as castas e os estúpidos preconceitos de cor".

O texto que acabamos de ler acima foi disponibilizado por nosso irmão Ronaldo Alpedrin (Mestre Azul) no site: <http://mestreazul.blogspot.com/2008/05/umbanda-preto-velho-kardec.html>, consultado em 21 de fevereiro de 2009. Nesse mesmo endereço eletrônico, irmão Mestre Azul cita sua fonte: *Boletim* n. 2090, 19 abr. 2008, Serviço Espírita de Informações, Lar Fabiano de Cristo, Rio de Janeiro.

O texto reproduzido acima pode ser confirmado no livro *Tesouros da Revista Espírita de Allan Kardec*, FEESP, 2008, p.101-102. Abaixo destaco apenas um fragmento do texto original:

**Kardec:** Em que o senhor utiliza seu tempo, agora?

**Pai César:** Procuro me esclarecer e pensar em que corpo seria melhor eu nascer de novo.

**Kardec:** Quando estava vivo, o que achava dos brancos?

**Pai César:** Achava que eram bons, mas tinham orgulho de uma brancura que não é mérito deles [...].

**Kardec:** O senhor disse que estava procurando um corpo para reencarnar; vai escolher um corpo branco ou negro?

**Pai César:** Branco, porque o desprezo das pessoas me faz sofrer [...].

Podemos observar um espírito que na última encarnação foi um negro, desencarnado já com idade suficiente para considerar-se ancião, um "negro velho" comunicando-se com Kardec. Embora, para muitos, "negro velho" ou "negro ancião" e "preto-velho" seja a mesma coisa, para a Umbanda "preto-velho" se insere em um contexto doutrinário; reflete um arquétipo de sabedoria, iluminação e superação de todos os obstáculos que a vida lhe ofereceu. Preto-velho não é o que "sofreu" e se "amargurou", mas sim aquele que esteve e está acima de todo o sofrimento. "Preto-velho" é aquele que representa a vitória acima de todos os grilhões que a vida nos impõe; é aquele que nos ensina que maiores são os grilhões da ilusão que nos prendem ao ego e à vaidade de crer que uma raça possa ser superior à outra. "Preto-velho" ensina que, quando o "branco" lhe colocou correntes, estava acorrentando a si mesmo nas leis inexoráveis de causa e efeito, que mais dia menos dia haveria de pesar na alma dos "senhores". "Preto-velho" é aquele que ensina que aguentar firme e na fé as "chibatadas" que a vida nos dá confere valores de uma força espiritual que em nada se compara com a força física. "Preto-velho" é "símbolo" de Umbanda, figura que por si só já exerce um impacto doutrinário. Pois é este humilde ex-escravo, que foi acorrentado e muito apanhou nos troncos de engenho, que está ali para ouvir nossas queixas sobre a vida. É da boca do velho de fala baixa e mansa que vamos colher a essência de sabedoria para a vida. Diante desse "arquétipo", mesmo em completo silêncio, somos levados à reflexão sobre nós mesmos e sobre nossa postura diante da vida; repensamos o que costumamos chamar de "problemas", encontrando no "modelo" "preto-velho", um caminho que transcende a personalidade daquele espírito para firmar-se como elemento ritualístico, a forma pela qual essas entidades "escolheram" para manifestar-se na religião.

Seguindo os velhos iluminados, os "originais" e "ancestrais" "pretos-velhos" são espíritos missionários que pediram, escolheram e foram escolhidos para nascer em meio à escravidão, aqui no Brasil, com a finalidade de trazer um pouco de luz a tantas almas presas no cativeiro material e espiritual. Esses milhares de espíritos: "Pai José", "Pai João", "Pai Benedito", "Pai Antônio" ou "Vovó Maria", etc., com nomes cristãos de escravos batizados, seguem o modelo daqueles que, junto com os "Caboclos", fundaram a Umbanda e nela definiram arquétipos ("Preto-velho" e "Caboclo"), que são em si mesmos a figura de seus iluminados fundadores. Mais tarde viriam outros arquétipos, como ciganos, baianos, boiadeiros, marinheiros, etc. nesta Umbanda que tem um perfil altamente "inclusivo", que não exclui nada nem ninguém.[28]

---
28. Esse perfil "inclusivo" da Umbanda pode ser verificado, logo em seus primeiros momentos, nas palavras do Caboclo das Sete Encruzilhadas quando afirma que: "Com quem sabe mais aprenderemos, a quem sabe menos ensinaremos e a ninguém vamos dar as costas".

Fica assim uma reflexão sobre o que é o "preto-velho" como elemento, valor e símbolo indissociável da cultura e religião umbandista. "Preto-velho" expressa muito mais que "raça negra" e "idade avançada", ele é o identificador de um dos elementos formadores da Umbanda. Nem todo "preto-velho" foi um velho negro, mas todos que assim se manifestam *optaram* por essa forma de manifestação, portanto, que não se confunda opção com falta de opção. Por mais que especulemos, nunca saberemos em profundidade com quem nos comunicamos no mundo espiritual, além de um nome, de seu perfil e de sua forma plasmada; e é por isso que vale sempre avaliar o teor das mensagens e a vibração própria de cada entidade. Por esse fundamento é que Gabriel de Malagrida em sua memorável primeira manifestação teria dito: *"se é que preciso de um nome, seja então Caboclo das Sete Encruzilhadas, porque não haverão caminhos fechados para mim"*. Ele já surge com nome simbólico e explicando o simbolismo do mesmo.

Os guias espirituais e mentores na Umbanda se valem da forma de apresentação como recurso psicológico e emocional para alcançar certo objetivo com relação a quem lhes procura. Assim, a figura "preto-velho", como as outras, exerce impacto doutrinário, de valores imprescindíveis para a construção da identidade umbandista.

## 2. Origem Africana

A palavra Umbanda já existia na África antes de surgir a religião Umbanda no Brasil; aqui e lá essa mesma palavra se refere a práticas rituais que guardam semelhanças e diferenças, pois não são a mesma coisa. Esse fato cria algumas confusões com relação "A" origem da Umbanda. Em nosso ponto de vista, a Umbanda tem várias origens diferentes; africana é uma delas, com a mesma importância das outras. Ainda assim, houve, no meio umbandista, aqueles que defendessem "A" origem africana como uma única fonte original, e outros ainda, que vieram a manipular essa mesma origem para desacreditá-la, apenas como uma passagem da mesma Umbanda pelo continente africano. Vejamos algumas variantes desses conceitos ligados à origem africana da Umbanda:

**Martha Justina**, no Primeiro Congresso Brasileiro do Espiritismo de Umbanda, apresentou o tema "Utilidade da Lei de Umbanda", no dia 21 de outubro de 1941, em nome da Cabana de Pai Joaquim de Luanda. A seguir, destaco alguns fragmentos que interessam ao tema proposto:

Todas as religiões foram trazidas de outros países; a Umbanda, por exemplo, foi trazida da África [...]

A Lei de Umbanda, trazida ao Brasil pelos africanos, era professada com os ritos severos da África; podemos mesmo dizer que continham uma série de coisas exóticas e horripilantes. Por exemplo, os médiuns, para receberem o espírito guia, chamado "orixá", passavam por vários sacrifícios, como raspar totalmente a cabeça, tomar banhos de ervas aromáticas, vestirem-se de branco, e novas deviam ser suas vestes, fazer jejum, ficarem em retiro durante muitos dias em um camarim, e quando daí saíam dançavam sob o som de músicas africanas acompanhadas de palmas batidas pelos assistentes; isso até receber ou dar incorporação ao espírito destinado à prática da caridade por seu intermédio. Em ação de graças, pelos benefícios recebidos, sacrificavam animais e ofereciam bebidas, etc.

Isto no Brasil já dista de mais de meio século; e como nada estaciona no mundo, obedecendo à lei imutável do Criador, a Lei de Umbanda também segue seu curso evolutivo, saindo das grotas, das furnas, das matas, abandonando os anciões alquebrados, fugindo dos ignorantes, quebrando as lanças nas mãos dos perversos, vem nessa vertigem louca de progresso, infiltrando-se nas cidades para receber o banho de luz da civilização e em troca nos oferece a sua utilidade, que não é mais do que suas obras de Caridade praticadas pelos espíritos que formam as grandes falanges dos africanos, digo, os que tiveram por berço material a África; eles trabalham no grande laboratório do Universo, manipulando os fortes remédios para curar as terríveis enfermidades da humanidade.[29]

No texto acima pudemos ver a teoria de Martha Justina sobre a origem africana da Umbanda; no entanto, ao se referir às práticas afros da Umbanda, especialmente sobre iniciação, nos parece que ela coloca elementos da cultura nagô-yorubá, que são presentes no Candomblé Baiano, especialmente na linha de Keto. Também é possível verificar uma tese, muito comum naquela época, de que as religiões evoluem; logo, a Umbanda também evolui. Seria ela, portanto, o fruto da evolução de cultos "arcaicos" e "primitivos" africanos. Essa ideia de evolução da religião é presente no positivismo de Augusto Comte, que acredita que a Religião era uma evolução da magia e que seria também superada pela ciência; teoria esta que animou todo um discurso durante o período chamado de "Mundo Moderno". Observamos o mesmo "pensamento moderno" na Igreja Católica (antes do Concílio Vaticano II,

---

29. Biblioteca Pública Virtual. Primeiro Congresso Brasileiro do Espiritismo de Umbanda, p. 88; 93-94. Disponível em: <http://ebooks.brasilpodcasl.net/>. Acesso em 12 de setembro de 2008. Doravante denominado PCBEU.

1962-1965), acreditando que as outras religiões um dia evoluiriam até tornarem-se cristãs. O próprio Espiritismo tem correntes de pensadores que concordam com essa ideia evolutiva, pois "quando todos conhecerem as verdades de Kardec, tornar-se-ão espíritas". De qualquer forma, a religião do outro é sempre menos; se for mais antiga, é atrasada ou arcaica; se for mais recente, é uma "seita". Hoje essa teoria está ultrapassada, e crer que a religião do outro é inferior de alguma forma aponta para o preconceito religioso e, muitas vezes, até racial, embutido ou oculto em uma pretensa filosofia cientificista.

No texto integral da autora citada, também é possível verificar a defesa de que Umbanda é Espiritismo africano, ou, em suas palavras: "Espiritismo na modalidade de Umbanda. O Espiritismo é tão velho como a própria humanidade, Kardec não criou o Espiritismo (ele o codificou), assim Umbanda se enquadra no Espiritismo de Kardec".

**Dr. Baptista de Oliveira**, no Primeiro Congresso Brasileiro do Espiritismo de Umbanda, na reunião de 22 de outubro de 1941, com o tema "Umbanda: suas origens, sua natureza e sua forma", apresentou também uma origem afro para a Umbanda, como vemos abaixo:

> **As origens**
>
> Não obstante as divergências por vezes profundas na concepção que de Umbanda tem os seus afeiçoados e adeptos, todos são acordes quanto às suas origens africanas.
>
> A natureza das suas práticas, revestidas todas elas de tão grosseiros aspectos, assim como a rudeza do vocabulário com que se processam os atos da sua estranha liturgia, tudo isto lhes justifica a paternidade: Umbanda veio do Continente Negro. Também sou dessa opinião, muito embora discorde em um detalhe.
>
> Umbanda veio da África, não há dúvida, mas da África Oriental, ou seja, do Egito, da terra milenar dos Faraós, do Vale dos Reis e das Cidades sepultadas na areia do deserto ou na lama do Nilo.
>
> O barbarismo afro de que se mostram impregnados os ecos chegados até nós, dessa grande linha iniciática do passado, se deve às deturpações a que se acham naturalmente sujeitas as tradições verbais, melhormente quando, além da distância a vencer no tempo e no espaço, têm elas de atravessar meios e idades em absoluto inadaptados à grandeza e à luz refulgente dos seus ensinamentos. Com Umbanda foi isso o que se deu [...].
>
> [...] A NATUREZA
>
> O chamado Espiritismo de Umbanda, no nosso meio, apresenta três características bem distintas e capazes de nos reportar às suas longínquas

origens, não obstante as deturpações determinadas pelo caldeamento imposto pelo meio.

A Umbanda que se pratica no Rio de Janeiro difere, essencialmente, na forma, da Umbanda que se conhece em todo o Nordeste, a partir da Bahia. Lá, o ritual e o culto conservaram, mais ou menos, a feição e as tendências do oeste africano, enquanto, aqui no sul, a influência do aborígine se tornou incontestável, tal a sua evidência.

No setentrião brasileiro as práticas de Umbanda se processam sob formas bem diferentes das que se observam no Rio e na Bahia, tendendo mais para a ascese a que são obrigados os adeptos do rito iniciático indiano.[30]

Na fala do Dr. Baptista de Oliveira, vemos a busca por uma origem africana diferenciada, a egípcia, que é, neste ponto de vista, o berço de todas as religiões. Como houve muitas deturpações, Umbanda é uma forma de se remontar aos grandes mistérios desta civilização antiga e fascinante. O autor também não faz distinção entre Umbanda e Candomblé, pois, quando se refere à Umbanda na Bahia, pode ser que esteja se referindo aos Cultos de Nação, em sua maioria Nagôs, os quais predominam na cultura baiana.

**Diamantino Coelho Fernandes**, provavelmente o maior articulador no Primeiro Congresso de Umbanda, em nome da Tenda Espírita Mirim, teve a maioria de suas ideias aceitas como conclusões do Congresso. Entre as teorias por ele apresentadas está uma sobre a origem da Umbanda, parecida com a tese do dr. Baptista. Diamantino vai além: "a Umbanda vem da África para o Brasil, mas sua origem está longe de ser o continente negro." Vejamos algumas considerações, na tese "O Espiritismo de Umbanda na evolução dos povos":

> Segundo dados conhecidos, a Umbanda vem sendo praticada em terras brasileiras desde o meado do século XVI, sendo, por conseguinte, a mais antiga modalidade religiosa implantada sob o Cruzeiro do Sul, depois do Catolicismo, que nos veio com os descobridores.
>
> > "Trouxeram a Umbanda, no recôndito de suas almas atribuladas de escravos, vendidos como mercadoria de feira aos grão-senhores do Brasil, os primeiros sudaneses e bantus que aqui chegaram cerca do ano de 1530, procedentes de Angola, da Costa dos Escravos, do Congo, da Costa do Ouro, do Sudão e de Moçambique" (Edison Carneiro, *Religiões negras*, Civilização Brasileira, 1936.)

---

30. PCBEU, p. 114-117.

> Daí o ritual semibárbaro sob o qual foi a Umbanda conhecida entre nós, e por muitos considerada magia negra ou candomblé. É preciso considerar, porém, o fenômeno meselógico peculiar às nações africanas donde procederam os negros escravos, a ausência completa de qualquer forma rudimentar de cultura entre eles, para chegarmos à evidência de que a Umbanda não pode ter sido originada no Continente Negro, mas ali existente e praticada sob um ritual que pode ser tido como a degradação de suas velhas formas iniciáticas.
>
> Sabendo-se que os antigos povos africanos tiveram sua época de dominação além-mar, tendo ocupado durante séculos, uma grande parte do Oceano Índico, onde uma lenda nos diz que existiu o continente perdido da Lemúria, do qual a Austrália, a Australásia e as ilhas do Pacífico constituem as porções sobreviventes, fácil nos será concluir que a Umbanda foi por eles trazida do seu contato com os povos hindus, com os quais a aprenderam e praticaram durante séculos.
>
> Morta, porém, a antiga civilização africana, após o cataclismo que destruiu a Lemúria, empobrecida e desprestigiada a raça negra, segundo algumas opiniões, devido à sua desmedida prepotência no passado, em que chegou a escravizar uma boa parte da raça branca, os vários cultos e pompas religiosas daqueles povos sofreram então os efeitos do embrutecimento da raça, vindo, de degrau em degrau, até ao nível em que a Umbanda se nos tornou conhecida [...].[31]

Dessa forma, sob a ótica de Diamantino, a Umbanda teria origem na Lemúria, para depois passar pela África e chegar ao Brasil. Assim, a Umbanda é a mais antiga das religiões, resgatando a pureza de um continente perdido. Vamos retomar essa questão na seção "Origem mítica" da Umbanda.

O que verificamos nesse Primeiro Congresso Brasileiro do Espiritismo de Umbanda é uma necessidade de "desafricanização" da religião. Alguns expositores reconhecem uma origem africana para a Umbanda, como vimos anteriormente, no entanto, não se orgulham dessa raiz e vão buscar, além da África, outras culturas e civilizações que justifiquem uma superioridade da Umbanda. Não encontrando argumentos para extirpar a raiz afro da Umbanda e, ao mesmo tempo, buscando diferenciá-la dos Cultos de Nação, a saída foi colocar a África como um "caminho" por onde a Umbanda apenas passou. Embora reconhecessem uma origem afro, não se orgulhavam dela, pelo contrário, a desmereciam, o que não pode ser considerado uma defesa da origem.

---

31. Ibid., p. 45-47.

A defesa da origem afro, sua valorização e orgulho, surgirá em 1951 com a presença de Tata Tancredo em seu primeiro título sobre Umbanda: *Doutrina e ritual de Umbanda*, escrito em parceria com Byron Torre de Freitas, que já era escritor e teve seus títulos citados durante a apresentação de Tata Tancredo (*A Terra*, 1926, e *Ameríndios*, 1938). Em *Doutrina e ritual de Umbanda*, podemos ver Tata Tancredo abordar todas as culturas afros que foi possível, assim como a cultura indígena, o ocultismo e o esoterismo da Teosofia (*Filosofia esotérica da Índia*). Ao longo do texto, deparamos com citações de Blavatsky (*Doutrina secreta*), Popul-Vuh (*Livro Sagrado dos Quetchuas*), Édouard Schuré (*Os grandes iniciados*), Ramakrishna, Vedas e, entre outros, cita Epiága, que é o nome usado por Domingos Mangarinos (*Muito antes de 1500* e *Amerríqua*).[32] Os conceitos esposados por este último autor vão influenciar demais o pensamento sobre a origem indígena da Umbanda e também sobre os fundamentos do que viria a ser *Umbanda Esotérica*.

**Tata Tancredo da Silva Pinto**, presidente perpétuo da Congregação Espírita Umbandista do Brasil, foi então o maior defensor da origem africana da Umbanda ou, se preferir, da Umbanda Afro-brasileira. Além disso, foi precursor do Culto de Omolocô e estudioso de Cabula, Catimbó e Jurema, e atraiu para a Umbanda os cultos afro-brasileiros cariocas, de vertente Banto (angola-congo), até então identificados popular e, mais tarde, sociologicamente como "macumbas". Assim como a Umbanda se aproximou do Espiritismo, os cultos afro-cariocas e outras vertentes em geral se aproximaram da Umbanda. Tata Tancredo foi reverenciado pelos seguimentos mais populares e, principalmente, pelos morros cariocas, por considerar o aspecto inclusivo da Umbanda, a ponto de aceitar tudo como Umbanda, desde que tivesse "origem" ou identificação africana. Destaco a seguir algumas passagens de títulos, de sua autoria, que revelam sua ideologia umbandista:

---

32. Ambos publicados pela Madras Editora.

## Umbanda

A falta de uma escola doutrinária dos preceitos umbandistas é motivo de constantes e diversas distorções nos cultos afro-brasileiros. Infelizmente, essas confusões em relação às diversas divisões da seita têm a tendência de crescer pela falta de conhecimento de muitos dos chefes de Terreiros, que, aprendendo errado, ensinam errado a seus iniciados. Infelizmente é comum verem-se pessoas que, apesar de já labutarem na seita há vários anos, incorrem em graves erros de interpretação, que os denigre na presença dos conhecedores dos verdadeiros significados cabalísticos dos cultos. Uma das maiores confusões em que esses senhores incorrem é sobre a interpretação da palavra Umbanda. Muitos pensam erradamente ser Umbanda uma determinada nação. Eis um conceito totalmente errôneo. Umbanda é uma seita, professada dentro dos cultos afro-brasileiros, e dentro dela existem várias nações, como: Omolocô, Keto, Nagô, Cambinda, Angola e outras mais. Quando uma determinada pessoa pertencente aos preceitos umbandistas ouvir a pergunta: Qual é a sua seita?, a resposta correta deverá ser: eu sou umbandista. Logo após deverá preparar-se para indicar a sua nação [...]. Como se deve notar, a seita é uma só (Umbanda); as nações é que divergem de acordo com a origem de cada uma. Essa é a verdadeira interpretação, dentro dos preceitos dos cultos, e não a eterna confusão que muitos fazem, confundindo nação com seita e outras bobagens mais. [...].[33]

O povo Bantu, Nigeriano, Sudanês e outros, que aqui aportaram como escravos, traziam, entre eles, sacerdotes e iniciados que mais tarde viriam a influir decididamente na origem dos cultos afro-brasileiros, sendo de se destacar os Lundas-Quiocos, que deram origem ao OMOLOCÔ, sofrendo, todavia, esse culto, influência de outros cultos afros, devido à perseguição que na época lhe moviam os senhores feudais, obrigando tanto os sacerdotes como os iniciados e demais escravos a se refugiarem nos quilombos e mesmo no mato, evitando com isso os tremendos castigos que lhe impunham. Dessa maneira, unidos os sacerdotes, iniciados e demais negros professantes de outros cultos, fundiram-se em torno da UMBANDA, pois assim podiam eles praticar os seus cultos e, ao mesmo tempo, esquecerem os maus-tratos recebidos.

Ressalte-se que, inteligentemente, os sacerdotes aceitaram a forma de UMBANDA, respeitando eles o culto e o ritual autêntico. O gênero UMBANDA nasceu, por conseguinte, de uma unificação de cultos e o próprio nome assim analisado não tem outro significado que não seja este.

O culto Nagô, Angola, Gêge, Juremeiro, etc., têm um crescendo impressionante de ritos e cerimônias, dogmas diferentes, mas sempre com a mesma essência, isto é, os segredos e os conhecimentos secretos, rigorosamente

---

33. Pinto, Tancredo da Silva. *O Eró da Umbanda*. Rio de Janeiro: Eco, [s.d.], p. 88-89.

observados e mantidos pelos antigos sacerdotes [...]. Diante disso, torna-se a UMBANDA, hoje, uma religião nacional, porque graças a essa unificação, até hoje encontramos velhos sacerdotes dos cultos afro--brasileiros que não só acatam como reverenciam a UMBANDA como religião [...].[34]

Igualmente, muitos séculos antes de aparecer o iluminado Allan Kardec, o Espiritismo fazia parte do culto de Umbanda e os médiuns africanos serviam de aparelho para as manifestações dos Orixás e dos Espíritos da Natureza [...].[35]

O RITUAL DOS CABULISTAS

Todo mundo sabe que as seitas africanas são muito antigas. Séculos e séculos depois é que surgiu a doutrina cristã [...].

Pouca gente conhece hoje o culto dos negros Cabulistas, que são de origem Monjolo e Male. Os Cabulistas (não confundir com a palavra cabalista) faziam os seus trabalhos nas matas virgens e eram conhecedores profundos dos pontos cabalísticos, de leitura muito difícil.

Desse culto, originou-se, mais tarde, a Linha das Almas, em consequência do sincretismo católico, que trouxe as palavras "almas" e "espírito". Passaram, então, os Cabulistas a fazer suas obrigações para as "almas", mas dentro do seu culto [...].

Como dissemos, na Linha das Almas, o sacerdote chefe é o *Tata*, quer se trate de homem ou de mulher. Os seus auxiliares diretos são: os *macotas*, os *cambonos* de gira, os *cambonos* auxiliares e os *camanãs*.

O *embanda* é o orientador doutrinário, que tem noção dos diversos cultos.

Na Lei das Almas, os homens são chamados de *mucambos* e as mulheres de *macambas*. O médium de modo geral é *camba*.

Usam seus gorros (camates), cujas cores dependem da espécie de trabalho que vão realizar. Os auxiliares usam também panos amarrados na cabeça, com as mesmas cores – branca, vermelha, etc. As suas "guias" são de "lágrimas-de-Nossa-Senhora", com pequenas cruzes de guiné, amuletos, etc. Lembremos, a propósito, que a cruz é um velhíssimo símbolo religioso, muito mais antigo que o cristianismo.

Os cambas, quando em trabalho do culto, usam um largo cinturão, onde trazem, embutidos, diversos amuletos, pedaços de aço, de ferro, ferraduras pequenas, duas estrelas de prata, etc. Quando em traje civil, usam camisas fechadas no pescoço e abertas nos ombros, com a abertura abotoada.

---

34. Ibid., p. 134-135.
35. Pinto, Tancredo da Silva. *Doutrina e ritual de Umbanda*. Rio de Janeiro: Espiritualista, 1951, p. 74-75.

Os seus auxiliares diretos são os *embandas*, os *cambonos de gira* e outros.

Os espíritos da Natureza que habitam nas selvas são chamados de *santé*, e têm, nos nomes, algumas semelhanças com os demais cultos. Assim. *Tata Veludo* corresponde a Exu. *Tata das Matas*, a Oxóssi, *Tata da Pedreira*, a Xangô, etc.

Os que vão iniciar nesse culto recebem o nome de *camanãs*, para os homens, e *mucambas*, para as mulheres.

Os seus trabalhos são realizados embaixo de árvores consagradas no culto, dentro das matas. Esse trabalho chamava-se *mesa*, e é assistido pelos sacerdotes menores, como os *embandas*.

A *mesa* (o trabalho) é aberta três dias antes ou três dias depois da Lua Nova, conforme a natureza do trabalho. Acendem uma vela na direção Norte-Sul, riscando um grande signo de Salomão, de 35 ou oito pontas e colocando uma cruz nesse local.

Na mesa, debaixo das árvores consagradas, colocam espelhos, pedras, cachimbos grandes e pequenos, um alguidar com uma infusão de raízes, como guiné, João-bandi, mil-homem e outras, além de tocos e banquinhos [...].

Os *santés*, quando arriados, batem no peito, emitindo um ronco oco, acompanhado pelas palmas ritmadas dos presentes. Os pretos-velhos, espíritos de velhos Tatas, dançam flexionando os joelhos [...].

Os de hoje, que julgam trabalhar nesse culto, mas que desconhecem os pontos e as preces cabulistas, fazem tremenda mistura com o Espiritismo de Kardec [...].

O ritual dos Cabulas era mui diferente do Nagô e do Omolocô [...].[36]

Tata Tancredo tem uma forma muito peculiar de entender a Umbanda, parece-nos que engloba de tudo, de todas as culturas, absorvendo inclusive os outros cultos e religiões como nações desta. Elogia Allan Kardec, mas deixa claro que o Espiritismo já era praticado na África havia muito tempo, antes de o codificador europeu reunir sua obra.

Pioneiro do Omolocô, é um dos poucos autores que aborda a Cabula, que, embora não seja Umbanda, é uma influência.

Da Cultura Nagô, a Umbanda recebe o culto aos Orixás, reverenciados na natureza, sendo oferecidos a eles frutas, flores, velas e bebidas. Da cultura Gêge, a Umbanda reconhece semelhanças com o Tambor de Mina do Maranhão e sua encantaria, em que se manifestam

---

36. Id.; Freitas, Byron Torres. *Camba de Umbanda*. Rio de Janeiro: Aurora, [s.n.], p. 13-17.

"Caboclos" e "Pretos-Velhos", na condição de "encantados", índios e africanos, entre outros. Não podemos esquecer também a origem Bantu de algumas palavras, como Umbanda, Kimbanda, Cambone, Enjira e Zambi; este é o nome de Deus em Quimbundo.

A origem africana foi muito cogitada na Umbanda e sua inserção teria acontecido pela presença do Preto-Velho. Pai Ronaldo Linares[37] costuma dizer que, na primeira tenda de Umbanda (TENSP), quem inseriu o uso de guias, cachimbo e culto aos Orixás foi Pai Antônio, preto-velho que trabalhou com Zélio de Moraes até o seu desencarne e que, em algumas ocasiões, se manifesta por meio da filha carnal de Zélio de Moraes, Zilméia de Moraes Cunha.

## 3. Origem Indígena

De sua raiz indígena a Umbanda recebe o amor à natureza e a influência do xamanismo caboclo e da pajelança, bem como o uso do fumo, que é considerado erva sagrada para os índios. Um culto irmão da Umbanda, o *Catimbó*, *Jurema* ou *Linha dos Mestres da Jurema*, também realiza trabalhos com entidades espirituais de forma muito parecida com esta, sob influência direta do Toré, que é uma prática essencialmente indígena. A Umbanda e o Catimbó trabalham com algumas entidades em comum, como, por exemplo: Caboclo Tupinambá, na Umbanda, e Mestre Tupinambá, no Catimbó; Caboclo Tupã e Mestre Tupã; Caboclo Gira-Mundo e Mestre Gira-Mundo; Pai Joaquim e Mestre Joaquim; e o tão conhecido Mestre Zé Pelintra, Juremeiro muito presente na Umbanda. Alguns chegam a dizer que a Jurema é "Mãe da Umbanda", de tanto que teria colaborado com esta. O Toré e a Jurema são vivos ainda hoje nas tribos Kariri-Xocó, consideradas os guardiões da Jurema. Em conversa com um amigo de uma dessas tribos, o índio Tkainã, o mesmo me esclareceu que *Aruanda* é a *Terra da Luz* para sua cultura, falada na língua Macrogeu; "coincidentemente", Aruanda é uma região do Mundo Astral, para os umbandistas. Muitas vezes na Umbanda se usa o termo *Jurema* para identificar um local do mundo espiritual de onde provêm os Caboclos.

O uso de chás, banhos de ervas e defumações é algo em comum para indígenas, africanos e europeus. Em muitas Tendas de Umbanda se vê o uso do Maracá (chocalho indígena) e outros elementos, como penachos e cocares, usados pelas entidades incorporadas, que dá todo um ar indígena à Umbanda.

---

37. Presidente da Federação Umbandista do Grande ABC.

A primeira manifestação de Umbanda que se tem notícia é do Caboclo das Sete Encruzilhadas, que justifica chamar-se "caboclo" por ter sido índio em uma encarnação aqui no Brasil; ele esclarece ainda que, em outra encarnação, foi o frei católico Gabriel Malagrida, queimado na Santa Inquisição.

São os Caboclos verdadeiros mentores da Umbanda, apresentando-se como linha de frente e de comando dentro da religião, sendo, na maioria das vezes, quem responde pela "chefia" e pela responsabilidade do que é realizado dentro de uma Tenda de Umbanda.

**Decelso**, em seu livro *Umbanda de Caboclos*, mostra o quanto a Umbanda pode ser cabocla ou indígena, apresentando inclusive uma relação de divindades indígenas correspondentes aos Orixás:

**Os deuses**

Segundo Heraldo Menezes, a similitude existente entre o Panteão aborígine e o africano está assim entendido:

TUPÃ – Divindade Suprema, pode ser identificada como Oxalá, ou melhor, Obatalá ou Zâmbi

IARA – Divindade ou "deusa" das águas – Iemanjá

TUPI – Divindade ou "deus" do fogo – Erê

CARAMURU – Divindade do Trovão – Xangô

URUBATÃO – Divindade ou "deus" – Ogum

AIMORÉ – Divindade ou "deus" da caça – Oxóssi

JUREMA – Divindade das matas, cachoeiras – Oxum

JANDIRA – Divindade dos grandes rios – Nanã

MITÃ – Divindade criança – Ibeji

IURUPARI – Divindade do mal – Elebá ou Exu

ANHANGÁ – Divindade da Peste – Omulu

Seguem-se os semideuses, ou divindades de segunda ordem, aquelas cujo poder é inferior ou está abaixo das acima mencionadas. Vejamos os semideuses.

SEMIDEUSES

GUARACI – Divindade representativa do Sol – Orum

JACI – Divindade da Lua – Oxu

PERUDÁ – Divindade do Amor – Obá

CAAPÓRA – Divindade protetora dos animais – Ossãe

CURUPIRA – Divindade dos campos – Corico-tô

IMBOITATÁ – Divindade dos montes – Okê

**João de Freitas**, em seu livro *Xangô Djacutá*, também compara os Orixás às divindades tupi-guarani: "Xangô ou Caramuru, Ogum ou Urubatã, Oxóssi ou Aimoré [...]". Na mesma obra, apresenta um vocabulário com palavras tupi-guarani e ressalta a presença dos elementos da cultura indígena na Umbanda, inclusive ensinando algumas receitas, como a bebida da Jurema:

> A Jurema, saborosíssima e inigualável mistura, é outra fórmula dos nossos índios que os terreiros não dispensam porque faz parte da tradição ritualística. Essa bebida é feita de vinho de jurubeba em maceração com folhas de jurema, mel de abelhas e batatinhas de gengibre. Adiciona-se, após a maceração, no período de vinte e quatro horas, um terço de aguardente de milho. Esse licoroso néctar é servido em pequeninos coités ou em taças aos visitantes ilustres.

A Tenda Mirim e o Primado de Umbanda, por intermédio de seu presidente fundador, **Benjamim Figueiredo**, também idealizaram uma Umbanda mais indígena, na qual a influência africana é menor, evitando-se a presença de elementos católicos, como as imagens de santos, e figurando no altar apenas a imagem de Cristo (*O Médium Supremo*). Na Tenda Mirim foi idealizada uma estrutura hierárquica interna, com graus de iniciação identificados por nomes indígenas, a saber:

1º Grau – Bojá-Mirim – Iniciante

2º Grau – Bojá – Banco

3º Grau – Bojá-Guassú – Terreiro

4º Grau – Abaré-Mirim – Subchefe de Terreiro

5º Grau – Abaré – Chefe de Terreiro

6º Grau – Abaré-Guassú – Subcomandante Chefe de Terreiro

7º Grau – Morubixaba – Comandante de Terreiro

Tuxaua – O Comandante Geral da Organização que tem em seus ombros a responsabilidade de manter a disciplina e todo o patrimônio material, moral e espiritual da Organização. Nomenclatura – Chefe Supremo.

A antropóloga **Maria Helena Vilas Boas Concone**, em sua tese de doutorado, defendida na Pontifícia Universidade Católica (PUC), em 1973, *Umbanda: uma religião brasileira*, aborda a questão da influência indígena na Umbanda, aqui colocada como "origem indígena". Vejamos a colaboração da autora e antropóloga sobre a "origem indígena" da Umbanda:

> Geralmente se fala, e se repete, da influência da "religião indígena" sobre as religiões de origem africana. Tal colocação nunca foi discutida, mas na realidade só com muitas ressalvas poderíamos falar em uma "religião indígena"; o que houve de fato foi a incorporação de prática de pajelança ou xamanismo como alguns preferem chamar. Por outro lado, os índios que entram na Umbanda são um pouco "índios de cinema", também na sua representação iconográfica que é a mais idealizada possível, incluindo mesmo saiotes de pena. Se entendermos "influência indígena" como uma fórmula ampla, entretanto, a colocação continua válida [...]. Hoje em Umbandas paulistas, podemos ouvir a invocação ao reino da Juremá ou à terra de "Jurema" onde vivem os caboclos (que apesar disso "vêm de Aruanda"). Nos livros de Umbanda também a invocação da jurema (ou juremá) é bastante comum [...].[38]

Para complementar as palavras de Maria Helena, não que fosse preciso, lembramos o "ponto cantado" (música de Umbanda) usado popularmente e largamente para dar início à sessão de Umbanda:

Vou abrir minha Jurema,
Vou abrir meu Juremá,
Com a licença de Mamãe Oxum
E nosso Pai Oxalá.

Ou ainda o ponto de defumação (incensamento):

Defuma com as ervas da Jurema,
Defuma com arruda e guiné,
Alecrim, beijoim e alfazema,
Vamos defumar... filhos de Fé.

Dessa forma, vamos percebendo que existe uma cultura indígena forte dentro da Umbanda, na qual destacamos três pontos que se ressaltam nessa raiz:

- **1. O Xamanismo** é a prática realizada por aborígines do mundo inteiro, como siberianos, australianos, indianos, africanos ou índios das três Américas. Consiste no uso de poderes psíquicos para, em estado alterado de consciência, encontrar respostas, realizar curas ou profecias. Muitas vezes para entrar nesse estado de transe, eles usam a ingestão de bebida ou fumo que lhes propicie ampliar sua consciência, sair do corpo em busca de respostas, ou receber, incorporar, a presença de um animal de poder ou ener-

---
38. Concone, Maria Helena Vilas Boas. *Umbanda: uma religião brasileira*. São Paulo: FFLCH/USP – CER, 1987, p.55; 61.

gia poderosa, para auxiliar sua tribo. Aqui no Brasil os pajés são considerados xamãs, e a pajelança, um xamanismo; da mesma forma, os rituais em que está presente a bebida de poder também são vistos como prática xamânica. Podemos lembrar aqui do Santo Daime, Ayuaska, Peiote, Jurema e até a *Canabis sativa* (maconha), sagrada para a religião Rastafari, da Jamaica, onde tal erva é fumada apenas em ritual, não sendo compartilhada com não adeptos.

- **2. O Toré**, que é ainda praticado no Brasil pela tribo dos Kariri-Xocó, consiste em uma dança realizada com a infusão da bebida feita à base de jurema, que pode ser mais ou menos enteógena (alucinógena para os psicólogos e leigos), palavra que significa "encontro com Deus". Os índios reverenciam uma divindade, como um gênio, que é o Espírito da Jurema, diferente de Cabocla Jurema. Da árvore de jurema os índios usam as folhas, as sementes e o tronco para fazer bebidas, maracás (chocalho) e cachimbos, nos quais o fumo também é misturado com folhas de jurema.

- **3. O Catimbó** ou **Linha da Jurema** é muito praticado no Nordeste, principalmente em Pernambuco. Ele consiste em um culto que combina as tradições do Toré com a magia europeia, em que a presença afro se percebe menos. A palavra catimbó pode ser derivada ou deturpada de caxirnbo, não se sabe ao certo sua origem; no entanto, tornou-se sinônimo de magia, em uma forma pejorativa, às vezes confundida com magia negra, mesmo caso que aconteceu com a palavra macumba. Por isso, muitos "catimbozeiros" preferem ser chamados de "juremeiros" ou simplesmente de mestre, que é como se identificam os espíritos guias e também os dirigentes do culto.

Seu ritual lembra um pouco a Umbanda, no entanto, cada médium costuma trabalhar apenas com um ou dois mestres espirituais, que pode ser índio, preto-velho, baiano, marinheiro e outros. Todo o trabalho é feito com o uso da Marca (Caximbo,) por parte dos espíritos, e sempre com o uso da bebida de jurema, antes e durante as incorporações. Para fazer parte desse culto, o neófito passa por uma iniciação chamada "Tombo da Jurema", em que, sob um preparo especial de bebida de jurema, esse médium sai em espírito e vai encontrar seus mestres no astral, onde em espírito vão aprender sobre a arte da Jurema. Muitas entidades da Jurema vêm na Umbanda e vice-versa. O mestre de Jurema mais conhecido por aqui é "Seu Zé Pelintra", que, por sua origem externa à Umbanda, vem em qualquer linha: Caboclo, Preto-Velho, Baiano ou Exu.

Tata Tancredo, no livro *Doutrina e ritual de Umbanda*, 1951, p. 68-69, apresenta um pequeno texto sobre o culto bantu-ameríndio, Jurema, como vemos abaixo:

> A Linha de Jurema representa o culto bantu-ameríndio. Não se conhece os Orixás ou santos africanos. Baixam nos terreiros os caboclos velhos, antigos *caciques* ou *morubixabas* (chefes de tribos) e os piagas (*pajés*, sacerdotes, feiticeiros). Os ameríndios brasileiros acreditam na imortalidade da alma. O seu Deus é Tupã. Seguem-no: Guaraci (o Sol), mãe dos viventes; Jaci (a Lua), mãe dos vegetais; Rudá, protetor do amor e da procriação, guerreiro que reside nas nuvens com suas auxiliares: Cairé (Lua Cheia) e Catiti (Lua Nova). Há um espírito que provoca pesadelos, sem, no entanto, se equiparar ao Diabo dos cristãos ou ao Exu dos Umbandistas – é Jurupari.
>
> Guaraci chefia a seguinte legião de espíritos: Guirapuru (protetor dos pássaros); Anhangá (protetor dos animais terrestres); Caapora (protetor dos animais selvagens); Uauyara (boto, protetor dos peixes).
>
> Jaci, por sua vez, chefia esta legião: Saci Cerêrê [Pererê, nota nossa], o fumante; Mboitatá (gênio-serpente que protege os campos contra incêndios); Curupira (protetor das florestas).

**Luís da Câmara Cascudo**, maior folclorista brasileiro, publicou, em 1951, *Meleagro*, que é um estudo de mais de 20 anos sobre o Catimbó; ainda hoje essa obra é a mais completa sobre o assunto. Na segunda edição do livro, ele apresenta comentários interessantes para este nosso estudo:

> Creio que antes de 1928 estaria eu dando campo ao Catimbó em Natal, contagiado pelas reportagens de João do Rio sobre as religiões suplementares na Capital Federal. Em 1928, dezembro, Mário de Andrade (1893-1945), meu hóspede, "fechou o corpo" com um Mestre frequentador de nossa chácara. Pagou vinte mil réis e narrou a proeza em crônica que não consegui reconquistar. Denunciaria a técnica catimbozeira natalense há 49 anos, fase das anciãs perquiridoras. Terminado em dezembro de 1949, a Editora Agir publicou, em 1951, *Meleagro*, nome pedante para justificar feitiço da Grécia em mão africana. Não se falava ainda em Umbanda, mesmo na cidade de Salvador onde fui garboso "calouro" de medicina em 1918, residindo na Baixa do Sapateiro. Edison Carneiro, baiano investigador devoto, não registra o vocábulo no *Candomblé da Bahia*, 1948, e em *A Linguagem Popular da Bahia*, 1951. Redigi o verbete "Umbanda" para o meu *Dicionário do folclore*

*brasileiro*. Depois de 1960 é que a Umbanda abordou Natal [...]. Neste *Meleagro* verifica-se minha familiaridade com os "Mestres". Dizê-los "Catimbozeiros" era agressão. Reinava o amável sincretismo acolhedor entre os "Mestres do Além", africanos, indígenas e mestiços nacionais [...].

No *Dicionário do folclore brasileiro*, 1954, Câmara Cascudo nos apresenta a definição do verbete catimbó, de onde retiro os fragmentos abaixo, que é a parte do texto que nos interessa aqui:

Feitiço, coisa-feita, bruxedo, muamba, canjerê e também o conjunto de regras e cerimônias a que se obedece durante a feitura do encanto. Reunião de pessoas, presidida pelo "mestre", procedendo à prática do catimbó [...]. Catimbó quer dizer cachimbo, usado pelo mestre. O catimbó não é religião. Não tem ritos maiores, como o candomblé baiano, o xangô pernambucano, sergipano ou alagoano, ou a macumba carioca. Com breve liturgia o mestre defuma os assistentes com o fumo de seu cachimbo e recebe o espírito de um mestre defunto, Mestre Carlos, Xaramundi, Pinavaruçu, Faustina, Anabar, indígenas, negros feiticeiros, como Pai Joaquim, bons e maus. Todos *acostam*, receitam e aconselham. Cada um deles é precedido pelo canto da *linha*, melodia privativa que anuncia a vinda do *Mestre* ou da *Mestra*. Não há indumentária especial, escolas de filhas de santo, comidas votivas, decoração, bailado, instrumentos musicais. O mestre é o curandeiro, o bruxo. Há naturalmente, a presença de elementos negros e ameríndios, nomes de tuxauas e de Orixás, rezas católicas, em um sincretismo inevitável e lógico. O catimbó é prestigioso nos arredores das grandes cidades, consultório infalível para pobres e ricos, embora sem a espetaculosidade sonora do candomblé, da macumba e dos xangôs nordestinos. Na Pajelança amazônica intervêm animais conselheiros, mutuns, boiunas, cavalos-marinhos, cobras, jacarés, ao lado de mestres e mestras. O catimbó aproxima-se velozmente do baixo espiritismo, perdendo a ciência dos remédios vegetais e a técnica de São Cipriano e da Bruxa de Évora. Representa, como nenhuma outra entidade, o elemento da bruxaria europeia, da magia branca, clássica, vinda da Europa, herdeira dos bruxos que o Santo Ofício queimou e sacudiu as cinzas no mar. O mestre é uma sobrevivência do feiticeiro europeu e não um colega do babalorixá, babalawô ou pai de terreiro banto ou sudanês. Catimbó não é sinônimo de Candomblé, macumba, xangô, grupo de Umbanda, casa de mina, tambor de crioulo, etc. É uma presença da velha feitiçaria deturpada, diluída, misturada, bastarda, mas reconhecível e perfeitamente identificável. Foi motivo de quase vinte anos de observação pessoal para o *Meleagro*, ed. Agir, Rio de Janeiro, 1951 [...].[39]

---

39. Cascudo, Luís da Câmara. *Dicionário do folclore brasileiro*. Belo Horizonte: Itatiaia, 1984, p. 206.

A origem indígena é indissociável da Umbanda. Podemos observar, pela importância do Caboclo e da cultura indígena, uma marca da cultura brasileira, da raiz desse povo que vivia aqui muito tempo antes de o branco chegar.

Existe um saudosismo do "bom índio", retratado por José de Alencar, mais ainda da mística desse povo, com suas magias e conhecimento da flora, fauna e botânica dessa terra, que oculta tantos segredos e mistérios ao europeu, que profanou as florestas sagradas, destruiu cidades, templos e campos-santos. Somos ignorantes no que se refere à sabedoria espiritual e natural desse povo; muitos de nós nem imaginam como o índio relacionava-se com o mundo à sua volta. Agora, neste mundo pós-moderno, estamos tentando redescobrir os valores e a "bioética" da raça vermelha, que tratava a terra como sua mãe e os animais como seus irmãos.

O Catimbó surgiu antes da Umbanda. No entanto, com o tempo, começa a acontecer um trânsito religioso-cultural entre esses dois segmentos, que, às vezes, é implícito e sutil, outras vezes, é explícito e direto, como a presença de Zé Pelintra na Umbanda ou as referências a Jurema e ao Catimbó nos pontos cantados.

## 4. Origem Cristã e Origem Católica

O Cristianismo faz parte da cultura do Brasil e está profundamente enraizado no inconsciente coletivo do povo brasileiro; mesmo quando se tornam budistas, não deixam de se considerar cristãos por encontrar enorme coincidência entre a ética budista e a de Cristo. O mesmo ocorre com as outras religiões; candomblecistas, umbandistas, kardecistas, hare-krihsnas e até alguns muçulmanos brasileiros se consideram cristãos, senão abertamente, ao menos na intimidade com os amigos tal fato é revelado.

Zélio Fernandino de Moraes funda a primeira tenda de Umbanda e lhe dá o nome de Tenda Espírita Nossa Senhora da Piedade (TENSP), "porque assim como Maria acolheu Jesus, a Umbanda acolherá os filhos seus". No decorrer de seus 67 anos de atividade mediúnica, juntamente com seu médium, o Caboclo das Sete Encruzilhadas traria para a Umbanda um discurso doutrinário cristão e sincrético com os Orixás.

Jota Alves de Oliveira afirma que "a orientação doutrinária do evangelizado Espírito do Caboclo das Sete Encruzilhadas nos levou a considerar e historiar seu trabalho, enriquecido das lições do evangelho de Jesus, com a legenda: Umbanda cristã e brasileira.[40]

---

40. Oliveira, Jota Alves de. *Umbanda cristã e brasileira*. Rio de Janeiro: Ediouro, [s.d.].

Na Tenda Espírita Mirim não se usa o sincretismo com santos católicos, a única imagem que há é de Jesus, com os braços abertos, representando o "Médium Supremo", "Médium de Deus", "Pai Oxalá da Umbanda".

A origem católica pode ser verificada na presença dos santos católicos, nas datas comemorativas de Umbanda e nos rituais de batismo, casamento e funeral.

De todos os elementos católicos na Umbanda, um que chama muito a atenção é o sincretismo entre santos católicos e Orixás.

Segundo Aurélio Buarque de Holanda, sincretismo é uma palavra que significa: "amálgama de doutrinas ou concepções heterogêneas (de diferente natureza), fusão de elementos culturais diferentes, ou até antagônicos, em um só elemento, continuando perceptíveis alguns sinais originários".

Sincretismo une dois elementos ou ideias, criando uma terceira, composta e derivada destas. Assim, reconhecemos que a Umbanda não criou o sincretismo entre santos e Orixás, ela apenas absorveu a prática já usada nos barracões dos diferentes cultos afros, todos cristianizados para sobreviver na "Terra de Santa Cruz", ou seria de "Vera Cruz"? (O fato é que santa ou vera cruz foi sentida no tronco e nos chicote para castigar quem praticasse "africanismo", considerado "feitiçaria dos negros".) Esse sincretismo é anterior à Umbanda, por isso podemos dizer que ela não é "patrocinadora" ou criadora de sincretismos, apenas absorveu um caldo cultural preexistente.

No período de escravidão e tráfico negreiro, vieram para o Brasil africanos de diferentes culturas e, assim, já nascia um sincretismo entre eles. Orixás Nagô se identificavam com os Voduns Gêge, e estes com os Inquices de Angola, originários de regiões distintas da África, com língua e culto diferentes, mas parecidos na essência. Desse ponto, para identificar os Orixás com santos católicos, foi algo totalmente natural.

Vejamos o que tem a dizer o sociólogo Roger Bastide:

> Vimos que para poder subsistir durante todo o período escravista os deuses negros foram obrigados a se dissimular por trás da figura de um santo ou de uma virgem católica. Esse foi o ponto de partida do casamento entre o Cristianismo e a religião africana em que, como em todas as uniões, as duas partes deviam igualmente mudar, de forma profunda, para se adaptar uma à outra. Foi Nina Rodrigues, muito antes que se falasse em fenômenos ou processos de aculturação, quem primeiro chamou a atenção para esse sincretismo entre a Cruz de Cristo e a pedra

dos Orixás. Depois de distinguir entre os africanos que ainda existiam no seu tempo e os crioulos que começavam a organizar seus próprios candomblés, acrescenta: os africanos se limitam a justapor os santos a suas próprias divindades, os consideram de igual categoria, mas perfeitamente distintos, enquanto entre os crioulos o catolicismo começa a penetrar a fé africana tornando-a uma idolatria de Orixás.[41]

Assim Bastide e Nina Rodrigues registram o surgimento do sincretismo, que, mais tarde, estaria presente na Umbanda, assumindo várias nuanças diferentes. Para alguns, os santos apenas representam os Orixás; para outros, o que vale é o santo, e Orixá é apenas um outro nome para ele, e para outros ainda santos e Orixás ocupam o mesmo espaço, afinal Oxalá e Jesus têm as mesmas qualidades, assim como Ogum e São Jorge, Oxum e Nossa Senhora da Conceição, Xangô e São Jerônimo, Oxóssi e São Sebastião, Obaluaiê e São Lázaro, Iansã e Santa Bárbara, entre outros. Embora sejam distintos, convivem em harmonia na Umbanda.

## 5. Origem Mágica

Boa parte dos autores umbandistas afirmam que Umbanda é magia, encontrando na mesma o sentido e a origem de ser da religião.

O que fundamenta esse raciocínio é a larga utilização de elementos mágicos e rituais nas práticas umbandistas. Observamos desde trabalhos mais requintados, sugeridos pela literatura umbandista, até formas mais populares de magia, como benzimentos, rezas fortes, passes (imposição de mãos), receitas de banhos e chás. As entidades de Umbanda manifestam diferentes procedimentos para realizar sua magia, o que pode ser justificado pela variedade cultural, que se mostra por meio de arquétipos assumidos por elas, como Caboclo, Preto-Velho, Baiano, Boiadeiro, Marinheiro, Orientais (chineses, hindus, persas e outros), Exus e Pombajiras. A rigor, cada um tem a sua magia, no entanto, as práticas transitam entre xamanismo, pajelança, magia afro ofertatória (relacionada com os Orixás e suas oferendas), teurgia (magia europeia) e o que se pode chamar de Magia de Umbanda, práticas comuns a quase todas as entidades, como o uso de pontos riscados, que consistem de signos e símbolos mágicos riscados no chão com um giz chamado "pemba". Durante as práticas, é combinado um conjunto de elementos, como velas, fumo, bebida, ervas, espadas, punhais, pedras, correntes, ponteiros e outros.

---

41. Bastide, Roger. *As religiões africanas no Brasil.* v. 2. São Paulo: Pioneira, 1971, p. 359.

**Leal de Souza**, ao publicar a primeira obra de Umbanda, *O Espiritismo, a magia e as sete linhas de Umbanda*, 1933, já chamava a atenção para a presença da Magia no título do livro. No capítulo XVI, "Os atributos e peculiaridade da Linha Branca", ele apresenta e explica alguns dos elementos utilizados nos rituais de Umbanda e em sua magia:

**Guia** – É um colar de contas de cor simbólica de uma ou mais linhas. Fica, mediante o "cruzamento", em ligação fluídica com as entidades espirituais das linhas que representa. Desvia, neutraliza ou enfraquece os fluidos menos apreciáveis. Periodicamente é lavado nas sessões, para límpar-se da gordura do corpo humano, bem como dos fluidos que se lhe aderiram, e de novo cruzada.

**Banho de descarga** – Cozimento de ervas para limpar o fluido pesado que adere ao corpo, como um suor invisível. O banho de mar, em alguns casos, produz o mesmo resultado.

**Cachaça** – Pelas suas propriedades, é uma espécie de desinfetante para certos fluidos; estimula outros, os bons; atrai, pelas suas vibrações aromáticas, determinadas entidades, e outros bebem-na quando incorporados, em virtude de reminiscências da vida material.

**Defumador** – Atua pelas vibrações do fogo e do aroma, pela fumaça e pelo movimento. Atrai as entidades benéficas e afasta as indesejáveis, exercendo uma influência purificadora sobre o organismo.

**Ponto cantado** – É um hino muitas vezes incoerente, porque os espíritos, que no-lo ensinam, o compõem de modo a alcançar certos efeitos no plano material sem revelar aspectos do plano espiritual. Tem, pois, duplo sentido. Atua pelas vibrações, opera movimentos fluídicos e, harmonizando os fluidos, auxilia a incorporação. Chama algumas entidades e afasta outras.

**Ponto riscado** – É um desenho emblemático ou simbólico. Atrai, com a concentração que determina para ser traçado, as entidades ou falanges a que se refere. Tem sempre uma significação e exprime, às vezes, muitas coisas, em poucos traços.

**Ponteiro** – É um punhal pequeno, de preferência com cruzeta na manga, ou empunhadura. Serve para calcular o grau de eficiência dos trabalhos, pois as forças fluídicas contrárias, quando não foram quebradas, o impedem de cravar-se, ou o derrubam, depois de firmado. Tem, ainda, a influência do aço, no tocante ao magnetismo e à eletricidade.

**Pólvora** – Produz, pelo deslocamento do ar, os grandes abalos fluídicos.

**Pemba** – Bloco de giz. Usa-se para desenhar os pontos. Esses recursos e meios não são usados arbitrariamente em qualquer ocasião, nem são necessários nas sessões comuns. A pólvora, por exemplo, só deve ser empregada em trabalhos externos, realizados fora da cidade, ao ar livre. Nos últimos anos, os guias não têm permitido que os centros ou tendas guardem ou possuam em suas sedes cimba, punhais ou pólvora, concorrendo, com suas instruções, para que sejam obedecidas as ordens das autoridades públicas.

No mesmo livro, o autor apresenta um capítulo chamado "A Magia Negra", em que dá algumas explicações sobre magia e coloca a Umbanda como uma forma de combater a Magia Negra.

Considerando que Leal de Souza se inicia na primeira tenda de Umbanda, a TENSP, entendemos que a prática de magia, de forma explícita, sempre foi uma característica da religião, que faz justificar a presença de alguns elementos e símbolos mágicos na ritualística.

**Capitão Pessoa** foi também iniciado e preparado por Zélio de Moraes na TENSP, e, mais tarde, viria a se tornar dirigente espiritual e sacerdote responsável pela Tenda Espírita de Umbanda São Jerônimo, uma das sete tendas fundadas e mantidas diretamente pelo Caboclo das Sete Encruzilhadas. No texto abaixo, de sua autoria, "Umbanda, a magia e os seus mistérios",[42] podemos observar a importância que, desde sempre, teve e tem a Magia para a prática de Umbanda, e a própria Umbanda como religião e magia:

> A Magia é um tema que me fascina e sobre o qual resolvi tecer algumas considerações. Considerações ligeiras, porque mesmo que eu dispusesse das vinte e quatro horas do dia para discorrer sobre matéria tão relevante não a esgotaria.
>
> Antes de mais nada: o que é a magia?
>
> Para os letrados do século em que vivemos é superstição grosseira, ignorância e exploração da credulidade humana.
>
> Mas, nós que lidamos com a magia, que a realizamos, que vemos os seus milagres diários, sabemos que *magia é a ciência da vida e da morte, é a ciência do bem e do mal, é a arte magna que nivela o homem aos deuses.* (grifo nosso)
>
> A magia, segundo o sábio Adolfo Weiss, que a estuda à luz das ciências oficiais, revela-se irmã maior da moderna física dos raios, e seu domínio é aquele mundo intermédio, entre o mundo conhecido, ou material e o do éter, sobre o qual se pode apenas fazer conjecturas.
>
> E acrescenta aquele ilustre sábio: a magia é, portanto, uma ciência dos fluidos, que constituem um ramo conhecidíssimo das ciências naturais.

---

42. In: Pessoa, José Álvares. *Umbanda: religião do Brasil*. São Paulo: Obelisco, 1960.

O que fazemos nós em Umbanda? Aproveitamos, por processos de Magia, os fluidos que a ciência reconhece e que enchem o espaço que nos rodeia, para aplicá-los em benefício da humanidade sofredora.

E de que meio nos valemos para a aplicação desses fluidos?

Todos nós que frequentamos as Tendas de Umbanda sabemos como se realizam as suas sessões de magia e como chamamos os nossos Guias, que outra coisa não fazem senão manejar esses fluidos com a sua incomparável maestria.

Realizando a difícil tarefa de impor-se em um meio em que uma certa maioria lhe é hostil, a Umbanda revive em pleno século XX os milagres da magia eterna, que durante quase dois mil anos o poder da Igreja de Roma procurou esmagar e que, apesar da luta sem tréguas, floresceu sempre, ora em uma, ora noutra parte, sob o mais rigoroso sigilo em meio fechado e só acessível aos iniciados.

Hoje a grande magia é feita às claras e o reconhecimento dos direitos do homem e a liberdade que a este é assegurada pelo domínio da liberal democracia dão às Umbanda a oportunidade de aparecer, realizando, na sua humildade incomparável, a missão de defender os que a buscam dos temíveis efeitos da magia negra que, pelos mesmos motivos, também é hoje praticada à claras.

A magia é que move o mundo. É a grande força invencível que pode ser manejada para o bem ou para o mal. É uma força viva, como a eletricidade ou a energia atômica, da qual só duvidam os que não querem ter o trabalho de raciocinar um pouco.

"*A magia*" – diz Eliphas Levy – "*encerra, em uma mesma essência, o que a filosofia pode ter de mais certo e o que tem a religião de infalível e eterno. Ela concilia perfeita e incontestavelmente estes dois termos que à primeira vista parecem tão opostos; fé e razão, ciência e crença, autoridade e liberdade. Ela dá ao espírito humano um instrumento de certeza filosófica e religiosa exato como as matemáticas e corroborando a infalibilidade das próprias matemáticas. A Alta Ciência, a Ciência Absoluta, é a Magia.*" (grifo nosso)

E é esta força viva, esta "Ciência Absoluta", que a Umbanda maneja magistralmente, através dos seus poderosos guias, por intermédio dos humildes instrumentos dos terreiros – os nossos irmãos médiuns, que com o mais absoluto espírito de sacrifício tudo deixam para prestar o auxílio que lhes é pedido [...].

A Umbanda, que é, como magia, o instrumento por excelência de que o Rei do Mundo se serve para resolver os problemas dos seus devotos [...]

A magia que é tão velha como o mundo, ou mais velha, tem tido seus períodos de prestígio e decadência, tem imperado sobranceira e vivido ocultamente, sob mil disfarces, em terríveis épocas de perseguição. Mas nunca deixou de ser exercida, fosse qual fosse a sorte reservada aos seus adeptos, ora chamados de alquimistas, ora de bruxos, feiticeiros, magos negros, etc.

Não sendo religião, todas as religiões a praticam, mesmo inconscientemente, ou ignorando que a fazem seus sacerdotes (como os da Igreja Católica que perdeu a chave dos mistérios), quando realizam as suas cerimônias, que outra coisa não são senão operações de alta magia [...].

Umbanda é o milagre vivo diante dos nossos olhos deslumbrados; Umbanda é a ação do Cristo na sua jornada pelo planeta, realizando a sua Magia Divina em favor da humanidade que se debate no sofrimento e na dor.

Umbanda é magia, e magia é a mola que move este mundo [...].

O que a Umbanda faz é reviver para uma multidão aquilo que sempre se praticou nos mistérios dos santuários e para um pequeno número de privilegiados [...].

Há cerca de 40 anos venho diariamente dedicando parte do meu tempo a estudar as coisas da magia, que tanto me seduzem, e cada dia que se passa, ao desvendar novos segredos, ao aprender a aplicação de novas fórmulas, mais me espanto de ver o quão pouco me foi dado saber de uma ciência tão difícil e tão intrincada! Porque quanto mais aprendemos mais se desdobram as perspectivas de novos mistérios a desvendar nessa arte de tão difícil manejo [...].

Não é impunemente que se penetra nos mistérios da magia e à entrada do sagrado recinto onde ela se realiza devia haver um anjo com espada de fogo que fizesse recuar os inconscientes que tentassem nele penetrar! [...].

*Temos orgulho em mais uma vez repetir que somos uma religião de magos. Somos umbandistas e a nossa missão é fazer a boa magia, a magia divina, com o único objetivo de fazer a caridade* [...]. (grifo nosso) [43]

**Lourenço Braga**, 1941, vem por meio de sua literatura trabalhar a relação entre Magia e Umbanda, apresentando os fundamentos da Umbanda como Espiritismo e Magia Branca. Entre os seus títulos está *Umbanda e Quimbanda*, *Os mistérios da Magia* (um romance) e *Trabalhos de Umbanda ou Magia Prática*:

Devemos dividir o Espiritismo, como ele é, na verdade, em três partes, a saber:

---
43. Ibid, p. 78-79; 81; 84; 86-87; 90.

> Lei de Kardec:
>
> Espiritismo doutrinário, filosófico e científico
>
> Lei de Umbanda:
>
> Espiritismo – Magia Branca
>
> Lei de Quimbanda:
>
> Espiritismo – Magia Negra[44]
>
> Depois de haver publicado os livros *Umbanda e Quimbanda* e *Os mistérios da Magia* resolvi, atendendo aos apelos de um grande número de praticantes do espiritismo, escrever o presente livro [*Trabalhos de Umbanda ou Magia Prática*], com o propósito de transmitir aos leitores conhecimentos sobre o modo de praticar a Magia Branca.[45]

No livro *Os mistérios da Magia,* o autor romanceia a história de uma família que sofre as consequências negativas de uma magia negra feita por alguém que queria se "vingar" por não ter recebido a mão da filha de tal família. Depois de muitas tragédias, conseguem ajuda por meio da Umbanda, Magia Branca, onde são desfeitos os efeitos negativos da magia negra. É também um livro doutrinário, que visa esclarecer o que é Umbanda e suas sete linhas, na visão de Lourenço Braga.

**Rubens Saraceni**, médium, sacerdote e autor umbandista, esclarece:

> A Umbanda tem na sua base de formação os cultos afros, os cultos nativos, a doutrina espírita kardecista, a religião católica e um pouco da religião oriental (Budismo e Hinduísmo) e também da magia, pois é uma religião magística por excelência, o que a distingue e a honra, porque dentro dos seus templos a magia negativa é combatida e anulada pelos espíritos que neles se manifestam, incorporando nos seus médiuns.
>
> Dos elementos formadores das bases da Umbanda surgiram as suas principais correntes religiosas, as quais interpretamos assim:
>
> **1ª Corrente** – Formada pelos espíritos nativos [...].
>
> **2ª Corrente** – Os cultos de nação africana [...].
>
> **3ª Corrente** – Formada pelos kardecistas [...].
>
> **4ª Corrente** – A magia é comum a toda a humanidade e as pessoas recorrem a ela sempre que se sentem ameaçadas por fatores desconhecidos ou pelo mundo sobrenatural, principalmente pelas atuações de espíritos malignos e por processos de magia negra ou negativa.
>
> Dentro da Umbanda, o uso da magia branca ou magia positiva se disseminou de forma tão abrangente que se tornou parte da religião, sendo

---

44. Braga, Lourenço, op. cit., p. 9.
45. Id. *Trabalhos de Umbanda ou Magia Prática*. Rio de Janeiro: Foutoura, 1956, p. 9.

impossível separar os trabalhos espirituais puros dos trabalhos espirituais mágicos [...].

[...] Magia é o ato de evocar poderes e Mistérios Divinos e colocá-los em ação, beneficiando-nos ou aos nossos semelhantes [...].

Magia é o ato de ativar ou desativar mistérios de Deus;

Magia é a "manipulação" mental, energética, elemental e natural de mistérios e poderes Divinos;

Magia é o ato de, a partir de um ritual evocatório específico, ativar energias e mistérios que, só assim, são colocados em ação;

Magia é um procedimento paralelo aos religiosos ou, mesmo, parte deles [...].

[...] A Magia Divina é dividida em duas vertentes: uma religiosa e outra energética.

Na magia religiosa, os Orixás são evocados quando são oferendados em seus santuários naturais, e o ritual é um ato religioso, revestido de preceitos e posturas religiosas por quem o realiza;

Na magia energética, os Orixás são ativados a partir de uma escrita mágica ou grafia de pemba, e são usados elementos mágicos específicos.

Na magia religiosa, as velas são usadas para iluminar as oferendas propiciatórias e como sinal de respeito e de reverência às divindades às quais elas são consagradas e firmadas.

bNa magia energética, as velas são apenas mais um dos elementos mágicos usados pelo médium magista e não tem sentido de iluminar algo, mas sim se destinam a projetar ondas energéticas ígneas que queimarão egrégoras e energias negativas, etc.[46]

Comentar os poderes mágicos individuais é mostrar a todos em geral, e a cada um em particular, que todos nós somos portadores de "dons" que nos tornarão aptos a ativar processos mágicos positivos em favor dos nossos semelhantes, bastando para tanto que nos coloquemos em uma vibração e grau consciencial afim com os regentes dos dons.

Um médium, ao colocar o nome de alguém junto à imagem simbólica de um Orixá sagrado, já está realizando a ativação dos poderes daquele Orixá, pois a sua fé o moveu.

Este é o princípio da magia![47]

Nos trabalhos de caridade espiritual, realizados nos centros de Umbanda, tudo é magia. Ela vai desde as baforadas de fumaça até o estalar de

---

46. Saraceni, Rubens. *Doutrina e Teologia de Umbanda Sagrada*. São Paulo: Madras Editora, 2006, p. 22-23; 226-227; 237.
47. Id. *Código de Umbanda*. São Paulo: Madras Editora, 2006, p. 160.

dedos; desde defumações até os cantos dos pontos de chamada para o trabalho. Tudo é mágico na Umbanda.[48]

Rubens Saraceni é o umbandista que mais atenção dedicou à magia, dentro e fora da Umbanda. Além da literatura, ele formou o Colégio Tradição de Magia Divina, no qual prepara as pessoas (umbandistas ou não) para a prática de Magia Divina.

Não faltam autores para defender a magia na Umbanda, sendo a religião rica em elementos e procedimentos mágicos.

Poderíamos nos estender citando a Magia como origem para quase todas as religiões, na busca pelas tradições místicas e mágicas originais das mesmas, invocando Cabala, Sufismo, Gnose, Alta Magia, Teurgia, Wicca, Druidismo, Xamanismo, etc. Poderíamos ainda nos deter nos impressionantes fatos narrados na Bíblia, que podem ser também considerados práticas de Magia, como os grandes feitos de Moisés, a arte dos profetas ou a expulsão de espíritos; sem esquecermos dos três primeiros "cristãos", os três reis magos vindos do Oriente. E não seria magia, também, o Espiritismo visto pelos olhos da Santa Inquisição? Fica assim essa reflexão em aberto para se pensar mais sobre o que é magia e como praticá-la dentro ou fora da Umbanda.

## 6. Origem Espiritual

Como Origem Espiritual, ressaltamos a certeza dos umbandistas de que sua religião foi organizada no astral pelos Caboclos e Pretos-velhos, para depois ser implantada no Brasil.

Leal de Souza conta que o Caboclo das Sete Encruzilhadas estava "no espaço, no ponto de intersecção de sete caminhos, chorando sem saber o rumo a tomar; quando lhe apareceu, na sua inefável doçura, Jesus, que, mostrando-lhe, em uma região da Terra, as tragédias da dor e os dramas da paixão humana, indicou-lhe o caminho a seguir…", dessa forma assumiu a missão de trazer a Umbanda ao Brasil.[49]

**Paulo de Deus** apresenta uma "lenda" interessante, que revela uma origem espiritual para a Umbanda, como vemos abaixo:

UMBANDA!

(Homenagem ao Caboclo Tubiá – da Cobra Coral)

O Verbo Divino rompe as densas trevas que envolvem o planeta, enchendo de luz o Orbe em fulgurantes cintilações.

---
48. Id. *Rituais Umbandistas*. São Paulo: Madras Editora, 2007, p. 7.
49. Souza, Leal de, op. cit., p. 77.

> Umbanda!... Umbanda!... Umbanda!...
>
> O eco altissonante estruge, repercute por toda parte, se multiplicando, levando aos mais longínquos rincões da terra a palavra de ordem, a palavra de fé, a bandeira de amor, de caridade, de fraternidade!
>
> Umbanda!
>
> Às ordens de Oxalá convocam-se as entidades representativas da Nova Lei (Lei dos Santos), de combate ao mal em todas as suas formas.
>
> O movimento estupendo, sem precedente, de espiritualidade, se inicia com a convocação dos Arcanjos: Miguel, Gabriel, Rafael e Ismael.
>
> Alistam-se, espontaneamente, legiões de espíritos das mais distantes plagas que se congregam em um único desejo de servir, de trabalhar em prol da humanidade!
>
> São os pretos e as pretas, nativos da África, e o povo do lendário Oriente!
>
> Os espíritos que reinam nas selvas, nos mares, nos rios e nas cachoeiras!
>
> Espíritos, enfim, das mais diferentes hierarquias acorrem, recebem uma senda e um título para as características de trabalho que os distinguirão [...].
>
> Urgia, pois, a existência na Terra, de uma lei em contraposição aos princípios regidos pela Magia Negra e que a ela se opusesse de maneira firme, categórica e concludente.
>
> Daí a Umbanda, Magia Branca, Mensagem Divina baixada à Terra, consolo dos pobres, dos humildes e dos aflitos. Dos sequiosos de justiça. Umbanda! Porto seguro das almas desavoradas, náufragas do desespero!
>
> Umbanda eu te saúdo! Saúdo o teu povo, as tuas falanges, os teus Orixás![50]

Rubens Saraceni apresenta em várias de suas obras essa origem espiritual da Umbanda, tanto em obras doutrinárias quanto nos romances mediúnicos.[51] Cito abaixo três passagens dos livros *Guardião da meia-noite*, *Umbanda Sagrada* e *Os arquétipos da Umbanda*, respectivamente:

> No começo do século XX, surgiu um grande movimento religioso no astral e os Orixás se derramaram por todos os lugares.

---

50. Deus, Paulo de. *Kardecistas e umbandistas*. Rio de Janeiro: Espiritualistas, 1965, p.120-121.
51. Todos os livros psicografados por Rubens Saraceni são publicados pela Madras Editora.

Era a árvore africana dando seus frutos. Milhares de espíritos de negros reencarnavam em corpos brancos e traziam no subconsciente a última encarnação regida pelos Orixás do panteão africano.

Tudo isso eu aceitava. Conhecia e aceitava.

Todas as sete linhas de lei foram postas em ação. Tanto à esquerda como à direita, moviam-se de uma forma incontrolável.

O dom da mediunidade explodia em todos os lugares e surgia em meios até então inimagináveis, e tudo o que era tabu começou a cair. Surgiram pequenos centros em vários lugares, todos amparados pelas sete linhas de lei, ou seja, pelos Orixás maiores.

Todas as linhas de força das Trevas foram requisitadas pelos seus maiorais, inclusive a minha. Tudo que tínhamos feito até então havia sido apenas uma preparação para o movimento das linhas de lei.

Tudo havia sido orientado pelos Orixás maiores e estava sendo posto em execução pelos menores. A nossa linha, a sétima tanto à direita como à esquerda, saiu em campo. A minha, em particular, era poderosa, e eu saí na frente de muitos outros guardiões.

A lei do carma abriu as portas para o reajuste de milhões de almas e isto era do conhecimento dos guardiões dos pontos de força das Trevas.

Minha legião foi se fracionando em sete, vinte e um, quarenta e nove ou setenta e sete Exus, que acompanhariam os futuros mediadores entre os dois planos, através do dom do oráculo.

Era o nascimento do ritual da Umbanda no Brasil, um movimento místico, comandado pelos vinte e um guardiões dos mistérios maiores.

Ninguém pôde contê-lo, nem a lei dos homens nem os homens dos outros rituais.

Sua expansão assustava a todos, mas era subterrânea. Não tinha estrelas visíveis, pois absorvia a muitos de todos os níveis e isto não podia ser coordenado.

Os Orixás se derramavam para trazer um pouco de luz em meio a tanta ignorância a respeito dos mistérios sagrados. Era a volta triunfal da Lei Maior sobre a lei das igrejas que se tornavam materialistas.

A Umbanda lançava sua rede em um mar revolto por espíritos que não se encontravam com o culto estabelecido. Eram espíritos de antigos iniciados, de místicos e adeptos do culto africano.

O ritual estabelecido já não tinha respostas para tantos ao mesmo tempo, e estas só eram dadas nos pequenos terreiros ou tendas [...].[52]

---

52. Saraceni, Rubens. *Guardião da meia-noite*. São Paulo: Madras Editora, 2006, p.128-130.

Todas as religiões são criações de Deus. Não existe uma religião ou ritual religioso que seja criado fora da ordenação divina. Sempre que se faz necessário, Deus cria as condições para que elas surjam na face da Terra. Como uma gestação e um parto, exigem coragem e estoicismo. Como uma mãe que sofre para trazer um espírito à carne, e que, por isso, é abençoada, os fundadores de uma religião também têm que ser fortes e pacientes. Suportam tudo por um objetivo divino; não se incomodam com o preço a ser pago. Simplesmente executam a sua missão com amor e dedicação a Deus [...].

O Ritual de Umbanda é uma religião aberta a todos os espíritos, tanto encarnados quanto desencarnados. Para ela afluem milhões de espíritos de todo o planeta, oriundos das mais diversas religiões e rituais místicos, mesmo de religiões já extintas, tais como a caldeia, a sumeriana, a persa, a grega, as religiões europeias, caucasianas e asiáticas.

Eles formam o Grande Círculo Místico do Grande Oriente. São espíritos que não encarnam mais, mas que querem auxiliar aos encarnados e desencarnados em sua evolução rumo ao Divino. Atitude mais que louvável, e que indica que eles já se integraram ao seus dons ancestrais místicos.

O Ritual Africano entrou com as linhas de força atuantes no Cosmos, e os ameríndios, tais como os índios brasileiros, os incas, astecas e maias, os norte-americanos, entraram por terem sido extintos, ou por estarem em fase de extinção pelo Cristianismo, e não querem deixar o saber acumulado nos milênios em que viveram em contato com a natureza.

Por isso, tanto negros africanos como índios já desencarnados se uniram à Linha do Oriente, e fundaram o Movimento Umbandista ou Ritual de Umbanda, o culto às forças puras da Natureza como manifestação do Todo-Poderoso [...].

Muitos tentam classificar a Umbanda como resultante de um sincretismo religioso. Erram profundamente [...].[53]

Ela (a Umbanda) é como é porque assim foi pensada por Deus, concretizada pelos sagrados Orixás e colocada para todos pela espiritualidade.[54]

Poderíamos citar ainda várias outras passagens da obra de Rubens Saraceni, no entanto, fico por aqui na certeza de que neste momento nos importa mais qualidade que quantidade. Não pretendo cansar o leitor com listas quilométricas de citações, e sim apenas aguçar sua curiosidade para esse universo chamado Umbanda, que ainda está sendo desbravado

---

53. Id. *Umbanda: o ritual do culto à Natureza*. São Paulo: New Transcendentalis, 1995. Livro reeditado pela Madras Editora, em uma forma ampliada e corrigida, com novo título: *Umbanda Sagrada: religião, ciência, magia e mistério*, 2001., 19-21.
54. Id. *Os arquétipos da Umbanda*. São Paulo: Madras Editora, 2007, p. 50.

por todos nós, pois os campos de estudo do fenômeno umbandista são ainda pouco explorados pelos de dentro e pelos de fora. Ainda não vimos estudos mais sérios sobre o que seria o sagrado e o profano na Umbanda, um tema que já foi levado à exaustão na maioria das escolas teológicas cristãs, só para citar um tema.

## 7. Origem Mítica

Ao surgir o primeiro homem no cenário da vida, já com ele vinha a necessidade de se crer em alguma coisa a fim de justificar a sua própria existência dentro do cenário da Natureza. Assim nasceu a religião Natural, hoje designada como Umbanda. Formada por uma série de anseios e aspirações que revelavam a sede do saber da criatura em face do incognoscível, a Umbanda foi se aprimorando com o próprio evoluir das civilizações, chegando até nós como um conjunto filosófico e científico em forma de religião.

Para **Átila Nunes Filho**, a origem mítica é a busca por um mito fundante, original ou, se preferir, uma raiz mítica para a Umbanda.[55]

Antes de entrar no assunto propriamente dito, vejamos o que se pode entender por mito, na palavra de **José Severino Croatto**: "O mito é o *relato* de um *acontecimento originário*, no qual *os deuses agem* e cuja finalidade é *dar sentido* a uma realidade significativa.[56]

**Joseph Campbell**, o maior mitólogo de todos os tempos, no livro *Tu és isso,* define Mito como uma *metáfora*. Usa como exemplo a frase "John corre como um veado", em que a metáfora está em dizer que "John é um veado" e faz a seguinte reflexão:

> Metade da população mundial acha que as metáforas de suas tradições religiosas, por exemplo, são fatos. E a outra metade afirma que não são fatos de forma alguma. O resultado é que temos indivíduos que se consideram fiéis porque aceitam as metáforas como fatos, e outros que se julgam ateus porque acham que as metáforas religiosas são mentiras.[57]

Continuando com Campbell, na obra *Mitos de luz* vamos encontrar mais uma reflexão importante sobre mito, para o entendimento do "Mito na Umbanda":

---
55. Nunes Filho, Átila. *Antologia de Umbanda*. São Paulo: Ecoscientia, 1966, p. 244-245.
56. Croatto, José Severino. *As linguagens da experiência religiosa*. São Paulo: Paulinas, 2004, p. 209.
57. Campbell, Joseph. *Tu és isso*. São Paulo: Madras Editora, 2003, p. 24-25.

Mitos não pertencem, propriamente, à mente racional. Em vez disso, borbulham das profundezas do poço daquilo que Carl Jung chamava inconsciente coletivo.

Na minha opinião, o que ocorre com a nossa mitologia aqui no Ocidente é que os símbolos arquetípicos mitológicos vieram a ser interpretados como fatos. Jesus *nasceu* de uma virgem. Jesus *ressuscitou* dos mortos. Jesus *subiu* ao Céu. Infelizmente, em nossa era de ceticismo científico, sabemos que, na verdade, tais fatos não aconteceram e, por essa razão, formas míticas são consideradas mentiras. O termo *mito* significa atualmente mentira e, assim sendo, acabamos perdendo os símbolos e o mundo misterioso de que falam [...].

A mitologia é composta pelos poetas a partir de seus *insights* e percepções. Mitologias não são inventadas, são descobertas. É mais fácil prever que sonho se vai ter hoje à noite do que inventar um mito. Os mitos provêm da região mística da experiência essencial [...].[58]

Vamos encontrar nas religiões e ordens místico-filosóficas os mais variados tipos de "mitos fundantes", como: o mito de Adão e Eva, para as três grandes religiões monoteístas, ocidentais (Judaísmo, Cristianismo e Islamismo); o mito de Olorun e Oxalá na cultura Yorubá; o mito de Urano, Cronos e Zeus na cultura grega; o mito de Aton, Ptah e Amon na cultura egípcia, e outros mais. Cada religião possui seus mitos para lhe dar sentido.

Também encontramos mitos fundantes modernos, como o do Templo de Salomão, para a Ordem Maçônica, e de Akenaton, para a Ordem Rosa-Cruz, mas nenhum dos modernos se compara ao que vou chamar de "mito fundante teosófico", fundamentado por Helena Blavatsky, no século XIX, ao definir "Teosofia" em seu *Glossário Teosófico*:

> **Teosofia** (do grego, *Theosophia*) – Religião da sabedoria ou "sabedoria Divina". O substrato e base de todas as religiões e filosofias do mundo, ensinada e praticada por uns poucos eleitos, desde que o homem se converteu em ser pensador. Considerada do ponto de vista prático, a Teosofia é puramente *ética divina* [...].
>
> A grande ideia, que serve de base para a Teosofia, é a Fraternidade universal e esta se encontra fundamentada na unidade espiritual do homem. A Teosofia é de uma só vez ciência, filosofia e religião e sua expressão externa é a Sociedade Teosófica. (*Pequeno Glossário de Termos Teosóficos*, de A. Besant e H. Burrows.) Opostamente ao que muitos acreditam, a Teosofia não é uma nova religião; é, por assim dizer, a síntese de todas as religiões, o corpo de verdades que constitui a base de

---

58. Id. *Mitos de luz*. São Paulo: Madras Editora, 2006, p. 19; 21.

todas elas. A Teosofia, em sua modalidade atual, surgiu no mundo no ano de 1875, porém é em si mesma tão antiga quanto a humanidade civilizada e pensadora. Foi conhecida por diversos nomes, que têm o mesmo significado, tais como *Brahma-vidyâ* (Sabedoria Divina), *Para-vidyâ* (Sabedoria Suprema), etc. [...].

Essa é uma ideia inspirada no Hinduísmo, que se declara como "religião eterna", não sendo também uma ideia isolada, já que católicos se declararam como a "religião primordial", em que o monoteísmo seria a primeira e verdadeira forma de culto e religião. Segundo Hans Kung, essa foi uma ideia defendida por Wilhelm Schmidt (1862-1954), fundador da Escola Histórico-Cultural de Viena. Era uma forma de andar na contramão da teoria darwiniana de evolução, colocando a Bíblia no centro de suas convicções e se apoiando nela para desenvolvimento de teorias. Assim, acreditava-se que as demais religiões e cultos naturais ou politeístas seriam degenerações da "Religião Primordial", representada pelo Catolicismo como a única "Religião Verdadeira".

Intelectuais umbandistas criaram um "mito fundante" moderno, emoldurado em discurso pseudocientífico, justificado por uma pretensa erudição e cultura forjadas.

Na busca pelo Eterno as religiões acabam idealizando a Religião Eterna e Perfeita, o que de certa forma é natural. A religião vem como negação deste mundo imperfeito, material e transitório, em busca de um mundo ideal, eterno e imutável. Afinal, este mundo de sofrimentos não pode ser o mundo real, criado por Deus, que é perfeito. Tudo o que está aqui é apenas uma cópia imperfeita do mundo real, onde habita o Altíssimo. Da mesma forma, a religião ideal está no mundo ideal e vem de lá para cá, e todos nós queremos acreditar que a "nossa religião" é a ideal. Como as religiões são diferentes, e só pode haver uma única religião ideal, as outras não são religiões verdadeiras, mas criações deste mundo imperfeito, passatempos feitos para distrair. Toda essa filosofia sobre um mundo ideal encontra base na filosofia de Platão (séc. IV a.C.), que foi ponto de partida para a construção da Teologia Agostiniana (de Santo Agostinho).

Todas essas teorias refletem uma necessidade de validar sua própria religião, e na Umbanda não seria diferente. Intelectuais umbandistas viriam a construir um "mito fundante" moderno, com linguagem cientificista, para defender a ideia de que a Umbanda é a verdadeira religião primordial, surgida em uma era perdida, na civilização de Atlântida e da Lemúria.

Em Atlântida, um continente mítico, em uma época mítica, teria surgido o AUMBANDÃ, religião pura que migrou para a Índia e para a África, onde se degenerou, podendo se encontrar ainda fragmentos de sua origem nas culturas desses dois povos. A palavra AUMBANDÃ, de origem que se perde nos tempos, teria traduções possíveis em línguas e culturas antigas, como o "Conjunto das Leis Divinas".

Essa teoria encontrou na Teosofia o melhor exemplo para importar uma autoridade religiosa e para declarar a Umbanda como "A" "religião verdadeira", crendo ser superior às demais.

Podemos definir essas formas de explicar religião como apologéticas, em que todo um discurso era criado com o único objetivo de fazer apologia a si mesmo, tratando os demais de forma reduzida. Tal teoria implicou em arrogância teológica e postura de soberba, inclusive com relação aos demais umbandistas que não comungavam dos mesmos valores. Seriam os novos eleitos da Umbanda aqueles que resgatariam o Mito Aumbandam. A base para essa teoria foi lançada no Primeiro Congresso Brasileiro do Espiritismo de Umbanda (1941), sendo contada e recontada, copiada e adaptada na literatura posterior, conclamando instaurar o Aumbandã perdido na Lemúria, Atlântida ou Índia.

*Capítulo 2*

# Umbandas

*Umbanda traz em si energia divina viva e atuante, à qual nos sintonizamos a partir de nossas vibrações mentais, racionais e emocionais. Energias estas que se amoldam segundo nosso entendimento de mundo.*
*Rubens Saraceni*[59]

Pode parecer algo estranho afirmar que existem muitas "Umbandas"; no entanto, em religião é um fenômeno muito comum. Vejamos o Cristianismo que, em sua forma plural, apresenta-se como Católico, Ortodoxo, Luterano, Calvinista, Metodista, Copta, Gnóstico, Pentecostal e Neopentecostal, sem entrarmos no mérito do Cristianismo de São Paulo, São Pedro, Maria Madalena, São Tomás de Aquino, São Francisco de Assis, Santo Agostinho, etc. Mesmo o Catolicismo pode ser apresentado de forma plural (catolicismos), no qual se ressalta, por exemplo, o dominicano, o franciscano, o beneditino ou mesmo o tão popular e atual catolicismo carismático. O mesmo vale para o Islamismo, o Judaísmo, o Budismo, o Hinduísmo e, claro, para a Umbanda.

Uma vez estudadas as origens da Umbanda, fica fácil entender que os milhares de terreiros, tendas ou centros de Umbanda espalhados pelo Brasil podem optar por praticá-la dando maior ênfase para uma dessas influências.

Também há características regionais decorrentes da presença de cultos e culturas locais que absorveram ou foram absorvidos pela Umbanda. Assim que esta passou a legitimar-se, entre as décadas de 1950 e 1960, época em que aparece no censo, muitos outros seguimentos pas-

---

59. Saraceni, Rubens. *Umbanda Sagrada: religião, ciência, magia e mistério*, op. cit., p. 140.

saram a identificar-se com a mesma. O que é comentado por Cavalcanti Bandeira:

> [...] o nome Umbanda vem absorvendo os cultos existentes no meio brasileiro, desde o extremo Sul ao extremo Norte, dando uma característica comum mais definida em um processo lento, mas constante, em que vão desaparecendo as predominâncias de cada culto, de cada lugar ou de cada origem.
>
> A Umbanda é o ponto de convergência ritual nessa fusão de raças e crenças [...].
>
> A Umbanda é, portanto, o resultado da evolução do polissincretismo religioso existente no Brasil, no qual influíram motivações diversas, inclusive de ordem social, originando um novo culto à moda e feição brasileira em um aspecto de síntese para o futuro, no qual foram abrangidos muitos dos sentidos que lhe deram origem.[60]

O autor trata ainda da questão da pluralidade ritual umbandista, identificando quatro formas distintas e uma fonte de influência para cada uma delas:

> Na prática de Umbanda assistimos alguns rituais oriundos dos cultos e seitas que concorreram para sua formação, pois cada um continua praticando algo daquilo a que estava habituado no seu culto anterior [...].
>
> Concorre para a existência desses vários rituais a pluralidade de origens, pois, vindo os crentes de cultos de diversas fontes e não achando uma norma rito-litúrgica comum e própria, continuam impregnados daquilo que aprenderam [...].
>
> Presentemente, a Umbanda se apresenta mais ou menos agrupada em quatro modalidades, constituindo os chamados *Quatro Feitios da Umbanda* na expressão admirável de Flávio Costa (Fabico) [...].
>
> No *Primeiro Feitio, Espiritista*, ou *Umbanda de Mesa*, são características as práticas com forte influência evangelizadora, uma vez que "os adeptos desta modalidade são, em geral, egressos de Centros Espíritas Cardecistas" [...].
>
> No *Segundo Feitio, Ritualista*, ou *Umbanda de Salão*, "muito mais difundido que a Umbanda de Mesa e contando com grande número de praticantes, encontramos modalidade de ritualística que se apresenta, basicamente, com três características:
>
> • ausência de instrumentos de percussão (atabaques, tambores, etc.);
>
> • surgimento de uma sequência bem definida de normas de culto;
>
> • existência de uma hierarquia de cargos e funções para o desenvolvimento do ritual [...].

---

60. Bandeira, Cavalcanti, op. cit., p. 67-68.

No *Terceiro Feitio, Ritmada*, ou *"Umbanda de Terreiro"*, já se esboça uma tendência africanista, sem os ditames rígidos das cultuações do candomblé [...].

No *Quarto Feitio, Ritmada e Ritualizada*, ou *Umbanda Africanista*, há uma preponderante influência dos cultos africanos, que concorrem para a formação da Umbanda [...].[61]

Cavalcanti Bandeira comenta que essas distinções não são rígidas e se apresentam em variações de escala, entre uma e outra, *tornando-se difícil, por vezes, fazer o devido enquadramento de determinado modo de praticar a Umbanda.*

Patrícia Birman, psicóloga e antropóloga social, no livro *O que é Umbanda* (Coleção Primeiros Passos), também apresenta um estudo importante sobre essa mesma questão, na qual pondera de forma clara e objetiva:

> Voltamos, pois, ao nosso velho problema – a tensão entre a Unidade e a Multiplicidade [...] As várias linhas de um mesmo riscado.
>
> As umbandas existentes são ricas em variações doutrinárias e seus participantes são exímios mestres em inovar, em assimilar influências, em compor rituais. Procedem, em suma, de acordo com o movimento duplo já apontado: manter uma certa unidade sem abrir mão das múltiplas variações.
>
> A autonomia dos centros é sem dúvida o ponto nodal dessa permeabilidade à variação que encontramos na Umbanda [...].
>
> A Umbanda mais praticada, que se dissemina sem nenhum controle, é essa – *misturada*, que não dá importância à pureza, seja esta de cunho moral, com a pretensão de impor códigos doutrinários, seja de caráter ritual [...].
>
> Encontramos, pois, umbandas misturadas com o candomblé, o catolicismo, o judaísmo, com cultos orientais, espiritismo, com a maçonaria, o esoterismo [...]. É claro, no entanto, que algumas influências estão mais presentes do que outras, como é o caso do candomblé, do espiritismo e do catolicismo [...].
>
> Assim, os centros sob maior *influência do candomblé* (grifo nosso), além de assimilarem de forma significativa seus rituais, suas divindades e oferendas, dão valor sobretudo às práticas identificadas como de "origem africana", símbolo ao mesmo tempo da religião e da fonte inesgotável de poder mágico [...].

---

61. Ibid., p. 187-190.

> Os centros marcados por *uma certa filiação com o espiritismo* (grifo nosso) dão mais lugar às elaborações que dizem respeito à moralidade do culto, à sua face "branca", através de uma ênfase toda especial na teoria da reencarnação e nos vários níveis evolutivos [...] O branco, a luz de vela, a uniformidade na vestimenta dos médiuns, a ausência de atabaques e de espíritos "atrasados" são uma marca notória em tais centros [...].
>
> Os centros de umbanda que *se dizem cristãos* (grifo nosso) tentam disseminar um critério moral para distinguir as diferenças religiosas. E junto com isso acionam também o ponto de vista evolutivo, fazendo uma analogia dos "mais evoluídos" com pessoas de *status* social superior. Evidentemente que aqui encontramos a maior participação das camadas médias na religião umbandista [...].[62]

Os textos de Cavalcanti Bandeira e de Patrícia Birman apresentam uma das questões mais discutidas na religião: reconhecer ou não uma pluralidade ritual e se a mesma caracteriza Umbandas ou se são distorções, variantes, de uma única e verdadeira Umbanda.

Sabemos que existem várias correntes de pensamento dentro da Umbanda e também muitas formas de praticá-la, ainda que todas se mantenham fiéis à participação dos espíritos nos seus trabalhos ou sessões. Não consideramos nenhuma das correntes melhor ou pior, nem mais ou menos importante para a consolidação da Umbanda. Todas foram, são e sempre serão boas e importantes, pois só assim não se estabelecerá um domínio e uma paralisia geral na assimilação e incorporação de novas práticas ou conceitos renovadores.[63]

Há quem defenda um "tipo ideal" de Umbanda, descartando outras formas de praticá-la;[64] assim, alguns reconhecem e outros negam as várias Umbandas. Creio que podemos trilhar um caminho do meio, no qual a Umbanda é una, com uma liberdade litúrgica que lhe permite certas variantes, desde que estas não desvirtuem seus fundamentos básicos. A pluralidade deve existir enquanto não colocar em risco a unidade. Por exemplo, faz parte de seus fundamentos básicos, portanto de sua unidade, não cobrar pelos trabalhos; logo, ela pode ter variantes, mas nenhuma delas deve cobrar para realizar trabalhos espirituais. Logo,

---

62. Birman, Patrícia. *O que é Umbanda*. São Paulo: Brasiliense, 1985, p. 80; 90-93.
63. Saraceni, Rubens. *Formulário de consagrações umbandistas*. São Paulo: Madras Editora, 2005, p. 19.
64. O sociólogo Max Weber criou o conceito de "tipo ideal" na sociologia, apresentando-o como uma construção teórica formada com base em observações das características mais marcantes no objeto de estudo, como, por exemplo, o *tipo ideal* de cidadão grego ou o *tipo ideal* de capitalismo. Da mesma forma podemos aplicar esse conceito à Umbanda, seja para subtrair outros modelos ou para encontrar sua unidade em meio à pluralidade.

falar de Umbanda é falar de sua unidade, assim como falar de Umbandas é falar de sua pluralidade. Abaixo apresento algo dessa pluralidade para nossa reflexão:

• **Umbanda Branca**: O termo pode ter surgido da definição de *Linha Branca de Umbanda*, usada por Leal de Souza e adotada por tantos outros. A ideia seria de que a Umbanda era uma "Linha" do Espiritismo ou uma forma de praticar Espiritismo, na qual a Linha Branca se divide em outras sete linhas. Considerar a Umbanda como Branca subentende-se muitas coisas, entre elas, que possa haver outras umbandas, de outras cores e "sabores". Mas a questão de ser branca está muito mais ligada ao fato de associar ao que é "claro", "limpo", "leve" ou simplesmente ausente do "preto", "escuro" ou "negro" – há um preconceito subentendido –, afinal é uma Umbanda mais "branca" que "negra", mais europeia que afro e, porque não, mais Espírita. Geralmente, usa-se esta qualificação, "Umbanda Branca", para definir trabalhos de Umbanda com a ausência do que chamamos de "Linha da Esquerda", para Leal de Souza uma "Linha Negra". Ainda hoje, muitos se identificam dessa forma e, geralmente, usam isso como um "recurso" para "livrar-se" do preconceito de outros, como a dizer: *Sou Umbandista, mas da Umbanda Branca* – como quem afirma pertencer à "Umbanda boa". Não há uma "Umbanda Negra" ou uma "Umbanda Ruim", toda Umbanda é boa.

• **Umbanda Pura**: Ao propor o Primeiro Congresso de Umbanda, em 1941, o grupo que assumiu essa responsabilidade esperava apresentar uma "Umbanda Pura" ("desafricanizada" e "orientalizada"), presente na classe média do Rio de Janeiro. É a Umbanda praticada pelo "grupo fundador da Umbanda"[65] ou simplesmente o grupo intelectual carioca que lutou pela legitimação da Umbanda, criando a Primeira Federação Espírita de Umbanda do Brasil, o Primeiro Congresso Brasileiro do Espiritismo de Umbanda e o Primeiro Jornal de Umbanda. Esse grupo pretendia uma "codificação" da Umbanda em seu estado mais puro de ser. No entanto, a ideia de uma "Religião Pura" sempre será algo a ser questionado, independentemente de qual tradição lhe tenha dado origem, pois por trás de uma cultura sempre há outras culturas, sucessivamente, desde que o Homem é *sapiens* e *religiosus*.

• **Umbanda Popular**: É a prática da religião Umbanda sem muito conhecimento de causa, sem estudo ou interesse em entender seus fundamentos. É uma forma de religiosidade na qual vale apenas o que é dito e ensinado de forma direta pelos espíritos. O único conhecimento válido é o que veio de forma direta em seu próprio ambiente ritualístico. Não

---
65. Ver Brown, Diana et al. *Umbanda & Política*. Rio de Janeiro: Marco Zero, 1985, p. 12.

se costuma fazer referências a outras filosofias ou justificar suas práticas de forma "intelectualizada". Eximindo-se de autoexplicar-se, reforçam a característica mística da religião, em que, independentemente de "racionalizações", a prática se sustenta em razão da quantidade de resultados positivos alcançados. Podemos dizer que os adeptos, muitas vezes, não sabem ou não têm certeza de como as coisas funcionam, mas sabem que funcionam. É aqui que muitas vezes deparamos com médiuns que afirmam, sobre a Umbanda, que não sabem de nada do que estão fazendo, mas que seus guias espirituais (Caboclo e outros) sabem, e isto lhes basta. Outrora, alguns afirmam que médium não pode saber de nada de Umbanda, para não mistificar. Muitos caem na armadilha do tempo, em que o jovem de outrora agora já sabe de muita coisa que finge não saber, para manter essa ideia de que nada sabe. Enfim, para nós que acreditamos no estudo dentro da religião, é muito difícil abordar um seguimento que não se interesse pela leitura, embora deve-se reconhecer, para não incorrer no erro, que muitos estudam e conhecem muito das realidades espirituais que nos cercam e ainda assim preferem manter-se junto de uma forma "pura" de contato espiritual desintelectualizado.

• **Umbanda Tradicional**: Essa qualificação serve para identificar a "Umbanda Branca", "Umbanda Pura" ou "Umbanda Popular", Creio que hoje os terreiros que se adaptaram a uma linguagem mais jovem, mais intelectualizada e racional estão em franco crescimento, tendo em vista que no local de desinformação e/ou bagunça a Umbanda ainda vai secar; e nesse mesmo solo vai ressurgir as novas gerações: crianças que, em algum momento, visitaram um terreiro. Essas crianças de ontem, adultos de hoje, podem nos dizer o quanto foi importante o trabalho da linha das Crianças para a multiplicação da religião. Tantos se perguntam como criar cursos para as crianças na Umbanda, como um "catecismo" de Umbanda, ou Umbanda para crianças, preocupados em como preparar e ensinar religião a nossos filhos. Se os terreiros mantivessem um trabalho periódico com a incorporação das Crianças espirituais (Erês), bastava que este se tornasse o dia de nossos filhos na Umbanda, e nesse dia nossos filhos aprenderiam sobre Umbanda direto com essas entidades. A curiosidade levaria nossos filhos a questionar e querer aprender mais sobre a Religião... Portanto, a ideia de estudar Umbanda está na base de crescimento e multiplicação da mesma.

• **Umbanda Esotérica ou Iniciática**: É uma forma de praticar a Umbanda estudando os fundamentos ocultos, conhecidos apenas dos antigos sacerdotes egípcios, hindus, maias, incas, astecas, etc. O conhecimento esotérico (fechado) dos arcanos sagrados, desvelado por meio de iniciações. Foi idealizada com inspiração na obra de Blavatsky, Ane Bessant, Saint-Yves D'Alveydre, Leterre, Domingos Magarinos (Epiaga), Eliphas Levi, Papus, etc. Os fundamentos esotéricos da Umbanda foram organizados pela Tenda Espírita Mirim e apresentados, alguns deles, no Primeiro Congresso Brasileiro do Espiritismo de Umbanda.[66] O primeiro autor que trouxe esse tema para a literatura umbandista foi Oliveira Magno, 1951, com o título *A Umbanda Esotérica e Iniciática*. Como vimos no capítulo anterior e veremos nos capítulos posteriores, recebeu contribuições de Tata Tancredo e Aluízio Fontenele. A Primeira Escola Iniciática Umbandista foi o Primado de Umbanda, mais uma iniciativa do Caboclo Mirim. Já na segunda e terceira geração de autores Umbandistas surgirão alguns que consideram esse movimento como o único a expressar uma verdade na qual todo o restante faria uma convergência; algo que remonta a ideia de evolução, pois quando toda a Umbanda e até alguns cultos afro-brasileiros evoluíssem, finalmente, se identificariam com a *Umbanda Esotérica*, o que ainda hoje é a verdade de muitos umbandistas. Portanto, fica nosso respeito a todas as formas de praticar Umbanda, mas que nossa palavra seja forte e incisiva ao afirmar que não existem eleitos detentores da verdade. Existem sim algumas variantes dentro do que pode ser considerado Umbanda, e outras que se colocam à margem de seus fundamentos de caridade e religião brasileira.

• **Umbanda Trançada, Mista e Omolocô**: São nomes usados para identificar uma Umbanda praticada com influência maior dos Cultos de Nação ou do Candomblé brasileiro, em que se combinam os fundamentos e os preceitos oriundos das culturas africanas com as entidades de Umbanda. Pode-se ter os tradicionais rituais de Camarinha, Bori, Ebós e oferenda de animais com seus respectivos sacrifícios. Muitos chamam essa variação de *Umbandomblé*. O autor, médium, sacerdote e presidente da Federação que mais defendeu a origem africana da Umbanda foi o conhecido Tata Tancredo. Autor de inúmeros títulos de Umbanda, ele publicou seu primeiro livro, *Doutrina e ritual de Umbanda*, 1951, em parceria com Byron Torres de Freitas, sendo defensor da variação chamada de Omolocô, no Brasil. Para muitos, Omolocô é outra religião e não apenas um seguimento da Umbanda, mas apenas os adeptos do Omolocô podem dizer qual é sua pertença, por mais que se concorde ou discorde de seus fundamentos.

---

66. Veja o capítulo 5, "Primeiro Congresso Brasileiro do Espiritismo de Umbanda", na página 199.

- **Umbanda de Caboclo**: É uma variação de Umbanda em que prevalece a presença do Caboclo, muitas vezes acreditando que a Umbanda é, antes de mais nada, a prática dos índios brasileiros revista pela cultura moderna e doutrinada com conceitos que foram sendo absorvidos com o tempo. Decelso escreveu o título *Umbanda de Caboclo* para explicar essa variação de Umbanda.
- **Umbanda de Jurema**: No Nordeste, existe um culto popular chamado Catimbó ou Linha dos Mestres da Jurema, que combina a cultura indígena com a cultura católica, somando valores da magia europeia e, de vez em quando, algo da cultura afro. O principal fundamento é o uso da Jurema Sagrada, como bebida e também misturada no fumo, que vai ao fornilho do tradicional cachimbo, também chamado de "marca", feito de Jurema ou Angico. As entidades que se manifestam são chamadas de Mestres da Jurema. A Umbanda herdou a manifestação do Mestre Zé Pelintra, que pode vir como Exu, Baiano, Preto-velho ou Malandro. Quando se combina os fundamentos de Umbanda e Catimbó, temos essa modalidade, que pode ser uma Umbanda regional de Pernambuco ou praticada de forma intencional pelo umbandista que se interessou pela Jurema e descobriu a Linha de Mestres dentro de sua Umbanda.
- **Umbandaime**: O Santo Daime é uma religião nativa do Amazonas, sendo uma variação da Ayuasca, que é um chá preparado com duas ervas de poder, o cipó Mariri e a folha da Chacrona. De tanto ter visões de entidades de Umbanda e Orixás em rituais do Daime, alguns grupos de umbandistas passaram a praticar Umbandaime, ou seja, trabalhos de Umbanda ingerindo o Daime ou fazendo os rituais de Ayuasca, para se comunicar com as entidades de Umbanda. A Umbanda em si não tem em seus fundamentos o uso de bebidas enteógenas, fora os tradicionais café, cerveja, vinho, "pinga", batida de coco, e outros, que servem apenas como "curiador" (elemento usado para potencializar alguma ação espiritual ou magística). Cada linha de trabalho tem sua "bebida-curiador", entretanto, nem a bebida nem o fumo são carregados de erva que induza ao estado de transe. A própria bebida deve ser controlada. Podem, no entanto, ser consideradas bebidas de poder, como o "vinho da jurema"; contudo, a bebida não é o centro do ritual, e sim um elemento auxiliar. No caso do Daime, este está no centro do culto, o poder que se manifesta por meio do chá é que conduz o adepto. Na Umbanda, quem conduz o trabalho são os espíritos guias, com ou sem Daime.
- **Umbanda Eclética**: Chama-se de Eclética a Umbanda que mistura de tudo um pouco, fazendo, por exemplo, uma bricolagem de Orixás

com Mestres Ascensionados e divindades. Recorrem à conhecida Linha do Oriente para justificar a presença de tantos elementos diferentes do Oriente e Ocidente junto do esoterismo, ocultismo e misticismo.

• **Umbanda Sagrada ou Umbanda Natural**: Quando começou a psicografar e dar palestras, Rubens Saraceni sempre fazia questão de se referir à Umbanda como Sagrada. Não havia intenção de criar uma nova Umbanda, apenas ressaltar uma qualidade inerente à mesma. Na apresentação de seu primeiro título doutrinário *Umbanda: o ritual do culto à Natureza*, publicado em 1995, afirma que o livro em questão guarda uma coerência bastante grande, *o de trilhar em um meio termo entre o popular e o iniciático, ou entre o exotérico e o esotérico*. Já no *Código de Umbanda*, no capítulo "Umbanda Natural", cita: Umbanda Astrológica, Filosófica, Analógica, Numerológica, Oculta, Aberta, Popular, Branca, Iniciática, Teosófica, Exotérica e Esotérica. Para então afirmar que: *Natural é a Umbanda regida pelos Orixás, que são senhores dos mistérios naturais, os quais regem todos os polos umbandistas aqui descritos. Muitos optam por substituir a designação de "Ritual de Umbanda Sagrada", dada á Umbanda Natural* [...]. Fica claro que, para o autor, a Umbanda é algo natural e sagrado, adjetivos que se aplicam ao todo da Umbanda e não a um segmento em particular. No livro *As sete linhas de Umbanda*, volta a citar as várias "Umbandas" e comenta que, *na verdade, e a bem da verdade, tudo são seguimentações dentro da religião Umbandista* [...]. Ainda assim, sem a intenção de criar uma nova seguimentação dentro do todo, trouxe muitos temas novos e novas abordagens para outros tantos, criando toda uma Teologia de Umbanda. Seus conceitos se expandiram muito rapidamente, assim como a popularidade de títulos como *O guardião da meia-noite* e *Cavaleiro da estrela guia*. Sua forma de apresentar, entender e explicar a Umbanda ficou identificada ou rotulada de *Umbanda Sagrada*. Palavra que para este autor engloba toda a *Umbanda*, como um Todo também chamado de *Umbanda Natural*.

• **Umbanda Cristã**: A Umbanda, fundada no dia 15 de novembro de 1908, tem no Caboclo das Sete Encruzilhadas a entidade que lançou seus fundamentos básicos. Logo na primeira manifestação, essa entidade já esclareceu que havia sido, em uma de suas encarnações, o frei Gabriel de Malagrida, um sacerdote cristão queimado na "Santa Inquisição" por ter previsto o terremoto de Lisboa, sendo que, posteriormente, havia nascido como índio no Brasil.

• Ao dizer qual seria o nome do primeiro templo da religião, Tenda Espírita Nossa Senhora da Piedade, porque "assim como Maria acolheu

Jesus, da mesma forma a Umbanda acolheria seus filhos", já dava uma diretriz cristã à nova religião. Há um conto sobre o Caboclo das Sete Encruzilhadas que diz ter ele sido chamado por Maria, Mãe de Jesus, para semear a nova religião.

Todo trabalho e doutrina de Zélio de Moraes tem esse perfil cristão, subentendendo Umbanda Cristã, antes de ser "Umbanda Branca" ou "Umbanda Pura", outros adjetivos que já foram associados à sua forma de praticá-la.

Jota Alves de Oliveira crê na Umbanda Cristã e nos apresenta uma reflexão sobre essa forma de entender a Umbanda no livro *Umbanda cristã e brasileira*:

> A Umbanda com a qual nos identificamos é aquela que tem finalidades elevadas e educativas, onde se recomenda a reforma e a lei de amor ao próximo. Onde se aconselha o perdão e não se atiça o consulente à luta, ao acirramento. Onde já foi substituído o olho por olho, de Moisés, pelo ensino de Jesus: quem com o ferro fere com o ferro será ferido, que corresponde a outro ensinamento: com a mesma medida que medires sereis medidos. De modo que, além do passe e do conselho, ou da corrente de descarga, o adepto ou simpatizante tenha em vista a sua reforma, a sua melhoria, tanto moral-espiritual como material, em sentido de seu aperfeiçoamento.[67]
>
> A Orientação Doutrinária do evangelizado Espírito do Caboclo das Sete Encruzilhadas nos levou a considerar e historiar seu trabalho enriquecido das lições do evangelho de Jesus, com a legenda: Umbanda Cristã e Brasileira.[68]

No mesmo livro encontramos as palavras do Caboclo das Sete Encruzilhadas, gravadas por Lilia Ribeiro em novembro de 1971, em que fica claro a relação de importância cristã da Umbanda propagada por Zélio de Moraes, como vemos a seguir:

> Tenho uma coisa a vos pedir: se Jesus veio ao planeta Terra na humilde manjedoura, não foi por acaso. Assim o Pai determinou. Podia ter procurado a casa de um potentado da época, mas foi escolher aquela que havia de ser a Sua Mãe, esse espírito que viria traçar à humanidade os passos para obter paz, saúde e felicidade.
>
> Que o nascimento de Jesus, a humildade em que ele baixou à Terra, a estrela que iluminou aquele estábulo, sirvam de exemplos, iluminando os vossos espíritos, tirando os escuros de maldade por pensamento, por práticas e ações; que Deus perdoe as maldades que possam ter sido

---

67. Oliveira, Jota Alves de Oliveira. *Umbanda cristã e brasileira*, op. cit., p. 11.
68. Ibid., p. 13.

pensadas, para que a paz possa reinar em vossos corações e nos vossos lares [...].[69]

Outro elemento que endossa a qualidade cristã da Umbanda é o arquétipo dos Pretos-velhos e das Pretas velhas, que são ex-escravos batizados com nomes católicos e que trazem muita fé em Cristo, nos Santos e Orixás.

As qualidades cristãs e a presença dos santos católicos confortam e tranquilizam quem entra pela primeira vez em um templo umbandista, muito embora não se limitam a adornos, e sim a uma presença espiritual dos mesmos.

## Qualificar ou não qualificar?

Quase todos os assuntos doutrinários e teológicos da Umbanda, quando aprofundados, criam polêmicas pelo fato de nos encontrarmos em uma religião nascente, ainda em formação, que em muito lembra o Cristianismo primitivo com suas divergências internas.

Vejamos a questão de Cristo na Umbanda: para um ex-católico, Cristo é Deus; para um ex-espírita, Cristo é um mestre ou irmão mais velho da humanidade; já um ex-muçulmano vê em Cristo um profeta. Este é um dos exemplos pelos quais surgem as Umbandas, outro seria o fato de sua constante evolução e transformação. A Umbanda ainda possui essa flexibilidade; ela não impõe, antes aceita as diferentes formas de interpretar os mistérios de Deus.

> Ali está uma boa parte dos fundamentos da Umbanda, seu ritual é aberto ao aperfeiçoamento constante [...]. E por que isso? Simples: tudo o que as grandes religiões castram nos seus fiéis, o ritual umbandista incentiva nas pessoas que dele se aproximam [...].[70]

Fica fácil entender que as formações religiosas anteriores influenciam o ponto de vista do umbandista, gerando seguimentos, assim como suas áreas de maior interesse cria todo um campo a ser explorado dentro da própria Umbanda, como ferramenta para alcançar certos mistérios da criação. No entanto, a Umbanda *não pode ser contida, ou apreendida no seu todo por quem quer que seja. O mais que alguém poderá conseguir será captar partes desse todo.*[71]

---

69. Ibid.
70. Saraceni, Rubens. São Caetano do Sul, fevereiro de 1990. In: *Umbanda: o ritual do culto à Natureza*, op. cit., p. 15.
71. Ibid., p. 10.

Por mais válidas que sejam as seguimentações, por mais que se autoafirmem ser "a verdadeira" Umbanda ou a "Umbanda Pura", nenhuma destas "umbandas" dá conta do todo que é a Umbanda. Particularizar, seguimentar, é reduzir; para entender o todo, há de se buscar um "mirante" privilegiado, no qual se possa vislumbrar todas as umbandas e A Umbanda ao mesmo tempo.

No fundo é possível praticar Umbanda, simplesmente, livre de qualificações, adjetivos, atributos ou atribuições. Basta dizer-se umbandista, e quando perguntarem:

– De que Umbanda você é?

É mais do que suficiente responder apenas:

– Umbanda.

Da mesma forma que é possível a alguém ser cristão, independentemente de Catolicismo, Protestantismo, Luteranismo, Metodismo, Calvinismo, Pentecostalismo, não é possível negar que existam diferentes vertentes dentro do Cristianismo, o que ocorre igualmente com a Umbanda.

*Capítulo 3*

# A Palavra Umbanda

Na Umbanda usamos algumas palavras em tupi-guarani, como:
- *Tupã* (Deus ou Deus do Trovão);
- *Mirim* (pequeno);
- *Agô* (licença);
- *Ubirajara* (atirador de lança);
- *Ycaraí* (água santa);
- *Urubatão* (madeira dura);
- *Tupinambá* (filhos de Tupi);
- *Iara* (Mãe d'água doce);
- *Janaína* (Mãe das águas salgadas).

Também nos utilizamos de palavras em yorubá, da cultura afro-nagô:
- *Oxalá* (Orixá de branco – Orixá n'lá);
- *Obaluayê* (rei e senhor da terra);
- *Iemanjá* (mãe dos filhos peixe);
- *Omulu* (filho do senhor);
- *Olorun* (Senhor do Céu – Deus);
- *Olodumare* (Senhor Supremo dos Nossos Destinos – Deus).

E algumas palavras do quimbundo, falado em Angola:
- *Zambi* (nome de Deus);
- *Camboni* (o auxiliar nos trabalhos);
- *Enjira* (um trabalho espiritual);
- *Kimbanda* (um sacerdote ou xamã);
- *Embanda* (um sacerdote ou xamã);
- *Umbanda* (a prática espiritual e curandeira).

Preexistente à Religião Umbanda, a palavra *Umbanda*, na língua quimbundo, falada em Angola, define a prática de um xamã ou sacerdote

Kimbanda.⁷² A Umbanda que se pratica em Angola se difere da Religião Umbanda, embora guarde algumas semelhanças. Basta considerar o fato de que a religião é reconhecida como algo brasileiro, resultante do encontro de três raças e muitas culturas, para, facilmente, diferenciá-las. A Umbanda que se pratica em Angola não constitui culto aberto e coletivo, antes se reserva a práticas mais particulares e restritas. Logo, uma mesma palavra passa a ter um novo significado.

Não basta fazer essa afirmação com relação à origem da palavra, é preciso fundamentá-la. Abaixo, apresento uma parte do excelente texto de Cavalcanti Bandeira, que é uma versão editada, livremente, de alguns pontos da tese por ele apresentada no Segundo Congresso Brasileiro de Umbanda, 1961, e publicada sob o título *O que é Umbanda*:⁷³

### Etimologia do vocábulo Umbanda

O desconhecimento etimológico do vocábulo UMBANDA, por parte de muitos no Brasil, e as falhas da maioria dos nossos dicionários, geraram confusões e discussões, pretendendo cada um dar a sua explicação, sem haver base concreta real. Entretanto, o termo sempre existiu e faz parte integrante da língua Quimbundo, como de muitos dialetos bantos, falados em Angola, Congo, Guiné, entre outros; basta consultar qualquer gramática ou dicionário relativo a essa língua, ou verificar as muitas citações na literatura especializada [...].

[...] Ora, o nome é comum na África, centro e sul, zona banto e até na Guiné Francesa, constando perfeitamente audível por três vezes no disco: *Afrique – musique des revenants, Collection du Musée de L'Homme*, França.

[...] Não sendo de todo impossível, como alguns pensam, e outros opinaram no I Congresso Brasileiro de Espiritismo de Umbanda, em 1941, que a origem remota repouse no orientalismo iniciático oriental, no qual o "mantram" *Aum – Bhanda* representa alto significado em sentido esotérico [...].

[...] Outro fato deve ser ressaltado: é que Edison Carneiro, no livro *Religiões negras*, afirma que ouviu o vocábulo *quimbanda* na mais legítima pronúncia banto, também na Bahia, o que não constitui fato inédito, pois já tivemos oportunidade de ouvir cânticos religiosos do ritual jêje, na Bahia, nos quais a palavra *umbanda* é perfeitamente pronunciada.

Tem havido sim muita confusão entre os termos *umbanda* e *quimbanda*, inclusive nos significados.

---

72. *Kimbanda* significa algo como "curandeiro" em kimbundu, um idioma bantu falado em Angola.
73. Bandeira, Cavalcanti, op. cit., p. 31.

[...] Não deve essa expressão em quimbundo ser confundida com feiticeiro, pois designam funções diferentes, enquanto o curandeiro é o *Kimbanda,* o feiticeiro é o *Muloji,* e vale como uma preciosidade a palavra do Cônego Antonio Miranda de Magalhães, que viveu muitos anos em Angola e publicou o livro *Alma negra,* editado em Lisboa, no qual afirma que o mezinheiro, preparador de ervas, não deve ser confundido com o feiticeiro.

Há uma expressão em quimbundo que define muito bem a diversidade funcional:

O KIMBAND' EKI KI MULOJI Ê

Este curandeiro não é feiticeiro.

Para ilustrar referimos outra frase interessante:

NGEJIAMI UMBANDA

Conheci a arte de curar.

Desde o século passado, em 1894, que Heli de Chatelain, em seu livro *Folktales o Angola,* registrava o termo Umbanda como hoje escrevemos, e mostrava a sua derivação gramatical e significado, como encontramos em qualquer dicionário KIMBUNDO, como grafam os portugueses, assim nada há de mais claro e positivo [...]

[...] UMBANDA – termo da língua quimbundo, comum a várias tribos e dialetos especialmente entre os Umbundos, e segundo o etnólogo Pe. Carlos Estermann (Etnografia do Sudoeste de Angola) "é bastante usado entre os Nhaneka-Umbi e igualmente conhecido pelos Cunhamas, embora nestes com menos frequência em seus cultos; entretanto não se restringe a Angola, pois é encontrado na Guiné nos cânticos de invocação espiritual. Abrange alguns significados semelhantes: arte de curar, magia" (Pe. Domingos V. Baião – *O Kimbundo sem mestre* e J. Cordeiro da Mata – *Dicionário Kimbundo* – Português).

Além do excelente esclarecimento sobre a origem etimológica da palavra Umbanda, Cavalcanti Bandeira apresenta uma "reprodução fac-símile de parte da página 107 de *Gramática de Kimbundo*, do Prof. José L. Quintão", *como vemos a seguir:*

> 200 – Os nomes desta classe são quase todos **abstratos** e designam **ofício, estado, qualidade**; não tem pl., exceto alguns, aos quais se dá significação concreta.
> São formados de um nome ou de um verbo.
> – Os que são formados de um **nome**, dividem-se em dois grupos:
> 1º – aqueles em que o prefixo **u** substitui o pref. de cl. e estes pertencem às cl. I, II, III, IV;
> 2º – aqueles em que o prefixo **u** se antepõe ao nome sem modificação alguma, e estes pertencem à IX cl.; excetua-se **uenji** de **ngenji**.
> Os que são formados de um **verbo**, prefixa-se **u** ao radical do verbo, mudando o seu a final em **u**. Note-se que há alguns com terminação em **u**, que são derivados de nomes.

|   |   |   |   |   |
|---|---|---|---|---|
| 1 | ukongo | arte de caçar | (de mukongo | caçador) |
|   | umbanda | arte de curar | (de kimbanda | curandeiro) |
|   | umomba | preguiça | (de kimonda | preguiçoso) |
|   | ukamba | amizde | (de dikumba | amigo) |
| 2 | undandu | parentesco | (de ndandu | parente) |
|   | ukolua | bebecide | (de holua | bêbado) |
|   | 107 |   |   |   |

## Diferentes interpretações para a palavra Umbanda

João de Freitas foi o primeiro umbandista a se preocupar com a etimologia e o significado da palavra Umbanda. Depois dele, e durante o Primeiro Congresso de Umbanda, 1941, surgiram muitas interpretações para a palavra Umbanda. Algumas versões são curiosas e até possíveis, outras beiram o absurdo e a falta de informação. Esse desencontro de opiniões viria a dizer muito sobre o futuro da religião e do movimento umbandista com relação à falta de concordância de uns com os outros, sobre a teologia, doutrina e cultura umbandista.

Vejamos agora o resultado dessa pesquisa, que, longe de uma verdade única, nos apresenta muitas verdades pessoais; afinal, em religião o contrário de uma verdade pode ser uma outra verdade ou, talvez, um engano. Apenas não cabe aqui o uso das palavras "mentira" ou "falso", pois essas teorias refletem as opiniões pessoais de cada um desses senhores que acreditaram e defenderam o nome da Umbanda.

**João de Freitas**, em 1938, publicou um livro com o título *Umbanda*, no qual apresenta entrevistas e visitas a terreiros. Logo no primeiro texto, "Na Praça da Bandeira", ele se encontra com um senhor apresentado simplesmente como Heraldo. Entre perguntas e respostas sobre Umbanda e mediunidade, esse senhor dá sua definição para o vocábulo, devidamente registrada por João de Freitas:

> Umbanda é 1º: Faculdade, ciência, arte, ofício, negócio. – a) ouvinte que receita com naturalidade; b) divindade desconhecida que se consulta como uma sombra de um morto, de gênio, que não é espírito, nem humano nem divino (do livro *Folktales os Angola*, 1894).
>
> Para mim, porém, Umbanda é vocábulo de origem tupi. Deve ser corruptela de umbanba. Daí o entusiasmo dos crentes por ser esta religião genuinamente brasileira [...].[74]

No livro *Xangô Djacutá*, p. 191-192, João de Freitas define o vocábulo com suas próprias palavras:

> Mesmo não parecendo, o VOCABULÁRIO UMBANDISTA é complicado, e até confuso, em virtude de vários fatores difíceis de serem removidos.
>
> Os dialetos de diversas tribos africanas, mesclando-se com as variedades linguísticas do idioma tupi e com as corruptelas do vernáculo, introduzidas pelos mamelucos, e até a gíria em função natural de sua capacidade envolvente nos meios subletrados, criaram um amálgama idiomático de tal natureza que urgia o expurgo dos termos impróprios, bem como a recondução às suas origens dos vocábulos mais conhecidos e usados nos terreiros.
>
> A tarefa foi mais árdua do que supúnhamos. Tivemos que lutar para conhecer a semântica das palavras através da etimologia. E desse esforço titânico, a consultar léxicos da língua dos cabindas, dos cáfres, dos angoleses e dos quimbundas verificamos a procedência de certos vocábulos do dialeto nhengatu da língua tupi e que foram alterados na grafia e no sentido tais como UMBANDA de Umbanba, ARUANDA de Aruanã... QUIMBANDA de Quimbunda, MIRONGA de Milongas [...] (grifo nosso).

Essa definição de João de Freitas é comentada por Decelso no livro *Umbanda de Caboclos*, no qual o mesmo esclarece que "Umbanba" é uma *"espécie de palmeira que vive nas planícies inundadas"*.
**Diamantino Coelho Fernandes** apresentou no Primeiro Congresso Brasileiro do Espiritismo de Umbanda, 1941, a seguinte tese: "O Espiritismo de Umbanda na evolução dos povos", no dia 19 de outubro

---

74. Freitas, João de. *Umbanda*. 8. ed. Rio de Janeiro: Eco, [s.d.], p. 15.

de 1941, quando definiu, pela primeira vez, o que ficou registrado no livro que leva o nome do congresso, publicado em 1942:

> Sua etimologia provém de AUM-BANDHÃ, (*om-bandá*) em sanskrito, ou seja, o limite no ilimitado[75] e seu significado pode ser:
> Princípio divino;
> Luz irradiante;
> Fonte permanente de Vida;
> Evolução constante.

**Martha Justina**, como representante e delegada da Cabana de Pai Joaquim de Luanda, para o Primeiro Congresso Brasileiro do Espiritismo de Umbanda, apresenta a tese "Utilidade da Lei de Umbanda", no dia 21 de outubro de 1941, onde expõe:

> Umbanda quer dizer: grandeza, força, poder, em suma, Deus. Um-banda, um-bando, que são corruptela da verdadeira palavra; diz um espírito que forma uma parte dessa banda, que é Pai Joaquim de Luanda, que isso significa um bando de espíritos em se tratando do espaço, e de criaturas humanas, que unidas em um só bando, trabalham em um são princípio, e para uma sã finalidade; desde que a etimologia da palavra Umbanda significa Deus, logo, o trabalho dos Umbandistas se encerra na grade lei: "Todos por um, e um por todos".

**Tavares Ferreira**, no Primeiro Congresso Brasileiro do Espiritismo de Umbanda, em nome da Tenda Espírita São Jorge, apresentou a tese "O ocultismo através dos tempos", no dia 24 de outubro de 1941, definindo que "Umbanda quer dizer: Luz Divina dentro e fora do mundo".

**Dr. Carlos de Azevedo**, 1944, a pedido da União Espiritualista Umbanda de Jesus (UEUJ), apresentou um capítulo intitulado "Contribuição" como apêndice para o livro *O culto de Umbanda em face da lei* (Rio de Janeiro: Biblioteca UEUJ, 1944, 'p. 110). Em seu texto identificamos a definição a seguir:

> O vocábulo *Umbanda*, conhecido desde a mais remota época como "Ubanda", que significa fraternidade, foi colocado pelos hindus no vértice superior do triângulo do Himalaia, por ser tido como a expressão mais elevada do amor fraterno.

**Alfredo d'Alcântara**, no livro *Umbanda em julgamento*, 1949, p. 161, registrou uma reportagem do jornal *O Radical*, em julho de 1945,

---

75. Veja a teoria completa no capítulo 5, "Primeiro Congresso Brasileiro do Espiritismo de Umbanda".

no qual alguns umbandistas comentaram sobre o significado da palavra Umbanda, como segue:

> Dr. Leal de Souza, advogado e homem de letras, antigo jornalista [...] declarou:
> "Eu não sei o que significa Umbanda. O Caboclo das Sete Encruzilhadas chama 'Umbanda' os serviços de caridade, e 'Demanda' os trabalhos para neutralizar ou desfazer os da Magia negra".
> Capitão José Pessoa [...], outro sacerdote de Umbanda, que falou na "enquête" de *O Radical*: "A palavra Umbanda não tem significação certa ainda; dão-lhe uma explicação provisória [...]."
> Na mesma "enquête" que estamos lendo para extrair estas notas, *O Radical* ouviu *um escritor de projeção nas letras nacionais*, por sabê-lo adepto de Umbanda e frequentador da Tenda São Jerônimo. O seu depoimento é muito mais curioso que os outros [...]. Declara o citado escritor que tomara conhecimento da religião umbandista há cinco ou seis anos, em certo lugar que não revelou, onde uma entidade espiritual o fizera portador de conhecimentos preciosos, mas reservados. Uma dessas confidências se refere à palavra Umbanda, que não é nada do que se julga por aí, nas rodas umbandistas e fora delas. Pasmem os que estão lendo, ante a sensacional revelação: "Umbanda é, nada mais nem menos, que o nome de um arcanjo, da categoria de São Miguel ou São Rafael. Quem diz que Umbanda é uma lei, uma seita ou uma religião, está errado [...]".

**Aluízio Fontenele,** também um dos primeiros autores de Umbanda, dá a sua opinião sobre a palavra Umbanda, na década de 1940, no livro *O Espiritismo no conceito das religiões e a lei de Umbanda*, p. 187, e endossa novamente sua opinião, complementando-a, no livro *A Umbanda através dos séculos*, às páginas 20; 25-26 e 32:

> A palavra UMBANDA, significa: NA LUZ DE DEUS, ou ainda etimologicamente falando: LUZ DIVINA, é a tradução correta da palavra UMBANDA, compilada do original em PALLI, na qual foram escritas as SAGRADAS ESCRITURAS e que no seu GÊNESIS já vem demonstrando que a Bíblia, na mesma parte referida, nada mais é do que a tradução incorreta do *palli* para o *hebraico* [...].
>
> [...] se o *palli* já se perde na poeira dos séculos, a palavra UMBANDA também se perde [...]
>
> [...] a palavra UMBANDA foi pronunciada, pela primeira vez, quando pela primeira vez o homem transgrediu a LEI DIVINA.

Portanto, lógico se torna a minha afirmativa em dizer-vos que a UMBANDA veio ao mundo, quando o mundo entrou na sua primeira formação social, isto é: quando na terra apareceu o primeiro casal que foi ADÃO e EVA [...].

[...] DEUS é a encarnação do BEM e do BELO, ao passo que SATANÁS é a encarnação do MAL e do FEIO [...].

Na própria ordem Divina: UMBANDA, essas duas forças ali estavam representadas:

UM – (uno – Deus – infinito – força do bem – polo positivo).

BANDA – (divisão – lado oposto – força do mal – polo negativo).

**Sylvio Pereira Maciel**, 1950, no livro *Alquimia de Umbanda*, p. 9, apresenta sua teoria, entre perguntas e respostas:

O que se compreende da palavra Umbanda?

É um nome simbólico sagrado, que foi dado a uma religião espiritualista, científica e filosófica, ora em difusão no Brasil, sendo a mesma trazida pelos escravos africanos.

O que representa o termo Umbanda, dentro da Lei de Umbanda?

Representa o todo Deus, esta palavra Um-ban-da é dividida em três sílabas, e quer dizer Pai-Filho-Espírito Santo. Na Lei de Umbanda representa Amor, Verdade e Justiça; para os Hindus, o Triângulo Sagrado. Assim a simbologia das sílabas é uma palavra sagrada, e ainda o termo Umbanda divide-se em sete partes distintas, que são: as sete letras que representam as sete linhas e os sete planos [...]

*UM (O PAI)*

*BAN (O FILHO)*

DA (O ESPÍRITO SANTO)

**Yokaanam** apresenta em 1951 sua definição para a palavra Umbanda, que tempos depois se tornaria um entendimento bem popular para entender o verbete:

UMBANDA – Vem de UM + BANDA.

UM que significa Deus, em linguagem oriental, simplificada, para não entrarmos em detalhes esotéricos. E BANDA, que significa Legião, Exército... ou lado de Deus!

Assim fica definida a palavra UMBANDA como A Banda de Deus, O Lado de Deus ou a Legião de Deus.[76]

---

76. Yokaanam. *Evangelho de Umbanda: escrituras e codificação*. Planalto de Goiás: Fundação Eclética, 1969, p. 63.

**Oliveira Magno**, em 1950, na obra *A Umbanda Esotérica e Iniciática*, p. 13, apresenta como origem do termo Umbanda a teoria de Arthur Ramos. No entanto é na obra *Ritual prático de Umbanda*, 1953, p. 12-14, que dedica maior atenção a essa questão, como vemos abaixo:

> Quanto à origem do termo Umbanda? Como dissemos, a Umbanda nasceu da Quimbanda; portanto, é na Quimbanda que devemos procurar a origem desse termo. Eis o que diz Arthur Ramos na sua obra *As culturas negras no novo mundo*:
> 
> O grão-sacerdote dos Angolas-conguenses, o Quimbanda (Ki-mbanda), passou ao Brasil com os nomes de Quimbanda e seus derivados Umbanda, Embanda e Banda (do mesmo radical mbanda), significando ora feiticeiro ou sacerdote, ora lugar na macumba ou processo ritual. Em Angola o Quimbanda preside a todas as cerimônias do culto e desempenha ainda funções sacerdotais. Dita preceitos que são observados como verdadeiros tabus.
> 
> Segundo opinião de outro estudioso, o termo Umbanda proveio de Embanda pelo motivo seguinte: os primeiros sacerdotes do culto Bantu no Brasil eram chamados embandas e como a tendência popular se encaminha para a mais fácil maneira de pronunciar, com o correr do tempo, esses sacerdotes ficaram conhecidos na linguagem popular como umbandas.
> 
> Pelo que fica exposto, segundo Arthur Ramos e este outro estudioso, tem o leitor a origem do termo Umbanda, apesar de que muitos umbandistas vão discordar por entenderem que Umbanda é de origem misteriosa. Outrossim: o que significa o termo Umbanda? Pois que também querem muitos umbandistas que o seu significado seja misterioso. Para uns significa Deus e Humanidade baseados no termo hindu OM, que significa Deus e banda a humanidade, isto é, a outra banda. Para outros é Luz Espiritual. Tudo isso, porém, são palpites e como palpites julgamos que também temos o direito de dar o nosso; ei-lo: Amigo leitor, quando vos perguntarem, talvez com o fim de vos atrapalharem ou confundirem, o que significa Umbanda, indagai por vossa vez, se na fé ou na lei; se vos disserem na fé, respondei *Amor Universal*; se vos disserem na lei, respondei *Ciência Espiritual*.

**Leopoldo Bettiol**, conhecido umbandista do Rio Grande do Sul, escreveu, em 1955, o título *O batuque na Umbanda* (Rio de Janeiro: Aurora, 1963). Ao final do livro, p. 220, apresenta um vocabulário onde a palavra Umbanda é definida como Magia branca só para o bem.

**José Antônio Barbosa**, da Cruzada Federativa Espírita de Umbanda ("Manual dos chefes e médiuns dos Terreiros de Umbanda", citado por Decelso em *Umbanda de Caboclos*, 1972, p. 23), afirma:

"Umbanda ou Doutrina da Luz é uma palavra de origem africana que serve para designar uma forma peculiar de espiritismo religioso".

**Roger Feraudy,** voltado ao Hinduísmo, apresenta uma definição muito próxima do AUMBANDHÃ, afirmando que a palavra Umbanda vem de:

> AUMBRAM – Deus em manifestação – que deu, como corruptela, *Aumbam, Aumbahand, Aumbanda* e, finalmente, *Umbanda.*
>
> [...] o UM vem do mantra védico AUM que se pronuncia OM... Bram vem de Parabram. AUM é criação (A), transformação (U) e conservação (M). Bram é o Pai que se divide em dois o Espírito Santo (ativo) e a Mãe (passivo) (Roger Feraudy, *Serões do Pai Velho*, 1987).

**Ronaldo Linares**, sacerdote de Umbanda que conviveu com Zélio de Moraes e foi por ele incentivado a propagar os ensinamentos do Caboclo das Sete Encruzilhadas, ao explicar "o significado da palavra Umbanda", em seu livro *Iniciação à Umbanda*, à página 51, recorre a Cavalcanti Bandeira, a Diamantino Coelho Fernandes e a L. Quintão, para definir Umbanda como arte de curar, ofício de ocultista, ciência médica, magia de curar.

**Ramatis**, espírito oriental que se manifestava por meio da mediunidade de Hercílio Maes, psicografou extensa obra que costumava agradar aos umbandistas. No título *Missão do Espiritismo*, 1967, em que há um capítulo inteiro dedicado ao "Espiritismo e Umbanda" (o maior capítulo deste livro com 69 páginas), não se furtou à tentação de definir a Religião Umbanda e a palavra Umbanda, vejamos suas considerações:

> [...] o vocábulo trinário Umbanda, em sua vibração intrínseca e real, significa a própria "Lei Maior e Divina" regendo sob o ritmo setenário o desenvolvimento da Filosofia, Ciência, Religião e a existência humana pela atividade da Magia em todas as latitudes do Universo... Sabemos que a palavra Umbanda é síntese vibratória e divina [...].
>
> [...] Etimologicamente, o vocábulo Umbanda provém do prefixo **AUM** e do sufixo "BANDHÃ", ambos do sânscrito [...].
>
> [...] A palavra "Aum-Bandhã", consagrada pela filosofia oriental e do hinduísmo iniciático, difere grandemente de Umbanda, seita ou doutrina religiosa de prática mediúnicas originárias das selvas africanas!
>
> [...] Não importa se houve deturpação do vocábulo iniciático sânscrito de Umbanda, ou se foi adjudicado o prefixo Aum à corruptela "mbanda", familiar do negro banto; o certo é que todas as práticas africanas e atividades dos sacerdotes negros, cujo poder se exercia além do poder

dos próprios reis da tribo, enfeixavam-se dentro de uma sonância vocabular correspondente à palavra Umbanda![77]

**Alfredo D'Alcântara** também divagou sobre essa questão:

> Um nome era preciso para batizar a modalidade religiosa que se esboçava com tanto prestígio, antes mesmo de haver firmado a sua personalidade. Escolheram UMBANDA. Mas quem escolheu? Teria sido um homem ou uma entidade espiritual? Ninguém pode responder; sabe-se apenas que ele começou a ser empregado aqui no Distrito Federal e no estado do Rio. Só muito depois de se tornar corriqueiro emigrou para a Bahia, onde se incorporou aos candomblés e aos xangôs pelo Nordeste a fora.[78]

**Átila Nunes**, em seu livro *Antologia da Umbanda*, consciente das questões que envolvem uma definição ou identificação da etimologia da palavra Umbanda, também tece considerações que valem nossa citação abaixo:

> A etimologia da palavra Umbanda tem dividido as opiniões dos estudiosos do assunto, especialmente os que se propõem a escrever obras sobre esta religião, que sabemos existir desde que existe o mundo [...].
>
> Prefiro concluir que "Umbanda" seja mais um neologismo[79] formado das palavras *Um* e *Banda*, o que muito bem se aplicaria ao caso, visto que, sendo a prática da Umbanda uma reunião de vários cultos, justo seria a sua unificação ou coordenação dentro de uma nomenclatura que significasse ser a Umbanda uma religião una e indivisível.
>
> Aliás, o catolicismo, que também se formou de inúmeros cultos espalhados pelo mundo, teve as mesmas origens da nossa milenar Umbanda que vem até hoje se formando de diversos cultos afros e ameríndios. Se a palavra *Católica*, de origem grega, significa *Universal* [...] a Umbanda tem a mesma significação [...].[80]

**Altair Pinto**, em *Dicionário da Umbanda*, Rio de Janeiro, Eco, 1971, p. 197, diz: "A definição do nome Umbanda é a seguinte: temos, em linguagem oriental antiga, a palavra UM, que significa Deus, e BANDA, também da mesma origem, que quer dizer agrupamento, legião".

---

77. Mães, Hercílio; Ramatis. *A missão do Espiritismo*. Rio de Janeiro: Freitas Bastos Editora, 1996, p. 154. Livro reeditado pela editora Conhecimento.
78. Ibid., p. 152; 153.
79. Segundo o *Novo dicionário Aurélio* (1986), "neologismo" significa palavra, frase ou expressão nova, ou palavra antiga com sentido novo. Nova doutrina, sobretudo em teologia.
80. Nunes Filho, Átila. *Antologia de Umbanda*, op. cit., p. 243-244.

**Jota Alves de Oliveira**, no livro *Umbanda cristã e brasileira*, à p. 41, atribui a Zélio de Moraes, em entrevista feita por Lilia Ribeiro, as palavras abaixo:

> O Caboclo (Sete Encruzilhadas) estabeleceu as normas em que se processaria o culto [...] Deu, também, o nome desse movimento religioso que se iniciava; disse primeiro Alabanda, mas considerando que não soava bem a sua vibração, substituiu-se por Aumbanda, ou seja, Umbanda, palavra de origem sânscrita, que se pode traduzir por Deus ao nosso lado ou o lado de Deus.

Em todos os lugares vemos apenas que o Caboclo teria dito: "Umbanda é a manifestação do espírito para a caridade", sem definir a palavra. Como vimos anteriormente, Leal de Souza (além de médium, um intelectual da época) e Capitão Pessoa, que trabalharam com o Caboclo Sete Encruzilhadas, afirmam desconhecer o significado do vocábulo Umbanda.

A conclusão que tiramos é de que a origem da palavra Umbanda não corresponde ao nascimento da Religião Umbanda. Não passa de uma especulação etimológica, válida, mas não fundamenta um alicerce teológico para a religião. As várias origens da palavra foram manipuladas a fim de justificar teorias, divagações e, muitas vezes, falta de transparência de alguns em não assumir ignorância com relação ao assunto.

A versão do quimbundo é a mais provável e certa, pois se assenta em fatos de uma língua viva que colaborou com outras palavras usadas na Umbanda conforme comentamos, anteriormente.

Embora concordemos que Umbanda seja apenas um nome para essa nova religião, se faz justiça ao declararmos que quem escolheu esse nome foi o Caboclo das Sete Encruzilhadas, devidamente incorporado em seu médium Zélio Fernandino de Moraes. Não cabe dizer que ele criou a palavra, apenas que a utilizou para identificar a nova religião. Ele poderia ter chamado de qualquer outro nome, mas escolheu este, uma palavra que já existia na cultura angolana, uma palavra antiga para algo novo. Recebendo esse novo significado, a palavra torna-se neologismo, como bem disse Átila Nunes.

Nas fitas de Lilia Ribeiro (ver Anexo 1), podemos observar Zélio afirmando que a religião chamou-se Alabanda, Aumbanda e finalmente Umbanda, que quer dizer "Deus comigo", "Deus conosco" (Alá = Deus; Banda = nós; Aum = Deus; Um = Deus).

Allan Kardec, ao lançar as bases para o Espiritismo, afirmou que para coisas novas há de se criar palavras novas e para isso criou essa palavra *Espiritismo*, justificando que sempre existiu *Espiritualismo*, mas que esta nova palavra identificaria a nova modalidade de entendimento acerca dos espíritos.

Não sabemos por que o Caboclo das Sete Encruzilhadas escolheu essa palavra, Umbanda; provavelmente ela já era usada no astral. Uma palavra nova não está ligada a nada; ao que nos parece a palavra Umbanda já surge ligada a toda uma egrégora de espíritos que vão responder em nome da religião.

De qualquer forma, havia de identificar um nome para que o rito não se confundisse com o que já existia, como manifestações mediúnicas, assim como o próprio Kardecismo, a Macumba carioca, o Candomblé, a Cabula, o Tambor de Mina, a Encantaria, o Terecô, o Babassuê, o Toré, o Catimbó, a Jurema, etc.

*Capítulo 4*

# O que é Umbanda?

Definir o que é religião não é tarefa fácil, definir o que é a religião Umbanda é muito mais complexo. Existe uma dificuldade em entender uma religião ainda em formação, na qual os elementos oriundos de outras culturas são, ainda, muito vivos e perceptíveis, o que faz parecer uma simples mistura de fatores diversos. No entanto, como diria Arthur Ramos, *não existe religião pura*,[81] nem na essência nem na forma, nenhuma outra teve origem diferente, "nada nasce do nada", ou melhor "nada se cria, tudo se transforma". Novas religiões nascem da necessidade de atribuir novos significados a antigos símbolos, trazendo valores que possam dar um novo sentido a nossas vidas. Símbolos são um patrimônio da humanidade, que transcendem nossas visões individuais e limitadas, exercendo influência subjetiva em quem crê ou não nos mesmos, independentemente das mais variadas interpretações. Quem percebe que os símbolos são ancestrais, corre o risco de confundir o símbolo (atemporal) com sua interpretação (temporal). Nossas interpretações são religiões, que nascem, crescem, evoluem, envelhecem e morrem, o que fica é símbolo e uma nova religião vai com certeza reinterpretá-lo. Dessa forma, a Umbanda renova a interpretação para símbolos diversos, produzindo um novo significado, daí uma nova religião na qual antigos símbolos e novos valores se acomodam, assumindo uma identidade única.

Para entender melhor esses símbolos, seus significados e as formas pelas quais se acomodam nessa nova religião, nos fazemos a pergunta:

O que é Umbanda?

A pergunta não é nova. Desde seu nascimento, umbandistas e não umbandistas procuram responder a essa pergunta. Ao longo desses cem anos de Umbanda no Brasil, é possível colher diversas respostas, sob

---

81. Ramos, Arthur. *O negro brasileiro*. Rio de Janeiro: Graphia, 2001.

diferentes pontos de vista, paradigmas e interesses. A história da Umbanda nos ajuda a entender que as diferentes interpretações também são influenciadas por questões regionais, sociais, políticas, econômicas e culturais.

São respostas que ora se contradizem, ora se complementam. Patrícia Birman afirma que "há, pois, uma certa *unidade na diversidade*"[82] e, de alguma forma, estamos procurando sempre entender o Uno e o Diverso, o que talvez seja em si o sentido de ser Um e Banda ao mesmo tempo, sabedores de que uma não vive sem a outra, como Universo é Uno e Verso, em que unidade é essência, e diversidade é forma. Mais abaixo veremos a afirmação de Lísias Nogueira Negrão e Maria Helena Vilas Boas Concone de que Umbanda é *"um sistema religioso estruturalmente aberto"*, o que praticamente justifica essa diversidade de formas. A Umbanda está em constante construção, transformação e adaptação e esse entendimento é profundamente necessário para uma melhor compreensão da mesma. Falar de Umbanda é falar dos mistérios que nos cercam, pois o ser humano é em si uno e diverso.

> Afinal, o que é Umbanda?
>
> Umbanda é a manifestação do espírito para a prática da caridade. (Caboclo das Sete Encruzilhadas, por intermédio de seu médium **Zélio de Moraes**, 15 de novembro de 1908).
>
> Umbanda é Amor e Caridade. (**Mãe Zilméia de Moraes** em seus vários depoimentos para a *Revista Espiritual de Umbanda*, nas comemorações dos 97 anos de Umbanda. Nas oportunidades que tive de estar junto dela, sempre foi essa a definição dada para a Umbanda).
>
> Umbanda é a Escola da Vida. (**Caboclo Mirim** e seu médium Benjamim Figueiredo, Tenda Mirim, 1924).
>
> Religião Afro-indo-católico-espírita-ocultista. (**Arthur Ramos**, *O negro brasileiro*, 2. ed., p.175-176, apud Bastide, 1971).
>
> Umbanda é, demonstradamente, uma das maiores correntes do pensamento humano existentes na terra há mais de cem séculos, cuja raiz se perde na profundidade insondável das mais antigas filosofias. (**Diamantino Coelho Fernandes** em sua tese apresentada no Primeiro Congresso Brasileiro do Espiritismo de Umbanda, "O Espiritismo de Umbanda na evolução dos povos", como delegado e representante da Tenda Mirim, dia 19 de outubro de 1941).
>
> O Espiritismo de Umbanda é [...] ao mesmo tempo Religião, Ciência e Filosofia. (**Diamantino Coelho Fernandes** em outra tese para o Primeiro Congresso, com o tema "O Espiritismo de Umbanda como reli-

---

82. Birman, Patrícia, op. cit., p. 27.

gião, ciência e filosofia", também em nome da Tenda Espírita Mirim, dia 23 de outubro de 1941).

> Umbanda é um ritual. Sua finalidade é o estudo e consequentemente a prática da magia; Umbanda é o ritual indispensável à ação do homem no conhecimento de si mesmo e, consequentemente, no desbravamento do Universo, pois o Universo é um reflexo seu. (**Dr. Baptista de Oliveira**, em texto apresentado no Primeiro Congresso Brasileiro do Espiritismo de Umbanda, com o tema "Umbanda: suas origens, sua natureza e sua forma", dia 22 de outubro de 1941).

"Umbanda, tanto quanto qualquer outra doutrina espiritualista, alicerça-se nos Mistérios Arcaicos, é uma só e mesma coisa – Iniciação." **Antônio Flora Nogueira** fez essa afirmação durante o Primeiro Congresso Brasileiro do Espiritismo de Umbanda, em 25 de outubro de 1941, registrado no livro de mesmo nome, p. 257. Ele complementa ainda:

> Conforme tão eruditamente já foi exposto pelo espírito brilhante do operoso trabalhador da "Seara de Mirim", sr. Diamantino Coelho Fernandes, verifica-se que a lei-doutrina, ou mística, pertinente e inerente aos Mistérios Egípcios, Gregos, Astecas, ou Incaicos, consiste em uma única coisa, variando apenas a sua modalidade ritualística ou escola. Por isso não podemos concordar, quando um autor umbandista, embora culto e inteligente, afirma em seu livro que *"Umbanda é um sincretismo, ou seja, um sistema filosófico-religioso obtido pela fusão de todas as crenças universais"*. Ademais, Umbanda existia como organização religiosa-iniciática, algumas centenas de milhares de anos antes da existência de religiões ou cultos organizados. Assim como o Ideal-Religioso-Iniciático foi lançado no continente africano pelos divinos reis "Kabirus" que vieram das terras da Lemúria, de que a África era uma parte, outros divinos reis lançaram, como instrutores, a mesma semente iniciática junto de outros povos ou continentes.
>
> Umbanda é espiritismo prático, é Magia Branca, é sessão de espiritismo realizada em mesa ou terreiro, para a prática do bem.

**Lourenço Braga**, 1941, em seu livro *Umbanda e Quimbanda*, faz observações interessantes sobre a Umbanda, que merecem nossa citação:

> Não se deve dizer "Linha de Umbanda", mas sim "Lei de Umbanda"; Linhas são as 7 divisões de Umbanda.
>
> "Umbanda" tornou-se conhecida no Brasil através da colonização africana. Sua significação era a seguinte: fazer magia por intermédio das forças invisíveis, isto é, por intermédio das forças astrais, através de rituais de preceitos, de sinais cabalísticos, de cânticos, de música apropriada e de

elementos outros, tais como sejam: a água, o fogo, a fumaça, as bebidas, as comidas, os animais, objetos apropriados, etc.

Essas organizações espirituais, "Umbanda" e "Quimbanda", vêm sofrendo várias modificações, desde a sua existência até a presente época, modificações essas acordes com a evolução dos espíritos reencarnados e com a marcha evolutiva do Planeta Terra. Assim é que, de acordo com as determinações do plano sideral, têm elas atualmente a organização apresentada neste livro (1941), a qual sofrerá ligeira alteração no ano 2000 e profunda alteração no ano 2200.

[...] Não, caros leitores, não se deixem empolgar e nem arrastar pelas inovações bizarras e nem tão pouco misturem Umbanda com Teosofia, Esoterismo ou Astrologia![83]

Ainda na mesma obra, segunda parte, Lourenço Braga afirma:

Meus irmãos em Deus, tudo no Universo é vibração. Deus é o criador. Ele pensa, mentaliza e cria. A própria matéria é fluido condensado, é a vibração do pensamento Divino que tomou forma, cristalizou-se.

Umbanda é pois uma vibração permanente, emanada da Consciência Cósmica ou pensamento Divino, que penetra no mundo espiritual, obedecendo a uma lei, através de cinco espécies de ondas, em posição vertical, oblíqua e horizontal, atingindo assim o Plano Sideral.

Umbanda – sincretismo de todas as religiões do planeta.[84]

**Capitão José Álvares Pessoa**, presidente da Tenda Espírita São Jerônimo, em seu livro *Umbanda: religião do Brasil* (São Paulo, Obelisco, 1960, p. 84 e 102), registra mais algumas definições:

Umbanda é o milagre vivo diante dos nossos olhos deslumbrados; Umbanda é a ação do Cristo na sua jornada pelo planeta, realizando a magia divina em favor da humanidade que se debate no sofrimento e na dor. Umbanda é magia, e magia é a mola que move este mundo.

Umbanda é a própria alma do mundo trabalhando em prol da regeneração dos homens.

A umbanda é hoje uma religião nacional, bem nossa, bem brasileira.

"A 'Umbanda' é uma 'religião-ciência', resultante da mescla de tradições, conhecimentos, cultos e ritualísticas oriundos do africanismo, do ameríndismo, do catolicismo e do espiritismo".

**Emanuel Zespo** (*O que é a Umbanda?*, Rio de Janeiro, Biblioteca Espiritualista Brasileira, 1946, p. 15 e 26).

---

83. Braga, Lourenço, op. cit., p. 12; 14-15.
84. Ibid., p. 17.

Dando sequência a essa definição o autor ainda explica:

> A Umbanda é uma religião porque possui culto, ritual, sacerdote, oferenda e tudo quanto uma religião devidamente organizada possui neste ou naquele grau. A Umbanda é uma ciência porque, não se limitando a aceitação cega da imposição ritualística sacerdotal dogmática, indaga, pesquisa, investiga o dito sobrenatural servindo-se dos métodos mediúnicos kardecianos (mesmo quando seus adeptos não conhecem a "Terceira Revelação") e dos métodos mediúnicos de Papus e Elifas Levi (mesmo quando as fórmulas evocativas são diferentes). A Umbanda, tanto quanto o Espiritismo, é uma ciência de experimentação e passível de evolução em grau que se não pode limitar. E é a Umbanda uma religião verdadeira? Para o católico nenhuma outra religião, além da sua, é verdadeira; e a sua fórmula dogmática é: "Fora da Igreja não há salvação". Entretanto para o estudioso de religião comparada, que, à luz da história das civilizações e da ciência, concluiu que a fonte é uma só, a Umbanda não apenas é uma religião verdadeira como é também um vasto campo de pesquisa teosófica. É, portanto, a Umbanda, como antes dissemos, uma verdadeira religião e uma verdadeira ciência.

No livro *Codificação da Lei de Umbanda* (Rio de Janeiro: Espiritualista, 1953, p. 8 e 47), o mesmo autor faz ainda outras considerações acerca do que é a Umbanda; vejamos:

> A Umbanda – tal como surge agora no Brasil – é uma religião nascente, nova, moderna, produto da civilização ambiental; mas, também velha, antiga, remota quanto aos seus preceitos, à sua teogonia [...] Tanto quanto o Budismo aproveitou quase tudo do Bramanismo, o Cristianismo conservou o melhor do Mosaísmo, assim a Umbanda aproveita, conserva e guarda o que de bom e aproveitável pode haver em todas as religiões do passado. A Umbanda não é apenas uma corrente religiosa: ela é o sincretismo de todas as correntes religiosas, ela guarda os fundamentos de todas as teogonias e resume as bases de todas as filosofias. A Umbanda [...] é uma religião e uma ciência, um tipo de espiritismo religioso do Brasil.

"A Umbanda é uma 'Lei' que engloba todos os cultos de origem africana e, atualmente, também os de origem ameríndia", diz **Oliveira Magno**, em *A Umbanda Esotérica e Iniciática* (1950, p. 14).

**Aluízio Fontenele** (*Exu*, Rio de Janeiro, Aurora, 1952) escreveu: "A Umbanda é a Luz Divina, é a Força, é a Fé, ou melhor: é a própria vida".

**João Severino Ramos**, da Tenda Espírita São Jorge, em seu livro *Umbanda e seus cânticos* (Rio de Janeiro, 1953, p. 22) acha que "sem cogitar da etimologia do vocábulo, podemos considerar a Umbanda como a ação organizada contra o erro e a maldade sob todos os seus aspectos, o da magia negra inclusive".

**Tancredo da Silva Pinto**, por sua vez, em seu livro *O Eró da Umbanda*, escreveu: "Umbanda é uma seita, professada dentro dos cultos afro-brasileiros e dentro dela existem várias nações, como: Omolocô, Keto, Nagô, Cambinda, Angola e outras mais".

**Espírito de Francisco Eusébio – "Chico Feiticeiro"** – psicografada por sua médium Maria Toledo Palmer (Maria Toledo Palmer. *A Nova Lei Espírita Jesus e a Chave de Umbanda*, 1953, p. 48): "Umbanda é a banda espiritual que DEUS deu de sua banda ao homem para o esclarecimento do seu espírito na verdade que é a luz e na fé que deu início a religião".

Para **Paulo Gomes de Oliveira** (*Umbanda Sagrada e Divina*, Rio de Janeiro, Aurora, 1953), "Umbanda é Evangelho e Magia. Luz que escapa às limitações. Vibração que percorre os espaços e vence os milênios. Escola magnífica da Ciência Secreta!".

Já para **AB'D Ruanda** (*Lex Umbanda: Catecismo de Umbanda*, Rio de Janeiro, Aurora, 1954, p. 17), "Umbanda é a Religião ensinada pelos Pretos-Velhos e Caboclos de Aruanda".

**Jamil Rachid**, por sua vez, 1955, em definição da Umbanda nos estatutos da União de Tendas, presidida por Pai Jamil, citado por Lísias Nogueira Negrão, em seu livro *Entre a cruz e a encruzilhada* (1995, p. 99), diz que a Umbanda é um "sincretismo nacional afro-aborígine, espírita cristão".

No **Primeiro Congresso Paulista de Umbanda**, 1961 (citado por Lísias Nogueira Negrão, *Entre a cruz e a encruzilhada*, 1995, p. 94): "A Umbanda autorrepresentada pelo Congresso é cristã, espírita-kardecista, ecumênica e moralizada".

Para **Cavalcanti Bandeira** (*O que é a Umbanda*, Rio de Janeiro, Eco, 1961, p. 36):

> A Umbanda é um novo culto brasileiro do século XX, resultante do sincretismo religioso de práticas e fundamentos católico-banto-sudaneses, apresentando algumas fusões ameríndia e oriental, com observância do evangelho segundo o espiritismo, constituídos de planos espirituais evolutivos pela reencarnação. Em síntese: A Umbanda é um culto espírita brasileiro, com ritual afro-ameríndio, enriquecido com alguma liturgia católica.

**Fabico de Orunmilá**, citado por Cavalcanti Bandeira na obra *O que é a Umbanda*, 1961, diz: "A Umbanda é um culto espírita ritmado e ritualizado".

**Benedito Ramos da Silva**, no livro *Ritual de Umbanda*, citado por Cavalcanti Bandeira, 1961, p. 113: "Umbanda é espiritismo prático, é magia branca, é sessão de espiritismo realizada em mesa ou terreiro, para a prática do bem, e foi trazida para o Brasil pelos pretos africanos".

**Átila Nunes Filho** diz:

> A Umbanda é perfeita. Religião indubitavelmente pura, já que é baseada nas forças da Natureza, a Umbanda é ciência das mais belas, e forçoso é reconhecer que seus princípios filosóficos são um tanto complexos e não são fáceis de uma assimilação geral, até mesmo para seus praticantes mais convictos.

e, em *Umbanda: religião-desafio* (Rio de Janeiro, Espiritualista, 1969, p. 196-197), ele complementa:

> As opiniões sobre os fundamentos da Umbanda se entrechocam e os exegetas se perdem no labirinto das teimosias, dos pontos de vista inarredáveis, e, assim, geram controvérsias que levam os praticantes do culto à duvida constante sobre o que é certo ou que lhes parece incerto.
>
> A Umbanda tem sua origem na "magia", ou seja: "religião dos magos, ciência superior, sabedoria adquirida em conhecimento e experiências práticas, sensação de harmonia, fascinação, encanto [...]". Umbanda não é brasileira nem africana; Umbanda é universal, pois suas pegadas são encontradas em toda parte, desde a criação do mundo.

Para **Decelso** (*Umbanda de Caboclos*, 1972), "a Umbanda é luz que ilumina os fracos e confunde os poderosos, os maus".

"A Umbanda, tanto quanto o Espiritismo, é uma ciência de experimentação e passível de evolução em grau que se não pode limitar", palavras ditas em **Primado de Umbanda** (Glossário, p. 96. e Decelso, *Umbanda de Caboclos*, 1972, p. 23).

**Ronaldo Linares**, em definição dada em aula, apostilada, para sua 25º turma de Sacerdotes Umbandistas, 2007 (também consta da sua obra *Iniciação à Umbanda*, Madras Editora, 2008, p. 52), escreveu: "Umbanda é uma religião espírita, ritmada, ritualizada, euro-afro-brasileira".

**Rubens Saraceni** (*Umbanda Sagrada*, 2001, e *Doutrina e teologia de Umbanda Sagrada*, 2003, ambos publicados pela Madras Editora): "Umbanda é o Ritual do Culto à Natureza; Umbanda é o sinônimo de prática religiosa e magística caritativa".

**Edmundo Pellizari** (*Jornal de Umbanda Sagrada*, julho de 2009): "Umbanda é uma poderosa pajelança urbana".
**Aurélio Buarque de Holanda** (*Novo Dicionário Aurélio*, 1986, p. 33): "Forma cultural originada da assimilação de elementos religiosos afro-brasileiros pelo espiritismo brasileiro urbano; magia branca (Do quimbundo, umbanda, 'magia')".

"Se o Espiritismo é crença à procura de uma instituição, a Umbanda é aspiração religiosa em busca de uma forma", diz **Candido Procópio Ferreira de Camargo**.[85] Dando continuidade à obra de Roger Bastide (*Sociologia da Religião*), esse autor dedicou especial atenção ao Espiritismo e à Umbanda, definindo ambas como "religiões mediúnicas", que fazem parte de um "*continuum* mediúnico", como uma unidade, que "abarca desde as formas mais africanistas de Umbanda até o kardecismo mais ortodoxo".

Sobre a Umbanda ele complementa:

> Dificuldade bastante maior apresenta-se na tarefa de caracterizar a Umbanda, pois representa sincretismo sem corpo doutrinário coerente e, pelo menos no momento [lembre-se, ele está escrevendo este texto na década de 1950], incapaz de se congregar em formas institucionais de certa amplitude.
>
> Do ponto de vista histórico podemos discernir os elementos que integram o sincretismo umbandista:
>
> a) Religiões de origem africana – dos povos Sudaneses e Banto – que vieram para o Brasil como escravos;
> b) Catolicismo;
> c) Espiritismo Kardecista;
> d) Religiões indígenas.[86]

"Interpretei a Umbanda como uma religião heterodoxa [...]", diz **Diana Brown** em "Uma História da Umbanda no Rio", texto publicado em *Umbanda & Política*, 1985, p. 40.

"Umbanda é, sobretudo, multiforme, um sistema religioso estruturalmente aberto" (**Lísias Nogueira Negrão e Maria Helena Villas Boas Concone**, "Umbanda: da repressão à cooptação". In: *Umbanda & Política*, 1985, p. 74).

"Umbanda, uma religião brasileira". Este é o título de tese da antropóloga **Maria Helena Vilas Boas Concone** que foi usado para identificar

---
85. Camargo, Candido Procópio Ferreira de. *Kardecismo e Umbanda*. São Paulo: Pioneira, 1961, p. XII.
86. Ibid., p. 8-9.

a nacionalidade da religião. Não pretendeu a autora fazer dessa afirmação uma definição. Nós é que aproveitamos para lembrar que uma simples afirmação como essa pode vir a ser uma forma de identificação e definição. Mas, longe de resumir em palavras o que é Umbanda, a autora afirma: "Tentar caracterizar a Umbanda é um trabalho ingrato, escorregadio e difícil. Na verdade qualquer tentativa de caracterização absoluta está fadada, de antemão, ao insucesso" (*Umbanda: uma religião brasileira*, São Paulo: Publicação do CER, 1987, p. 65).

"A Umbanda seria um código de percepção e ação pelo qual a visão de mundo subalterna da sociedade se elabora e manifesta", **Lísias Nogueira Negrão** referindo-se à forma como Bastide e Ortiz interpretavam a Umbanda nas décadas de 1960 e 1970, respectivamente.

"A Umbanda é a religião nacional do Brasil", afirmações políticas sobre a Umbanda no **Segundo Congresso Brasileiro de Umbanda**, 1961 (Citado em Manchete 11/61. In: *Umbanda & Política*, p. 27).

Artigos publicados no *Jornal de Umbanda* e em *O Semanário*, e em muitas outras colunas e publicações de Umbanda, referiam-se à Umbanda como "*uma religião brasileira*", "*Umbanda, Religião Nacional do Brasil*", "*Umbanda, ideal religioso para o Brasil*" (grifo meu), com frequentes menções à temática desenvolvida por Gilberto Freire, de ser o Brasil o único produto de miscigenação, e a Umbanda a única e verdadeira expressão religiosa brasileira dessa mistura.[87]

"Umbanda é o grande e verdadeiro culto que os espíritos humanos encarnados, na Terra, prestam a Obatalá, por intermédio dos Orixás. Desse culto participam os espíritos elementais e os espíritos humanos desencarnados." "Na sua essência e na sua finalidade, a Umbanda é idêntica a todas as religiões do passado e do presente." "Em resumo, a Umbanda é a Caridade. Nada mais" (**Altair Pinto**, *Dicionário da Umbanda,* Rio de Janeiro, Eco, 1971, p. 195-197).

"A Umbanda é uma religião profundamente ecológica. Devolve ao ser humano o sentido da reverência face as energias cósmicas. Renuncia aos sacrifícios de animais para restringir-se somente às flores e à luz, realidades sutis e espirituais" (**Leonardo Boff**, teólogo cristão, em "O Encanto dos Orixás". In: *A Notícia*, Joinvile-SC, 5 dez.2009).

"Umbanda é Brasil" (**Jamil Rachid**, no documentário *Saravá 100 anos de Umbanda*, 2009, Chama Produções).

---

87. Brown, Diana et al. "Uma história da Umbanda no Rio". In: *Umbanda & Política*, op. cit., p. 30.

"Umbanda é religião, portanto só pratica o bem" (**Alexândre Cumino**, no documentário *Saravá 100 anos de Umbanda*, 2009, Chama Produções).

"Umbanda é amor, humildade e caridade. Se um centro de Umbanda cobrar, coloque os dois pés para trás e saia correndo, isso não é Umbanda!" (**Leonardo Cunha dos Santos**, bisneto de Zélio de Moraes, no documentário *Saravá 100 anos de Umbanda*, 2009, Chama Produções). Considero importante essa colocação, não apenas por ser uma afirmação do bisneto de Zélio, mas por lembrar que definir o que não é Umbanda faz parte do entendimento daquilo que vem a ser a Religião Umbanda.

"A Umbanda é uma semente divina que serve para acolher aqueles que têm mediúnidade" (**Rubens Saraceni**, no documentário *Saravá 100 anos de Umbanda*, 2009, Chama Produções)

"A Umbanda é uma coisa só, ela está dividida em cada um de nós, está em cada um de nós, mas é uma coisa só. Muita gente pergunta: 'O que é Umbanda Branca, o que é Umbanda Carismática, o que é Umbanda Sagrada?'. Umbanda é Umbanda. Umbanda ainda é amor e caridade, Umbanda ainda é o grito do caboclo, Umbanda ainda é o Preto-Velho no toco. Umbanda é a religião mais ecológica que nós conhecemos. A gente pode dizer que Umbanda é a religião da onipresença divina, porque não há distinção" (**Adriano Camargo**, no documentário *Saravá 100 anos de Umbanda*, 2009, Chama Produções).

"Umbanda é amar a Deus sobre todas as coisas e ao próximo como a si mesmo" (**Claudinei Rodrigues**, Sacerdote de Umbanda, durante o Primeiro Seminário da Integração do Povo de Santo para os Direitos Humanos – Câmara Municipal de São Paulo, 23 nov. 2009). Claudinei explica que, embora aceite a definição do Caboclo das Sete Encruzilhadas, necessitamos de uma que fale ao coração de todos os cristãos, como esta que não é sua, e sim de Cristo. Essa definição à luz do Cristianismo ajudaria muito a vencer o preconceito que sofremos por parte de alguns seguimentos neopentecostais.

"A Umbanda é Paz e Amor, é um mundo cheio de luz, é a força que nos dá vida e à grandeza nos conduz [...]" (**J. Alves de Oliveira**, Hino da Umbanda).

"Umbanda é fazer o bem sem olhar a quem" (**Definição popular e de domínio público**).

Definir Umbanda é definir algo vivo e em movimento, é como querer definir o que é o "ser" em toda a sua complexidade. Segundo **Roger Bastide**, "nos encontramos em presença de uma religião a pique de nascer, mas que ainda não descobriu suas formas".[88] É certo que Bastide faz essa afirmação no final da década de 1950, sob uma perspectiva dos cultos afro-brasileiros.

**Lísias Nogueira Negrão** afirma que: "[...] a identidade umbandista faz-se e refaz-se em função das demandas de diferenciação e legitimação, apresentando-se de forma eminentemente dinâmica e compósita".[89]

Hoje a Umbanda se encontra melhor estruturada, no entanto, podemos dizer que ela mantém as características de: *Religião ainda em formação* (**Roger Bastide**), *heterodoxa* (**Diane Brown**), dinâmica e sobretudo *multiforme*, um *sistema religioso estruturalmente aberto* (**Lísias Nogueira Negrão**) e *diversa*, na qual se encontra *uma certa unidade na diversidade*[90] (**Patrícia Birman**).

Em tempo, um fenômeno isolado não é Umbanda; Umbanda é Religião, portanto existe dentro de um contexto histórico, geográfico, social e antropológico. Podemos dizer, em um ponto de vista teológico, que Umbanda pertence a Deus e aos Orixás. Quando pudermos definir Deus, então, só nesse dia, definiremos com precisão o que é Umbanda

---

88. Bastide, op. cit., p. 441.
89. Negrão, Lísias Nogueira. *Entre a cruz e a encruzilhada*. São Paulo: Edusp, 1996, p. 170.
90. Birman, Patrícia, op. cit., p. 26.

*Capítulo 5*

# Trajetória da Umbanda

> Ali está uma boa parte dos fundamentos da Umbanda,
> seu ritual é aberto ao aperfeiçoamento constante [...]
> São Caetano do Sul, fevereiro de 1990,
> *Rubens Saraceni*[91]

## Uma Religião Brasileira

Não basta dizer que a Umbanda foi fundada dia 15 de novembro de 1908, em solo brasileiro. É preciso fundamentar essa afirmação, em que, historicamente, se apresentam os fatos que comprovam data e local; sociologicamente; demonstra-se um novo grupo religioso que se movimenta; e, antropologicamente, há a produção de uma nova cultura.

O que caracteriza a Umbanda é o encontro de diferentes fatores, criando algo único, um amálgama religioso.

Para uns, Umbanda era kardecismo-africanizado; para outros, africanismo-embranquecido; no entanto, nem uma nem outra definição de Umbanda é algo novo que nasce neste solo brasileiro. Não é a religião de uma etnia (do negro, branco ou vermelho), mas o fruto do encontro delas produzindo um sentido, que já não se explica mais pela raça e sim pelo apelo que há na sua identificação com este povo brasileiro.

Costumava-se caracterizar Umbanda como um sincretismo religioso, no entanto, novos estudos mostram que ela é a síntese do povo brasileiro;[92] não é religião de matriz africana nem um conjunto de matrizes produzindo algo, e sim religião de "matriz religiosa brasileira".[93]

---

91. Saraceni, Rubens. *Umbanda: o ritual do culto à Natureza*, op. cit.
92. Ortiz, Renato. *A morte branca do feiticeiro negro*. São Paulo: Brasiliense,1991.
93. Veja a definição no capítulo 7, "Literatura científica: um olhar de fora", em Eduardo Refkalefsky.

## Nascimento da Umbanda

> Venho trazer a Umbanda, uma religião que harmonizará as famílias e há de perdurar até o fim dos tempos.[94]
>
> 15 de novembro de 1908,
> *Caboclo das Sete Encruzilhadas*

Falar do "Nascimento da Umbanda"[95] é falar de um aspecto histórico, em que cabe relatar fatos que demonstrem esse momento único, no contexto sócio-histórico, em que se manifestou a Umbanda[96] em solo brasileiro. As primeiras tendas de Umbanda ganham destaque no Rio de Janeiro a partir da década de 1920, e nos outros estados depois da década de 1940 e 1950; assim vamos nos localizando no tempo. Nina Rodrigues, que publicou seus estudos sobre o negro africano e o negro brasileiro, depois de vasta e abrangente pesquisa de campo, até a data de 1900 não identificou a Umbanda, apenas algumas de suas ascendências, como vimos em capítulo anterior.[97] O jornalista João do Rio, em 1904, empreende pesquisa de campo minuciosa, identificando todas as religiões, seitas, expressões religiosas e/ou espiritualistas no Rio de Janeiro e não encontra a Umbanda.[98]

*Casa da família Moraes, onde se realizaram os primeiros trabalhos de Umbanda em 1908.*
*Acervo de Diamantino Fernandes Trindade.*

---

94. Linares, Ronaldo. *Iniciação à Umbanda*. São Paulo: Madras Editora, 2008, p. 22.
95. Veja anexo "Umbanda fundada ou anunciada?" na página 377.
96. Daqui para frente onde citarmos a palavra Umbanda, lê-se: "Religião Umbanda".
97. Nina Rodrigues identifica o Culto de Cabula, muito próximo à Umbanda, como uma expressão da religiosidade banto, com algumas influências do europeu, em um sistema próprio, fechado e secreto, diferente da Umbanda.
98. Rio, João do. *As religiões no Rio*. Versão digital e-book, 1904. Disponível em: <http://cbooks.brasilpodcast.net/>.

"A primeira Tenda de Umbanda é a Tenda Espírita Nossa Senhora da Piedade (TENSP), fundada no dia 15 de novembro de 1908 por Zélio de Moraes e seu mentor espiritual, o Caboclo das Sete Encruzilhadas."

Esse relato chegou até nós por meio do sacerdote de Umbanda Ronaldo Linares,[99] colhido durante o período em que teve a oportunidade de conviver com Zélio de Moraes.[100] Zélio afirmava que Ronaldo é quem tornaria sua história conhecida. Mãe Zilméia de Moraes Cunha afirma que ele é a pessoa mais indicada para falar sobre seu Pai.[101] Ronaldo registrou os fatos narrados pelo "Pai da Umbanda"[102] e comenta que, "naquela época, década de 1970, aqui em São Paulo, ninguém conhecia Zélio de Moraes", alguns tinham ouvido falar, por alto, de um fundador da religião no Rio de Janeiro.

Linares já era umbandista nessa época e vinha procurando onde havia começado a Umbanda, na esperança de encontrar respostas para seus questionamentos. Foi então que chegou às suas mãos o exemplar de uma revista, *Gira da Umbanda*, com uma chamada exclusiva: "Eu fundei a Umbanda!"

---

99.. Linares, Ronaldo, op. cit.
100. Veja anexo "Zélio de Moraes" na página 304.
101. Segundo entrevista de Mãe Zilméia para o jornalista Marques Rebelo, *Revista Espiritual de Umbanda*.
102. Forma carinhosa com que Ronaldo Linares costuma se referir a Zélio de Moraes.

A revista foi editada por Átila Nunes Filho, ano 1, nº 1, 1972. O título da matéria é "A Umbanda existe há 64 anos!", reportagem e fotos de Lilia Ribeiro, Lucy e Creuza.

Essa entrevista é um dos poucos documentos autobiográficos do precursor da Umbanda no Brasil. Em razão de sua importância, vejamos a entrevista na íntegra:

> Cabelos grisalhos, fisionomia serena e simples, Zélio de Moraes, através do seu guia espiritual, o Caboclo das Sete Encruzilhadas, só sabe praticar o amor e a humildade.
>
> – Na minha família, todos são da marinha: almirantes, comandantes, um capitão-de-mar-e-guerra... Só eu que não sou nada... – comentava sorrindo Zélio de Moraes aos amigos que o visitavam nessa manhã ensolarada.
>
> E a repórter, antes mesmo de se apresentar, retrucou:
>
> – Almirantes ilustres, capitães-de-mar-e-guerra há muitos; o médium do Caboclo das Sete Encruzilhadas, porém, é um só.
>
> Levantando-se, Zélio de Moraes – magrinho, de estatura mediana, cabelos grisalhos, fisionomia serena e de uma simplicidade sem igual – acolheu-me como se fôssemos velhos conhecidos. Nesse ambiente cordial, sentindo-me completamente à vontade, possuída de estranho bem-estar, esquecendo, quase, a minha função jornalística, iniciei uma palestra, que se prolongaria por várias horas, deixando-me uma impressão inesquecível.
>
> Perguntei-lhe como ocorrera a eclosão de sua mediunidade e de que forma se manifestara, pela primeira vez, o Caboclo das Sete Encruzilhadas.
>
> – Eu estava paralítico, desenganado pelos médicos. Certo dia, para surpresa de minha família, sentei-me na cama e disse que no dia seguinte estaria curado. Isso foi a 14 de novembro de 1908. Eu tinha 18 anos. No dia 15, amanheci bom. Meus pais eram católicos, mas, diante dessa cura inexplicável, resolveram levar-me à Federação Espírita de Niterói, cujo presidente era o sr. José de Souza. Foi ele mesmo quem me chamou para que ocupasse um lugar à mesa de trabalhos, à sua direita. Senti-me deslocado, constrangido, no meio daqueles senhores. E causei logo um pequeno tumulto. Sem saber por quê, em dado momento, eu disse: "Falta uma flor nesta mesa; vou buscá-la". E, apesar da advertência de que não me poderia afastar, levantei-me, fui ao jardim e voltei com uma flor que coloquei no centro da mesa. Serenado o ambiente e iniciados os trabalhos, verifiquei que os espíritos que se apresentavam aos videntes, como índios e pretos, eram convidados a se afastar. Foi então que, impelido por uma força estranha, levantei-me outra vez e

perguntei por que não se podiam manifestar esses espíritos que, embora de aspecto humilde, eram trabalhadores. Estabeleceu-se um debate e um dos videntes, tomando a palavra, indagou:

– O irmão é um padre jesuíta. Por que fala dessa maneira e qual é o seu nome?

Respondi sem querer:

– Amanhã estarei na casa deste aparelho, simbolizando a humildade e a igualdade que deve existir entre todos os irmãos, encarnados e desencarnados. E se querem um nome, que seja este: sou o Caboclo das Sete Encruzilhadas.

Minha família ficou apavorada. No dia seguinte, verdadeira romaria formou-se na Rua Floriano Peixoto, onde eu morava, no número 30. Parentes, desconhecidos, os tios, que eram sacerdotes católicos, e quase todos os membros da Federação Espírita, naturalmente, em busca de uma comprovação. O Caboclo das Sete Encruzilhadas manifestou-se, dando-nos a primeira sessão de Umbanda na forma em que, daí para frente, realizaria os seus trabalhos. Como primeira prova de sua presença, através do passe, curou um paralítico, entregando a conclusão da cura ao Preto-Velho, Pai Antonio, que nesse mesmo dia se apresentou. Estava criada a primeira Tenda de Umbanda, com o nome de Nossa Senhora da Piedade, porque assim como a imagem de Maria ampara em seus braços o Filho, seria o amparo de todos os que a ela recorressem. O Caboclo determinou que as sessões seriam diárias, das 20 às 22 horas, e o atendimento gratuito, obedecendo ao lema: "dai de graça o que de graça recebestes". O uniforme totalmente branco e sapato tênis. Desse dia em diante, já ao amanhecer, havia gente à porta, em busca de passes, cura e conselhos. Médiuns, que não tinham a oportunidade de trabalhar espiritualmente por só receberem entidades que se apresentavam como Caboclos e Pretos-Velhos, passaram a cooperar nos trabalhos. Outros, considerados portadores de doenças mentais desconhecidas, revelaram-se médiuns excepcionais, de incorporação e de transporte.

Citando nomes e datas, com precisão extraordinária, Zélio de Moraes relata o que foram os primeiros anos de sua atividade mediúnica. Dez anos depois, o Caboclo das Sete Encruzilhadas anunciou a segunda fase de sua missão: a fundação de sete templos de Umbanda e, nas reuniões doutrinárias que realizava às quintas-feiras, foi destacando os médiuns que assumiriam a direção das novas tendas: a primeira, com o nome de Nossa Senhora da Conceição e, sucessivamente, Nossa Senhora da Guia, São Pedro, Santa Bárbara, São Jorge, Oxalá e São Jerônimo.

– Na época – prossegue Zélio – imperava a feitiçaria; trabalhava-se muito para o mal, através de objetos materiais, aves e animais sacrificados, tudo a preços elevadíssimos. Para combater esses trabalhos de magia negativa, o Caboclo trouxe outra entidade, o Orixá Male, que destruía esses malefícios e curava obsedados. Ainda hoje isso existe: há quem trabalhe para fazer ou desmanchar feitiçarias, só para ganhar dinheiro. Mas eu digo: não há ninguém que possa contar que eu cobrei um tostão pelas curas que se realizavam em nossa casa; milhares de obsedados, encaminhados inclusive pelos médicos dos sanatórios de doentes mentais... E quando apresentavam ao Caboclo a relação desses enfermos, ele indicava os que poderiam ser curados espiritualmente; os outros dependiam de tratamento material...

Perguntei então a Zélio a sua opinião sobre o sacrifício de animais que alguns médiuns fazem na intenção dos Orixás.

Zélio absteve-se de opinar, limitou-se a dizer:

– Os meus guias nunca mandaram sacrificar animais, nem permitiriam que se cobrasse um centavo pelos trabalhos efetuados. No Espiritismo não se pode pensar em ganhar dinheiro; deve-se pensar em Deus e no preparo da vida futura.

O Caboclo das Sete Encruzilhadas não adotava atabaques nem palmas para marcar o ritmo dos cânticos e nem objetos de adorno, como capacetes, cocares, etc. Quanto ao número de guias a ser usado pelo médium, Zélio opina:

– A guia deve ser feita de acordo com os protetores que se manifestam. Para o Preto-Velho deve-se usar a guia de Preto-Velho; para o Caboclo, a guia correspondente ao Caboclo. É o bastante. Não há necessidade de carregar cinco ou dez guias no pescoço...

Considera o Exu um espírito trabalhador como os outros?

– O trabalho com os Exus requer muito cuidado. É fácil ao mau médium dar manifestação como Exu e ser, na realidade, um espírito atrasado, como acontece, também, na incorporação de Criança. Considero o Exu um espírito que foi despertado das trevas e, progredindo na escala evolutiva, trabalha em benefício dos necessitados. O Caboclo das Sete Encruzilhadas ensinava o que Exu é, como na polícia, o soldado. O chefe de polícia não prende o malfeitor; o delegado também não prende. Quem prende é o soldado, que executa as ordens dos chefes. E o Exu é um espírito que se prontifica a fazer o bem, porque cada passo que dá em benefício de alguém é mais uma luz que adquire. Atrair o espírito atrasado que estiver obsedando e afastá-lo é um dos seus trabalhos. E é assim que vai evoluindo. Torna-se portanto, um auxiliar do Orixá.

**Cinquenta anos de atividade mediúnica**

Relembrando fatos passados em mais de meio século de atividade espiritualista, Zélio refere-se a centenas de tendas de Umbanda fundadas na Guanabara, em São Paulo, Estado do Rio, Minas, Espírito Santo, Rio

Grande do Sul. A Federação de Umbanda do Brasil, hoje União Espiritista de Umbanda do Brasil, foi criada por determinação do Caboclo das Sete Encruzilhadas, a 26 de agosto de 1939. Da Tenda Nossa Senhora da Piedade saíam constantemente médiuns de capacidade comprovada, com a missão de dirigirem novos templos umbandistas; entre eles, José Meireles, na época deputado federal; José Álvares Pessoa, que deixou uma lembrança indelével de sua extraordinária cultura espiritualista; Martinho Mendes Ferreira, atual presidente da Congregação Espírita Umbandista do Brasil; Carlos Monte de Almeida, um dos diretores de culto da Tulef; João Severino Ramos, trabalhando ainda hoje, ativamente, inclusive na Assessoria de Culto do Conselho Nacional Deliberativo da Umbanda. Outros, fugindo às rígidas determinações de humildade e caridade do Caboclo das Sete Encruzilhadas, desvirtuaram normas do culto. Mas a Umbanda, preconizada através da mediunidade de Zélio de Moraes, difundiu-se extraordinariamente e hoje podemos encontrar suas características em tendas modestas e nos grandes templos, como o Caminheiros da Verdade e a Tenda Mirim, nos quais a orientação de João Carneiro de Almeida e Benjamin Figueiredo mantém elevado nível de espiritualidade, no Primado de Umbanda, uma das mais perfeitas entidades associativas da nossa Religião.

Durante mais de cinquenta anos, o Caboclo das Sete Encruzilhadas dirigiu a Tenda Nossa Senhora da Piedade; após esse tempo, passou a direção à filha mais velha do médium, dona Zélia, aparelho do Caboclo Sete Flechas. Entretanto, Pai Antonio continua trabalhando, na cabana que tem o seu nome, localizada em um sítio maravilhoso, em Cachoeiras de Macacu. O Caboclo manifesta-se ainda em datas especiais, como foi, por exemplo, o 63º aniversário daquela tenda. Da gravação feita durante a celebração festiva, reproduzimos para os leitores, o trecho final da mensagem do Caboclo das Sete Encruzilhadas:

A Umbanda tem progredido e vai progredir muito ainda. É preciso haver sinceridade, amor de irmão para irmão, para que a vil moeda não venha a destruir o médium, que será mais tarde expulso, como Jesus expulsou os vendilhões do templo. É preciso estar sempre de prevenção contra os obsessores, que podem atingir o médium. É preciso ter cuidado e haver moral, para que a Umbanda progrida e seja sempre uma Umbanda de humildade, amor e caridade. Essa é a nossa bandeira. Meus irmãos: sede humildes, trazei amor no coração para que pela vossa mediunidade possa baixar um espírito superior; sempre afinados com a virtude que Jesus pregou na Terra, para que venha buscar socorro em vossas casas de caridade, todo o Brasil... Tenho uma coisa a vos pedir: se Jesus veio ao planeta Terra na humilde manjedoura, não foi por acaso, não. Foi o Pai que assim o determinou. Que o nascimento de Jesus, o espírito que viria traçar à humanidade o caminho de obter a paz, saúde e felicidade, a humildade em que ele baixou neste planeta, a estrela que iluminou aquele estábulo, sirva para vós, iluminando vossos espíritos, retirando os escuros da maldade por pensamento, por ações; que Deus perdoe tudo o que tiverdes feito ou as maldades que podeis haver pensado, para que a paz possa reinar em vossos corações e nos vossos lares. Eu, meus irmãos, como o menor espírito que baixou à Terra, mas amigo de todos, em uma concentração perfeita dos espíritos que me rodeiam neste momento, peço que eles sintam a necessidade de cada um de vós e que, ao sairdes deste templo de caridade, encontreis os caminhos abertos, vossos enfermos curados e a saúde para sempre em vossa matéria. Com o meu voto de paz, saúde e felicidade, com humildade, amor e caridade, sou e serei sempre o humilde CABOCLO DAS SETE ENCRUZILHADAS.

*Dona Izabel, Zélio de Moraes e Ronaldo Linares.*
*Primeiro Encontro de Lirores e Zélio.*
*Foto: Norma Linares*

Após a leitura dessa matéria, Pai Ronaldo Linares, que se tornaria presidente da Federação Umbandista do Grande ABC e responsável pelo Santuário Nacional da Umbanda (www.santuariodaumbanda.com.br), empreendeu uma verdadeira aventura para encontrar quem de fato seria o *Pai da Umbanda*. Ele conta em detalhes esse momento marcante de sua vida, que tomou novo sentido depois de conhecer Zélio de Moraes.

É sabido ainda que, antes de participar da sessão espírita no dia 15 de novembro de 1908, Zélio já havia sido encaminhado a um médico da família, dr. Epaminondas, diretor de um hospício. Não identificando nada que pudesse encontrar cura na medicina, o jovem foi então dirigido a outro parente, um padre, que se encarregaria de exorcizá-lo, sem, no entanto, encontrar resultados para os "ataques" que o mesmo vinha sofrendo. Segundo Mãe Zilméia, seu pai também foi levado por sua avó a uma benzedeira que incorporava um espírito de um negro ex-escravo de nome "Tio Antônio".

## Apagamentos Históricos

A História da Umbanda passa por muitos apagamentos de fatos históricos, ocultos, não revelados e esquecidos propositalmente, o que é um reflexo, principalmente de uma sociedade brasileira, machista, racista, colonial, patriarcal, intolerante e preconceituosa.

Passam por esses apagamentos muitos fatos, principalmente da origem africana da Umbanda, suas lideranças, seus terreiros e a História da Macumba como religiosidade afrobrasileira de matriz bantu praticada no Rio de Janeiro, principalmente no início do século XX, quando surgem os primeiros fatos sobre a origem da Umbanda. Nesse período, dois grupos disputam a identidade Umbanda: um grupo vem do Espiritismo, tendo Zélio de Moraes como maior expoente, e o outro surge da Macumba, tendo Tata Tancredo como grande porta voz.

A Umbanda como religião organizada, com Estatuto, Ata, Licença de Funcionamento, Registro em Cartório surgira apenas no fim da década de 1930; até então, os dois grupos reivindicam sua paternidade ou maternidade.

A Macumba é a origem Negra Africana da Umbanda, o Espiritismo sua origem Branca Brasileira.

Na história de Zélio de Moraes, ele mesmo não conta que havia passado na casa de uma benzedeira de nome Cândida, ou Eva. São suas filhas Zélia e Zilméia, já bem idosas, que decidem revelar esse fato em algumas entrevistas.

Em entrevista com Mãe Lucilia, do Terreiro do Pai Maneco (Youtube), e também em entrevista com Pai Francisco Rivas Neto, as duas filhas de Zélio fazem questão de dizer que antes da incorporação no dia 15 de novembro de 1908, o pai, Zélio de Moraes, foi levado por sua mãe até a casa de uma mulher negra, rezadeira, que incorporava o espírito de um Preto-Velho, e que ali Zélio também havia incorporado seu Preto--Velho e dito que no dia seguinte ele estaria curado.

Zélia diz que para elas "aquilo" já era Umbanda, reconhecendo essa mulher negra como alguém que já praticava o que mais tarde se organizaria como a Religião Umbanda. Uma mulher negra incorporando um Preto-Velho naquele contexto de época e local seria uma praticante de Macumba, o que daria a influência da Macumba inclusive na origem das práticas de Zélio de Moraes.

No livro *As Origens da Umbanda I*, Padrinho Juruá (Paulo Rogério Segatto), 2019, versão on-line PDF, página 19, ele faz esta citação:

Segundo a Sra. Zélia de Moraes Lacerda (filha de Zélio), em gravação efetuada em 1992, por Solano, Mãe Mariazinha e Dr. Júlio, na fita de nº 45, aos 07 minutos e 30 segundos da gravação, assim relata: ... (Solano pergunta): dia 14 de novembro de 1908, Zélio de Moraes estaria em cama, e de repente ele se levanta, se alceia quase na cama, porque não conseguia se levantar porque estava doente, e teria dito com uma voz que já não era dele, que no dia seguinte o aparelho estaria curado. Esse fato ocorreu mesmo? (Zélia responde): Bom, ocorreu, mas no seguinte; ele foi antes, foi na casa dessa preta.

(Nota do autor: essa negra era uma rezadeira, a quem a mãe de Zélio o levou para ser benzido). Eu faço questão de dizer: a Umbanda nasceu na humilde casa de uma preta, lá na Rua São José, Eva. (Nota do autor Juruá: Segundo alguns relatos escritos, o nome da rezadeira que benzeu Zélio seria Cândida, mas, segundo o relato fonográfico da própria Zélia, tendo ao fundo também a voz de Zílméia de Moraes, o nome da benzedeira seria Eva). Ela recebia uma entidade chamada Tio Antônio e disse a ele (nota do autor: Zélio) que o irmão dele (nota do autor: irmão de Tio Antônio, que seria conhecido como Pai Antônio. Em época de escravidão, quando negros aportavam no Brasil, todos eram batizados pelo clero e recebiam, todos, o nome do Santo do dia, o padroeiro ou de devoção; portanto, possivelmente, em vida, a entidade espiritual Tio Antônio tinha um irmão, também chamado Antônio) iria trabalhar com meu pai.

(Solano pergunta): E qual o endereço dessa preta? (Zélia responde): Rua São José, em Fonseca, um bairro de Niterói. ...(Solano pergunta): Essa primeira manifestação, quando ele disse que o aparelho, no dia seguinte, estaria curado, foi no dia 14, não foi isso? (Zélia responde): Foi na casa de Eva... (nota do autor: pelo relato da Sra. Zélia, dia 14 de novembro de 1908, na casa da rezadeira Eva, houve uma manifestação mediúnica em Zélio (não sabemos qual Espírito era; possivelmente, poderia ser o próprio Pai Antônio), dizendo que no outro dia Zélio estaria curado.

A história de Zélio não é única, muitos espíritas na década de 1920 estão incorporando Caboclos, assim como muitos praticantes de Macumba também estão incorporando Caboclos. Zélio se torna um porta-voz ou o mais velho de um imenso grupo de espíritas que começam a incorporar Caboclos e Pretos-Velhos ao mesmo tempo que vão se distanciando do Espiritismo formal. Cândida ou Eva, essa também não é uma história única, é o retratado da Macumba que está presente não apenas na história de Zélio, mas de muitos dos espíritas que começam a incorporar Caboclos e Pretos-Velhos.

Desta forma e de muitas outras maneiras, Espiritismo, Macumba e Cultura Ameríndia se misturam na estruturação da Umbanda enquanto religião oficializada diante do Estado, mas que guarda origens diversas, nas quais as origens Negra e Indígena passam por muitos apagamentos. Se dona Eva ou Cândida fosse uma mulher branca, rezadeira católica, provavelmente sua participação na vida de Zélio de Morares não seria ocultada por ele mesmo. O depoimento das filhas de Zélio de Moraes, Zélia e Zilméia, atesta a presença e a importância da ancestralidade africana nesse momento histórico para a Umbanda, sendo que a primeira manifestação mediúnica de incorporação, em Zélio de Moraes, não seria de um Caboclo no dia 15 de novembro de 1908, e sim de um Preto-Velho, incorporado ali diante de uma mulher negra, também incorporada de seu homônimo Tio Antônio, anunciando ser o irmão do espírito manifestado em Zélio.

*Gabriel de Malagrida*

Também ressalto a afirmação do Caboclo das Sete Encruzilhadas em que revela ser Gabriel de Malagrida, frei católico queimado na Inquisição. Esse fato diria muito a respeito das entidades que se manifestam na Umbanda, como uma oportunidade de escolher a forma em que querem se apresentar, independentemente das várias personalidades construídas por todos nós ao longo das muitas encarnações vividas aqui na Terra. Apresentar-se como Caboclo ou Preto-Velho é antes de mais nada uma opção e não necessariamente o apego ou imposição a uma certa vida marcada no espírito do comunicante.

Zélio de Moraes nasceu dia 10 de abril de 1891 e desencarnou dia 3 de setembro de 1975, trabalhando mediunicamente de forma ininterrupta por 66 anos, prestando a caridade espiritual e, muitas vezes, material também, seguindo à risca o lema do Caboclo das Sete Encruzilhadas: "Umbanda é a manifestação do espírito para a caridade".

A Tenda Espírita Nossa Senhora da Piedade esteve sob o comando das filhas de Zélio, Zélia e Zilméia. Hoje encontra-se fisicamente no endereço da Cabana de Pai Antônio, em Boca do Mato, sob o comando de Lygia de Moraes Cunha (Filha de Zilméia), neta carnal de Zélio de Moraes.

*Zélio de Moraes na Tenda Espírita Nossa Senhora da Piedade (TENSP)*

Zilméia e Zélia na TENSP.
Foto: Ronaldo Linares

*Altar da TENSP, 2006.*
*Foto: Alexândre Cumino*

*Alexândre Cumino e Mãe Zilméia de Moraes Cunha, TENSP, 2006.*
*Foto: Fernando Sepe*

BOLETIM MENSAL DA TENDA N. S. DA PIEDADE

# A CARIDADE

ANO I | D. F. — JUNHO DE 1956 — | NÚM. 1

## O QUE É
## A FRATERNIDADE SOCIAL TIANA
### E O QUE SE PROPÕE REALIZAR

Caros Irmãos

A idéia de cooperação que resultou da criação da FRATERNIDADE SOCIAL TIANA, em tão boa hora lembrada por um grupo de amigos e filhos do CABOCLO DAS SETE ENCRUZILHADAS, tem por finalidade precípua continuar no terreno material, a caridade espiritual, que a TENDA N. S. DA PIEDADE vem prestando ininterruptamente nesta cidade, a milhares de pessoas, durante 48 anos de sacrifícios e renúncias, por intermédio do nosso boníssimo e incansável amigo, sr. ZÉLIO e sua Exma. Família.

Esta cooperação a que já nos referimos, será realizada através de campanhas financeiras e de tudo aquilo que possamos conseguir com a colaboração indispensável dos associados, frequentadores desta Tenda e demais pessoas, cujo espírito caritativo permita compreender, como esperamos, a finalidade humanitária desta idéia.

Vencida esta primeira etapa, de cujo êxito não temos dúvidas, visto o alto espírito de boa vontade que caracteriza o nosso povo, que é de boa índole, nos propomos dar gratuitamente, a todos aquêles que nos solicitarem e que reconhecidamente necessitarem: assistência médica, dentária e jurídica; medicamentos; víveres; objetos de uso pessoal; internamentos de enfermos nos hospitais; colocação de pessoas; brinquedos às crianças nas épocas próprias; internamentos de menores nos colégios; etc. Enfim, tôda e qualquer ajuda que nos forem solicitadas.

Outrossim, devo informar aos caros irmãos, que formam a grande e harmoniosa família da casa do CABOCLO DAS SETE ENCRUZILHADAS, que a FRATERNIDADE SOCIAL TIANA, foi criada para cooperar em todos os sentidos, nas realizações da TENDA N. S. DA PIEDADE, sempre de comum acôrdo com a diretoria, nos grandes encargos que a ela estão afetos, conforme aprovação do nosso querido Chefe, CABOCLO DAS SETE ENCRUZILHADAS.

Finalmente, peço-vos, caros irmãos, permissão para vos fazer esta advertência: PENSEMOS UM POUCO MENOS EM NÓS E UM POUCO MAIS EM NOSSOS SEMELHANTES, e teremos, assim, realizado a vontade da nossa inspiradora: TIANA.

Umbanda é a montanha
Que todos terão que galgar.
Muitos serão os chamados
Poucos conseguirão chegar!

**Saravá TIANA e sua Bendita Falange de Amor e Caridade**

*Boletim da TENSP.*

*Acervo de Diamantino Fernandes Trindade.*
*Mãe Zilméia de Moraes, TENSP, 2006.*
*Foto: Alexândre Cumino*

*Mãe Zilméia se concentrando para a abertura dos trabalhos na TENSP, 2006.*
*Foto: Alexândre Cumino*

*Pontos riscados na TENSP durante sessão de trabalhos, 2006.*
*Foto: Alexândre Cumino*

## Períodos de Expansão Umbandista

Vamos usar um conceito de "onda" para descrever algumas fases do movimento umbandista.[103] Falar em ondas é falar de novos movimentos dentro de um mesmo segmento, uma onda não anula a outra, uma não termina exatamente onde a outra acaba; são fluxos e refluxos de novas tendências na mesma Umbanda. É parecido com o conceito de gerações. Lísias Nogueira Negrão, em sua tese, dividiu a Umbanda em 12 períodos, apresentando um importante estudo da Umbanda Paulista, que vai de 1929 a 1982, publicado com o título *Entre a cruz e a encruzilhada*. Seu trabalho é o resultado de mais de duas décadas de interesse pela Umbanda, com levantamento de dados de 14 mil tendas de Umbanda junto a cartórios, além de entrevistas e visitas aos Templos de Umbanda. Diana Brown também separa a Umbanda em três fases, em seu estudo *Uma história da Umbanda no Rio*, no qual destaca: "antes de 1930" (a fundação da Umbanda), "entre 1930 e 1945" (a Umbanda sob a ditadura Vargas) e "entre 1945 e 1970" (Umbanda e política eleitoral).

Essas divisões em períodos ajudam a entender melhor os diferentes momentos em que passou a Umbanda e como sua postura foi se moldando ao longo do tempo, em que surgiam novos perfis e formas de praticá-la.

Dentro do conceito de ondas, usaremos quatro ondas, que representam os períodos de impulso e crescimento com um intervalo de refluxo, mostrando um retraimento ou esvaziamento pelo qual passou a Umbanda na década de 1980.

• **Primeira Onda** de 1908 a 1928 – nascimento e expansão inicial no Rio de Janeiro;

• **Segunda Onda** de 1929 a 1944 – legitimação e florescimento em outros estados;

• **Terceira Onda** de 1945 a 1980 – expansão vertiginosa e global da Umbanda.

• **Refluxo** de 1980 a 1990 – esvaziamento gradual e contínuo;

• **Quarta Onda** de 1991 a 2009 – busca de maturidade e crescimento lento.

Para esse estudo vamos abrir "diálogo" com Lísias Nogueira Negrão, Diana Brown, Patrícia Birman, Arthur Ramos, Leal de Souza, Jota Alves de Oliveira, Cavalcanti Bandeira, Renato Ortiz e dr. Hédio Silva Junior. Evitando paráfrases e resumos de suas pesquisas, daremos

---

103. Esse conceito de ondas já foi utilizado por Giorgio Paleari, em *Visão do mundo e evangelização: uma abordagem antropológica*. São Paulo: Ave Maria, 1994, abordando três ondas correspondentes e três tempos onde se desenvolve a religião.

preferência às citações das fontes primárias, possibilitando ao leitor um contato com os textos originais, nem sempre acessíveis por causa do pouco interesse umbandista por obras científicas, ou mesmo do reduzido interesse científico pela obra umbandista; com as notícias de jornais e dados estatísticos, como o censo. Procuraremos entender essas fases do movimento social umbandista de forma quantitativa e qualitativa, dentro de um contexto que varia entre repressão, ascensão, queda e maturidade.

## Primeira Onda Umbandista (1908 a 1928) – O Nascimento

Podemos afirmar que a primeira expansão ou primeira "onda" umbandista é justamente o seu nascer e desabrochar dentro do universo fluminense. De 1908 até a década de 1930, a Umbanda está bem concentrada no Rio de Janeiro.

Durante sua vida, além da Tenda Espírita Nossa Senhora da Piedade, Zélio de Moraes fundou mais sete tendas sob sua orientação direta, determinando quem seriam os dirigentes responsáveis pelas mesmas; são elas: Tenda Nossa Senhora da Guia, sr. Durval de Souza; Tenda Nossa Senhora da Conceição, sr. Leal de Souza; Tenda Santa Bárbara, sr. João Aguiar; Tenda São Pedro, sr. José Meireles; Tenda Oxalá, sr. Paulo Lavois; Tenda São Jorge, sr. João Severino Ramos; e Tenda São Jerônimo, sr. José Álvares Pessoa. Também fundou a Cabana de Pai Antônio, em Boca do Mato, onde costumava trabalhar ao lado de sua esposa, Dona Isabel, médium do Caboclo Roxo. Ajudou direta e indiretamente na fundação de centenas de outras tendas de Umbanda, inclusive colaborando financeiramente com elas.

Dessas tendas e dos médiuns que passavam por elas nasceram muitas outras, em uma expansão muito rápida, contando, em poucas décadas, com centenas de tendas de Umbanda no Rio de Janeiro e se multiplicando por todos os outros estados do Brasil.

Outros médiuns, mesmo sem ter tido contato com o trabalho de Zélio, nos locais mais longínquos, também passaram a manifestar espíritos que vinham trabalhar em nome da Umbanda. A nova religião crescia a passos largos, sem um corpo doutrinário, codificação ou instituição que centralizasse ou organizasse sua forma de apresentação à sociedade. No futuro, esse perfil criaria um estigma e a necessidade de busca por uma identidade e unidade doutrinária.

Também podemos citar nesse momento inicial de expansão a Tenda Espírita Mirim, fundada em 13 de outubro de 1924, por Benjamin Figueiredo,[104] que trabalhava com o Caboclo Mirim. Benjamim vinha

---

104. Na Fita 56 B, de Lilia Ribeiro (Anexo 1), Zélio de Moraes conta que Benjamin havia lhe procurado para se desenvolver na Umbanda.

de uma família espírita kardecista atuante; sua avó teria trazido o Espiritismo da Europa. Benjamim foi uma das pessoas que mais lutou pela expansão ordenada da Umbanda,[105] fundando o Primado de Umbanda, em 1952, de onde saíram muitas outras tendas de Umbanda. Apoiou os três grandes Congressos Nacionais de Umbanda no Rio de Janeiro, sendo fundador da Escola Superior Iniciática de Umbanda do Brasil.

A Tenda Espírita Mirim continua ativa sob o comando de seu filho carnal Mirim Pauline Figueiredo. O Primado de Umbanda, que foi um dos maiores movimentos dentro da Umbanda, continua as atividades sob o comando do primaz Ricardo Ribeiro.

*Tenda Espírita Mirim – Marcelo Fritz, presidente do ICAPRA, no detalhe.*
*Foto: Alexândre Cumino*

---

105. *Revista Espiritual de Umbanda*, ano II, n. 6.

*Tenda Espírita Mirim* – Evento promovido pelo Instituto Cultural de Apoio e Pesquisa às Religiões Afros (ICAPRA) para registrar a memória do sr. Benjamin Figueiredo e do Caboclo Mirim. No microfone, Pauline Mirim, o "Mirinzinho"; à direita, prof. José Beniste e Alexândre Cumino.

## Segunda Onda Umbandista (1929 a 1944) – A Legitimação

Nesse período, a Umbanda se estrutura no Rio de Janeiro, conquista a legitimação e começa a brotar em outros estados. Católicos e espíritas, mesmo sem um contato mais aprofundado com outros umbandistas, assumem sua mediunidade e participam desse florescer da Umbanda. Os fenômenos acontecidos com Zélio de Moraes e Benjamim Figueiredo se repetiriam Brasil afora.

> Parece-nos que o primeiro terreiro com o nome de Umbanda no Rio Grande do Sul, conforme depoimento histórico de Moab Caldas e João B. Vidal, surgiu em 1926, quando chegara à cidade do Rio Grande Otacílio Charão, após passar dez anos na África [...] fundando nesse ano o Centro Espírita de Umbanda Reino de S. Jorge.

> Sem sombra de dúvida, em 1932, Laudelino de Souza Gomes, oficial da Marinha Mercante, fundava em Porto Alegre, com estatuto social e registro em cartório, a Congregação dos Franciscanos de Umbanda.[106]
>
> A partir de 1929 começamos a encontrar terreiros de Umbanda junto a cartórios de registro de títulos e documentos, se bem que, desde então até o final da década de 40, travestidos de centros espíritas.[107]

Essa segunda onda umbandista compreende o período do Estado Novo em meio à Era Vargas, com muitas contradições entre o populismo e a mão de ferro do ditador. As próprias opiniões umbandistas sobre Getulio Vargas são controversas, ao mesmo tempo que, no período, a Umbanda conquista sua legitimação, também é muito perseguida pelo governo.

> Atualmente, os umbandistas, como muitos outros setores da população brasileira, parecem ter se esquecido desses aspectos repressivos do regime Vargas, e o encaram com benevolência. Até 1964 – quando, com o advento da ditadura militar, toda e qualquer forma de expressão política pública tornou-se politicamente perigosa –, muitos centros de Umbanda exibiam fotografias de Vargas ao lado de representações dos espíritos da Umbanda. Muitos umbandistas estão convencidos de que o próprio Vargas era umbandista. Estive com um velho praticante que me declarou se lembrar do centro, hoje extinto, que Vargas frequentava. Os umbandistas, e alguns setores do público, recordam-se atualmente de Vargas como um amigo dos cultos e atribuem as perseguições daquele período a governos que o antecederam. Um artigo publicado no *Jornal do Brasil*, em 1967, por exemplo, denunciava um determinado chefe de polícia do governo de Washington Luís (Presidente do Brasil entre 1926 e 1930) como o único responsável pelas perseguições, e argumentava que Getúlio Vargas era seu libertador. Ele "não apenas permitia que os terreiros funcionassem abertamente, como também os frequentava"(*Jornal do Brasil*, 11.03.1967). Vemos, portanto, que a ideologia da ditadura varguista refletiu-se na Umbanda, e que o ríspido tratamento dispensado a seus praticantes foi apagado da memória.
>
> A repressão policial desse período teve, contudo, um outro efeito muito importante sobre a Umbanda: ela estimulou os umbandistas a se organizarem, visando à sua própria proteção.[108]

Muito provavelmente o que confunde as opiniões dos umbandistas acerca desse período seja o populismo e o nacionalismo promovido por

---

106. Bandeira, Cavalcanti, op. cit.
107. Informação de Negrão, Lísias Nogueira, op. cit., p. 67.
108. Brown, Diana et al., op. cit., p 15-16.

Vargas, que deu apoio ao desenvolvimento industrial e urbano ao mesmo tempo que incentivava uma identificação do povo brasileiro com seus valores nacionais.

Pai Jaú, jogador profissional do Santos, do Vasco da Gama e do Corinthians, considerado o grande pioneiro da Umbanda Paulista, também defendia ardorosamente Getúlio Vargas:

> Foi em 1942... Eu já tava jogando futebol. Tava no Santos. Eu fui pegado. É, em 43 também fui pegado. Em 48 foi quando o Getúlio caiu. Voltou, Getúlio voltou e eu fui pegado novamente e veio a carta do Getúlio Vargas para mim. Daí nunca mais mexeram comigo... Morro por ela (a Umbanda), fui preso por ela e a prisão minha não foi uma vez, nem duas. Fui umas quatro ou cinco vez preso, viu? Aqui mesmo dentro de São Paulo e agradeço a um grande Presidente da República, que este senhor mandou uma carta pr'aqui para o gabinete, viu? [...] Então, com uma carta do dr. Getúlio Vargas foi, posso dizer, que eu digo que nós tivemos até a liberdade de nossa religião.[109]

De qualquer forma, em todos os períodos veremos os umbandistas buscando apoio dos governos e evitando confrontos ou desentendimentos. A discriminação cultural sofrida parece marcar a religião com uma atitude de resignação no que se refere a toda forma de poder estabelecido. Embora houvesse apoio da Umbanda ao regime de Vargas, o mesmo não aliviou muito a situação para os praticantes. A partir de 1934, a lei coloca o Espiritismo, a Umbanda e os outros cultos sob a jurisdição do Departamento de Tóxicos e Mistificações da Polícia do Rio de Janeiro, dentro da seção de Costumes e Diversões. Os templos, para funcionar, necessitavam de um registro na polícia, que fixava suas próprias taxas. Com a instalação do Estado Novo, em 1937, a repressão aumentaria sobre os seguimentos umbandista e afro-brasileiro em geral.

> A lei de 1934 colocou os praticantes da Umbanda e das religiões afro-brasileiras em uma situação dúbia: teoricamente, o registro lhes permitia a prática legal; concretamente, contudo, atraía a atenção da polícia, e aumentava a possibilidade de intimidação e extorsão. Registrados ou não, os umbandistas e seus correligionários afro-brasileiros ficaram expostos à severa perseguição policial no Rio, como aconteceu no Nordeste com outras religiões afro-brasileiras. A polícia invadiu e fechou terreiros, confiscou objetos rituais, e muitas vezes prendeu os participantes. Além disso, os policiais foram acusados de extorquir elevadas somas de dinheiro em troca de promessas de proteção [...] Muito

---

109. "História de vida elaborada por Marisa R. S'antana" apud Negrão, Lísias Nogueira, op. cit., p. 75-76.

embora fossem obrigados a se registrar, compreensivelmente poucos umbandistas desejavam atrair a atenção da polícia [...].[110]

Quem nos esclarece melhor sobre essas questões jurídicas é o Prof. Dr. Hédio Silva Junior[111] que, em seu curso de Direitos e Deveres das Religiões Afro-Brasileiras, apresenta todo um estudo sobre a evolução do Código Civil. Vamos acompanhar algumas das informações contidas na apostila *Campanha em Defesa da Liberdade de Crença e Contra a Intolerância Religiosa* e no DVD que acompanha o material didático desse curso:

- Uma história de resistência: leis do passado que pregavam intolerância religiosa;
- No período colonial as leis puniam severamente as pessoas que discordassem da religião imposta pelos escravizadores;
- Constituição de 25 de março de 1824, art. 5º: "A Religião Católica Apostólica Romana continuará a ser a Religião do Império. Todas as outras religiões serão permitidas com o seu culto doméstico, ou particular em casas para isso destinadas, sem forma alguma exterior de Templo";
- De acordo com as Leis Filipinas, a heresia e a negação ou blasfêmia de Deus eram punidas com penas corporais;
- As Ordenações Filipinas foram outorgadas em 1603, tendo vigido até 1830. Um exame do famoso Livro V das Ordenações Filipinas aponta as seguintes regras: criminalizava a heresia, punindo-a com penas corporais. (Título I); criminalizava a negação ou blasfêmia de Deus ou dos Santos. (Título II); criminalizava a feitiçaria, punindo o feiticeiro com pena capital. (Título III);
- O Código Criminal do Império, editado em 16 de dezembro de 1830, punia a celebração ou culto de confissão religiosa que não fosse o oficial (art. 276); proibia a zombaria contra o culto estabelecido pelo Império (art. 277) e criminalizava a manifestação de ideias contrárias à existência de Deus (art. 278);

---

110. Brown, Diana et al., op. cit., p. 14.
111. Prof. Dr. Hédio Silva Junior é advogado, mestre em Direito Processual Penal e doutor em Direito Constitucional pela PUC-SP; ex-secretário de justiça do estado de São Paulo (governo Alckmin); diretor executivo do Centro de Estudos das Relações de Trabalho e Desigualdades (CEERT); ministrante do curso de Direitos e Deveres das Religiões Afro--brasileiras; e um dos idealizadores da campanha em defesa da liberdade de crença e contra a intolerância religiosa.

- Decreto de 1832 obrigava os escravos a se converterem à religião oficial. Um indivíduo acusado de feitiçaria era castigado com a pena de morte;
- Com a proclamação da República foi abolida a regra da religião oficial, mas a situação permaneceu praticamente a mesma;
- O primeiro Código Penal republicano, de 11 de outubro de 1890, criminalizava o curandeirismo (art. 156) e o espiritismo (art. 157);
- A lei penal vigente, aprovada em 1940, manteve os crimes de charlatanismo e curandeirismo.

Com a República, o país passou a ser laico, no entanto, as leis favoreceram a perseguição e a intolerância religiosa de forma oficial. Por muito tempo os cultos afro-brasileiros haveriam de esconder-se, convivendo com prisões e invasões de seu espaço sagrado.

No campo religioso, os cultos afro-brasileiros, em todo o Brasil, tiveram a primazia, talvez a exclusividade, da ira do Estado Novo, ainda em nome do combate ao arcaísmo e à ignorância.

Notícia de 1931, procedente do Rio de Janeiro e publicada em *O Estado de S. Paulo*, informou que a reforma na polícia criara a *Inspetoria de Entorpecentes e Mistificações*, a qual se dedicaria à "repressão do uso de tóxicos e da prática de magias e sortilégios". Por disposição da recém-criada inspetoria, ficavam proibidas em todo o Distrito Federal as práticas de

> [...] macumbas, candomblés, feitiçarias, cartomancia, necromancia, quiromancia e congêneres, excetuando-se as experiências de telepatia, sugestão, ilusionismo e equivalentes, realizados em espetáculos públicos fiscalizados pela polícia.
>
> Verifica-se que o Espiritismo, criminalizado no Primeiro Código Penal Republicano, não mais está incluído no rol das proibições que, contudo, se referem explicitamente à Macumba e ao Candomblé.[112]

Lísias Negrão, pesquisando a repressão nos jornais paulistas desse período (1924 a 1944), encontrou 86 notícias das quais:

> 79 são policiais, envolvendo atividades repressivas: prisões de pais de santo ou curandeiros e de seus adeptos ou clientes, apreensão de objetos rituais ou de remédios populares, instalação de inquéritos ou de processos. Destas, apenas duas procedem do Rio e cinco do interior de São Paulo; as demais são da Capital. A partir da leitura destas ocorrências,

---

112. Negrão, Lísias Nogueira, op. cit., p. 70.

não podemos concluir que o combate fosse exclusivamente dirigido contra os cultos negros. Em onze casos deu-se contra centros espíritas, certamente contra o "baixo Espiritismo", o que levanta a possibilidade de, dentre eles, existirem terreiros disfarçados de centros. Em quatro casos contra a cartomancia e a quiromancia; em seis casos a notícia não permite perceber a natureza da prática reprimida. Em outros dois casos, um tratava-se de um mago hindu e outro de um herbanário. Mas a grande maioria, 63 registros ou 73,2% do total, referiam-se claramente a práticas ou cultos de raiz africana, se bem que, como não poderia deixar de ser, mescladas com elementos de outras origens. É curioso notar que, quando a ação policial se exercia contra centros espíritas, os cuidados eram maiores. Em dois dos onze casos registrados, foram solicitados exames psiquiátricos dos envolvidos, o que nunca ocorreu no caso dos acusados de macumbeiros, feiticeiros ou curandeiros.[113]

Arthur Ramos registra algumas reportagens desse mesmo período sobre Candomblés, Macumbas e Catimbós. A título de documentação, vejamos, em sua obra *O negro brasileiro*:

*A Tarde* (Bahia, 20-8-1928): *Quando soam os atabaques – a polícia e a reportagem em um santuário africano – é preciso límpar a cidade destes antros – A História dos candomblé, triste reminiscência do africanismo já tem sido feita entre nós. Tais ritos ainda são cultuados no nosso meio.*

O coronel Octavio Freitas, subdelegado do Rio Vermelho, teve denúncia de que, naquele arrabalde, havia diversas casas de candomblés e feitiçaria, nas quais crianças e raparigas, em grande número, ficavam presas, despertando cuidados e inquietação de seus parentes e pessoas outras.

Devidamente orientada essa autoridade dirigiu-se ontem, pela manhã, a uma das citadas casas, a fim de verificar a procedência da queixa. E foi ao lugar denominado Muriçoca, na Mata Escura.

Lá de fato deparou-se-lhe uma habitação de aspecto misterioso, apesar das bandeirolas de papel de seda que a enfeitavam. Acompanhava-o um nosso repórter, bem como um fotógrafo de *A Tarde*. Chegados todos àquela casa, o sr. Octavio Freitas encontrou-a cheia de pessoas pouco asseadas, denotando vigília e cansaço, que se estendiam pelas camas infectas, em número considerável. Aos cantos, viam-se muitas crianças a dormirem e raparigas ainda jovens, algumas vistosas, muito mal trajadas, emporcalhadas, demonstrando terem perdido muitas noites. Olhares lassos, o corpo pegajoso. A autoridade dirigiu-se a um dos quartos. Quiseram vedar-lhe a entrada. Ali só podiam penetrar os associados ou

---
113. Ibid., p. 71.

os componentes da seita, após os salamaleques do estilo, rezas e quejandas esquisitices de feitiçaria [...].

Os visitantes não se submeteram às exigências e, embora olhados de soslaio, como intrusos, foram invadindo os aposentos dos deuses [...]. Lá estava, repimpado, ridículo, o santo Homulu, deus da bexiga, e outros respeitáveis, tais como S. João, S. Jorge, etc. Oxalá também se encontrava naquele antro de perversão e ignomínia, em que se respirava uma atmosfera de nojo e asco, de repugnância e mal-estar. Cabaças, cuias, velas acesas, todos os apetrechos ignóbeis da seita bárbara enchiam o quarto e lhe emprestavam um aspecto infernal.

Nas salas, estendiam-se camas, cadeiras, esteiras, mesas com comidas, etc. O pai do terreiro é o velho Samuel, de cerca de 60 anos de idade, a quem os presentes tratam com respeito verdadeiramente irritante. E tudo isso em plena capital às barbas da polícia!

Quando o atabaque estronda, na cadência dos seus toques guerreiros, ora surdo, ora estridente, as cabeças viram [...]

Um dos presentes, de repente, vai se sugestionando ao som dos clangores estranhos como vindos de além túmulo e começa a rodar, a rodopiar, aos solavancos, até que exausto cai, quase sem sentidos. Conduzem-no, então, para uma das camas. De preferência o espírito se encosta nas mulheres.

E assim, dias e noites, vai sucessivamente pervertendo velhos e moços, mulheres e crianças, cuja educação não lhe permite reagir à influência da seita perniciosa e proibida pela polícia de costumes.

A diligência de ontem foi coroada de êxito, mas deve ser seguida de outras, nos demais distritos.[114]

*Diário da Bahia* (Bahia, 10-1-1929): *Nas baixas esferas do fetichismo – A Bahia, apesar de seu grau de cultura geral, é uma cidade cheia de "mocambos e candomblés" – O baixo espiritismo vai fazendo cada dia maior número de vítimas. Nenhuma cidade do Brasil possui tantos costumes reprováveis como a Bahia [...].*

São prática fetichistas, oriundas das tradições africanas para aqui transplantadas com a escravatura. Este fetichismo, associado aos processos deturpados do espiritismo e da magia negra, é praticado nos candomblés [...]

A imprensa, já por diversas vezes, tem descrito essas sessões de satanismo ou práticas diabólicas, onde o chefe da terrível comunidade, chamado,

---

114. Ibid., p. 115-116.

entre eles, de "pai de santo", pratica os exorcismos, a expulsão dos espíritos maus que se apossam dos corpos de muita gente [...].

A Bahia já não é um entreposto de escravos, como nos tempos coloniais. É uma das mais ricas capitais do País.

Extinga-se nela, portanto, o fetichismo.[115]

*A Tarde* (Bahia, 19-4-1932): *Um candomblé é varejado – Entre os objetos apreendidos, uma camisa de renda e duas gaitas* – De quando em quando, a polícia inicia a campanha contra os candomblés, prendendo quantos "pais e mães de santos" encontre na sua frente e apreendendo toda sorte de bugigangas, que são mandadas para o museu do Instituto Histórico. Nas primeiras semanas os candomblezeiros tomam medidas acautelatórias. Escondem os seus "pegis", as suas vestimentas de penas, os arcos e flexas [...].[116]

*A Tarde* (Bahia, 22-3-1929): *Em plena macumba – "Pai Quinquim" está no xadrez – Com roupas femininas, o feiticeiro dançava e cantava em um círculo de mulheres seminuas* [...][117]

*Jornal de Alagoas* (Maceió, 28-3-1934, reportagem do escritor Pedro Paulo de Almeida): *Nos domínios da bruxaria – As cantilenas "salvadoras" – Uma reencarnação em um pé de jurema! – A função – A invocação dos mestres – A indignação da bruxa – Outras notas* – O catimbó, em o nosso litoral, apesar da ação moralizadora dos poderes competentes sempre exerceu, em todos os tempos, uma influência preponderante, em meio a crendice popular.

Vez por outra, os jornais da terra publicam reportagens sensacionais sobre fatos ocorridos nos domínios dos macumbeiros.[118]

*Diário da Noite* (Rio), 23-3-1937: *Macumba contra o diretor de obras públicas* – Foi encontrada, esta manhã, no jardim do Hospital Estácio de Sá, uma macumba completa. Populares, curiosos, cercaram o estranho achado, chamando a atenção das autoridades. Trata-se de um caixão fúnebre verde, coberto de rosas, com galinhas d'Angola e dois sapos mortos, com a boca cosida, farofa amarela, dinheiro em cobre e um santo.

Junto um bilhete: "Aqui estão os restos mortais do diretor de Obras Publicas".[119]

*O Globo* (Rio), 7-5-1938: *Macumba contra o delegado Frota Aguiar – Todos presos em flagrante* – O comissário Alceu Rezende, do 24º distrito, fazendo-se acompanhar de guardas e soldados, deu ontem uma batida na casa de Francisco Pereira da Silva, à rua Visconde de Maceió.

---

115. Ibid., p. 116.
116. Ibid., p. 117.
117. Ibid., p. 118.
118. Ibid,. p. 119.
119. Ibid., p. 147-148.

Em consequência, foram presos, em flagrante, vários indivíduos, que se encontravam reunidos para uma sessão de macumba. Após uma busca pelo interior da casa, aquela autoridade prendeu três galos de briga, usados nas reuniões pelos macumbeiros, uma tabuleta com vários sinais feitos a giz e farto material destinado as estranhas funções. Também foram encontrados numerosos "pontos", ou seja, pequenos pedaços de papel com os nomes de pessoas odiadas pelo macumbeiro. Em um deles estava escrito o do sr. Frota Aguiar, delegado auxiliar.[120]

*Diário da Noite* (Rio), 31-5-1939: *Magia em um palacete da Travessa Navarro – Presos o macumbeiro e uma enfermeira* [...]

O comissário Antunes, acompanhado dos investigadores Mello, Bezerra e Octavio, prendeu ali em flagrante quando realizava uma sessão de magia negra o macumbeiro Raul Monteiro [...][121]

*Diário da Noite* (Rio), 5-10-1938: *O malandro aplica o "conto" no turista* – "Porque nas macumbas, porque uma macumba...". Doutrina-se aqui no Rio em cada esquina sobre a macumba. No *bas-fond* da cidade vê-se o caso da macumba de ângulo diferente, o malandro já está certo de que a macumba interessa ao grã-fino (não o interesse que tem os estudiosos sinceros), ao turista, como curiosidade local. Mas onde estão as verdadeiras macumbas do Rio?.[122]

## *Macumbas Cariocas*

No Rio de Janeiro, os cultos afro-brasileiros, chamados de Macumbas, tinham em sua maioria influência banto, com rituais que se aproximam da Umbanda, pela maleabilidade litúrgica e perfil inclusivo, somando novos valores de diferentes culturas em sincretismo "bricolado". Essas "Macumbas Cariocas" ou simplesmente os cultos afro-brasileiros cariocas, com o tempo, também passaram a aderir às práticas e ao modelo ritual-litúrgico umbandista; outras vezes assumiam apenas a denominação, sem, no entanto, sentirem necessidade de alteração ritualística.

Entendemos que Macumba seja o nome de uma madeira ou árvore da cultura banto; dessa madeira se faz um instrumento musical; logo, a música, a dança e tudo o mais passou a ser chamado de *Macumba*.

Leal de Souza, escrevendo para o jornal *A Noite* (Rio de Janeiro), inicia, no dia 7 de janeiro de 1924, uma coluna de reportagens sobre espiritismo ou manifestações mediúnicas. O jornal faz a apresentação do projeto com estas palavras: "Iniciamos, hoje, com o artigo em seguida

---
120. Ibid., p. 149.
121. Ibid.
122. Ibid., p. 150.

estampado, a publicação dos resultados de nosso largo inquérito sobre o espiritismo, feito pelo nosso companheiro de redação Leal de Souza, dentro das normas de serena imparcialidade, prescritas pela *A Noite*". O resultado das reportagens é publicado em 1925, em um volume de mais de 400 páginas apresentando as matérias de Leal de Souza em visita aos lugares mais curiosos onde pode-se manifestar a mediunidade. Entre as reportagens, encontram-se descrições de algumas macumbas ressaltadas nos títulos, como segue:

*O Espiritismo na Macumba*[123] – Em que é descrito o trabalho de Pai Quintino, um negro que incorpora "Raphael de Ubanda", realizando um trabalho que poderia muito bem ser chamado de Umbanda.

*O Terreiro da Macumba*[124] – Nessa matéria, mais uma vez é descrito um trabalho de Pai Quintino, agora uma festa em homenagem a Ogum, na véspera do dia de São Jorge, na qual lemos o coro saudando: "Viva Ogum!", "Viva o general de Umbanda!", o que nos faz crer que o grupo se entendia como Umbanda, enquanto Leal de Souza os define como macumba. Lemos ainda as palavras do jornalista referindo-se a este coro: "Repetiu a macumba estes brados do macumbeiro [...]."

Na página 369, surge a matéria "O Centro Nossa Senhora da Piedade", onde descreve a Tenda de Zélio de Moraes como um Centro Espírita, e o Caboclo das Sete Encruzilhadas como o "chefe espiritual do famoso centro". Esse seria um encontro marcante para o nosso jornalista, que se torna umbandista e frequentador desse mesmo centro. Anos depois, em outro jornal, no *Diário de Noticias* (Rio de Janeiro), dá início a uma série de matérias esclarecedoras sobre a Umbanda. Intitulado *O Espiritismo, a magia e as sete linhas de Umbanda*, publicado em 1933, defende ele que a Umbanda é uma forma de Espiritismo e dedica-se em separar Umbanda de Macumba, o que podemos conferir no capítulo XIII, como podemos ver:

A MACUMBA

A macumba se distingue e caracteriza-se pelo uso de batuques, tambores e alguns instrumentos originários da África.

Essa música, bizarra em sua irregularidade soturna, não representa um acessório de barulho inútil, pois exerce positiva influência nos trabalhos, acelerando, com as suas vibrações, os lances fluídicos.

---

123. Souza, Leal de. op. cit., p. 103.
124. Ibid., p. 343.

As reuniões não comportam limitações de hora, prolongando-se, na maioria das situações, até o alvorecer. São dirigidas sempre por um espírito, invariavelmente obedecido sem tergiversações, porque está habituado a punir os recalcitrantes com implacável rigor.

É, de ordinário, o espírito de um africano, porém também os há de caboclos. Os métodos, seja qual for a entidade dirigente, são os mesmos, porque o caboclo aprendeu com o africano.

Os médiuns que ajudam o aparelho receptor do guia da reunião, às vezes, temem receber as entidades auxiliares. Aquele ordena-lhes que fiquem de joelhos, dá-lhes um copo de vinho, porém, com mais frequência, puxa-lhes, com uma palmatória de cinco buracos, dois alentados bolos.

Depois da incorporação, manda queimar-lhes pólvora nas mãos, que se tornam incombustíveis, quando o espírito toma posse integral do organismo do médium.

Conhecendo essa prova e seus resultados quando a incorporação é incompleta, apassivam-se os aparelhos humanos, entregando-se por inteiro aqueles que devem utilizá-los.

Os trabalhos, que, segundo os objetivos, participam da magia, ora impressionam pela singularidade, ora assustam pela violência, surpreendem pela beleza. Obrigam a meditação, forçam ao estudo, e foi estudando-os que cheguei a outra margem do espiritismo.

Arthur Ramos também trataria de querer entender a Macumba, cita Luciano Gallet, autor da obra *O negro na música brasileira*, onde o mesmo está tratando da cultura dos cambindas e define que: "A sessão de feitiçaria chama-se *'macumba'*, e aí invocam seus santos: Ganga-Zumba, Canjira-mungongo, Cubango, Sinhárenga, Lingongo e outros. Nestas reuniões, as orações e invocações são também feitas com cantos, danças e instrumentos próprios [...]". Assim vamos entender que a palavra já era usada por alguns grupos bantu, a exemplo dos cambindas, para definir o ritual. No entanto, associada ao africanismo, e o mesmo associado a "magia negra" (entende-se "magia negativa" ou magia para fazer o mal), a palavra *macumba* vai perdendo seu sentido original para refletir um caráter de discriminação, perdendo seu logismo, passa quase a ser um neologismo carregado de preconceito, a definir "trabalhos feitos", "coisa ruim" e outros "malefícios".

O autor de *O negro brasileiro* mais uma vez nos esclarece sobre o uso da palavra *macumba* na década de 1930, quando tem início sua banalização e discriminação:

"Macumba" é hoje um termo genérico em todo o Brasil, que passou a designar não só os cultos religiosos do negro, mas várias prática mágicas – *despachos*, rituais diversos... que às vezes só remotamente guardam pontos de contato com as primitivas formas religiosas transplantadas da África para cá.

Hoje, há *macumba* para todos os efeitos. A obra do sincretismo não conhece mais limitações. A *macumba* invadiu todas as esferas. Ela está na base dessa magia popular brasileira, que herdou muita coisa do negro, mas tem também raízes fortes nesse *corpus* mágico de origens peninsulares europeias, compendiado nos livros populares das edições Quaresma: *Livro das Bruxas, Livro de S. Cipriano*, etc.

Há *macumba* para tudo, até... para tirar no jogo do bicho, como registrei recentemente no Nordeste.[125]

Arthur Ramos consegue definir o que é Macumba, mas terá dificuldades em entender o que é Umbanda, algo que não existia na época de Nina Rodrigues, seu "mestre".

No seu entendimento, a Umbanda está entre as expressões de religiosidade afro-brasileiras; no entanto, ela não é "uma coisa", e sim um "conjunto de coisas". O que não deve ser levado a ferro e fogo no caso de Arthur Ramos, visto que logo no primeiro capítulo do seu *O negro brasileiro* começa definindo que: "*As formas mais adiantadas de religião, mesmo entre os povos mais cultos, não existe em estado puro*". O que evidencia a pluralidade de influências em toda e qualquer religião. No entanto, ressalta a capacidade das camadas mais populares de miscigenar ou sincretizar valores e culturas diferentes em uma tendência de valorizar o elemento "mágico", muitas vezes, erroneamente, compreendido como um atraso religioso, como vemos:

> Ao lado da religião oficial, há outras atividades subterrâneas, nas capas atrasadas da sociedade, entre as classes pobres, ou, nos povos heterogêneos, entre os grupos étnicos mais atrasados em cultura. Niceforo insistiu nesse fato [...].
>
> A etnografia das classes pobres é aproximada, página por página, à dos povos selvagens contemporâneos, e, por consequência, ao pensamento, ao gesto, ao rito do homem pré-histórico, de que direta e lentamente provém, por via de sobrevivência.[126]
>
> É a concepção "mágica" da vida, impermeável à cultura da superfície. Esta forma fundamental – encarnações de crenças totêmicas, animistas e mágicas – sobre-existe a despeito das concepções religiosas ou filosóficas mais adiantadas das capas superiores das sociedades.[127]

---

125. Ramos, Arthur, op. cit., p. 144.
126. Niceforo, A. *Antropologia delle Classi Povere*, 1908, p.110. In: Ramos, Arthur, op. cit., p. 35.
127. Ramos, Arthur. op. cit., p. 35.

No trecho citado anteriormente, a Umbanda figura entre "Os cultos de procedência banto", aparecendo a etimologia da palavra (*Umbanda, Embanda e Kimbanda*), com significação no quimbundo (falado em Angola). Mas, apesar de localizar sua raiz africana, define Umbanda como "Religião Afro-indo-católico-espírita-ocultista",[128] chegando a um contrassenso ou paradoxo. Afinal Umbanda é africana, afro-brasileira ou brasileira? Esse questionamento acompanharia a Umbanda durante muito tempo nas ciências humanas. Seria resolvido apenas na década de 1970 por Renato Ortiz, discípulo de Roger Bastide, afirmando: "A Umbanda difere radicalmente dos cultos afro-brasileiros; ela tem consciência de sua brasilidade, ela se quer brasileira. A Umbanda aparece desta forma como uma religião nacional que se opõe às religiões de importação: Protestantismo, Catolicismo e Kardecismo".

"Alto Espiritismo", "baixo Espiritismo", Macumba, Cangerê, Catimbó, Toré, Babaçuê, Omolocô, Cabula, Candomblé ou Umbanda, toda manifestação religiosa é sagrada e deve ser respeitada, independentemente de parecer algo estranho ao outro, praticante de outra religião ou de nenhuma.

Conforme a palavra *macumba* vai se tornando pejorativa, passa a ser um problema para os umbandistas que querem separar-se de conceitos negativos em sua religião. Mais uma vez a balança pende, de um lado, para o Espiritismo e, do outro, para a Macumba, que vai ser manipulada a pesar mais para o lado "branco".

## Legitimação da Umbanda

Nesse período inicial de formação social da identidade e legitimação da Umbanda, o sociólogo Renato Ortiz[129] identifica dois processos: "embranquecimento" das tradições afro-brasileiras e "empretecimento" de uma parcela do "kardecismo".

Podemos entender o "embranquecimento" por meio das "macumbas" que se tornam "umbandas", ou mesmo dos umbandistas embranquecendo a mesma; e por "empretecimento" fica claro o grande número de dissidentes espíritas somando uma parcela intelectual forte dentro da Umbanda.

Acredita-se ainda que esse fenômeno chamado Umbanda passa a ser notado na Nova República como fruto das mudanças sociais, tendo início com o governo de Getúlio em 1930. O povo brasileiro buscava sua identidade. Com o fim da monarquia, o país não é mais propriedade de Portugal. *Não somos mais Europeus, Africanos e Nativos, agora nos tornamos uma nação, passamos a ser todos brasileiros, em busca de*

---

128. Ibid. *O negro brasileiro*, 2. ed., 1934, p. 175-176 apud Bastide, Roger, op. cit., p. 466.
129. Ortiz, Renato, op. cit.

*uma identidade*. E, nesse momento, pertencer a uma religião brasileira vai ao encontro dos ideais nacionalistas, de um povo que está sendo instigado por governos populistas a criar o "orgulho de ser brasileiro". A Umbanda, mesmo que inconscientemente, pega carona nesse nacionalismo que toma conta da nação. Libertar-se do Império, para muitos, significava libertar-se de seus valores e redescobrir os nossos valores; estamos falando de um país com maioria negra, que vai deixar marcas indeléveis na cultura em geral, como, por exemplo, Samba, Carnaval, Capoeira, Candomblé, Macumba, Umbanda e muita ginga que este povo brasileiro tem graças à nossa herança africana. Todos nós somos afros-descendentes; do ponto de vista cultural, temos herança das três raças. Nossa imagem no exterior, mais tarde, seria apresentada por Carmem Miranda em Hollywood, cantando "O que é que a baiana tem?".

O povo passava a viver o capitalismo proletariado em uma realidade industrial, surgiam novas classes sociais, intermediárias, gente simples criada no caldo cultural de três raças. A dificuldade em lidar com religiões intelectualizadas, como as cristãs e o próprio kardecismo, impelia o povo a buscar orientação espiritual nos terreiros. Mais um fator que deu um crescimento rápido e sem precedentes para a Umbanda. A razão da grande simpatia do povo se daria pelo fato de que as entidades de Umbanda falam a linguagem do povo. Os espíritos se apresentam como simples ex-escravos ou índios, sempre se colocando em uma posição de humildade, dando exemplo aos adeptos. Além disso, eles também se colocavam em uma posição confortável para falar das mazelas da vida, do dia a dia, das questões mais triviais, das quais os adeptos não se sentiriam à vontade em expor a um padre ou bispo, em razão de se sentirem diminuídos ou acanhados com a formação e postura dos mesmos. Lembrando que na época muitas Igrejas ainda rezavam missas em latim, com o padre de costas para o povo e de frente ao altar.

Em 1936, as campanhas contra os cultos afro-brasileiros e similares passaram a fazer uma distinção entre "alto" e "baixo" espiritismo, como podemos ver:

> Em 1936, o caráter de campanha tornou-se mais explícito. Com o título de "Campanha Policial contra o Baixo Espiritismo", noticiava-se ordem da Delegacia de Costumes para que diretores de centros espíritas, cujo número, dizia o jornal, "se eleva a mais de duzentos", regularizassem seus alvarás. Procurava-se assim combater o "baixo espiritismo", sem confundi-lo com o "alto", o qual teria direito a alvarás de funcionamento.

O Espiritismo Kardecista, branco, cristão e cultivado por pessoas de classes médias e superiores já tinha suficiente reconhecimento oficial. Não mais criminalizado, chegava a publicar anúncios classificados, como o da Sinagoga Espírita Nova Jerusalém que, em 1939, convidava para a "Conferência sobre Espiritismo e Macumba". A própria *Folha da Manhã*, tão engajada na campanha contra a Macumba, anunciava em 4 de abril de 1932 o surgimento da Academia Espírita, com aulas a serem ministradas por doutores e professores [...].

Ainda a mesma *Folha*, em 11 de outubro de 1940, anunciou o encerramento de Concentração de Jornalistas e Intelectuais Espíritas, realizada em São Paulo, Campinas e em Santos. A sessão de abertura havia sido presidida pelo presidente da Associação Paulista de Imprensa.

Enquanto o "alto Espiritismo" dava passos firmes e seguros no sentido de sua completa legitimação, sob os rótulos de "falso", "suposto" ou "baixo" Espiritismo, estavam agrupados os cultos de raízes africanas – as macumbas, os canjerês e os candomblés citados pelos repórteres – cultivados por negros, mulatos e mesmo brancos das classes subalternas, objetos de intensa repressão.[130]

Gilberto Freire realizou, em 1934, o Primeiro Congresso de Religiões Afro-Brasileiras, em Recife, e também participou na fundação da federação que viria proteger esse seguimento naquele estado. Não sabemos se essa atitude foi tomada como exemplo, no entanto, as ideias de Gilberto Freire com relação à identidade cultural nacional brasileira, formada de brancos, negros e índios, estaria sempre presente na Umbanda. Em *Casa Grande & Senzala*, na década de 1930, o autor nos legaria um olhar diferenciado para as três raças, influenciando sua geração e todas as outras seguintes, dando-nos lições como esta:

> Muito do que Euclides (da Cunha) exaltou como valor da raça indígena, ou da sub-raça formada pela união do branco com o índio, são virtudes provindas antes da mistura das três raças que da do índio com o branco; ou tanto do negro quanto do índio ou do português.[131]

Em agosto de 1939, por orientação do Caboclo das Sete Encruzilhadas, Zélio de Moraes fundou a Federação Espírita de Umbanda do Brasil (FEUB), que teve como primeira missão organizar e realizar o Primeiro Congresso Brasileiro do Espiritismo de Umbanda em 1941. Logo após o Congresso, a FEUB mudaria seu nome para União Espírita de Umbanda do Brasil (UEUB), que continua ativa e tem o sr. Pedro Miranda como atual presidente.

---
130. Negrão, Lísia Nogueira, op. cit., p. 73.
131. Freire, Gilberto. *Casa grande & senzala*. São Paulo: Global, 2005, p. 107-108.

Em 1940, é registrada em cartório a Tenda Espírita Nossa Senhora da Piedade, de Zélio de Moraes, abrindo caminho para a legalização das outras Tendas de Umbanda Cariocas. Os templos de Umbanda, tão conhecidos como terreiros e inicialmente nomeados Tendas de Umbanda, colocaram-se sob a "proteção" do adjetivo "Espírita", pelo fato de o Espiritismo estar em alta e gozar de certa proteção do governo.[132] O "Alto Espiritismo" não era alvo das Campanhas Policiais Contra o Baixo Espiritismo.

Toda essa repressão haveria de deixar marcas profundas no desenvolvimento da Umbanda. Para o primeiro grupo de Umbanda, no Rio de Janeiro, seria natural entender a Umbanda como uma modalidade de Espiritismo, muitos dos dirigentes espirituais eram egressos do Espiritismo "Kardecista" e agora estavam no "Espiritismo Umbandista".

*Da direita para a esquerda: sr. Pedro Miranda, Alexândre Cumino e Fernando Sepe na Sede da União Espiritista de Umbanda do Brasil (UEUB).*
*Acervo de Alexandro Cumino.*

---

132. Leonardo Cunha dos Santos explica que seu bisavô, Zélio de Moraes, não tinha esta preocupação; para ele, era natural ser e identificar-se como espírita.

Jota Alves de Oliveira também observou essa situação referente ao registro dos Templos de Umbanda com estatutos de "Tendas Espíritas" e publicou em seu livro *Umbanda cristã e brasileira* os resultados de sua pesquisa:

> Como se observa, a palavra Umbanda custou muito a se popularizar, mesmo com o médium das Sete Encruzilhadas, e do seu Caboclo; haja vista que as legendas das Tendas fundadas por ele, médium, e por iniciativa do Caboclo, não têm a palavra Umbanda, porém, depois de muito pesquisar e perguntar aos médiuns e às próprias entidades, parece que descobrimos a razão dessa falha: ouvindo Zélio a respeito, ele nos informou que na época havia muita perseguição da polícia, por isso foi omitida a palavra Umbanda, preferindo os nomes de Santos e Santas do Catolicismo [...]. Não obstante a frase célebre que deu início ao movimento da Umbanda brasileira, trazida pelo Sete Encruzilhadas: "Umbanda é a manifestação do Espírito para a Caridade".
> 
> A Tenda Mirim, muito conhecida e com suas 32 filiais, igualmente não usou nem usa a designação Umbanda. É tanto que, fundada em 1924, aparecem entre o emblema do Caboclo Mirim – duas flechas cruzadas para o alto – as letras T e E, significando Tenda Espírita (?) [...]
> 
> Em conversa com o médium de Caboclo Mirim, quando dirigíamos o mensário *O Caminho*, jornal de 8 páginas que circulou sob nossa orientação por cerca de cinco anos, perguntamos-lhe das razões de não usar o termo Umbanda na legenda da Tenda:
> 
> 1º – Porque ninguém, até então, sabia do seu significado;
> 2º – Que a palavra Espírita definia bem que ali havia manifestações de espíritos;
> 3º – Que era, também, por causa da polícia que perseguia tenazmente as Tendas de Umbanda e de rituais africanos, bem como as chamadas macumbas, por isso, com a palavra espírita na legenda e na fachada da Tenda, estavam mais acobertados das perseguições da época.
> 
> Nesse caso, argumentamos, por que não alterar agora, já que as perseguições não prosseguem com tanta frequência, e a Umbanda é respeitada e livre para realizar seu trabalho essencialmente de caridade ao povo, e por que não dar agora o nome certo e inquestionavelmente lógico ao movimento umbandista?
> 
> – Bem – responde Benjamin Figueiredo –, não vale a pena mexer nisso, além do mais dá muito trabalho para alterar o nome e custa muito caro com averbações no cartório. (?)
> 
> A interrogação fica mesmo por nossa conta e responsabilidade.
> 
> [...] Estamos na Tulef, agora para umas informações sobre a fundação da Tenda que Lilia Ribeiro dirige com o seu guia, o Caboclo da Mata

Virgem. Diz-nos que a história é longa e cheia de percalços, porém, a ideia e o ideal falaram mais forte e foram vencidos todos os óbices que apareceram no caminho.

A Tulef – Tenda de Umbanda, Luz, Esperança e Fraternidade, foi fundada em 1955, então com o nome Tenda Nossa Senhora do Rosário. Não levava o nome de Umbanda, porque o Cartório não aceitava o registro de Tenda de Umbanda. A sua denominação atual foi conseguida em 23 de abril de 1965 (10 anos depois).

Os relatos acima nos mostram que a Umbanda carrega herança, marcas e até patologias, como resultado dessa perseguição ferrenha que ela sofreu.

Lísias Nogueira Negrão e Maria Helena Vilas Boas Concone em sua pesquisa *A Umbanda em São Paulo: memória e atualidade*[133] nos prestam resultados relativos a essa mesma questão:

> Uma vez constituída a 1ª federação e obtida a permissão para que os terreiros se registrassem nos cartórios como associações civis, puderam eles deixar a clandestinidade ou, ainda, abandonar os artifícios de que se utilizavam até então, registrando-se como "centros espíritas". Análises cuidadosas dos centros espíritas das décadas de 1930 e 1940 revelam sua natureza umbandista. O noticiário policial desta mesma época revela, contudo, que tal expediente não era seguro, pois era também conhecido pela polícia, que denunciava "falsos centros espíritas" onde se praticava o "baixo espiritismo". Uma notícia da *Folha da Manhã* de 1939, sob o título "Fechados pela polícia dois falsos centros espíritas", informava que os centros foram fechados por praticarem "feitiçaria e baixo espiritismo". A história dos cultos afro-brasileiros nos revelam até aqui duas estratégias de sobrevivência: a primeira, de mascaramento atrás do Cristianismo (na sua forma de catolicismo popular),[134] e a segunda, de mascaramento atrás dos centros espíritas que já tinham conseguido seu lugar na sociedade.[135]

---

133. Pesquisa promovida pelo Centro de Estudos da Religião Douglas Teixeira Monteiro (CER), realizada em São Paulo, no qual se basearam os autores para escrever o artigo "Umbanda: da repressão à cooptação", publicado em 1985 pela Editora Marco Zero em coedição com o Instituto de Estudos da Religião, sob identificação de *Cadernos do Iser*, n. 18. O livro *Umbanda & Política*, além do artigo citado, traz outros artigos de: Diana Brown (Uma história da Umbanda no Rio), Patrícia Birman (Registrado em cartório, com firma reconhecida: a mediação política da federações de Umbanda) e Zélia Seiblitz (A gira profana).
134. Refere-se aqui os autores ao nascimento do sincretismo durante o período de escravidão, adotado por cativos para cultura dos Orixás sob vestimenta de santos católicos. Esse sincretismo é anterior à Umbanda, mas foi adotado pela mesma, a fim de compartilhar o sagrado entre santos e Orixás.
135. Brown, Diana et al., op. cit., p. 48.

A busca por uma legitimação "Espírita Umbandista" encontrou, no Primeiro Congresso Brasileiro do Espiritismo de Umbanda, uma força intelectual que conquistou sua legitimação; para tanto, foi fundamental a construção de uma identidade umbandista. Independentemente do que se possa pensar nos dias de hoje sobre essa identidade criada no início da década de 1940, é muito compreensível que era do "tamanho" das necessidades exigidas pelo contexto social, econômico, político e cultural. Para muitos sociólogos, a Umbanda nasce nesse período; na visão deles, ela passa de *seita*, restrita a um pequeno grupo insatisfeito com o Kardecismo e Catolicismo, a uma *religião* aberta a todos que queiram ingressar em sua doutrina e filosofia, agora, construída e apresentada ao público em geral, além das práticas restritas ao ambiente de *terreiro*. Diana Brown é direta quanto a essa questão:

> Refiro-me a esta forma de Umbanda como Umbanda Pura, termo frequentemente empregado pelos seus praticantes. Essa mistura particular de Kardecismo e tradições afro-brasileiras representava, portanto, uma articulação consciente de diferentes religiões e setores sociais da população, na qual os kardecistas abandonaram as práticas associadas com sua posição de classe média para criar uma religião que celebrava os componentes oprimidos, não europeus, da sociedade brasileira. A adoção, por parte dos kardecistas, de símbolos religiosos das classes subalternas, sugere um importante paradoxo das relações de classe no Brasil nesse período, ou seja, em termos espirituais, a classe média não se via suficientemente poderosa para solucionar seus próprios problemas, e voltava-se para a maior vitalidade das religiões dos pobres e, consequentemente, para a vitalidade das massas. Ao mesmo tempo, a confluência, na Umbanda, dos símbolos católicos (ibéricos), africanos e dos indígenas brasileiros também trouxe importantes ingredientes para uma identidade cultural nacional brasileira, no sentido usado por Gilberto Freire, e forneceu a base para interpretações nacionalistas da Umbanda.[136]

> [...] foi durante esse mesmo período (anterior a 1945) que a essência da ideologia e da prática da Umbanda foi consolidada; que foram feitos esforços autoconscientes para codificá-la e que tiveram início esforços organizacionais que viriam a se tornar tão importantes no período pós--guerra.[137]

---

136. Ibid., p. 12.
137. Ibid., p. 18.

## Terceira Onda Umbandista (1945 a 1979) – Expansão Vertiginosa

Essa terceira onda marca o que vou chamar de expansão vertiginosa da Umbanda, que tem início em 1945, com o fim dos 15 anos de Ditadura Vargas, término da Segunda Guerra Mundial, retorno à política eleitoral e promulgação da Lei de Liberdade Religiosa. Esta foi a conquista fundamental para as religiões afro-brasileiras em geral e à Umbanda em específico. É o período de maior expansão umbandista de todos os tempos, conquistando expressão na mídia, representação política e reconhecimento público.

Nesse mesmo ano, Jorge Amado – chamado de Obá de Xangô no Ilê Axé Opô Afonjá, de Mãe Senhora e Mãe Stela – é eleito deputado federal e não se faz de rogado, apresentando um projeto de lei à Assembleia Constituinte, que, depois de aprovado, tornou-se a "Lei da Liberdade de Cultos"[138] na Constituição Democrática de 1946.

Nesse período de pós-guerra, a Umbanda continuou a responder aos acontecimentos políticos ocorridos na sociedade brasileira. Na realidade, tanto sua expansão quanto sua crescente legitimação encontram-se envolvidas por processos políticos de nível local e nacional, e não podem ser entendidas sem levá-los em conta. Os estudiosos que interpretaram esse crescimento repentino como consequência, sobretudo, das migrações rurais para as grandes cidades do sul dos país (Camargo, 1961) ou da expansão urbano-industrial e da emergência de uma sociedade de classes (Bastide, 1960; Ortiz, 1978; Willems, 1967) negligenciaram a importância da política no processo de crescimento da Umbanda.[139]

Em 1949, a Primeira Federação Espírita de Umbanda do Brasil (FEUB), agora denominada UEUB (União Espírita de Umbanda do Brasil), cria o *Jornal de Umbanda,* uma publicação mensal destinada a divulgar a religião. Com mais liberdade e legitimidade, a Umbanda se estrutura em federações, que, empenhadas em defender seus direitos, vão se espalhar por todos os estados, tomando como exemplo a UEUB. O *Jornal de Umbanda* divulgará essas federações e incentivará a criação de outras mais, dando cobertura aos eventos locais e nacionais de Umbanda, apresentando artigos e ideologias que reforcem a identidade umbandista e seguindo o modelo da *Umbanda Pura* proposta no Primeiro Congresso de Umbanda.

---

138. Disponível eM: http://www.portalsaofrancisco.com.br/alfa/janeiro/7-dia-da-liberdade-de-culto.php>. Acesso em: 20 jul. 2009.
139. Brown, Diana et al., op. cit., p. 19.

*Trajetória da Umbanda*

Estamos na década de 1950, e a Umbanda goza, agora, de grande popularidade; os umbandistas estão conquistando espaço na sociedade e a religião começa a ganhar respeitabilidade.

*Foto: Alexândre Cumino*

## Movimento federativo

Em torno de 1950, seis novas federações de Umbanda foram criadas no Rio e Niterói, além da UEUB. Três delas seguiam a mesma orientação e a linha de raciocínio delimitada no Primeiro Congresso de Umbanda, as outras três traziam uma novidade: a vertente africanista na Umbanda.

Nesse período, as Macumbas Cariocas sofrem mais perseguição que as Tendas de Umbanda ou do "Espiritismo de Umbanda". Assim como a Umbanda se aproximou do Espiritismo para diminuir a discriminação, os cultos afro-brasileiros cariocas, identificados como Macumbas Cariocas, passaram a se denominar Umbanda. Com esse movimento passam a surgir as várias formas de Umbanda Africanistas, como, por exemplo: *Umbanda Mista, Umbanda Trançada e Umbanda Omolocô*.

Em 1952, Benjamim Figueiredo, dirigente da Tenda Espírita Mirim, fundada em 1924, um dos principais articuladores do Primeiro Congresso de Umbanda, cria uma das maiores organizações da religião, o Primado de Umbanda, atuando em âmbito nacional.

No mesmo ano, Tancredo da Silva Pinto, Tata Tancredo, o principal líder e representante da *Umbanda Africanista*, funda a Federação Espírita Umbandista (FEU). Tancredo se tornaria muito popular nas favelas do Rio, junto da classe baixa e em maior quantidade negra. Ele mantinha uma coluna semanal no jornal *O Dia*, detentor da maior circulação entre os jornais diários, no qual promovia sua federação, convocando filiados e anunciando a Umbanda de raiz africana.[140]

Estava estabelecido no Rio duas formas oficiais (federativas) de se praticar a Umbanda: a espírita (*Umbanda Pura, Umbanda Branca ou Umbanda Tradicional*) e a africana (*Umbanda Mista, Umbanda Trançada* ou *Omolocô*). Além desses dois seguimentos umbandistas, legitimados e orientados pelas respectivas federações, está a *Umbanda Popular*, como a *Umbanda do Povo*, não federativa, na qual se manifesta livremente, sem dogmas nem limites conhecidos.

Em 1956, é fundado o Colegiado Espírita do Cruzeiro do Sul, que reunirá as duas vertentes de Umbanda mais populares, a africanista e a espírita, com objetivos políticos e sustentado pelas principais federações de então.

Em 1961, foi realizado o Segundo Congresso Brasileiro de Umbanda no Rio de Janeiro.

---

140. Ibid., p. 23.

Em 1970, foi criado o Conselho Nacional Deliberativo de Umbanda (Condu) no Rio de Janeiro.
Em 1973, é feito o Terceiro Congresso Brasileiro de Umbanda.

## Federações paulistas

Pai Jaú, Sebastião Costa, Tenente Vareda e outros umbandistas paulistas participaram do Primeiro Congresso de Umbanda. Os dois primeiros fundam em São Paulo, em 1942, a Liga de São Jerônimo, filiada à Federação de Zélio de Moraes, no entanto, não é legalizada nem consegue permissão para os cultos umbandistas no estado.

*Pai Aguirre, Pai Ronaldo, Pai Jamil e Edson Ferrarini, 2008.*
*Foto: Alexandro Cumino*

Em 1953, é registrada em cartório a Federação Umbandista do Estado de São Paulo (Fuesp), que é a primeira regularizada e dirigida por Alfredo Costa Moura.

Em 1955, é fundada a União de Tendas Espíritas de Umbanda do Estado de São Paulo (Uteusp), por dr. Luis Carlos de Moura Acioli, tenente Eufrásio Firmino Pereira, Benedito Chagas, Abrumólio Wainer, Francisco Sinésio, Jamil Rachid, Fernando Kazitas, Tenente José Vareda e José Gabriel da Rocha Mina (Juquita). Em 1967, passou a denominar-se Uteucesp, sob o comando de Jamil Rachid. Agora é denominada União de Tendas de Umbanda e Candoblé do Brasil. Durante 50 anos, Pai Jamil realizaria a tradicional Festa de Ogum no Ginásio do Ibirapuera, de 1957 a 2007.

Luiz Moura Acioli, fundador da Uteusp, também é fundador da Tenda Espírita de Umbanda São Jorge, no ano de 1948; Jaime Madruga, engenheiro carioca e um dos organizadores do Primeiro Congresso de Umbanda, foi um dos colaboradores para a organização da tenda.

Em 1960, Felix Nascentes Pinto, médium preparado por Benjamim Figueiredo, fundaria o Primado de Umbanda em São Paulo, que hoje se encontra sob o comando de Maria Aparecida Naléssio. Atualmente, esse órgão é denominado Primado do Brasil.

Em 1956, Mário Paulo, dirigente espiritual da Tenda Ycaraí, fundada em 1953, cria a Federação Ycaraí.

Em 1961, é realizado o Segundo Congresso de Umbanda no Rio de Janeiro, com a participação de líderes da Umbanda Paulista. Estes foram incentivados a criar, no mesmo ano, o Primeiro Congresso de Umbanda do Estado de São Paulo e o Superior Órgão de Umbanda do Estado de São Paulo (Souesp), organização que reuniria as federações do estado.

Em 1961, é fundada a Cruzada Federativa de Umbanda pelo jornalista J. Barbosa, também fundador do *Jornal Vanguarda Umbandista*, publicado entre 1954 e 1982.

Ainda no início da década de 1960, sem data certa encontrada, foi fundada a Cúpula Nacional de Umbanda por Ercílio Sanches. Era destinada a ser uma confederação, na qual se filiariam os órgãos superiores estaduais.

Em 1968, é fundada a União Regional Umbandista da Zona Oeste da Grande São Paulo, em Osasco, por Pedro Furlan, criador, em 1948, da Igreja Maior de Presidente Altino.

Em 1969, é fundada a União Regional Umbandista (URU) na região de Taubaté, agregando tendas de Umbanda e, entre elas, a Tenda Espírita de Umbanda Tupinambá dirigida por Hilton de Paiva Tupinambá (Fundada em 1958). A URU pediu filiação ao Souesp, que negou, justificando que a única federação reconhecida na região seria a Federação Umbandista do Vale do Paraíba (Fuvap).

Em 1971, a Associação Paulista de Umbanda é fundada por Demétrio Domingues, um dos trabalhadores da primeira hora na Umbanda Paulista, atuante desde a década de 1950. Radialista profissional, ele também conheceu Zélio de Moraes que, por sua vez, reconhecia sua influência na forma de expressar a religião.

Em 1973, é fundada a Federação Umbandista do Grande ABC (FUGABC), que sob o comando de Ronaldo Linares se tornaria uma das maiores federações de Umbanda da atualidade, em que foi também idealizado o Santuário Nacional de Umbanda.

Em 1973, é fundada a União Regional da Zona Oeste da Grande São Paulo, sob o comando de Pedro Furlan, dirigente fundador da primeira Tenda de Umbanda da Zona Oeste, em 1948, que viria e se tornar Igreja Espiritual Cristã Maior de Presidente Altino – Tenda Santo Antônio. Pedro Furlan foi um dos incentivadores da emancipação de Osasco, criador da Festa de Ogum tradicional da região e também um dos responsáveis pela realização da primeira Festa de Iemanjá na Praia Grande.

Em 1976, o Tenente Hilton de Paiva Tupinambá, alimentado por divergências no Souesp, funda o Supremo Órgão de Umbanda e Candomblé do Estado de São Paulo (Soucesp).

> As grandes federações, líderes das demandas legitimadoras, voltadas especialmente à institucionalização da Umbanda mediante esforços unificadores do movimento federativo, da codificação de sua doutrina e da padronização de seu ritual, surgiram ou se fortaleceram na década de 60, em que ocorreu a grande efervescência com a ocorrência dos dois congressos, nacional e paulista, o surgimento do Souesp e sua consolidação posterior [...].
>
> *União Espírita Santista dirigida por*
> *Graciana Miguel Frenandes*[141]

## Política umbandista

Com a grande popularidade da Umbanda em um regime político eleitoral, os líderes umbandistas começam a vislumbrar carreiras políticas e as federações disputam seus filiados; embora o número de federados seja sempre inferior ao número real de praticantes, a massa umbandista começa a responder às manobras e aos chamados dos "caciques" da religião.

Tem início uma disputa aberta entre a "Umbanda Branca", de classe média, que busca a desafricanização, e a "Umbanda Negra", de classe baixa e africanista. Seus líderes trocam "ferroadas" nos jornais e em publicações literárias, parece impossível uma coligação. No entanto as aspirações políticas falam mais alto e, em 1956, os representantes das duas vertentes sentam e decidem *formar uma coalizão*.[142] Ambos os lados reconhecem a pluralidade da Umbanda e formam o Colegiado Espírita

---
141. Negrão, Lísias Nogueira, op. cit., p. 160.
142. Brown, Diana et al., op. cit., p. 25.

do Cruzeiro do Sul, agrupando as cinco federações mais ativas do Rio de Janeiro. As principais promotoras são a UEUB de Zélio de Moraes e a FEU de Tata Tancredo, que assume como um dos presidentes no Colegiado. Não se falará mais em *Umbanda Pura,* nem haverão mais debates sobre quem tem a verdade ou pratica a *Umbanda Verdadeira.* Essa união representou uma vitória com a superação das diferenças doutrinárias, litúrgicas, culturais, raciais e sociais em nome de um bem comum. Até então, alguns líderes da UEUB já haviam aspirado cargos políticos, de vereador, sem grande representatividade nas eleições de 1950 e 1954, não alcançando mais do que a metade dos votos necessários. Agora a situação mudaria de fato; assim que firmaram acordo; o mesmo foi anunciado no *Jornal de Umbanda,* intensificando os ideais propostos. Nas eleições de 1958, já aparece no referido jornal uma *longa lista* de "candidatos espíritas". Recomendando: "Vamos comparecer às urnas [...] e votar em candidatos espíritas".[143] *O Semanário,* uma publicação política, lançou a iniciativa de uma aliança pan-espírita com intenção de promover a Umbanda como religião nacional.

Já em 1958, o jovem jornalista Átila Nunes, que dera início a seu programa de rádio dez anos antes, se elege vereador, com apoio do *Jornal de Umbanda* e do Colegiado Espírita Cruzeiro do Sul. É o primeiro candidato político umbandista eleito a deputado estadual, traçando uma carreira sólida que terá continuidade com Átila Nunes Filho e Átila Nunes Neto. Em 1960, são eleitos umbandistas em vários estados.

No Rio Grande do Sul, é eleito Moab Caldas, que também mantinha um programa de rádio. Esse mesmo estado elegeria três prefeitos umbandistas e cerca de 20 vereadores.[144]

No Segundo Congresso de Umbanda, com milhares de umbandistas no Maracanãzinho, estavam presentes os políticos umbandistas eleitos, eufóricos, entusiasmados com as perspectivas eleitorais, anunciando: "isto é apenas o início. Se todos vocês se unirem, poderemos eleger deputados federais e até mesmo governadores de estado".[145] E, para nossa surpresa, o próprio Zélio de Moraes teria feito incursões políticas, antes mesmo do movimento federativo e das alianças eleitoreiras. Graças às pesquisas e divulgação feita pelos irmãos Edenilson Francisco, Renato Henrique Guimarães Dias e Alex de Oxóssi, tomamos conhecimento dessa passagem de Zélio de Moraes pela política. A fim de manter a integridade original da informação e o contexto em que

---

143. *Jornal de Umbanda,* ago. 1958. In: Brown, Diana et al., op. cit., p. 26.
144. Ibid.
145. Citado em MacGregor, 1967, p. 181 apud Brown, Diana et al., op. cit., p. 27.

a mesma veio à luz, destaco abaixo texto de Renato Guimarães, postado em seu blog (http://registrosdeumbanda.wordpress.com/2009/12/13/o--vereador-zelio-fernandino-de-moraes/), por nós consultado em 1º de fevereiro de 2010:

> O vereador Zélio Fernandino de Moraes
>
> 13/12/2009 por Renato Guimarães
>
> Peço desculpas a todos os que acompanham o blog por não ter colocado esse assunto aqui antes. Sei lá porque cargas d'água não o fiz antes. Mas vamos logo ao assunto do título: sim, Zélio de Moraes foi vereador.
>
> Como é bem provável que a maior parte de vocês, nossos leitores, também acompanhem o blog Povo de Aruanda, escrito pelo amigo Alex (que talvez vocês conheçam pelo pseudônimo de Cigano das Almas ou Alex de Oxóssi), vocês devem conhecer o resultado da pesquisa que eu e o Edenilson fizemos sobre essa parte da história do Zélio que era desconhecida fora da família dele ou do círculo de amizade mais próximo dele. Então vamos explicar como chegamos lá.
>
> Em dezembro de 2008, eu estava lendo a versão *on-line* de dezembro da R*evista de História da Biblioteca Nacional*, quando me deparei com a matéria "O pai da Umbanda", escrita pelo senhor Jorge Cesar Pereira Nunes que, se vocês desejarem, podem ler aqui: http://www.revistadehistoria.com.br/v2/home/?go=detalhe&id=2111
>
> Para quem não quiser ler a matéria completa lá, vou destacar aqui o trecho ligado ao título deste *post*:
>
> [...] Zélio, entretanto, não se dedicava apenas à umbanda. Como era norma não receber recompensa pelo bem distribuído, também trabalhava como comerciante. Em 1924, fez uma incursão na política e foi eleito vereador. Três anos depois, foi reeleito e escolhido por seus pares para ser secretário do Legislativo gonçalense. No poder público, dedicava-se principalmente à difusão de escolas públicas, tanto que ele mesmo criara uma, gratuita, de curso primário, em seu centro espírita para atender as crianças de Neves [...]
>
> (FONTE: NUNES, J. C. P. O pai da Umbanda. Revista de História da Biblioteca Nacional. Disponível em: <http://www.revistadehistoria.com.br/v2/home/?go=detalhe&id=2111>. Acesso em: 28 dez. 2008)
>
> Bom, de posse de tal informação, a levei para a comunidade Umbanda Sem Medo, do meu amigo Cláudio Zeus, uma das pouquíssimas comunidades do orkut da qual participo (não, não gosto de orkut!), para compartilhar com o pessoal de lá.
>
> Entre as pessoas de lá que leram e ficaram hiper empolgadas com algo totalmente novo sobre a vida de Zélio, estava o meu amigo Edenilson

Francisco, vulgo Tio Deni, que decidiu descobrir mais sobre aquele fato e resolveu escrever um e-mail para o autor daquele artigo.

Em contato por e-mail, o senhor Jorge Nunes passou ao Edenilson a versão original do seu artigo contendo a vida política de Zélio de Moraes que o mesmo descobriu pesquisando a história da Câmara Municipal de São Gonçalo. O curioso dessa história toda é que o senhor Jorge Nunes é católico praticante e sem quaisquer ligação com a Umbanda. Provavelmente, se 2008 não fosse o ano do centenário da Umbanda do Caboclo das Sete Encruzilhadas, e o nome Zélio não estivesse tão em evidência, talvez o pesquisador jamais tivesse percebido que um daqueles vereadores havia sido o médium através do qual a Umbanda surgiu.

Mas voltemos a contar o nosso causo. Ainda nesse e-mail, o senhor Jorge passou duas fotos de Zélio, de agosto de 1929 (para quem não sabe é a mesma que ilustra o nosso blog, logo aí em cima), publicadas no jornal *A Gazeta*, quando era anunciada a candidatura dele à reeleição. Após esse contato, e de enviar cópia dos e-mails para mim, o Tio Deni colocou o conteúdo dos mesmos na comunidade Umbanda Sem Medo, bem como as fotos de Zélio em 1929.

Com base no que disponibilizamos, o Alex escreveu um texto para o blog dele (Povo de Aruanda) e, antes de publicar, pediu autorização ao senhor Jorge, como também fez algumas perguntas, as quais ele disponibilizou, junto com as respostas, em seu blog, que você poderá acessar aqui: http://povodearuanda.wordpress.com/2009/02/02/zelio-de-moraes-foi-vereador/. A partir daí, a matéria ganhou o mundo.

Então, o que sabemos sobre esse período da vida de Zélio? Vamos lá:

Com o intuito de ajudar a população de seu município, Zélio de Moraes se candidatou a vereador de São Gonçalo em 1924, sendo eleito em 18 de maio. Conforme normas legislativas da época, sua posse ocorre no dia 06 de junho do mesmo ano, com término do mandato em 30 de abril de 1927. Como vereador, dedicou-se principalmente à difusão de escolas públicas no município em que residia. Tamanha foi sua dedicação a este tema, que criou uma escola totalmente gratuita, de curso primário, funcionando na Tenda Espírita Nossa Senhora da Piedade, para atender às crianças do bairro de Neves.

Buscando continuar o trabalho que vinha fazendo no legislativo de São Gonçalo, de difusão das escolas públicas no município, Zélio se candidatou à reeleição, logrando êxito no pleito de 10 de abril de 1927. Conforme normas legislativas da época, sua posse ocorreu no dia 30 de abril do mesmo ano, com término do mandato em 31 de dezembro de 1929.

Buscando continuar o trabalho de difusão das escolas públicas no município, o qual se dedicara nos dois mandatos anteriores, Zélio se candidatou novamente à reeleição no pleito de 01 de setembro de 1929, porém, dessa vez, não logrou êxito. Após essa derrota nas eleições, Zélio de Moraes abandonou a política.

E essa é a história de como foi descoberta e divulgada a passagem de Zélio de Moraes pela política.

Abraços a todos, Renato Guimarães

## A Igreja

A Igreja sempre foi contra a proliferação de quaisquer outras religiões, advertindo seus fiéis especialmente contra o Paganismo e, especificamente, contra o Espiritismo, ameaçando com a excomunhão os *hereges, tipos híbridos de católicos-espíritas*. Pretendiam retirar a máscara de cristandade do Espiritismo, anunciando a impossibilidade da dupla filiação. A partir de 1945 fazem, os padres, referências específicas à Umbanda. No censo da década de 1950, em comparação com 1940, é possível verificar um crescimento protestante e espírita acima do católico, o que desperta uma reação da Igreja contra essas religiões. A recém-criada Conferência Nacional dos Bispos do Brasil (CNBB) proclama a *ameaça do espiritismo* e constitui uma comissão antiespiritismo; afinal, "espiritismo é nesse momento a ameaça doutrinária mais perigosa à religiosidade natural do povo brasileiro".[146] Com o tempo os ataques se acirraram contra a Umbanda, denunciada em programas de TV e publicações variadas como uma "fraude".

Em 1954, Frei Boaventura publica o título *Posição católica perante a Umbanda*, no qual apresenta vasta pesquisa sobre o que vem a ser Umbanda em vários de seus aspectos, para no final apresentar as "Normas de uma atitude prática perante a Umbanda" como segue abaixo:

> 1. Perante os umbandistas, a atitude do católico é de respeito cristão e de prudente discrição [...] É sobretudo aconselhável afastar a infância inexperiente e a juventude aventureira do contato habitual com estas pessoas [...];
>
> 2. Perante a Umbanda como doutrina, a atitude do católico é de franca e total condenação [...];
>
> 3. Perante a Umbanda como prática, a atitude do católico é de enérgica e declarada repulsa [...];
>
> 4. Perante as sessões de Umbanda, a atitude do católico é de completa abstenção [...];
>
> 5. Perante os livros de Umbanda, a atitude do católico é de desaprovação e censura sem restrição......
>
> 6. Perante a diagnose umbandista, a atitude do católico é de absoluta reserva [...];
>
> 7. Perante a terapêutica umbandista, a atitude dos católicos é de repudio integral [...];
>
> 8. Perante o culto umbandista aos Orixás, a atitude do católico é de decidida reprovação [...];

---

146. Citado em Klopenburg, 1961, p. 17 apud Brown, Diana et al., op. cit., p. 31.

9. Perante o culto aos Exus, a atitude do católico é de santo horror e ele o repelirá sempre com apostólico vigor [...];

10. Perante os despachos, atitude do católico é de soberano desdém [...];

11. Perante os demais meios supersticiosos de defesa contra a atuação dos maus espíritos, os amuletos [...] a atitude do católico é de simples e formal desprezo [...];

12. Perante o Espiritismo de Umbanda, portanto, a atitude do católico é de absoluta, total e frontal oposição [...].

O frade franciscano Boaventura Kloppenburg tomou a frente na campanha contra a Umbanda, escrevendo o livro *Umbanda no Brasil: orientação para católicos*, com lançamento marcado na mesma data do Segundo Congresso Brasileiro de Umbanda em 1961. No título em questão, a Umbanda é atacada por todos os lados, e o autor chega a dizer que é uma ameaça à saúde mental, heresia pagã, fetichismo, superstição, prática mágica fraudulenta que encoraja loucura, histeria e epilepsia. Todos os médiuns são considerados indivíduos de *tipo anormal, insano, neurótico, desequilibrado, degenerado e histérico*, cuja causa de tais patologias é o Espiritismo (leia-se a Umbanda, que é o foco de tal literatura).

A Igreja não conseguiu frear o crescimento da Umbanda, no entanto, lançou sementes de discriminação religiosa que seriam colhidas e replantadas pelos futuros neopentecostais, em seu tele-evangelismo.

Em 1962, com o Concílio Vaticano II, a Igreja muda sua postura com relação a outras formas de Cristianismo e outras religiões. João XXIII e Paulo VI transformariam profundamente a visão católica. Até então era afirmado que "fora da Igreja não há salvação" – o que provocou a bandeira de Allan Kardec: "Fora da caridade não há salvação". O Concílio afirmaria que "Deus é maior que a Igreja", portanto passa a existir salvação além da Igreja, reconhecendo a presença do sagrado nas outras religiões. A Umbanda foi considerada oficialmente uma religião válida em si mesma, o que colocou um ponto final nos ataques abertos e nas campanhas de perseguição.

Os ideais propostos no Concílio Vaticano II estavam muito além de seu tempo, sendo ainda hoje mal compreendido e pouco seguido como exemplo.

## Ditadura militar

Em 1964, tem início a Ditadura militar e a Umbanda, que sempre procurou estar aliada ao poder, conviveu bem com esse período sombrio na história do Brasil. Muitos umbandistas eram militares e ex-militares; logo, passaram a exercer um destaque nas lideranças da religião, agora era a *vez dos militares*. Apenas para nos lembrar e servir como exemplo, Zélio de Moraes vinha de uma família de militares, foram militares Benjamim Figueiredo, Nelson Braga Moreita, Hilton de Paiva Tupinambá, Aguirre e outros.

Os umbandistas conseguiram grandes alianças e conquistas com o governo militar; mantiveram seus direitos políticos e liberdade religiosa preservados, ajudando na institucionalização e na crescente legitimação e legalização dos templos. Durante a Ditadura militar, o registro das Tendas de Umbanda se retirou da jurisdição policial para a civil, sendo inclusive reconhecida como religião no censo oficial. O apoio da Ditadura à Umbanda também era, em parte, uma reação contra a Igreja Católica, que reunia simpatizantes ao comunismo e polemizava, em algumas instâncias e com toda a razão, a postura do governo militar. Governo que calava, censurava e torturava quem não concordasse com suas ideias e imposições, extraditando muitos dos intelectuais e livres pensadores brasileiros com o rótulo de comunistas. O próprio Don Helder Câmara foi censurado na imprensa e costumava dizer que, ao ajudar os pobres, era bem visto pela sociedade, mas, ao perguntar por que eles não tinham o que comer, era chamado de comunista.

A Umbanda já havia sofrido muitas perseguições, tudo o que seus adeptos almejavam era praticar sua religião em paz, não sem marcas e traumas. Mesmo agora, que bastava um simples estatuto registrado em cartório, muitos preferiam se manter na ilegalidade ou "ocultos" de qualquer olhar ou registro. Essa postura traria efeitos colaterais, como a sempre presente dificuldade em contar o número de umbandistas que, embora elevado, sempre aparece reduzido com relação ao número real nas pesquisas e números oficiais divulgados pelo censo do IBGE.

## Apoio intelectual

A exemplo de Jorge Amado e Gilberto Freire, toda uma elite de intelectuais passou a se interessar pela cultura africana, em geral, e baiana, em particular. Luiz da Câmara Cascudo publicava o seu *Dicionário do folclore brasileiro* em 1952, e entre outros títulos, como *Meleagro*, abordava o Catimbó.

Arthur Ramos e Edison Carneiro já haviam abordado superficialmente a Umbanda em suas obras, na década de 1960; os sociólogos Roger Bastide e Candido Procópio Ferreira de Camargo se interessam pela Umbanda, apresentando o resultado de suas pesquisas ao público em geral. Seus passos seriam seguidos por Diana Brown, Renato Ortiz, Patrícia Birman, Lísias Nogueira Negrão, Maria Helena Vilas Boas Concone e Zélia Seiblitz, dando continuidade a seus estudos, nos quais se fundamenta uma legitimação intelectual e acadêmica da Umbanda como religião nacional, que reflete o resultado do encontro das culturas formadoras deste país.

## Festa de Iemanjá em São Paulo

No Rio de Janeiro, a Festa de Iemanjá é comemorada no dia 31 de dezembro, na virada do ano, em frente ao mar. Hoje vemos muitas pessoas comemorando o Ano-Novo na orla marítima vestidos de branco, pulando sete ondas e levando champagne para ser "estourada" no mar; realizam esse "ritual" como uma simpatia, sem se darem conta de que o mesmo faz parte da tradição umbandista, que há um século vem influenciando nossa sociedade. Na Bahia, a Festa de Iemanjá é essencialmente candomblecista e teve início com grupos de pescadores devotos a Nossa Senhora dos Navegantes, sincretizada com Iemanjá e comemorada no dia 2 de fevereiro. Em São Paulo, a Festa de Iemanjá é comemorada no dia 9 de dezembro, dia de Nossa Senhora da Conceição, sincretizada com Oxum.

Ronaldo Linares nos conta que a escolha da data deve-se ao fato de que, inicialmente, em torno de 1956, teve início uma festividade na Praia das Vacas, próximo a Ponte Pênsil, no lado da Praia Grande. A festividade era chamada de "Encontro das Águas" e começava com uma procissão realizada por Pai Jaú, que levava a imagem de Iemanjá ao encontro da Imagem de Oxum (Nossa Senhora da Conceição), no dia desta, levada por José Costa Moura da Federação Umbandista do Estado de São Paulo (Fuesp). Lembra-se, Ronaldo Linares, da presença de Demétrio Domingues e afirma: "Não podemos precisar como começou, o local era primitivo, não tinha nada além do estabelecimento militar, nos reuníamos em pequenos grupos, no início eram apenas alguns terreiros". Já na década de 1960 (depois de 64), tendo em vista o aumento de frequentadores na Praia das Vacas, que é área militar, foi proibido continuar com "Encontro das Águas" naquele local. Pai Jaú (Liga de São Jerônimo) passou a realizar sua festa na Praia Grande, em frente da Avenida Costa e Silva, junto com suas tendas filiadas, associadas e afins, mantendo a mesma data: 9 de dezembro. Com o tempo, as Federações e Tendas seguiriam seu exemplo, afinal Pai Jaú foi o mais atuante e influente umbandista no período de instalação da Umbanda Paulista.

Lembra ainda Pai Ronaldo que, nessa época, a Praia Grande era *um capinzal de difícil acesso*.

A primeira festa em homenagem a Iemanjá, nas areias da Praia Grande, reunindo *um grande número de tendas e médiuns*, foi realizada em 1953 por Félix Nascentes Pinto, presidente fundador do Primado de Umbanda em São Paulo, hoje Primado do Brasil. E, graças à sua influência política e em homenagem ao Caboclo Mirim e seu médium Benjamim Figueiredo, o bairro onde se realizou essa festividade passou a chamar-se, oficialmente, Vila Mirim.[147]

A Festa de Iemanjá, oficial, na Praia Grande, teve início em 1969, na administração do prefeito Dorivaldo Lória Junior e da primeira dama, Layde Rodrigues Reis Lória, que era simpatizante e frequentadora da Umbanda. Essa primeira festa oficial teve uma importante participação de Pedro Furlan (União Regional da Zona Oeste da Grande São Paulo), como um dos grandes responsáveis pela concretização desse sonho, que contou em sua primeira edição com aproximadamente 15 mil participantes.[148] Com o passar dos anos, a Festa de Iemanjá começou a atrair um público cada vez maior; notícias de 1975 falam de 300 mil umbandistas, com mais de 4 mil ônibus e 1.200 tendas, distribuídas em toda a sua orla. Com a fundação da FUGABC, 1973, Pai Ronaldo Linares passa a ter uma grande participação, ocupando nas areias o espaço que antes pertencia a Pai Jaú e realizando entre outras atividades o famoso *Gongá ao Vivo*, um altar umbandista montado com médiuns caracterizados de Santos e Orixás. Em 1976, Pai Demétrio Domingues, presidente da Associação Paulista de Umbanda, foi o principal articulador e responsável direto pela fabricação e colocação da estátua de Iemanjá na Vila Mirim, onde está a mais de 30 anos.[149] O informativo *Integração Umbandista*, de 1979, faz a estimativa de *mais de um milhão de pessoas*, o que deve ter sido o ponto mais alto da Festividade. Já no ano seguinte, 1980, a *Folha de São Paulo* comenta: "*A tradicional Festa de Iemanjá... não recebeu o mesmo número de pessoas dos anos anteriores*, estimando o reduzido número de 20 mil pessoas presentes".

A década que marca o *refluxo umbandista*, como veremos no próximo capítulo, é aquela em que o público umbandista vem caindo e, proporcionalmente, a Festa de Iemanjá também vem ocupando lugar cada vez menor, tanto na orla marítima quanto na mídia.

---

147. Saraceni, Rubens; Mestre Xaman. *Os decanos: fundadores, mestres e pioneiros da Umbanda*. São Paulo: Madras Editora, 2003, p. 49.
148. *Revista de Umbanda Sagrada*, São Paulo, Escala, n. 20, 2008. Edição Histórica.
149. Ibid.

Em 1986, o espaço físico passou a ser delimitado em 12 quilômetros, divididos entre as federações, e estas passaram a pagar taxas para a prefeitura, por conta do uso do solo (das areias da praia) e também, pelo acesso de cada ônibus que entra no município. Esses valores foram repassados a seus filiados, com acréscimos de "despesas", o que foi desanimador para boa parte dos umbandistas. Cada federação tem a responsabilidade pelos seus valores e pela organização do espaço a ela destinado; assim, encontramos umas mais e outras menos organizadas. Em 1990, a Federação Umbandista do Grande ABC, de Ronaldo Linares, que ocupava o maior espaço na orla de Praia Grande, passou sua festividade para o município de Mongaguá, onde encontraria mais espaço e condições para organizar melhor sua festa anual à Rainha do Mar. Ronaldo Linares conta que "Demétrio Domingues abria as festividades no primeiro final de semana e eu fechava no segundo". Atualmente, a Festa de Iemanjá na Praia Grande ocupa os dois primeiros finais de semana de dezembro, nos quais o primeiro é realizado pelo Souesp e o segundo pela União de Tendas, de Pai Jamil Rachid.

Vamos acompanhar algumas informações históricas, notícias de jornais e informativos umbandistas que retratam a Festa de Iemanjá realizada na Praia Grande-SP, ao longo do tempo, que nos serve de "termômetro" para avaliar os períodos de expansão e retração umbandista:

*São Vicente* (7/12/1975):

*Em Praia Grande, 300 mil pessoas na Festa de Iemanjá*

Desde a noite de ontem, cerca de 300 mil umbandistas de São Paulo e de vários Estados do Brasil estão concentrados em Praia Grande, participando dos festejos em louvor a Iemanjá, a maior festa religiosa da região. De acordo com as estimativas da comissão organizadora designada pela Prefeitura de Praia Grande, chegaram ao município mais de 4 mil ônibus de excursões, trazendo os membros de aproximadamente 1.200 tendas de Umbanda, que estão espalhadas pelos 34 quilômetros de praias do município, desde o Canto do Forte até a divisa com Mongaguá [...].

A Festa de Iemanjá em Praia Grande é promovida desde 1969, quando as tendas se concentravam nas proximidades da Cidade Ocian. No entanto, com o tempo foi aumentando a afluência dos visitantes, e os festejos se estenderam para os 24 quilômetros de praias do município, transformando-se na maior festa religiosa do Estado.[150]

---

150. In: Saraceni, Rubens; Mestre Xaman. *Os decanos: fundadores, mestres e pioneiros da Umbanda*, op. cit., p. 165.

*Folha da Tarde* – São Paulo (18/07/1977):
*Na Praia Grande, Oferendas a Iemanjá*

Santos – As fortes ondas que invadiram a praia não impediram que os adeptos do Candomblé e da Umbanda fossem levar suas oferendas a Iemanjá, ontem, em Praia Grande, comemorando o oitavo aiversário da União Regional Umbandista Central em São Paulo. Sessenta e duas tendas, com milhares de adeptos das duas correntes, concentraram-se em frente ao Boqueirão da Praia Grande [...].

Atualmente existem 1.788 (tendas) filiadas ao órgão supremo, o que, segundo Tupinambá, chega a preocupar o Clero.

Adiantou ainda o presidente Tupinambá, que a entidade está estudando a padronização da festa, em Praia Grande, para dividir um pouco a concentração do final de ano, em consequência dos problemas que acarreta à cidade e aos participantes.[151]

*Folha da Tarde* – São Paulo (05/12/1977):
*Iniciada festa em homenagem a Iemanjá*

Santos – No primeiro dia das festividades em homenagem a Iemanjá, realizado ontem, em Praia Grande, umbandistas e curiosos, procedentes de inúmeros municípios de São Paulo e até de outras unidades da federação ocuparam toda a extensão da praia, deste o Canto do Forte até a Cidade Ocian. [...].

*Participantes*

Treze federações, cada qual com várias tendas, estão participando da festa: Associação Umbandista Casa de Caridade Pai João da Porteira e Caboclo Pena Branca; Organização Ycaraí; Associação Umbandista Mãe Senhora Aparecida; Federação Umbandista do Grande ABC; Supremo Órgão de Umbanda e Candomblé do Estado de São Paulo; Federação URU; Escola de Candomblé e Umbanda Caboclo; Federação dos Templos Espíritas e Umbandistas do Estado de São Paulo; Templo de Umbanda Caboclo Tupinambá; Cruzada da Federação Espírita de Umbanda do Estado de São Paulo; Superior Órgão de Umbanda União de Espírita, Umbandista e Candomblé do Estado de São Paulo; Tenda Espírita Caboclo Boiadeiro Vovó Luzia; e Cabana Pai Velho e Caboclo Jambura. [...]

---

151. Ibid., p.168-169.

*Esquema especial para a Festa de Iemanjá*

*Praia Grande* – do correspondente Graziella Dias – Os umbandistas que forem à Praia Grande na próxima semana festejar Iemanjá encontrarão o município melhor preparado para recebê-los, que em anos anteriores. Desta vez, os problemas causados pela grande concentração de pessoas deverão diminuir, de acordo com um esquema especial de segurança elaborado pela Prefeitura. [...].

Os 24 quilômetros da praia já foram demarcados para a instalação das diversas tendas. Trinta e cinco homens da Polícia Militar farão o serviço de salva-vidas, e serão mobilizados destacamentos de Cavalaria, Polícia Rodoviária, Guardas de Trânsito e Polícia Civil, especialmente no dia 11, quando maior número de pessoas vai à cidade. *Integração Umbandista* – São Paulo (Janeiro de 1979, n. 16).[152]

*Iemanjá dominou Praia Grande*

Reunindo mais de um milhão de pessoas, vindas dos mais distantes lugares do Estado de São Paulo, sul de Minas e norte do Paraná, que desceram a serra para homenagear a Rainha dos Mares, como acontece tradicionalmente no mês de dezembro, os trechos praianos do próspero município de Praia Grande se transformaram em imenso terreiro de Umbanda e Candomblé, onde 13 federações registraram comparecimento maciço para cantar, louvar, pedir e oferecer preito de gratidão à querida Mãe Iemanjá. O espetáculo é indescritível. Tudo o que se falar é insuficiente para dar uma ideia, ainda que imprecisa, de uma das maiores festas religiosas do mundo. Já no sábado de manhã, dia 9 de dezembro, grande era o movimento que se notava para a complementação dos palanques e marcação dos espaços destinados às tendas, que abrigaram as federações e terreiros. À tarde, chegaram os filhos de fé, vestidos com os trajes multicoloridos característicos de seus trabalhos comuns, trazendo imagens, flores, velas, barcos e outros presentes. À noite, cerca de 200 mil pessoas já se movimentavam pelas praias, varando a madrugada em vigília a Iemanjá. Domingo, dia 10, o movimento foi bem maior, pois além de ônibus, carros e caravanas trazendo filhos de fé, também turistas, assistentes e banhistas lotavam os recantos à beira-mar, associando-se às festividades, consultando guias, tomando passes, rezando, pedindo, oferecendo contribuições à Orixá e transformando o município em autêntico formigueiro humano, com aproximadamente 800 mil pessoas![153]

---

152. Ibid., p.170-171.
153. Ibid., p. 174.

*Folha da Tarde* – São Paulo (7/12/1980):
*Divisão prejudica a Festa para Iemanjá*

**Santos** – Divindades dos rituais de Umbanda tomaram conta das praias de Praia Grande, desde Boqueirão até a divisa com Mongaguá, da manhã de ontem até a madrugada de hoje.

A tradicional festa de Iemanjá reuniu Oxalá, Ogum, Oxum, Caboclos e Pretos-Velhos. Entretanto, a festividade, que se tornou uma das grandes atrações turísticas do município, não recebeu o mesmo número de pessoas dos anos anteriores. E isto se deve à própria promotora da festa – Cruzada Federativa Espírita de Umbanda do Estado de São Paulo – que dividiu as comemorações em duas etapas, uma realizada ontem e outra no próximo fim de semana. Promovida com o apoio da Administração Municipal, a festa de Iemanjá atraiu este ano cerca de 20 mil pessoas, entre adeptos de Umbanda e curiosos para assistir aos trabalhos.

*Mil ônibus* – Poucas tendas de Umbanda estavam em atividade durante a manhã, pois aguardavam a chegada de mais integrantes à tarde, quando o movimento nas rodovias Anchieta e Imigrantes cresceu bastante. Segundo os funcionários da Dersa, cerca de mil ônibus de excursão desceram a serra depois das 14 horas.[154]

Nem sempre os números estimados por jornais neutros, tendenciosos ou informativos umbandistas correspondem à realidade. No entanto, são esses números que nos dão um panorama sobre as Festas de Iemanjá nos diferentes períodos em que a mesma vem sendo realizada, desde seu início na década de 1970 até seu auge no final da mesma e o constante esvaziamento posterior. Independentemente da baixa do número de adeptos, hoje os umbandistas não dão o mesmo valor à Festa de Iemanjá, e as Federações não gozam mais do mesmo prestígio de sua época dourada. Ainda assim, visitar as orlas marítimas de Praia Grande e Mongaguá nos dois primeiros finais de semana de dezembro oferecem uma "fotografia" parcial da Religião Umbanda em sua pluralidade.

## Notícias da década de 1970

Quem nos apresenta a maior quantidade de notícias desse período é Lísias Nogueira Negrão. Vamos acompanhar alguns dados e informações registrados pelo sociólogo:

> Assim, o contínuo e intenso aumento do número de terreiros registrados, iniciado na década de 50 e robustecido na década de 60, continuou a acelerar seu ritmo neste início de década de 70 [...].
>
> A notícia de *O Estado de S. Paulo* de 24 de outubro de 1971 que, a pretexto de noticiar "Guerra pelo Poder da Macumba do Recife", denunciou que:

---

154. Ibid., p. 178.

[...] por trás de cada terreiro, como seu protetor, existe pelo menos um político. Há vários anos os políticos de carreira vêm destinando verbas orçamentárias, mediante subvenções para o fortalecimento e proliferação dos terreiros com o objetivo de expandir seus redutos eleitorais. Além do apoio político, os terreiros dispõem também de garantias das autoridades policiais. Comissários, delegados e agentes da polícia servem-se dos pais-de-santo para conseguir os "fluidos" necessários para "fechar o corpo" contra o ataque dos marginais.

"Marginal Busca Proteção no Sobrenatural" (*O Estado de S. Paulo*, 02.04.72) procurava relacionar criminalidade e Umbanda.

Em 1973 veio a realizar-se o III Congresso Nacional de Umbanda, mais uma vez no Rio de Janeiro... Tratava-se, pois, da retomada das velhas preocupações com a padronização do ritual, com a unificação institucional e com o bom nome público da Umbanda; o problema continuava sendo o da legitimação [...]

Surgiram no período (1971 a 1973) nada menos de onze novas federações... Associação Paulista de Umbanda e a Federação de Centros Espíritas e de Umbanda do Estado de São Paulo... Federação Espírita Pai Sebastião, de Pirassununga, a União Umbandista de Osasco e a União Regional Umbandista da Zona Leste [...].

Na oitava reportagem da série (*O Estado de S. Paulo*, 17.01.73), a Umbanda voltou a ser analisada e apresentada como "exemplo típico" do "baixo nível cultural do brasileiro". O jornal colocou a especialistas e religiosos, entre os quais Thales de Azevedo e dom Vicente Scherer, a seguinte pergunta: "A Umbanda pode ser considerada uma religião ou é um emaranhado de crenças desconexas, misturando algumas concepções católicas com outras espíritas e de origem africana?" A resposta foi a esperada pelos que formularam a pergunta...

O restante do ano de 1973 foi dedicado a notícias sobre a oficialização e o apoio às festas umbandistas por parte do governo Laudo Natel, às repercussões desta cobertura oficial nos setores conservadores da Igreja e aos editoriais fortemente críticos da Umbanda, dos políticos que a apoiavam e da Igreja secularizada que lhe permitia crescer. "O Governo Vai à Festa de Oxóssi", anunciou manchete do "Estadão" de 27 de março. A festa foi realizada nas dependências do Departamento de Educação Física do Estado (Defe), cedido pela Secretaria de Turismo. Entre os presentes estavam políticos, sendo citado nominalmente apenas Samir Achoa. Foi promoção do Primado de Umbanda, cujo dirigente Armando dos Reis Quaresma foi apresentado como "assessor do Governador Laudo Natel para assuntos espirituais", que em seu discurso "acusava dois jornalistas de *O Estado de S. Paulo* de 'deturpadores de notícias' que procuravam apresentar uma imagem negativa tanto de nossa seita como do governador Laudo Natel", de quem teria feito "apaixonada defesa". Provocado pelo acontecimento, a ira do jornal extravasou no editorial "Dia de Oxóssi", publicado em seguida, que retomou seu pior estilo dos anos 50:

> A Umbanda, com seus sucedâneos e "religiões" assemelhadas é entre nós um subproduto da ignorância associada à politicalha. Seu terreno de eleição já foi o quilombo e o mocambo. Modernamente é a janela e o escritório eleitoral [...] [Primado Seria} um belo título prelatício ao qual só tem direito na hierarquia católica brasileira o sr. Arcebispo da Bahia [...] São Paulo, que não conhecia a Umbanda até as primeiras décadas do século atual, acabou contaminado por este fenômeno antibrasileiro de regressão cultural [...] A Umbanda, a Macumba e um Kardecismo grotesco vivem e prosperam onde dominam a miséria física, a miséria econômica, a miséria moral, a miséria educativa. Trata-se evidentemente de um abuso de interpretação. A lei não pode proteger a superstição nem a crendice, assim como não pode autorizar o imoralismo, o crime e a corrupção que normalmente acompanham as práticas fetichistas nos terreiros (*O Estado de São Paulo*, 01.04.73).

O editorial acabou por criticar aqueles que acham a Umbanda pitoresca, ou "os intelectuais de esquerda, que tentam [dar] para essa manifestação de primarismo ousadas explicações sociológicas" [...].

> Tal grita do "Estadão" não impediu que o governo estadual oficializasse outra "festa de macumba", como noticiou o jornal em 29 de abril de 1973. Desta vez tratava-se da festa de São Jorge-Ogum que seria realizada no dia 20 do mês seguinte, em promoção da UTEUESP de Jamil Rachid. A oficialização implicava, além da inserção no calendário turístico, a feitura de cartazes e o empréstimo de próprios públicos para o evento [...].

> Notícia de 19 de maio de 1973 informava que a "Igreja condena as festas de Umbanda do governo" e que Dom Lucas escrevera um longo artigo condenando o culto, que, "revestindo as formas mais bárbaras e chocantes, orienta-se para malefícios de toda ordem, vinganças e até eliminação de inimigos ou rivais". Não só retornara o "Estadão" dos anos 50, mas também a Igreja do frei Kloppenburg da época.

> Outro editorial, "Soam os Atabaques", de 22 de maio, retomou as mesmas críticas à Umbanda, aos políticos que a apoiam e á omissão da igreja. Apesar dos protestos, "A Umbanda Faz sua Festa, com a ajuda do Estado", segundo manchete de *O Estado de S. Paulo* poucos dias depois [...].

> [...] bispos de Minas Gerais e do Espírito Santo anunciaram que a "Igreja Mineira Buscará Inspiração no Espiritismo" (*O Estado de S. Paulo*,

13.06.73), na profunda revisão pastoral da posição da Igreja frente às outras religiões, que pretendiam introduzir [...] dentro do espírito do Vaticano II (Concílio Vaticano II, que tratou principalmente do ecumenismo), que afirma existir em todas as manifestações populares um pouco da presença de cristo e da revelação cristã [...] A Igreja já perdeu muito tempo em hostilidades. Agora chegou o momento de buscar no Espiritismo e na Umbanda os elementos vivos que sirvam à Igreja (dom José Pedro Costa, bispo de Uberaba).

[...] a festa de Iemanjá na Praia Grande vinha crescendo ano a ano, trazendo problemas para a prefeitura em razão do aumento do número de afogamentos e de crianças perdidas, bem como de engarrafamentos e colisões de trânsito. Reclamava contra a falta de organização das federações de Umbanda, que as promoviam [1973].

Inspirado no III Congresso Nacional, o Souesp fez realizar, já sob o comando de Rachid, em 1975, o I Seminário Paulista de Umbanda, que padronizou os rituais fúnebres, de batismo e casamento. A introdução destes rituais foi um sucesso e generalizou-se pelos terreiros, mesmo que não exatamente de forma codificada, sendo adotado mesmo por federações avessas ao SOUESP. A federação líder desta preocupação padronizadora foi o Primado... voltou-se também à padronização dos ritos específicos da Umbanda, às giras, no que se referia à sua "abertura, preces, hinos, até o encerramento, passando pela hierarquia adotada, as linhas, etc."[...].

Neste período (1974 a 1976) ainda surgiram periódicos umbandistas importantes como os já citados *Mundo de Umbanda*, do Primado, e a *Umbanda em Revista*, do SOUESP, além de *Aruanda*, da UTEUCESP, e a *Tribuna Umbandista*, da Cruzada Federativa. Este é um período, portanto, não só do ápice da Umbanda paulista em termos do número de terreiros registrados, mas também de seu fervor associativo, padronizador e de autodivulgação [...].

O movimento federativo também continuou a se multiplicar em número de federações, tendo novamente surgido outras onze neste período. O destaque é para o SOUCESP (Supremo Órgão de Umbanda e Candomblé do Estado de São Paulo), criado pelo tenente da PM Hilton de Paiva Tupinambá, como centralizador das URUS (Uniões Regionais de Umbanda), que havia fundado em 1969... Tupinambá é extremamente tolerante no que se refere às práticas rituais [...].

o *Jornal da Tarde* publicava carta de Alexandre Kadunc, conhecido jornalista e espírita, em resposta às críticas de seu colega Ricardo Kotscho. Mencionava ele a grande quantidade de adeptos da Umbanda e do Candomblé como reveladora da importância dessas religiões e justificadora do interesse da imprensa por elas. Quanto à disparidade das avaliações a respeito, diagnosticou suas causas:

> Em torno do fenômeno campeia uma confusão muito grande por falta de uma codificação dos ritos e dogmas, e também por causa de evidentes preconceitos daqueles que se julgam donos das verdades metafísicas [...]

O *Estado de S. Paulo* de 9 de dezembro, em reportagem sobre a exportação de artigos curiosos, falou sobre a exportação de artigos de Umbanda: defumadores, aromatizantes, sabonetes (alguns com nomes curiosos como "pega-homem", "contra mau-olhado", "atrai dinheiro", "só Deus pode comigo", etc.) enviados para países da América Latina em uma movimentação mensal no valor de 8.000 dólares.

O *Jornal da República*, encerrando o noticiário do período, voltou em dez de dezembro com "Um Ato Público que Deu Certo. Graças à Iemanjá", relatando os resultados da invasão da Praia Grande por 70.000 umbandistas em carros e quase 4.000 ônibus entre sexta-feira e domingo. Apesar de o SOUESP ter proibido o uso ritual da pinga e os despachos de Exu, o que contribuíra para diminuir o índice de alcoolismo e a sujeira na praia.

O ar ficou empesteado dez vezes mais, a água acabou, o pão também, o trânsito engarrafou, 180 pessoas precisaram ser medicadas, seis desapareceram no mar e quatro de ataque cardíaco, 502 crianças perderam-se de seus pais e centenas de bêbados ficaram caídos nas praias, onde amanheceram hoje entre frangos mortos, flores pisoteadas, sapatos perdidos, nacos de velas, latas de cerveja e meninos recolhendo garrafas vazias para vender. [155]

## O Esvaziamento (1980 a 1990) - Refluxo umbandista

> A Umbanda teve um "bum", um crescimento extraordinário na década de 70/80, tinha terreiro em tudo quanto era canto, mas a qualidade destes terreiros, minha Nossa Senhora, era sofrível, compreende? Depois disso, a Umbanda teve um esvaziamento muito grande.
>
> *Pai Ronaldo Linares*[156]

A década de 1980 caracteriza-se como um período de esvaziamento da Umbanda, o que pode ser observado na tradicional Festa de

---
155. Negrão, Lísias Nogueira, op. cit.
156. *Saravá: 100 anos de Umbanda*, 2009. Documentário produzido por Chama Produções.

Iemanjá (Praia Grande) e Festa de Ogum (Ginásio do Ibirapuera). Nos números do Censo ou na pesquisa do sociólogo Lísias Nogueira Negrão, registrada no livro *Entre a cruz e a encruzilhada*, também é possível observar o que este chamou de o *refluxo*.

Podemos atribuir a diminuição gradual do número de umbandistas a alguns fatos, como: a desorganização das federações e sua politicagem; a falta de orientação doutrinaria que dominou o período; a mídia que passaria a veicular poquíssimas informações sobre a Umbanda, e, quando o fisesse seria de forma pejorativa; e o crescimento das igrejas neopentecostais, com discurso agressivo com relação a todos os seguimentos mediúnicos, afro-brasileiros e, especificamente, umbandista. Devemos lembrar o fim dos movimentos nacionalistas e das políticas populistas de incentivo à identidade e à cultura brasileira. A mídia coloca, agora, como beleza, o que é americano e europeu; a cultura "tupiniquim" cai de moda. A Umbanda, assim, estabelece-se como uma contracultura de resistência, e seus adeptos tem a seu favor apenas a experiência religiosa individual como âncora de sentido para seguir a Umbanda. A literatura umbandista até aqui se apresenta heterogênea e desencontrada, o que dificulta seu entendimento intelectual, interno/teológico e externo/científico, embora alguns dos cientistas aqui citados (sociólogos e antropólogos) já tenham conseguido grandes avanços na identificação da Umbanda como religião brasileira.[157]

Alguns jornais sensacionalistas passaram a se aproveitar de casos isolados para noticiar escândalos relacionados à Umbanda; são escassos os programas de rádio e cai enormemente o ibope da Umbanda nos canais de televisão. Já não se vê mais políticos nem artistas se declarando umbandistas. Declarar-se umbandista volta a ser alvo de crítica e discriminação.

Uma parte dos umbandistas vai para o Espiritismo, o Candomblé e ao *New Age*; outra grande parte escoa para as igrejas evangélicas, e muitos vão caminhar desiludidos com relação a qualquer outra religião. Conforme a Umbanda se esvai, os grandes templos neopentecostais lotam e influenciam milhões de pessoas com suas igrejas eletrônicas no rádio e na TV.

Neopetencostais lotam cinemas e estádios, alcançam milhões de pessoas e levam a todos um discurso doutrinário agressivo com relação aos valores da Umbanda (espíritos, ritos, guias, Caboclo, Preto-Velho, Exu, Pombagiras e Orixás), o que vem incentivando a discriminação e o preconceito. Nem a Igreja Católica da década de

---

157. Ver Capítulo 7, "Literatura científica: um olhar de fora".

1950 havia combatido com tamanha incisão a Umbanda. Além de seus espaços físicos, ocupam a mídia de todas as formas. Transformar as divindades alheias em demônios é uma antiga prática religiosa revivida pelos neopentecostais. Mas, como em religião nem tudo é tão simples, na mesma proporção em que atrai um público de "ex-umbandistas", vai inserindo na liturgia dos neopentecostais práticas da própria Umbanda, como uso de sal grosso, arruda, descarrego e corrente dos ex-pais de encosto, vestidos de branco. Os momentos de possessão por demônios seguem um modelo umbandista de incorporação – ajoelhado com as mãos para trás –, na qual o demônio é humilhado e expulso em nome de Jesus.

A Umbanda da década de 1980, desorganizada e muitas vezes até confusa, cheia de adeptos despreparados e sem esclarecimentos teológicos sobre sua religião, foi um prato cheio, como "público-alvo", para as pregações neopentecostais, com objetivos claros de conversão. Os terreiros se esvaem na mesma velocidade com que novas igrejas brotam e enchem grandes galpões. Não podemos, no entanto, culpar o bispo ou os neopentecostais por esse refluxo, apenas podemos responsabilizá-lo por incentivar a discriminação, mesmo que de um ponto de vista doutrinário, contra a Umbanda. Quanto ao refluxo, está muito mais ligado à falta de maturidade e ao despreparo da comunidade umbandista em geral. Há uma peculiaridade que não pode passar em branco: de que os umbandistas diminuem em número, mas aumentam em qualidade; permanecem na Umbanda os convictos e seguros de sua religiosidade.

Entre as matérias veiculadas no período, destaco algumas citadas por Negrão, abaixo:

> "Quem Governa 1981? A Guerra dos Orixás nos Terreiros da Bahia": esta foi a manchete publicada em *O Globo* de 7 de janeiro de 1981 a respeito das discrepantes interpretações sobre qual ou quais Orixás regeriam o ano que se iniciava. A este propósito, prestavam-se informações sobre o jogo de búzios, seu papel no culto, sobre as rivalidades entre os terreiros e entre estes e a Federação Baiana de Cultos Afro-brasileiros.
>
> A matéria seguinte, "Uma Festa Política para Ogum", provinha de São Paulo, publicada no *Jornal da Tarde* de 27 de abril de 1981, registrando o início da movimentação em torno das eleições do ano vindouro:
>
> Mais de 6000 adeptos de Umbanda foram ontem ao Ginásio do Ibirapuera para a festa em homenagem a São Jorge, ou Ogum, mas o acontecimento foi muito mais político que religioso: governantes e membros

do PDS e do PTB fizeram filas para discursar e tentar ganhar votos. Até a imagem do santo ficou esquecida [...].

A mesma *Folha* [*de S.Paulo*], logo em 2 de fevereiro, dia de Iemanjá na Bahia, publicou as reflexões de Mauro Santayana, "Umbanda, Religião Pobre e Democrática". Partindo do pressuposto de que tanto o monoteísmo quanto a masculinidade de Deus se associam ao "totalitarismo temporal", conclui que o politeísmo, tanto o disfarçado no culto aos santos católicos, como o explícito da antiguidade, expressariam uma visão de mundo democrática em que a mulher tinha lugar preponderante. No Brasil, [...] a mais forte expressão do politeísmo está na Umbanda. Com todo o sincretismo (expediente de fé que também corresponde às necessidades do politeísmo), a Umbanda realiza a distribuição da força divina entre seus numerosos Orixás, e coloca Iemanjá na mesma altura de Oxalá [...].

[...] uma reportagem especial sobre o Candomblé, a propósito das comemorações dos noventa anos de Mãe menininha. Lembra ter sido esta uma "religião que emergiu das sombras" e perseguida, que se tornou conhecida socialmente e também pelo Estado, com a participação de intelectuais e artistas, tais como Juana Elbein dos Santos, antropóloga argentina de origem judaica, mais recentemente, e de Jorge Amado, Caribe e Pierre Verger, desde há muito tempo [...] Sobrou espaço inclusive para um destaque à Umbanda, "uma mistura de quatro religiões". [...] novamente publicada na *Folha de S.Paulo* (27/01/1985), notícia que "No Vale dos Orixás, Surge o Promissor Marketing da Fé". Tratava-se de empreendimento de umbandistas que, tendo como diretor-presidente o pai de santo João Paulo de Oliveira Mello, em 600.000 metros quadrados de área verde, com pedreira e cachoeira, situados em Juquitiba, organizaram espaço destinado à realização de rituais por parte de terreiros associados [...].

Ainda em 1986, a chamada Academia Federal Superior de Umbanda Esotérica e Espiritualista publicou, no dia 10 de dezembro, no *Diário Oficial da União*, matéria em que se arrogava o direito disciplinador sobre a Umbanda e demais cultos afro-brasileiros que, para funcionar, teriam de ter sua permissão, mediante a concessão de carteira aos pais de santo. Além disso, ficavam proibidos os despachos em vias públicas. Referindo-se à publicação, o *Jornal da Tarde* do dia seguinte informava: "Chefe de Umbanda, só com carteirinha". Tratava-se evidentemente de federação que procurava a hegemonia por meio de publicação de matéria no *Diário da União*, que, embora paga, sugeria tratar-se de medida oficial. Tanta repercussão a matéria alcançou que motivou desmentido formal do presidente Sarney, em sua "Conversa ao pé do rádio", conforme transcreveu a *Folha de S.Paulo* em 10 de janeiro de 1987:

> Eu não sei também a que atribuir, mas divulgaram que o governo havia proibido práticas religiosas de Umbanda e de outros cultos. Quero dizer que esta decisão nunca existiu, não é verdadeira, nunca se tratou disso em nível de governo. E nunca iremos tratar disso. A Constituição respeita a liberdade de culto nesse país. E eu sempre respeitei, respeito e respeitarei essa liberdade, como homem de fé. Eu até hoje, quero repetir, não sei como esta notícia surgiu e nem com que finalidade ela foi divulgada.[158]

Sobre o final da década de 1980, comenta ainda Lísias Nogueira Negrão:

> Voltou, nestes anos recentes, a ser a Umbanda objeto de perseguição religiosa. Agora por parte de grupos pentecostais, especialmente da Igreja Universal do Reino de Deus, que hostilizavam umbandistas, chegando a mantê-los em cárcere privado para que se convertessem a Cristo, invadiam terreiros e os acusavam de pertencerem ao demônio através de seus programas radiofônicos ("No Rio, 'crentes' brigam com Candomblé", *Folha de S.Paulo*, 28.06.88).[159]

## Federações Paulistas na Década de 1980

Na mesma obra citada, à página 150, o autor apresenta um *ranking* das federações na década de 1980, em que aparece o número total de tendas de Umbanda filiadas por federação:

| Número de Ordem | Federações | Número de Terreiros Filiados |
|---|---|---|
| 1º | Cruzada Federativa do Estado de São Paulo | 1731 |
| 2º | Soucesp – URU | 1658 |
| 3º | Federação Umbandista do Estado de São Paulo | 1523 |
| 4º | Primado de Umbanda do Estado de São Paulo | 1298 |
| 5º | União de Tendas de Umbanda e Candomblé do Brasil | 959 |
| 6º | Cúpula Nacional de Umbanda | 802 |
| 7º | Federação Umbandista do Grande ABC | 673 |
| 8º | Associação Paulista de Umbanda | 442 |

---

158. Negrão, Lísia Nogueira, op. cit., p. 131-141.
159. Ibid., p. 141.

| 9º | União Regional de Umbanda da Zona Oeste da Grande São Paulo | 306 |
|---|---|---|
| 10º | Federação de Centros Espíritas e de Umbanda do Estado de São Paulo | 280 |
| 11º | Federação Umbandista Mãe Senhora Aparecida do Estado de São Paulo | 259 |
| 12º | Sociedade Federativa Espírita de Umbanda do Estado de São Paulo | 194 |
| 13º | Outras 58 federações menores | 4446 |
| Total | | 14571 |

Após o quadro anterior, no qual se apresenta o *ranking* das federações por total de terreiros filiados, o autor comenta que esses números são enganosos, já que as mesmas começaram a surgir na década de 1950 e boa parte dos filiados já não existem mais. Em seguida, apresenta o número de filiados apenas na década de 1980 para cada uma das federações abaixo, em que as posições variam, revelando quais foram mais ativas nesse período:

Soucesp – 796
Fuesp – 345
União de Tendas – 292
FUGABC – 244
Associação Paulista – 189
Cruzada – 154
Primado – 133

## Quarta Onda Umbandista (1990 aos dias atuais) – A Maturidade

O esvaziamento da Umbanda diminui na década de 1990, mas não chega a terminar: permaneceram na religião os convictos; não há mais modismos em torno da Umbanda; e ela não é mais um grande movimento popular. A religião do povo, da massa, nesse período, será o pentecostalismo e o neopentecostalismo, com suas grandes igrejas-galpão e antigos cinemas desativados. Rádio e TV estão empregados na expansão dos novos evangélicos, e a Umbanda parece estar um tanto quanto acuada. Há, no entanto, algo de positivo acontecendo: a Umbanda passou por uma depuração, os primeiros a abandonar o "navio" são aqueles que não tinham convicção, os volúveis e os tendenciosos; os antigos que permaneceram umbandistas são convictos homens de fé, conhecedores dos valores reais que a Umbanda prega. Houve uma queda considerável no número de "embusteiros" e aproveitadores, pois já não há mais tanto público para suas "jogadas e artimanhas", justamente por causa dos destaques e das manchetes sobre suas incursões em terreiros nas décadas de 1970 e 1980 (hoje ainda há muito receio quando se fala em Umbanda). Em virtude da liberdade de todos dentro da religião e da libertinagem de muitos no passado é que não se tem na mídia, nem no senso comum, uma ideia bem formada do que venha a ser Umbanda; ou podemos dizer que há uma ideia formada e distorcida em razão dos desmandos vividos, contados e recontados. Os ataques dos novos pentecostais (neopentecostais), de certa forma, colaboraram para lapidar e forjar o perfil do novo umbandista, que é hoje, sem dúvida, uma pessoa de fibra e de convicções.

Em meio a tantas informações desencontradas e discriminação gratuita, o umbandista de hoje busca o máximo de informação para se sentir seguro e embasado, a fim de assumir sua religiosidade, de saber explicá-la, e de se defender do preconceito e da ignorância alheia. Cada vez mais, o número de adeptos umbandistas ignorantes de sua própria fé e fundamentos vem diminuindo. Agora, os umbandistas desconhecedores das bases da religião são os frequentadores que continuam vindo à Umbanda para buscar milagres e resultados imediatos para suas mazelas e seus problemas, que eles mesmos criaram em suas vidas. Muitos desses "consulentes"[160] são apenas curiosos que creem no poder da Umbanda, por presenciar ou sentir algo que não conseguem explicar; uma parte deles permanecerá frequentando a assistência de uma tenda, enquanto isso satisfizer seus propósitos, desde que as entidades continuem a "ajudá-los" em seus frequentes, insistentes, pequenos e mesquinhos pedidos, nos mais variados assuntos. Esses volúveis frequentadores, em sua maioria, nunca assumirão uma identidade umbandista, eles apenas querem se servir da Umbanda e fazem parte de um público flutuante, um fluxo de pessoas que entram e saem sem o menor compromisso; afinal, a Umbanda não pede conversão nem questiona quem busca ajuda nos milhares de terreiros (templos) espalhados por este Brasil. Ainda assim, boa parte dos que hoje são umbandistas chegou pela curiosidade. Com relação aos que chegam nas tendas de Umbanda e passam a frequentá-la, costuma-se dizer na Umbanda que, *quem não vem pelo amor vem pela dor*, mas não podemos nos esquecer desses que vêm pela curiosidade e, muitas vezes, movidos por ela se encontram no seio da religião.

---

160. Uma das formas pelas quais são chamados os frequentadores que perfilam na assistência de um templo umbandista.

Hoje existe uma literatura umbandista consistente e muita informação a quem quer estudar Umbanda e interpretar suas questões existenciais, dando um sentido de ser à vida por meio de uma teologia umbandista. E é baseado nessa questão e em sua vivência prática no meio, que um amigo nosso, irmão na fé, médium e sacerdote de Umbanda, Adriano Camargo, conhecido no meio como Erveiro da Jurema, afirma que hoje existe, além do amor e da dor, uma terceira via ou porta para se entrar na Umbanda, que é a do conhecimento.

Essa mudança do perfil umbandista acompanha toda uma revolução tecnológica na atual era da informação. A Umbanda é essencialmente urbana e encontra na internet, por exemplo, uma poderosa ferramenta de informações, embora muitas vezes essas informações estejam desencontradas e possam até "desinformar". Por isso, os sacerdotes e adeptos mais velhos têm a obrigação de se esclarecer para lidar com tantas dúvidas e informações que o novo adepto traz hoje ao chegar a frequentar um terreiro.

Já não cabe mais proibições de literatura, e é humanamente impossível proibir alguém de escrever a palavra Umbanda em um site de busca e pesquisa virtual, no qual em segundos colocará o frequentador, adepto ou curioso, de frente para um universo de informações, algumas boas, outras nem tanto. Mas, com um olhar cuidadoso e bom senso, é possível informar-se de conhecimentos básicos.

## Pertença umbandista e Censo – IBGE

Já foi no passado um dos maiores problemas da Umbanda a questão da pertença, de pertencer ou não à religião, de ser ou não umbandista. É como uma diferença entre ser ou apenas estar umbandista nos momentos em que se frequenta o terreiro. Era muito comum o frequentador, e até os adeptos, não se sentirem umbandistas, por vários motivos, entre eles, o desconhecimento de que a Umbanda era religião. Para muitos, Umbanda é apenas uma prática espiritual que lida com espíritos; para outros, uma seita ou apenas magia. Dessa forma, esses adeptos continuam católicos, porque um dia foram batizados, ou espíritas porque creem nos espíritos. Há muita conivência e conveniência da Igreja para com os "católicos não praticantes", que esperam um novo batizado para aceitar uma nova religião, na mesma ideia de conversão da anterior. Quanto aos que se dizem espíritas, estão valendo-se de certo ar de respeito que o movimento kardecista conquistou ao longo dos anos, em razão de sua intelectualidade e penetração nas camadas mais altas da sociedade. Sem esquecer que muitos umbandistas são ex-kardecistas ou frequentam ao mesmo tempo Umbanda e Kardecismo, Umbanda e Catolicismo, ou Umbanda, Kardecismo e Catolicismo, ficando à vontade para escolher como pertença aquela que lhe venha causar menos problemas de discriminação e preconceito. A dupla, tripla e até múltipla pertença religiosa é um fato e vem crescendo ano a ano nessa nossa cultura volúvel, em que os bens estão na vitrine para o consumo. Há um mercado religioso expondo, fazendo ofertas e promoções de seus "produtos", depreciando seus "concorrentes" e colocando o "consumidor" muito à vontade para trocar de "fornecedor" ao sabor do vento, desde que venham a engrossar suas fileiras; é isto o que importa para somar números nas marchas, "passeatas" e conglomerados públicos e privados, que possa mostrar sua força de manobra política na conquista de eleitorado, voto e poder.

A questão da pertença religiosa umbandista também é algo que já foi estudado e pesquisado a fundo por pessoas como o sociólogo Candido Procópio Ferreira de Camargo, que publicou os resultados de seu estudo no livro *Kardecismo e Umbanda*. Nessa obra, ele comprova que, na década de 1960, havia um trânsito entre Kardecismo e Umbanda formando um todo, um *"continuum* mediúnico", entre as duas "religiões mediúnicas", que, embora diversas, formavam uma "simbiose doutrinária e ritualística"[161] que, ainda segundo ele, "redunda no florescimento de uma consciência de unidade". Também fala o autor da dificuldade em caracterizar a Umbanda, *"pois representa sincretismo sem corpo doutrinário coerente e, pelo menos no momento, incapaz de se congregar em formas institucionais de certa amplitude"*.[162]

Já se passaram quase 50 anos que Camargo fez essas afirmações, e podemos dizer que muita coisa mudou. Embora hoje seja "menos difícil" caracterizar o que é Umbanda, a religião ainda se mostra "incapaz de congregar" em amplitude nacional ou mesmo estadual. Mesmo que a questão da pertença venha mudando dia a dia, são muito atuais as questões levantadas por Camargo, como segue:

> Vejamos, inicialmente, o ponto de vista subjetivo. Em São Paulo, apesar dos protestos de inúmeros kardecistas, a expressão "espírita" cobre todo o *continuum* e mesmo os umbandistas mais ortodoxos sempre se dizem "espíritas", empregando também o termo na denominação de suas instituições. Gozando de melhor prestígio social do que a religião

---

161. Camargo, Candido Procópio Ferreira de, op. cit., p. XII.
162. Ibid., p. 8. (Grifo meu).

umbandista, a qualificação de "espírita" é quase sempre empregada pelos entrevistados no primeiro contato; só especificam eles, mais tarde, a natureza umbandista de seu Espiritismo.

Não podemos desconsiderar nem a época nem o local em que Camargo realizou suas pesquisas: São Paulo da década de 1960, antes do grande "bum" ocorrido na Umbanda em território por demais kardecista. Da mesma forma, na Bahia, território predominantemente da cultura afro, boa parte dos candomblecistas se dizia católica.

Já em 1999, no documentário *Santo Forte*, dirigido por Eduardo Coutinho junto das camadas populares nas favelas cariocas, mais de uma dúzia de "umbandistas" são entrevistados e a grande maioria afirma que é católica. O que confirma ainda nessa data a dificuldade, principalmente nas camadas populares, em aceitar-se umbandista, predominando ainda um perfil de "católico não praticante".

Camargo também classificou os adeptos umbandistas em três categorias ou tipos a saber:

ATIVOS

Pertencem a essa categoria, em primeiro lugar, os dirigentes do "terreiro" e os "cavalos"[163] desenvolvidos, com domínio de suas faculdades mediúnicas. A seguir, colocam-se os "cavalos" em desenvolvimento e os "cambonos", embora com status inferior.

Finalmente, as pessoas gradas e familiarizadas com o "Pai de Santo", os "ogans", os tocadores de "atabaque"; pessoas influentes no "terreiro" podem ser compreendidas, por vezes, nesse tipo.

Característico desse grau de participação é a proximidade com o altar, o acesso livre a todo "terreiro", a parte prática que desempenham no culto, o status superior de que gozam. Os integrantes desse grupo são "defumados" e realizam, com maior rigor, as precauções ritualísticas.

Esse tipo de participação supõe, geralmente, melhor conhecimento doutrinário e uma convicção expressa mais ortodoxa e menos sincrética.

Embora de modo irregular, o fiel "ativo" recebe instrução religiosa formal, nas "reuniões de desenvolvimento" e nas "escolas de médiuns" mantidas pelos "terreiros". É comum que se incentive, também, um mínimo de leitura especializada. Deve o adepto nesse nível manter, em princípio – especialmente os "cavalos" –, uma conduta moral sadia e respeitar os preceitos ritualísticos.

---

163. Como são chamados os médiuns de incorporação.

PARTICIPANTES

Frequentadores habituais dos "terreiros", esses adeptos procuram as entidades para resolver suas doenças e dificuldades e recebem, regularmente, a "bênção" e a orientação dos "guias".

Possuem um conhecimento precário da doutrina e estão afastados da intimidade do ritual. Respondem apenas de forma coletiva às invocações.

O sincretismo de suas convicções é maior do que o da categoria anterior e a fidelidade ao grupo social do "terreiro" mostra-se menos acentuada. Participam, entretanto, do canto dos "pontos" e têm, frequentemente, um real prazer estético e religioso nas cerimônias.

EVENTUAIS

São os "interesseiros" que se dirigem às reuniões de Umbanda apenas nas horas de dificuldade e cuja ênfase se dirige para os aspectos mágicos da religião umbandista.

Recebem "passes" ou "bênçãos" e acreditam suficientemente na eficácia das práticas umbandistas, mas, em geral, se definem como católicos.

Frequentemente, ignoram a doutrina e não ignoram o ritual. As explicações que recebem dos "guias" são praticamente as únicas fontes de informação umbandista.

Resolvido o problema prático, desligam-se do grupo, permanecendo apenas potencialmente dispostos a voltar quando necessário.

Essas três categorias dos adeptos Umbandistas são ainda uma realidade e ajudam a entender a questão da pertença, pois a segunda e a terceira categorias, juntas, somam, geralmente, mais de dois terços do número total que frequenta um templo umbandista.

Todas essas questões devem ser levadas em consideração quando se tratam de números e de pertença religiosa umbandista, sendo fundamental o conhecimento desse contexto para entender o quanto os dados do Censo – IBGE apresentam números distantes da realidade umbandista, mas, ao mesmo tempo, de uma outra realidade que diz respeito ao sentimento de cada um com relação à sua identidade religiosa.

Observando os números do IBGE, é possível ver que depois do período de esvaziamento a Umbanda não parou mais de se esvair; em 1991, o número de pessoas que se declararam de pertença religiosa umbandista era de 541.518, e, em 2000, esse número caiu para 432.001. Embora o número geral de umbandistas na população venha caindo, é possível observar um crescimento em quantidade de adeptos junto aos núcleos e organizações religiosas umbandistas.

A Umbanda já não é uma religião popular e, cada vez menos, vamos encontrar novos grupos isolados nascendo, espontaneamente, como já foi tão comum; embora muitos que nascem com mediunidade e missão na Umbanda, logo procuram um local para se informar e se formar dentro do contexto da religião, o que também não acontecia com tanta frequência nas décadas anteriores.

A religião parece assumir um lento crescimento em torno das federações, associações, núcleos, colégios e institutos produtores de sentido e conhecimento. Algumas dessas instituições vêm fazendo um bom trabalho em torno do esclarecimento, da informação e do comprometimento, o que traz resultados perceptíveis junto às mesmas e para Umbanda no geral. Afinal, se a Umbanda cai no quantitativo geral, mas cresce no quantitativo específico, deve-se reconhecer o valor dos movimentos organizados dentro da religião. Para registrar essa situação atual, entramos em contato com algumas das principais federações de São Paulo e com alguns irmãos e colaboradores de outros estados.

Todas as federações e órgãos consultados confirmam que, de dez anos para cá, a Umbanda vem crescendo lentamente, mas com uma consistência e qualidade que nunca antes havia conseguido. Os novos adeptos são mais confiantes e determinados, segundo palavras do Pai Ronaldo Linares. Hoje a Umbanda não é mais religião das camadas populares e desvalidas, e sim de uma classe privilegiada e culta, na qual encontramos, com facilidade, estudantes universitários e empresários de todas as classes. Logo, podemos dizer que a Umbanda cresce em números e também em qualidade, no que diz respeito à cultura e informação de seus adeptos.

## Federação Umbandista do Grande ABC

Pai Ronaldo nos coloca a par da FUGABC. Fundada em 1973, alcançou a marca de mil tendas filiadas em 1985; hoje possui algo em torno de 2.130 tendas filiadas; entre 2000 e 2009, aproximadamente 800 tendas foram registradas. Esses números confirmam os períodos de crescimento, esvaziamento e o atual crescimento do número de filiados junto à FUGABC.

## União de Tendas de Umbanda e Candomblé do Brasil

Pai Jamil, da União de Tendas, fundada em 1955, apresenta-nos os seguintes números:

- Até o final da década de 1960, 400 tendas filiadas;
- Década de 1970, mais 866 tendas filiadas;

- Década de 1980, mais 731 tendas filiadas;
- Década de 1990, mais 532 tendas filiadas;
- De 2000 até a presente data, há mais 800 tendas filiadas.

Os números da União apresentam um pico na década de 1970, queda nas décadas de 1980 e 1990, e agora apresenta o renascimento, voltando a repetir praticamente o "bum" ocorrido na década de 1970.

## Primado do Brasil

Registramos a informação de Maria Aparecida Naléssio, responsável pelo Primado do Brasil, fundado por Félix Nascentes Pinto, em 1960, como Primado de Umbanda do Estado de São Paulo.

Na década de 1950, quando o Primado era ainda uma delegacia do Primado do Rio, chegou a 150 tendas federadas.

Na década de 1960, já como federação, alcançou o número de 800 tendas federadas; na década de 1970, atinge a marca de 1.610 tendas filiadas, no total; na década de 1980, atinge a marca de 1.827 tendas filiadas, no total; na década de 1990, atinge a marca de 1.909 tendas filiadas, no total; e agora, de 2000 a 2009, atingiu a marca de 1.950 tendas filiadas.

Nesses dados do Primado do Brasil, podemos ver o número de filiados praticamente dobrar na década de 1970. Além da queda característica, o Primado enfrentou a crise de acompanhar o desencarne de seu fundador, momento em que a maioria das federações sucumbe e fecha as portas. A presidência foi sucedida por Joana Ímparato e, atualmente, por Maria Aparecida Naléssio. Já é uma grande vitória passar por duas sucessões e, mais ainda, voltar a crescer; sua presidenta nos afirma que voltou a haver um interesse grande por filiações, como reflexo do crescimento da Umbanda.

## Associação Umbandista e Espiritualista do Estado de São Paulo

Sandra Santos, presidente da AUEESP, está à frente de uma associação fundada no ano de 2004 e que hoje já apresenta 320 associados ativos, um número bem expressivo, considerando que, mesmo nas federações mais tradicionais, a quantidade de ativos é inferior a 50% do total dos federados. Fundada por iniciativa de Rubens Saraceni, essa associação está direcionada às tendas que seguem uma mesma linha filosófica no contexto Umbandista. A AUEESP congrega muitas tendas dirigidas por jovens sacerdotes ao lado de sacerdotes mais antigos que se dedicaram aos estudos de Teologia de Umbanda Sagrada e

Sacerdócio de Umbanda Sagrada, dentro de um modelo idealizado por Saraceni. A participação ativa dessa Associação na comunidade umbandista, seu crescimento e os resultados dos "Templos Escola" ou "Colégios de Umbanda", incentivados por esse modelo de iniciativa dentro da religião, mais uma vez, atestam uma tendência de crescimento junto às instituições produtoras de sentido e informação dentro da Religião Umbanda.

Sandra Santos também nos esclarece que as prefeituras de Praia Grande e Mongaguá apresentam a informação de que, a cada ano, um número menor de umbandistas desce a serra para realizar a tradicional Festa de Iemanjá. É possível que a nova geração não dê tanta importância para esse ritual, ou que a burocracia e o investimento para a realização do evento desestimulem alguns e, como terceira opção, pode ser mais uma evidência de que, no geral, o número de umbandistas está caindo. No entanto, no específico, Sandra Santos confirma, mais uma vez, que a cada dia tem aumentado a procura por Umbanda, e também ressalta o que já foi apontado por Pai Ronaldo Linares: o perfil do umbandista hoje é outro; são, em sua maioria, jovens instruídos e cultos, que chegam com interesse de frequentar, praticar e estudar a religião.

Com outras federações não cheguei a colher dados tão precisos, mas todas confirmaram as mesmas informações: de que a Umbanda voltou a crescer ou, melhor, renovar-se e renascer, mesmo com uma "gente diferente".

## Número de terreiros paulistas registrados em cartório

Apresento abaixo o "Quadro 1: Identificação e Periodização: número de unidades religiosas por período", que é um quantitativo recolhido por Lísias Nogueira Negrão junto aos cartórios de São Paulo, revelando os números de Tendas de Umbanda registradas em cartório durante os períodos especificados abaixo:

| Período | Número de Registros | Média Anual |
|---|---|---|
| 1929 - 1944 | 42 | 2,6 |
| 1945 - 1952 | 85 | 10,6 |
| 1953 - 1959 | 956 | 136,5 |
| 1960 - 1963 | 982 | 245,5 |
| 1964 - 1967 | 1132 | 283 |
| 1968 - 1970 | 1095 | 365 |
| 1971 - 1973 | 1805 | 601,6 |

| 1974 - 1976 | 2844 | 948 |
|---|---|---|
| 1977 - 1979 | 2417 | 805,6 |
| 1980 - 1982 | 1310 | 436,6 |
| 1983 - 1985 | 823 | 274,3 |
| 1986 - 1989 | 1110 | 277,5 |
| Total | 14601 | 239,3 |

Na década de 1990, é visível o número reduzido de novos templos umbandistas registrados em cartório com relação à década de 1970. No entanto, é possível ver que o percentual voltou a se estabilizar já no último período (1986-1989). Esses números nos passam um corte da realidade umbandista bem interessante, pois, diferente da questão de pertença, que inclui questões sociais e psicológicas, aqui estamos lidando com uma estatística nua e crua. São números que refletem a realidade de um pequeno grupo com relação ao todo, que traz uma preocupação real em legalizar e constituir civilmente a personalidade jurídica de seu templo, para que o mesmo exista e seja reconhecido pela sociedade. Esse cumprimento social exige a conscientização de direitos e deveres por parte do grupo que mantém o templo e constitui a diretoria do mesmo.

Sabemos que a maior parte dos umbandistas não possui registro em cartório nem está ligada à federação alguma; no entanto, estes dados nos servem como uma mostra do quadro geral. Uma vez que muitos não declaram sua identidade umbandista, o IBGE também não reflete a realidade totalitária, dando-nos apenas uma ideia acerca do quantitativo em relação à pertença umbandista. Enquanto os números de corte abrangente caem no específico, há uma ascendência não apenas quantitativa, mas também qualitativa, junto às instituições produtoras de sentido, aqui já citadas, com destaque para aquelas que vêm acreditando nos cursos de preparação doutrinária e teológica (colégios, federações e associações).

## Fatos do renascimento umbandista

Existem fatores determinantes para esse crescimento, um deles é a própria natureza da religião, que dá muita liberdade de ação, palavra e pensamento a seus adeptos; não possui dogmas[164] nem tabus; convive tranquilamente com os valores do mundo moderno; recicla-se nessa nova realidade pós-moderna; não pede conversão; dá abertura para os dons místicos e mediúnicos individuais e coletivos; incentiva a prática

---

164. Aqui nos referimos a dogmas como verdades que não podem ser questionadas. No entanto, tudo pode e deve ser questionado e avaliado na Umbanda.

da magia e busca na natureza e nos Orixás uma conexão entre valores espirituais e a força da natureza. Cada um se sente livre para interpretar suas experiências, o contato mediúnico com o sagrado é direto, cada adepto com mediunidade é um templo do sagrado. Todos são convidados a dar um sentido a suas vidas por meio de experiências marcantes e de interpretação variada. Podemos dizer que, entre outras, essas qualidades tornam a Umbanda uma religião muito atrativa ao jovem extremamente maleável. É possível encontrar grupos com perfis variados: há terreiros apenas de jovens; terreiros de pessoas mais velhas; terreiros requintados e simples; terreiros engajados em projetos sociais; terreiros que promovem visitas constantes à natureza; terreiros festivos e terreiros calados; terreiros grandes e pequenos; terreiros que formam famílias e terreiros mais individualistas; terreiros com direção rígida e outros mais flexíveis... há terreiros para todos os gostos, apenas não há terreiros ruins ou que praticam algo de negativo, pois os mesmos, quando identificados, não podem mais ser considerados Umbanda.

Apesar do preconceito, há uma grande curiosidade do leigo de saber o que acontece em um terreiro de Umbanda; querem saber se de fato nossas "mandingas", digo magias, funcionam; têm curiosidades mórbidas quanto às práticas negativas, o que leva muitos a outras "terras", com outras propostas que não a caridade, marca fundamental da Umbanda. O próprio preconceito é um elemento de "marketing", pois basta falar a alguém que algo "não pode", para o ser humano querer saber por que não pode ou não deveria ir a tal local. Ao descobrir que Umbanda é algo do Bem, muitos se encantam e somam em suas fileiras. Décadas atrás não havia informações bem fundamentadas sobre a Umbanda; agora, qualquer curioso, pesquisador ou estudante mais aplicado pode encontrar vasto material sobre a religião.

Alguns fatores recentes têm sido determinantes para o renascer da Umbanda, como o surgimento de uma nova literatura, com novo perfil, que expressa novos interesses para os de dentro e os de fora que se interessam. Essa nova literatura conseguiu sair do lugar comum.

Antes, na literatura de Umbanda, encontravam-se livros de receitas e pontos, muito populares, ou livros de esoterismo umbandista com uma proposta carregada de verbos e conceitos da literatura esotérica. Muitos umbandistas se contentavam em ler livros psicografados do meio kardecista. Mas a nova literatura vai ocupar um espaço do meio, falando linguagem simples, sem perder a profundidade em seus conceitos; surgirá também os romances umbandistas.

## Surge a literatura psicografada de Umbanda

Rubens Saraceni, médium e sacerdote de Umbanda, passa a publicar uma novidade: romances mediúnicos psicografados por um Preto-Velho, Pai Benedito de Aruanda. Logo os títulos *O guardião da meia-noite* e *O cavaleiro da estrela guia* agitam a Umbanda paulista, para, em seguida, conquistar leitores no Brasil todo. Muitos outros romances seriam publicados pelo autor, no entanto, o primeiro citado se destaca pela facilidade de leitura, em que o leitor se vê envolvido pela trama e não consegue parar de ler enquanto o livro não acaba. *O guardião da meia-noite* é um marco na literatura e na religião Umbanda, pois a publicação desse livro começa a influenciar positivamente a forma do umbandista entender a religião, desmistificando a entidade Exu que, agora, recebe o merecido *status* de Guardião. Rubens passa a publicar muitos outros títulos, alcançando uma legião de fãs e leitores; mesmo quem não tem afinidade com sua obra, seus críticos, serão influenciados pela mesma, seja no discurso ou na postura. Além dos romances, ele publica títulos doutrinários e teológicos, como *Código de Umbanda, Doutrina e teologia de Umbanda, Umbanda Sagrada: Religião, ciência, magia e mistérios*, entre outros, e não para por aí: em 1996, idealiza o curso de Teologia de Umbanda, sob a orientação de seus mentores. Com o amparo de Pai Benedito de Aruanda, Mestre Seimam e Caboclo Arranca-Toco, cria o Colégio de Umbanda Sagrada Pai Benedito de Aruanda, em 1999. Foi essa uma colaboração ímpar para a Umbanda, pois nasce, a partir daí, uma cultura de estudos dentro da religião; até então só se ensinava Umbanda de pai espiritual para filho espiritual. Para aprender sobre Umbanda, ou a pessoa era "filho de santo" ou tinha que se tornar "filho de santo" de fulano ou ciclano e, mesmo assim, não havia garantias de que aprenderia algo além das incorporações.

Rubens Saraceni reúne milhares de pessoas nos encontros das egrégoras de Magia do Fogo; no primeiro encontro reúne 1.111 formandos, seu grupo vai crescendo até reunir mais de 10 mil pessoas no Estádio Municipal de São Caetano do Sul.

Estamos na era da informação, não se pode mais negar ou impedir que alguém estude a Umbanda. Com a popularização da internet e a facilidade de acesso, muitos vão pesquisar Umbanda nos meios virtuais, surgindo listas e fóruns para estudo e debate da religião. Rubens Saraceni, preparado por Pai Ronaldo Linares, populariza o estudo da religião, forma milhares de sacerdotes que para tal estudaram e continuam estudando, mesmo após formados. Os cursos de Teologia, Desenvolvimento e Sacerdócio, criados por esse irmão, são multiplicados a partir dele; seus discípulos (filhos) se tornam mestres (pais), multiplicando de forma exponencial o número de adeptos em torno de si, dentro da Umbanda. O modelo vem sendo seguido e copiado, no bom sentido, por outros umbandistas, permitindo que o novo adepto fique livre para seguir seu caminho, sem obrigatoriedade de manter vínculos ou prestar satisfação a quem quer que seja. A ligação hierárquica se mantém pelo respeito e pela admiração de uns pelos outros, reconhecendo quem o preparou e ensinou, mas que não o prendeu nem o obrigou a ficar debaixo do teto em que buscou conhecimento.

## Centenário da Umbanda

Muitos brasileiros não sabem sequer que a Umbanda é uma religião brasileira; pensam que é africana ou afro-brasileira. Com a chegada das comemorações dos cem anos de Umbanda, houve uma acanhada projeção do fato na mídia. No mesmo ano, estava acontecendo os cem anos da imigração japonesa no Brasil, o que, comparativamente, nos deu conta de quanto foi mal divulgado o centenário da Umbanda. No entanto, essa data foi um marco muito importante para os adeptos caírem em si e ver que sua religião tem história e fundamento. Foram marcadas reuniões comemorativas nas Assembleias Legislativas, estaduais e federal. Pai Ronaldo Linares, em parceria com Pai Saul de Ogum (Associação de Umbanda Caxias-RS), apresentaram a Bandeira da Umbanda, e muitas outras iniciativas isoladas e individuais foram realizadas por quase todos os grupos organizados.

Na Tenda Espírita Nossa Senhora da Piedade, que marca os cem anos de Umbanda com a data de sua fundação, houve uma gira comemorativa, sob o comando de Lygia de Moraes Cunha (neta de Zélio), em que Zélio de Moraes se manifestou para dizer que estava feliz com aquele trabalho, e esperamos nós que esteja feliz com a Umbanda e seja sempre presente para nos guiar.

Mas não para por aqui, a Umbanda segue e há de seguir para fazer cumprir as palavras do Caboclo das Sete Encruzilhadas: de que ela será uma religião que durará por todos os séculos e servirá para harmonizar a família brasileira.

*Capítulo 6*

# Primeiro Congresso Brasileiro do Espiritismo de Umbanda

Esse Congresso é a primeira iniciativa coletiva da religião, no sentido de entender, estudar e estabelecer parâmetros ou normas que ajudem a definir o que é e o que não é Umbanda. Foi fundamental para a expansão da religião, pois os adeptos e praticantes passaram a se identificar mais e melhor com a Religião Umbanda. Criou-se força de multiplicação das tendas e surgiu uma literatura umbandista. Independentemente das críticas, teorias desencontradas e até enganos, o saldo foi muito positivo. Aqui mesmo faremos uma crítica, não sem reconhecer o pioneirismo e a coragem desses que foram verdadeiros desbravadores de Umbanda. Todos praticavam a Umbanda sem nenhuma base teórica para recorrer; a literatura acessível era o Kardecismo, mas, agora iam em busca de outras literaturas e conceitos que validassem uma identidade para a Umbanda, independentemente de qualquer outra religião.

No entanto, nas teorias expressadas no Congresso ficam registradas diferentes formas de entender e praticar Umbanda. Mesmo que o objetivo do Congresso fosse dar uma direção única para todos, uns não assumiriam para si as teorias de terceiros. Foi, então, que o umbandista passou a tomar conhecimento de que existem diferentes vertentes dentro de uma mesma Umbanda. As conclusões do segundo Congresso, em 1961, deixariam claro que em nada valeu estabelecer o que deveria ser considerado Umbanda, pois cada um continuou acreditando no que queria e praticando da forma que mais lhe convinha. Alguns praticando a Umbanda do Caboclo Mirim, outros praticando a Umbanda do Zélio, e surgiam mais variantes do "mesmo riscado". Começam, após esse Primeiro Congresso, as disputas pela posse da verdade dentro da religião; surge uma literatura contraditória e agressiva umas com as outras. Os defensores de cada variante de Umbanda acreditam possuir a Verdadeira Umbanda. Esse perfil tem muito a ver com a época em que as religiões, em geral, se diziam as únicas portadoras da verdade. Hoje, qualquer pessoa que assuma para si o porte da Verdade, que anuncie a sua forma de se ligar ao sagrado como única verdade, é certamente reconhecida como fundamentalista e, cá para nós, "um fanático".

Desse Congresso foi feito um livro, no qual constam as teorias expostas durante os oito dias de apresentações. Temos aqui a grata satisfação de pautar e comentar, mais adiante, o material que é, sem dúvida, encantador, considerando a época e as condições em que se realizou essa empreitada. Embora tivéssemos acesso a uma cópia do original, recorremos a uma cópia eletrônica disponível no site: <http://ebooks.brasilpodcast.net/ebook.php?id=760>.

Esse site – no qual podemos encontrar muitos outros livros de domínio público ou que seus autores deram permissão de baixar pela internet no endereço eletrônico: <http://ebooks.brasilpodcast.net/>, que é uma biblioteca pública de *e-books* (mLopes eBooks) – mantido pelo nosso irmão Manoel Lopes. Há livros raros, como *Religiões do Rio* (João do Rio, 1904), e livros novos, como *A História da Umbanda*, de autoria do próprio Manoel Lopes, que vale a pena ser lido por todos nós que pesquisamos essa mesma história, sob diversos olhares.

Logo abaixo estão fragmentos dos trabalhos mais polêmicos entre os que foram apresentados no Primeiro Congresso Brasileiro do Espiritismo de Umbanda, reunido no Rio de Janeiro, de 19 a 26 de outubro de 1941:[165]

## Introdução

As práticas espíritas no Brasil vêm se desenvolvendo há mais de meio século [...]

[...] a codificação realizada por Allan Kardec ainda constitui a obra fundamental sobre a qual se baseiam os espíritas do Brasil, *desconhecendo* a maioria dos adeptos dessa corrente de pensamento filosófico *a grande bibliografia oriental, de cuja fonte multimilenar emanou todas as seitas, crenças e filosofias, o Espiritismo inclusive.*

[...] Pode, mesmo, dizer-se que o Espiritismo no Brasil acaba de transpor os umbrais de uma nova era com a realização deste Primeiro Congresso, cujo êxito excedeu a todas as expectativas [...].

## A ideia do Congresso

O conceito alcançado entre nós pelo Espiritismo de Umbanda [...]

[...] Sua prática variava, entretanto, segundo os conhecimentos de cada núcleo, não havendo, assim, a necessária homogeneidade de práticas, o que dava motivo a confusão por parte de algumas pessoas menos esclarecidas, com outras práticas inferiores de espiritismo.

Fundada a Federação Espírita de Umbanda há cerca de dois anos, o seu primeiro trabalho consistiu na preparação deste Congresso, precisamente para nele se estudar, debater e codificar esta empolgante modalidade de trabalho espiritual, a fim de varrer de uma vez o que por aí se praticava com o nome de Espiritismo de Umbanda, e que no nível de civilização a que atingimos não tem mais razão de ser.

## A Comissão Organizadora

Em sua reunião do mês de junho do ano passado, a Diretoria da Federação Espírita de Umbanda nomeou a Comissão abaixo para organizar o Congresso [...]

---

165. A versão que estamos usando aqui, do livro *Primeiro Congresso Brasileiro do Espiritismo de Umbanda*, está disponível na Biblioteca Pública Virtual: <http://ebooks.brasilpodcast.net/>. Acesso em: 12 set. 2008.

## Reuniões preparatórias

No sentido de colher elementos de estudo e coordenar os trabalhos em andamento, a Comissão Organizadora, sempre assistida pelo presidente da Federação Espírita de Umbanda, sr. Eurico Lagden Moerbeck, efetuou várias reuniões preparatórias do Congresso, durante as quais desejou ouvir a palavra autorizada dos Guias espirituais das tendas acerca da orientação a seguir.

A primeira reunião teve lugar, assim, na Tenda de São Jerônimo, em fins do mês de agosto [...]

[...] Na reunião seguinte, efetuada em princípios de setembro na Tenda Humildade e Caridade [...]

[...] Nova reunião teve lugar na Tenda de São Jorge, ainda no mês de setembro [...]

[...] A quarta reunião preparatória verificou-se na Tenda de Nossa Senhora da Conceição, a 5 de outubro [...]

Uma quinta e última reunião foi realizada já às vésperas do Congresso, com a presença de quase toda a Diretoria da Federação Espírita de Umbanda [...]

Observação: Observe que três das reuniões foram realizadas em tendas fundadas por Zélio de Moraes, Tenda de São Jerônimo (Sacerdote Capitão Pessoa), Tenda de São Jorge (Sacerdote João Severino Ramos) e Tenda de Nossa Senhora da Conceição (Sacerdote Leal de Souza). Zélio de Moraes, embora tenha sido o grande articulador da Federação e do Congresso, realizados por uma determinação do Caboclo das Sete Encruzilhadas, quase não aparece nos textos e discursos. É como se ele tivesse aberto mão de tomar a frente, o que visivelmente foi assumido pela comissão organizadora.

## O programa

Foi este o programa elaborado pela Comissão Organizadora do Primeiro Congresso Brasileiro do Espiritismo de Umbanda:

**a) História** – Investigação histórica em torno das práticas espirituais de Umbanda através da antiga civilização [...]

**b) Filosofia** – Coordenação dos princípios filosóficos em que se apoia o Espiritismo de Umbanda, pelo estudo de sua prática nas mais antigas religiões e filosofias conhecidas, e sua comparação com o que vem sendo realizado no Brasil.

**c) Doutrina** – Uniformização dos princípios doutrinários a serem adotados no Espiritismo de Umbanda [...]

**d) Ritual** – Coordenação das várias modalidades de trabalho conhecidas, a fim de se proceder à respectiva seleção, e recomendar-se a adoção da que for considerada a melhor delas em todas as tendas de Umbanda.

**e) Mediunidade** – Coordenação das várias modalidades de desenvolvê-la e sua classificação segundo as faculdades e aptidões dos médiuns.

**f) Chefia Espiritual** – Coordenação de todas as vibrações em torno de Jesus, cuja similitude no Espiritismo de Umbanda é "Oxalá", o seu Chefe Supremo.

Encerrando a presente exposição julgada necessária pela Comissão abaixo [...]

Rio de Janeiro, Maio de 1942.<br>
A Comissão Organizadora do Congresso<br>
Jayme S. Madruga<br>
Alfredo António Rego<br>
Diamantino Coelho Fernandes

Observação: Aqui chamo atenção para os nomes da "Comissão Organizadora do Congresso", os verdadeiros articuladores das ideias e ideologias que serão aceitas nesse Congresso. Mesmo o programa apresentado já aponta para a "conclusão" que chegará tal evento e, ao que indica, já está preestabelecida. Daí a postura de contragosto por parte de alguns umbandistas, como Tata Tancredo, que fará duras críticas a esse grupo, ou de Lourenço Braga, que, apesar de ter apresentado um título ("Umbanda e Quimbanda"), seu nome nem mesmo é citado nesses anais.

## Discurso inaugural

Pronunciado pelo primeiro secretário da Federação Espírita de Umbanda, sr. Alfredo António Rego, na reunião de 19 de outubro de 1941:

> [...] Umbanda deixará de ser, de agora em diante, aquela prática ainda mal compreendida por numerosos dos nossos distintos confrades da Seara do Mestre, para se tornar, assim o cremos, a maior corrente mental da nossa era, nesta parte do continente sul-americano.

Observação: Na sequência, o sr. Alfredo António Rego ressalta as qualidades da Umbanda em comparação ao Kardecismo.

## O Espiritismo de Umbanda na evolução dos povos: fundamentos históricos e filosóficos

Tese apresentada pela Tenda Espírita Mirim, por intermédio do seu delegado, sr. Diamantino Coelho Fernandes, na sessão inaugural a 19 de outubro de 1941:

> Antes de dar início à exposição da tese [...]
> 
> peço permissão para erguer um modesto hino de louvor, gratidão e respeito, aos nossos iluminados mestres daquela índia misteriosa e sábia, pela luz que de seus maravilhosos ensinamentos se projetou no meu espírito através de minhas encanações anteriores e na atual [...] e saudade a todos os meus contemporâneos de muitas eras, nos diversos continentes do mundo em que tenho vivido, mas, especialmente, aos daquela África sofredora e heroica [...].
> 
> [...] Mestre, Oxalá, o Senhor do Bonfim, reina e pontifica, como deve reinar e pontificar sempre nos nossos corações. Irmãos de Angola, de Moçambique, de Luanda, do Sudão, do Congo e Cambinda; filhos da Guiné, de Bantu, da Nigéria, Benin, Dahomey, Haussá, Lagos, Yorubá e Mandinga! Comungai conosco a alegria incomparável desta hora histórica dos nossos espíritos, sinceramente empenhados na consolidação doutrinária e filosófica do verdadeiro Espiritismo de Umbanda!
> 
> [...] Umbanda não é um conjunto de fetiches, seitas ou crenças, originárias de povos incultos, ou aparentemente ignorantes; Umbanda é, demonstradamente, uma das maiores correntes do pensamento humano existentes na terra há mais de cem séculos, cuja raiz se perde na profundidade insondável das mais antigas filosofias.
> 
> AUM-BANDHÃ (OM-BANDA)
> 
> AUM (OM)
> 
> OMBANDA (UMBANDA)
> 
> O vocábulo UMBANDA é oriundo do sânscrito, a mais antiga e polida de todas as línguas da terra, a raiz mestra, por assim dizer, das demais línguas existentes no mundo. Sua etimologia provém de AUM-BANDHÃ (om-bandá) em sanskrito, ou seja, o limite no ilimitado. O prefixo AUM tem uma alta significação metafísica, sendo considerado palavra sagrada por todos os mestres orientalistas, pois que representa o emblema da Trindade na Unidade, pronunciado ao iniciar-se qualquer ação de ordem espiritual, empresta à mesma a significação de o ser em nome de Deus. Pronuncia-se OM. A emissão deste som durante os momentos de meditação facilita as nossas obras psíquicas e apressa a maturação do nosso sexto sentido, a visão espiritual. BANDHÃ (Banda) significa movimento constante ou força centrípeta emanante do Criador, a envolver

e atrair a criatura para a perfetibilidade. Uma outra interpretação igualmente hindu nos descreve BANDHÃ (Banda) como significando um lado do conhecimento, ou um dos templos iniciáticos do espírito humano. A significação de UMBANDA (o correto seria Ombanda) em nosso idioma pode ser traduzida por qualquer das seguintes fórmulas:

- Princípio Divino;
- Luz Irradiante;
- Fonte Permanente de Vida;
- Evolução Constante.

A raiz mais antiga de que há registro conhecido acerca de Umbanda encontra-se nos famosos livros da Índia, os *Upanishads*, que veiculam um dos ramos do conhecimento mental e filosófico encerrados nos Vedas, a fonte de todo o saber humano acerca das leis divinas que regem o universo [...].

[...] Com efeito, o que nos ensina o Espiritismo de Umbanda? Nada menos do que a imortalidade da alma, conforme o que se encontra nos Vedas [...] Ensinando aos seus adeptos que a alma é imortal, o Espiritismo de Umbanda procura destruir aquela mistura de escravidão e dependência a que se referem os Vedas [...].

[...] Existem três axiomas sobre os quais assentam os princípios da filosofia hindu, o primeiro dos quais pode servir para demonstrar os fundamentos do Espiritismo de Umbanda praticado entre nós. É ele o seguinte: "De Nada, nada pode provir; Alguma coisa que é, ou existe, não pode ser causada por Nada, nem pode provir de Nada; Nada Real pode ser Criado, porque si a coisa Não É, ou Não Existe Agora, não pode nunca ser ou Existir; si não foi ou Não Existiu Sempre, não É, ou não Existe Agora; si É, ou Existe Agora, sempre foi ou Existiu".

Observação: Esse texto corresponde ao Monismo; diferente de Monoteísmo, não existe um Deus Criador nem criação, tudo sempre existiu, tudo é Deus, eu sou Deus; de tal forma que não há distinção entre mim e Deus. Faz parte da escola Vedanta, uma das seis principais escolas hinduístas a saber: Nyaya, Vaisesika, Mimansa, Vedanta, Sankhya e Yoga.[166]

[...] havemos de chegar forçosamente à convicção de que o Espiritismo de Umbanda existiu sempre entre as raças espiritualmente mais adiantadas do globo terrestre, sem o que não poderia existir agora, vamos encontrá-la, de forma copiosa, abundante, em vários dos sistemas filosóficos mais antigos...

---

166. Cumino, Alexândre. *Deus, deuses, divindades e anjos.* São Paulo: Madras Editora, 2008, p. 140.

[...] A doutrina Sankhya compara os espíritos encarnados às moscas que mergulham em um vaso cheio de mel narcotizante, as quais, quanto mais se debatem mais o mel com narcótico as intoxica, impedindo-as de usar suas pernas e azas. Assim os espíritos: quanto mais se debatem na vida material, menos capazes são de usar seus poderes latentes [...].

Observação: Aqui, ele dá continuidade às comparações entre Umbanda e Hinduísmo, afirmando que o Vedanta possui aspectos internos (esotéricos) e externos (exotéricos); da mesma forma é a Umbanda na visão do autor. No entanto, deve haver um engano, pois não há no Vedanta dualidade doutrinária ou de conhecimento, talvez a comparação correta seria Hinduísmo popular e Vedanta. Mais adiante, seguindo ainda a linha da comparação, cita parte do texto *Fédon*, de Platão, para comentar a imortalidade da alma e a reencarnação na palavra de Sócrates. Texto muito interessante, que cabe bem como objeto de estudo do espiritualista; talvez, por esse texto, Allan Kardec tenha considerado Sócrates e Platão como precursores do Espiritismo. Recomendo ao estudante ler na íntegra.

Encontramos em Platão... no seu célebre "Diálogo sobre a alma e morte de Sócrates", conceitos da transcendência deste... momentos antes de beber o cálice de cicuta:

A razão só tem um caminho a seguir nas suas investigações: enquanto possuirmos o corpo, e a alma se nos atolar na sua corrupção, jamais alcançaremos o objeto dos nossos desejos, isto é, a Verdade. Porque o corpo opõe mil obstáculos a esse trabalho de investigação, pela necessidade que temos de o sustentar, e pelas enfermidades a que é sujeito. Alem disso, suscita em nós mil desejos, receios, imaginações e toda sorte de tolices, de modo que nada há mais verdadeiro do que a afirmação que habitualmente se faz, de que nunca o corpo nos leva à sabedoria.

É tão flagrante a identidade de princípios doutrinários entre o conceito expresso por Sócrates aos seus discípulos, e o que no Espiritismo de Umbanda se ensina e pratica, que nada mais seria preciso aduzir [...].

[...] Daí o ritual semibárbaro sob o qual foi a Umbanda conhecida entre nós, e por muitos considerada magia negra ou candomblé. É preciso considerar, porém, o fenômeno mesológico peculiar às nações africanas donde procederam os negros escravos, *a ausência completa de qualquer forma rudimentar de cultura entre eles* (grifo nosso), para chegarmos à evidência de que a Umbanda não pode ter sido originada no Continente Negro, mas ali existente e praticada sob um ritual que pode ser tido como a degradação de suas velhas formas iniciáticas.

Sabendo-se que os antigos povos africanos tiveram sua época de dominação além-mar, tendo ocupado durante séculos, uma grande parte do Oceano Índico, onde uma lenda nos diz que existiu o continente perdido da Lemúria, do qual a Austrália, a Australásia e as ilhas do Pacífico constituem as porções sobreviventes, – fácil nos será concluir que a Umbanda foi por eles trazida do seu contacto com os povos hindus, com os quais a aprenderam e praticaram durante séculos.

## Umbanda: suas origens, sua natureza e sua forma

Texto apresentado pelo dr. Baptista de Oliveira, na reunião de 22 de outubro de 1941:

> [...] Umbanda veio do Continente Negro. Também sou desta opinião, muito embora discorde em um detalhe. Umbanda veio da África, não há dúvida, mas da África Oriental, ou seja, do Egito, da terra milenária dos Faraós, do Vale dos Reis e das Cidades sepultadas na areia do deserto ou na lama do Nilo.
>
> O barbarismo afro de que se mostram impregnados os ecos chegados até nós, dessa grande linha iniciática do passado, se deve às deturpações a que se acham naturalmente sujeitas as tradições verbais...
>
> [...] Imagine-se o que poderia resultar do contacto da alta ciência e da religião dos egípcios... com os povos semibárbaros, senão bárbaros, do ocidente africano, das regiões incultas de onde, por infelicidade nossa, se processou o tráfego de escravos para o Brasil, de uma escória que nos trouxe com suas mazelas, com seus costumes grosseiros e com seus defeitos étnicos e psicológicos, os restos desses oropéis abastadardos já por seus antepassados e de uma significação que ela mesma não alcançava mais...

Observação: Bem, agora a Umbanda já vem do Egito, e os negros que vieram para o Brasil são a escória. E a pergunta que não quer calar é: Onde que fica o Preto-Velho que veio para cá justamente com essa escória bárbara? Bem, como dissemos, são teorias, umas agradam mais e outras nem tanto, mas de qualquer forma ainda assim é válido tomarmos conhecimento delas. Quanto ao final do texto, é preconceito racial e fica claro que não concordamos com o que está exposto, contrário a nossos princípios e também à espiritualidade que conhecemos. Se está aqui, é justamente para mostrar a origem dessas teorias que, de uma forma ou de outra, foram aparecer em outras obras umbandistas, mais ou menos maquiadas.

## O Espiritismo de Umbanda como religião, ciência e filosofia

Tese apresentada pela Tenda Espírita Mirim, por intermédio do seu delegado, sr. Diamantino Coelho Fernandes, na sessão de 23 de outubro de 1941:

> [...] Umbanda será, por outras palavras, a ponte que há de ligar, neste Hemisfério, as margens de todas as crenças, religiões e filosofias, dizendo-lhes como Paracelso: "A Verdade é uma só; os homens é que a dividem e lhe dão nomes diferentes".
>
> [...] O Espiritismo de Umbanda tem na mais alta conta estes aspectos de sua doutrina religioso-filosófica... Ele é, segundo a necessidade e grau evolutivo dos seus adeptos, ao mesmo tempo Religião, Ciência e Filosofia.
>
> [...] O princípio ternário – diz-nos um mestre ocultista – é *vita, verbum, lux* (vida, verbo e luz), o que quer dizer a própria trindade: o Pai, que é Vida; o Filho, que é Verbo; e o Espírito Santo, que é Luz.

Observação: Sem dúvida, as afirmações do sr. Diamantino são as mais cientificistas e inusitadas. Veja o comentário geral no fim dos textos do Congresso.

## A medicina em face do Espiritismo

Tese apresentada pela Tenda Espírita de São Jorge, por intermédio do seu presidente, dr. António Barbosa, na reunião de 23 de outubro de 1941:

> Antes de entrar no assunto propriamente dito, rendo uma homenagem ao Guia Espiritual, o "Caboclo das Sete Encruzilhadas", o idealizador da Federação Espírita de Umbanda, ao chefe da Tenda de São Jorge, João Severino Ramos, e ao querido professor Venerando da Graça, continuadores daquela ideia, sendo que o Professor Venerando foi o primeiro Presidente da Federação, que, infelizmente, por motivos de ordem particular, não podemos contar mais com a sua valiosa colaboração e alta cultura que possui [...].

Observação: Esse texto foi mantido para registrar essa fala, que confirma os ideais do Caboclo das Sete Encruzilhadas. No entanto, se o nome de Zélio de Moraes não foi tocado ou foi suprimido, já não é possível saber, apenas constatar o fato.

## O ocultismo através dos tempos

Tese apresentada pela Tenda Espírita de São Jorge, na reunião de 24 de outubro de 1941, pelo sr. Tavares Ferreira, de sua delegação:

> Tendo sido focalizados, já, em reuniões anteriores, vários e interessantes aspectos do Espiritismo em suas antigas práticas, no Oriente principalmente, de onde nos vêm todos os ensinamentos filosóficos que conhecemos, – procuramos dar ao nosso estudo outros rumos que, sem se afastarem do *programa preestabelecido* (grifo nosso) para este 1º Congresso Brasileiro do Espiritismo de Umbanda, visam demonstrar à evidência como o Ocultismo, ciência que empolgou gerações e gerações de povos ocidentais, alguns milhares de anos antes da era cristã, outra coisa não era senão o bom e autêntico Espiritismo de Umbanda dos nossos dias.
> 
> [...] A doutrina filosófica da Lau Tsé, de Confúcio, de Buda, é bebida diretamente nos mananciais eternos da sabedoria...
> 
> [...] Com pequenas variantes, são estes os princípios em que se alicerçam os sistemas filosóficos da Vedanta, doutrina de Patanjale e outros menores.
> 
> [...] Na Grécia, temos pela palavra dos grandes mestres as cintilações da mesma verdade eterna...
> 
> [...] Heráclito, Pitágoras, Empédocles, no quinto e sexto séculos antes de Cristo, os filósofos anteriores, Sócrates e Platão, os grandes poetas e historiadores, Homero, Pindáro, Heródoto e Xenofonte, foram iniciados nos mistérios praticados em Delfos, Elêusis, Argos, Crotona e em várias outras cidades. O verdadeiro objetivo das ciências iniciáticas de então era proporcionar aos adeptos o perfeito conhecimento da alma, sua natureza, seu modo de ser espiritual e sua forma de atuação depois da morte do corpo, tal qual se ensina hoje em nossas práticas do Espiritismo de Umbanda.
> 
> [...] Assim procederam Krishna, Pitágoras, Sócrates e Jesus, para citar apenas os nomes dos mais conhecidos...
> 
> [...] Sua doutrina iniciática se encontra amplamente contida no *Fédon*, de Platão...
> 
> [...] No Egito era exigido um longo estágio no noviciado... iniciação nos altos mistérios de Ísis e Osíris.
> 
> [...] Moisés, Buda e Jesus beberam da mesma água, que é a verdade, na eterna fonte cristalina.
> 
> [...] Pelas dormentes regiões da China, do Tibete e da Índia, até onde o Oriente se estendera, o poder e a influência Atlante...

[...] Cakia-Muni, o Buda, deveria levar para o seio das multidões as doutrinas e as práticas secretas realizadas no inviolável sigilo do Templo Hindu

[...] Para Orfeu, grande iniciado de Ísis, e Thot-Atlanti, a vida é o amor, é a ação, é a beleza.

[...] Os filhos e a Tenda de São Jorge, oferecendo esta modesta contribuição ao 1º Congresso Brasileiro do Espiritismo de Umbanda, têm em vista dizer que estão firmemente convencidos de que no fundo, em sua essência íntima, variando apenas a exterioridade do ritual e do símbolo, idêntico foi sempre o ensino da teurgia, quer em Memphis ou em Thébas, nos templos de Ninive e Babilônia, na Assíria ou na Caldeia, nos Santuários do Himalaia ou do Tibete, nos altares de Júpiter ou de Apolo.

[...] É possível, pensam os filhos e a Tenda de São Jorge, que a Umbanda, cientificamente estudada e iniciaticamente difundida, possa resolver praticamente o grande problema da vida na matéria e fora dela...

## Introdução ao estudo da Linha Branca de Umbanda

Texto apresentado pela Cabana de Pai Thomé do Senhor do Bonfim, na sessão de 26 de outubro de 1941, pelo seu delegado, sr. Josué Mendes:

[...] Em toda a religião, ciência ou filosofia, há sempre o aprendizado. Somos sabedores de que, para uma criatura tornar-se um sacerdote, um cientista ou um filósofo, tornar-se-á, em primeiro lugar, necessário que a mesma palmilhe a *pari passu*, desde as carteiras escolares das primeiras letras, até ao pináculo da tribuna.

[...] Não quero dizer que, na Linha Branca de Umbanda, seja necessário um adepto tornar-se um cientista ou um filósofo, não; o que é preciso é tornar-se um Iniciado, um Sacerdote.

[...] A Hierarquia Mediúnica poderemos dividi-la em três classes, ou sejam: o médium regular, o bom e o ótimo. De acordo com a iniciação, digamos melhor: o neófito, o iniciado; o sacerdote, o que pelo seu desenvolvimento moral e intelectual já tenha chegado ao segundo ponto da linha de Umbanda; e, finalmente, o Mestre, aquele que, no dizer dos Yogas, passaram de Muladhara para o Sahasrara.

## A Linha Branca de Umbanda e a sua hierarquia

OS 7 PONTOS DA LINHA BRANCA DE UMBANDA

1º Grau de iniciação, ou seja, o 1º Ponto – ALMAS

2º – XANGÔ

3º – OGUM

4º – NHÃSSAN

5º – EUXOCE

6º – IEMANJÁ

7º – OXALÁ

Observação: Aqui as sete linhas de Umbanda aparecem da forma como foram publicadas por Leal de Souza em 1933, no título *O Espiritismo, a magia e as sete linhas de Umbanda*.

## Discurso de encerramento

Pronunciado pelo primeiro secretário da Federação Espírita de Umbanda, sr. Alfredo António Rego, na reunião de 26 de outubro de 1941:

> [...] Tendo estabelecido como pontos fundamentais deste Congresso, a codificação da História, Filosofia, Doutrina, Ritual, Mediunidade e Chefia Espiritual, temos hoje a imensa satisfação de proclamar o pleno cumprimento do programa que nós traçamos, o qual foi executado fiel e rigorosamente, durante as oito noites de nossas reuniões.

## Conclusões

Estudados e debatidos os trabalhos apresentados no Primerio Congresso Brasileiro do Espiritismo de Umbanda, e consideradas as indicações feitas em plenário, a Federação Espírita de Umbanda extraiu as seguintes conclusões:

> **Primeira** – O Espiritismo de Umbanda é uma das maiores correntes do pensamento humano existentes na terra há mais de cem séculos, cuja raiz provém das antigas religiões e filosofias da Índia, fonte e inspiração de todas as demais doutrinas religioso-filosóficas do Ocidente;
>
> **Segunda** – Umbanda é palavra sânscrita, cuja significação em nosso idioma pode ser dada por qualquer dos seguintes conceitos: "Princípio Divino"; "Luz Irradiante"; "Fonte Permanente de Vida"; Evolução Constante";
>
> **Terceira** – O Espiritismo de Umbanda é Religião, Ciência e Filosofia, segundo o grau evolutivo dos seus adeptos, estando sua prática assegurada pelo art. 122 da Constituição Nacional de 10 de novembro de 1937

e pelo art. 208 do Código Penal a entrar em vigor em 1º de janeiro de 1942, e bem assim o ritual que lhe é próprio, no mesmo nível de igualdade das demais religiões;

**Quarta** – Sua Doutrina baseia-se no princípio da reencarnação do espírito em vidas sucessivas na terra, como etapas necessárias à sua evolução planetária;

**Quinta** – Sua Filosofia consiste no reconhecimento do ser humano como partícula da Divindade, dela emanada límpida e pura, e nela finalmente reintegrada ao fim do necessário ciclo evolutivo, no mesmo estado de limpidez e pureza, conquistado pelo seu próprio esforço e vontade;

**Sexta** – O Espiritismo de Umbanda reconhece que todas as religiões são boas quando praticadas com sinceridade e amor, constituindo-se todas elas em raios do grande círculo universal, em cujo centro a Verdade reside – Deus;

**Sétima** – O reconhecimento de Jesus como Chefe Supremo do Espiritismo de Umbanda, a cujo serviço se encontram entidades altamente evoluídas, desempenhando funções de guias, instrutores e trabalhadores invisíveis, sob a forma de "caboclos" e "pretos-velhos".

Agora, nossos comentários finais acerca desse Primeiro Congresso de Umbanda, já que muito se faz necessário um olhar atento e certa neutralidade para alcançarmos a realidade em que foi realizado esse evento, ou seja, qual o contexto e as expectativas dos organizadores e congressistas.

Entendo que, como um "conselho de anciões", como os "mais velhos", sábios e filósofos, da Religião Umbanda, de então, esses senhores perceberam que estavam diante do "Primeiro Concílio de Umbanda". Os congressistas, juntos, como "Os representantes" da religião, se deram conta de que estavam ali para criar ou definir o que viria a ser a doutrina e a filosofia de Umbanda. Claro que eles queriam o melhor para sua religião, em processo de construção; logo foram buscar o que havia de ser o "suprassumo" nas filosofias espiritualistas de todos os tempos. E foram longe, foram a outras terras, outras civilizações, outras eras, foram além do tangível, do palpável, além do tempo e do espaço, buscar o modelo ideal para construir sua religião ideal. Assim vimos a busca pela Umbanda na Grécia, no Egito, na Índia, em Lemúria e Atlântida.

Afinal, a doutrina Kardecista era apenas uma releitura recente e ocidental da riquíssima cultura oriental. A cultura afro estava em baixa, tendo em vista o pensamento moderno, cientificista e evolucionista.

Torna-se compreensível, então, esse jogo de opiniões, em que figuram as ideias vigentes da época e seu preconceito. Ao mesmo tempo, expressam sua necessidade de autoafirmar-se perante a sociedade e apresentar sua religião como algo superior, avançado e além de julgamentos, que, com certeza, vinham sofrendo.

Dessa forma dariam uma resposta àqueles que viam na Umbanda "fetichismo", "superstições" e "atraso religioso-cultural". Agora essa visão preconceituosa sobre a Umbanda seria entendida como um reflexo da ignorância dos profanos, que não caminham na senda da iniciação, nos mistérios maiores da criação. Criou-se uma nova casta; afinal, se Umbanda é como Hinduísmo, seus sacerdotes são os brâmanes, a casta mais elevada na Índia. Não haveria mais preocupação com a opinião e com o preconceito alheio; bastava assumir um certo ar de superioridade, um pouquinho de soberbia, uma pitada de arrogância e, pronto, teríamos uma pseudocasta superior de Umbanda.

Tudo evolui, mas a religião não precisa evoluir, não é necessário transformar a religião do outro em uma religião igual à minha, imaginando que assim ela evoluirá. Quem tem de evoluir somos nós; se não estamos satisfeitos com nossa religião, é porque algo não está certo em nós.

A questão, aqui, é observar as escolhas de ontem com o olhar de hoje, para que se alcance uma reflexão real. Afinal, esta é a autoanálise pela qual estão passando todas as religiões de hoje, na mudança do mundo moderno para o mundo pós-moderno. Já não precisamos mais de cientificismo, nem validar ou provar nada do que é da fé. Por isso esse discurso direto.

## Segundo e Terceiro Congressos

Em 1961, foi realizado o Segundo Congresso Brasileiro de Umbanda e, em 1973, o Terceiro e último.

O Segundo Congresso Brasileiro de Umbanda retificou a primeira e a segunda conclusões a que haviam chegado no Primeiro Congresso.

A primeira dizia que: "O Espiritismo de Umbanda é uma das maiores correntes do pensamento humano existentes na terra há mais de cem séculos, cuja raiz provém das antigas religiões e filosofias da Índia";

A segunda dizia que: "Umbanda é palavra sânscrita, cuja significação em nosso idioma pode ser dada por qualquer dos seguintes conceitos: 'Princípio Divino'; 'Luz Irradiante'; 'Fonte Permanente de Vida', 'Evolução Constante'".

No Segundo Congresso se concluiu que a Umbanda é uma religião brasileira e a palavra umbanda vem da língua quimbundo, assim como as palavras zambi e cambone.

Para tanto, foi fundamental a participação de Cavalcanti Bandeira (União dos Umbandistas de Santa Tereza e Centro Espírita Tia Maria), que apresentou duas teses nesse congresso: "Dogmatismo e hierarquia" e "Interpretação histórica e etimológica do vocábulo Umbanda". O autor nos esclarece que:

> [...] O futuro exige a codificação do Culto de Umbanda para não serem perdidos os trabalhos dos Pretos-velhos e dos Caboclos...
>
> [...] Apresentamos o trabalho sobre a palavra Umbanda[167] porque não era possível que se praticasse um culto, sem definir a origem etimológica e o significado original da palavra, em virtude de ser ponto básico definindo o sentido religioso. Nesse Congresso, fomos indicados para integrar a "Comissão Nacional de Codificação do Culto de Umbanda", e, realizando-se a primeira reunião da comissão em São Paulo, fomos escolhidos para o cargo de Relator de Religião que, se foi uma confiança depositada pelos codificadores, acarretou maiores encargos e responsabilidades pela extrema seriedade e profundidade do assunto.
>
> Tivemos grande empenho para realizar as tarefas, que não foram complementadas no tempo previsto, de modo que proposto o III Congresso Brasileiro de Umbanda, para o ano de 1973, no Rio de Janeiro, fomos designados para presidir a Comissão Organizadora de tão importante conclave, que, no mesmo sentido, é mais uma busca de codificação dos cultos e união dos umbandistas.
>
> Face às divergências encontradas e às dúvidas quanto às origens e fontes de onde surgiu o culto, que alguns pretendiam hindu – sem justificar com dados concretos e seguros –, elaboramos um ensaio histórico, no qual condensamos nosso pensamento pessoal, porque sem a real raiz histórica não seria possível desenvolver o tema dentro do fatos comprovados, evidenciando as fontes demonstráveis em trabalhos sérios e de autores insuspeitos e imparciais.
>
> [...] Confirmando essa preocupação dominante, os umbandistas reuniram-se no Rio de Janeiro, em 1941, no I Congresso Brasileiro, **quando iniciaram uma sistemática de codificação** (grifo nosso), ampliada com a realização do II Congresso, em 1961, a qual foi uma constante no temário do III Congresso Brasileiro de Umbanda, em 1973, pela preocupação máxima das federações em obter uma estruturação administrativa e religiosa, como se evidencia no lema adotado: "Organizar para unir".

---

167. Veja, no Capítulo 3, "A palavra Umbanda", parte da tese de Cavalcanti Bandeira.

Surgiu em 1953, um livro de Emanuel Zespo, intitulado *Codificação da Lei de Umbanda* que, apesar de insuficiente, demonstra a preocupação permanente dos sinceros... Nessa mesma época, Lourenço Braga afirmava o seguinte:

Se a Umbanda fosse unificada, isto é, se todos trabalhassem nos mesmos dias, nas mesmas horas, da mesma forma, com o mesmo ritual, com os mesmos pontos riscados e com os mesmos pontos cantados (letras e músicas), etc., seriam os resultados de efeitos maravilhosos, seria uma sinfonia perfeita de vibrações harmoniosas, cujas consequências, para os filhos da terra, seriam surpreendentes e repletas de benefícios; devemos trabalhar para o progresso da Umbanda, mas de uma Umbanda como deve ser: isenta de materialidade, de ignorância, de atraso, de práticas condenadas pelo bom senso. Deve ser pura, elevada e evolucionista. Quando se atinge um certo grau de progresso espiritual, não é admissível retroagir.

O futuro exige a codificação para a Umbanda como culto organizado, e não se tumultuarem os seguidores pelas contradições de ensinamentos desordenados; nessa época de conhecimentos científicos, em que tudo deve ser explicado à luz da razão.
[...] A codificação se impõe, especialmente visando aos que abusam da credulidade alheia...
[...] Dando uma apreciação de síntese, visamos principalmente a Codificação do Culto de Umbanda, mas na certeza de que o pensamento codificador se processará lentamente...[168]

As palavras de Cavalcanti Bandeira nos mostram a preocupação dos primeiros momentos da Umbanda em se organizar. As federações começaram a surgir em torno da década de 1950 e todas se ocuparam em organizar um culto e uma liturgia que orientassem os seus filiados, ao mesmo tempo que apresentasse para a sociedade uma religião organizada. Algumas federações conseguiram o objetivo de codificar ou normatizar sua liturgia: o Primado de Umbanda organizou e codificou toda a sua liturgia; Pai Ronaldo Linares, da Federação Umbandista do Grande ABC, criou o primeiro curso de Sacerdotes para a religião em São Paulo, no qual também codificou a sua liturgia; Jamil Rachid, da União de Tendas de Umbanda e Candomblé do Brasil, criou seu curso de Casamento e Batismo para normatizá-los; e Hilton de Paiva Tupinambá do Soucesp, também organizou em livro os rituais a serem seguidos por seus filiados. Tudo isso foi muito positivo. Outras federações também criaram suas liturgias, como o Souesp, que definiu os rituais de

---
168. Bandeira, Cavalcanti, op. cit., p. 21.

Batismo, Casamento e Funeral. No entanto, a observância por parte dos terreiros nem sempre acontecia, nem sempre as federações se preocupavam em formar o sacerdote, prepará-lo e explicar que esse preparo não influi no trabalho de seu guia, devendo ser simplesmente para receber a orientação material. E a grande maioria dos umbandistas não era filiada a nenhuma federação, boa parte dos terreiros foi e é doméstica. Ganhamos as manchetes negativas dos jornais e, como resultado, logo a Umbanda começou o seu declínio. Faltou um conjunto de normas básicas, que todos concordassem, para definir o que é e o que não é Umbanda. Algo que não engessasse a liberdade de cada um, mas podasse os excessos.

Decelso também registrou suas impressões sobre o Primeiro e Segundo Congressos, como segue:

> Religião espírita de Umbanda
>
> [...] Não será o primeiro tijolo; outros já trouxeram o seu. A luta vem de longe. Em 1941, um pugilo de homens, corajosos e de boa vontade, amantes desta Umbanda, davam início à organização do I CONGRESSO DE UMBANDA. Alguns já partiram, mas lá esperam por nós; ainda aqui estão ao nosso lado, com os cabelos já encanecidos, Martha Justino Pessoa, e outros mais. Em 1961, ou seja, vinte anos depois, reúnem-se novamente, em Congresso, com os mesmo propósitos, Religião Umbanda, sua estrutura orgânica e doutrinária.
>
> Que se conseguiu?! Nada. Pois, paradoxalmente, ocorreu com o II Congresso o que já ocorrera com o primeiro, a divisão, pois após aquele conclave, fundaram-se novos órgãos: Primado de Umbanda; foi o primeiro; após o II, fundaram-se o Supremo Órgão de Umbanda e outros mais, ainda que, alguns, com existência efêmera ou inconsistente.
>
> Quanto aos resultados, não foram os que se desejavam, visto não se ter nada concluído quanto à estrutura doutrinária e orgânica.
>
> Predominou, como ainda predominam, pontos de vistas pessoais, pois ainda se sustentam teses mais ou menos assim: – "minha Umbanda", ou então, o que vem sustentando o operoso e respeitável irmão, Primaz Benjamim Figueiredo, para quem não se deve acender velas, pois para ele, UMBANDA não acende velas.
>
> Para mim, não tem, tal divergência, consistência doutrinária, é puramente pessoal; o nosso Tancredo da Silva Pinto, que fundou uma CONGREGAÇÃO ESPÍRITA UMBANDISTA e em seus artigos e livros usa, abundantemente, os vocábulos Médium, Mediunidade, etc., que participa da temática espiritista e nunca africana, e sustenta o mesmo Tancredo, que apenas deseja divulgar "sua Seita", que nada mais é, que o Omolocô.

Ora, se ele, Tancredo, é umbandista, ter-se-á de ajustar à temática e dinâmica da Religião Espírita de Umbanda.[169]

Vejamos agora o registro feito pela revista *O Mundo da Umbanda* (1973, ano 1, n. 1) sobre o Segundo e Terceiro Congressos Brasileiros de Umbanda:

[...] O Segundo Congresso teve como organizadores Leopoldo Bettiol, Oswaldo Santos Lima e dr. Cavalcanti Bandeira. A comissão paulista foi a mais numerosa e representativa nesse encontro de 1961 e contou com a participação de Félix Nascente Pinto, Gen. Nélson Braga Moreira, dr. Armando Quaresma e dr. Estevão Montebelo.

O temário abordou os seguintes tópicos: Umbanda Religiosa, Umbanda Filosófica e Umbanda Científica. Ficou ainda resolvido nesse congresso, a criação do Superior Órgão de Umbanda, em cada estado do país, que deveria congregar todas as Federações Estaduais, para que o último congresso pudesse contar com a participação de todos os superiores órgãos de cada estado. Mas, unicamente São Paulo tomou a sério essa resolução, o que propiciou sua participação destacada e valiosa no 3º Congresso da Guanabara.

[...] A Guanabara reuniu de 16 a 21 de julho, 1973, umbandistas de todo o Brasil no 3º Congresso Brasileiro de Umbanda... Para a realização do Congresso foi constituída uma Comissão Organizadora presidida pelo almirante-médico Cavalcanti Bandeira... Ombro a ombro com o irmão Cavalcanti Bandeira estavam: Mario Barcelos, Presidente do Supremo Órgão das Religiões Espíritas; José Raimundo de Carvalho – Presidente Delegado da Federação Campista das Sociedades Religiosas de Umbanda; Benjamin Figueiredo – Presidente da Tenda Mirin; onde foi realizado o Congresso. Como sempre, a força de São Paulo se fez sentir com seu apoio total e irrestrito nas pessoas do gen. Nelson Braga Moreira e dr. Estevão Monte Belo, presidente e vice-presidente, respectivamente, do Superior Órgão de Umbanda do Estado de São Paulo. Grande atuação teve também a Confederação Umbandista do Paraná, através do sr. José Maria Bitencourt, que no último dia precisou transformar-se em espectador apenas porque já estava completamente afônico. Fez ainda parte da mesa, o representante de Brasília, sr. Luiz Carlos Freitas, da Confederação Espírita Umbandista do Brasil. O Rio Grande do Sul se fez representar por um dos mais lídimos umbandistas daquele Estado, sr. Moab Caldas. No encerramento, João Bosco Vidal falou pelo R.G.S. O Estado do Piauí também disse presente, representou-o a sra. Anália Feitosa de Oliveira, da Federação Espírita Umbandista de Piauí. A sra. Graciana Fernandes, presidente da União Espírita Umbandista, participou da maior comitiva presente no Congresso, a de São Paulo...

---

169. Decelso, Celso Alves Rosa. *Umbanda de Caboclos*. Rio de Janeiro: Eco, 1972, p. 84-85.

*Capítulo 7*

# Pioneiros da Literatura Umbandista

Nosso objetivo neste capítulo é tratar da literatura umbandista antiga e primeira, o que podemos chamar de fontes primárias na senda literária umbandista. Pretendemos resgatar a memória e a obra da primeira geração de autores umbandistas, em sua maioria "ilustres desconhecidos" na Umbanda da atualidade. No entanto, alguns deles viriam a se tornar inspiração para uma segunda geração que nem sempre lhes dava os devidos créditos; suas ideias foram passadas adiante, copiadas, alteradas e remendadas.

Nos primórdios, a Umbanda não tinha uma literatura própria, pois a religião nasceu da prática, para, posteriormente, identificar-se com alguma literatura que pudesse lhe valer uma identidade. Nesse contexto, os adeptos primeiros recorriam aos títulos espíritas e à Bíblia. Com o tempo, passaram a explorar também as religiões orientais, ocultismo, magia, esoterismo e espiritualismo em geral, o que pode ser observado no Primeiro Congresso Brasileiro do Espiritismo de Umbanda.

Nas décadas de 1930 e 1940, a literatura umbandista surge de forma acanhada; da década de 1950 para frente, podemos localizar uma produção literária abundante e variada, apresentando a religião em seus vários aspectos. Esse crescimento e a pluralidade de filosofias umbandistas acompanham a expansão da religião por todos os estados, onde começam a surgir as Federações de Umbanda, criando mais ideologias e formas distintas de entender e praticar a autêntica e novíssima *religião brasileira*.

Surgiram nesse período algumas editoras[170] dedicadas aos títulos de Umbanda, cujos livros se destinavam a abastecer lojas de artigos religiosos, também em evidência por causa do reflexo do alto fluxo de pessoas participantes da modalidade mediúnica de terreiro, onde se consome enorme variedade de elementos ritualísticos, desde velas, colares e imagens até ossos, dentes e guizos de cascavel. Essa literatura não é levada a sério pelo mercado livreiro em virtude do estilo popular e da falta de citações bibliográficas, ficando claro o método que esses autores adotavam para seus escritos. No entanto, ela virá ao encontro de uma necessidade de informação de determinado público, pouco exigente quanto à qualidade ortográfica ou intelectual de seus autores. O umbandista queria respostas para as questões do dia a dia. A procura literária não intelectual também abrirá campo para os conhecidos livros de receitas, totalmente descompromissados com os valores de ética ou a imagem que passam da Umbanda.

Embora houvesse grande variedade de títulos, era comum que os dirigentes espirituais, Sacerdotes de Umbanda, proibissem a leitura para os médiuns e frequentadores de seus templos, com justificativas variadas. Diziam que "era para não fazer confusão", "para não desaprender", "porque não era a hora ainda de estudar aquelas informações" ou "porque médium não tinha de saber nada, quem tinha de saber das coisas eram os guias espirituais".

As contradições entre uma obra e outra criavam dificuldades de entendimento intelectual na religião, o que se pode verificar nos textos apresentados no Primeiro Congresso de Umbanda por meio da leitura do capítulo anterior. Essa polêmica foi fator crucial para a literatura de Umbanda ter surgido muito rápido na década de 1950 e, na mesma velocidade, perder completamente o interesse do público, depois da década de 1960. Nos anos de 1980, ainda se encontravam livros "antigos", mas na década de 1990, os mesmos passam a ser raridades garimpadas por umbandistas, colecionadores e pesquisadores, nos sebos que sempre reservam um cantinho para esses títulos tão disputados e escassos. Essa é uma grande razão para seu resgate histórico, pois as novas gerações não tiveram contato com fontes primárias dessa literatura. Vamos acompanhar esses registros históricos da produção de conhecimentos internos na Umbanda.

Antes de apresentar os autores, é necessário ainda uma breve reflexão sobre Zélio de Moraes e a literatura de Umbanda.

---

170. Entre as primeiras editoras que impulsionaram as publicações de Umbanda, citamos as Editora Espiritualista, Editora Eco, Edições Fontoura, Livraria Olímpia e Organização Simões Editora.

**Zélio de Moraes** não escreveu nada sobre a Umbanda, o que temos são reportagens e transcrições de alguns dos pronunciamentos dele e do Caboclo das Sete Encruzilhadas. A maioria desse material foi coletado por Lilia Ribeiro – dirigente da Tulef e responsável pelo *Jornal Macaia* –, e uma parte do mesmo nos chegou por meio de Pai Ronaldo Linares e Mãe Maria de Omulu, Sacerdotisa da Casa Branca de Oxalá.[171]

*Jornal Macaia.*
*Acervo de Mãe Maria Omulu.*

---

171. Veja anexo sobre Zélio de Moraes na página 304.

Zélio preparou médiuns para expandir e dar continuidade à sua obra e estes, por sua vez, nos legaram depoimentos sobre o *Pai da Umbanda*[172] e sobre a forma como aprenderam a religião em seu berço material, nos braços acolhedores de Nossa Senhora da Piedade.

Faço questão de citar aqui, em primeiro plano, alguns desses senhores, que são testemunhas vivas e autores de relatos importantes que devem constar nos anais desta *História da Umbanda*, são eles:

**Leal de Souza, Capitão Pessoa, João Severino Ramos e Ronaldo Linares**, que conviveram com Zélio de Moraes; este último tornou-se seu maior divulgador no estado de São Paulo, relatando suas histórias. Pai Ronaldo é considerado, ainda, por **Zilméia de Moraes Cunha**, a pessoa que melhor pode falar sobre seu pai, o saudoso e querido Zélio Fernandino de Moraes. Entre os pesquisadores da obra de Zélio, além dos citados, destacam-se **Jota Alves de Oliveira**, colaborador do *Jornal de Umbanda* e autor dos títulos: *Evangelho de Umbanda* e *Umbanda cristã e brasileira*; e **Lilia Ribeiro**, da TULEF e *Jornal Macaia*.

A continuidade da obra mediúnica de Zélio de Moraes está sob o comando de sua família, que mantém até os dias de hoje a Tenda Espírita Nossa Senhora da Piedade em franca atividade. O comando da Tenda passou por Zélia e Zilméia e hoje se encontra seguro e ativo na espiritualidade e mediunidade de sua neta, Lygia de Moraes Cunha, filha carnal de Zilméia de Moraes Cunha.

## Primeiros autores umbandistas

### Leal de Souza

A literatura de Umbanda surge de forma tardia. Os primeiros textos são de 1924, no jornal *A Noite*, no qual **Antônio Eliezer Leal de Souza**, conhecido apenas como Leal de Souza, ainda professando o kardecismo, relata suas experiências com os espíritos. Em busca de matérias e encontros com o Espiritismo prático, depara-se com trabalhos de Umbanda e acaba chegando à Tenda Espírita Nossa Senhora da Piedade. Participou, como repórter, de uma sessão em que o Caboclo das Sete Encruzilhadas e Pai Antônio

---

172. Forma carinhosa com a qual Ronaldo Linares costuma se referir a Zélio de Moraes.

curaram um rapaz considerado "louco". Em 1925, todas as reportagens são organizadas em um livro chamado *No mundo dos espíritos*, primeira obra publicada a relatar trabalhos práticos de Umbanda.

Leal de Souza, jornalista e poeta parnasiano, já era escritor consagrado, com mais quatro títulos publicados até então: *Bosque sagrado*, 1917; *A mulher na poesia brasileira*, 1918; *A romaria da saudade*, 1919, e *Canções revolucionárias*, 1923. Passaria a trabalhar na Umbanda com Zélio de Moraes, aceitando a missão de dirigir a Tenda Espírita Nossa Senhora da Conceição, fundada pelo Caboclo das Sete Encruzilhadas.

Em 1933, publica o primeiro título de Umbanda, *O Espiritismo, a magia e as sete linhas de Umbanda*. Além de todas as suas qualidades intelectuais, agora médium de Umbanda e dirigente Espiritual, Sacerdote de Umbanda, torna-se "o pioneiro" na literatura umbandista. O *primeiro autor umbandista* apresenta agora uma coletânea de reportagens feitas para o jornal *Diário de Notícias*, organizadas e publicadas em formato de livro.

Como já sabemos, não faltam qualidades a Leal de Souza, tanto intelectuais quanto mediúnicas. Sua obra-prima (*O Espiritismo, a magia e as sete linhas de Umbanda*) é escrita com tanta clareza, indo direto às questões essenciais da religião, que ainda nos dias de hoje é muito atual e de leitura fundamental a todos os umbandistas e/ou pesquisadores.

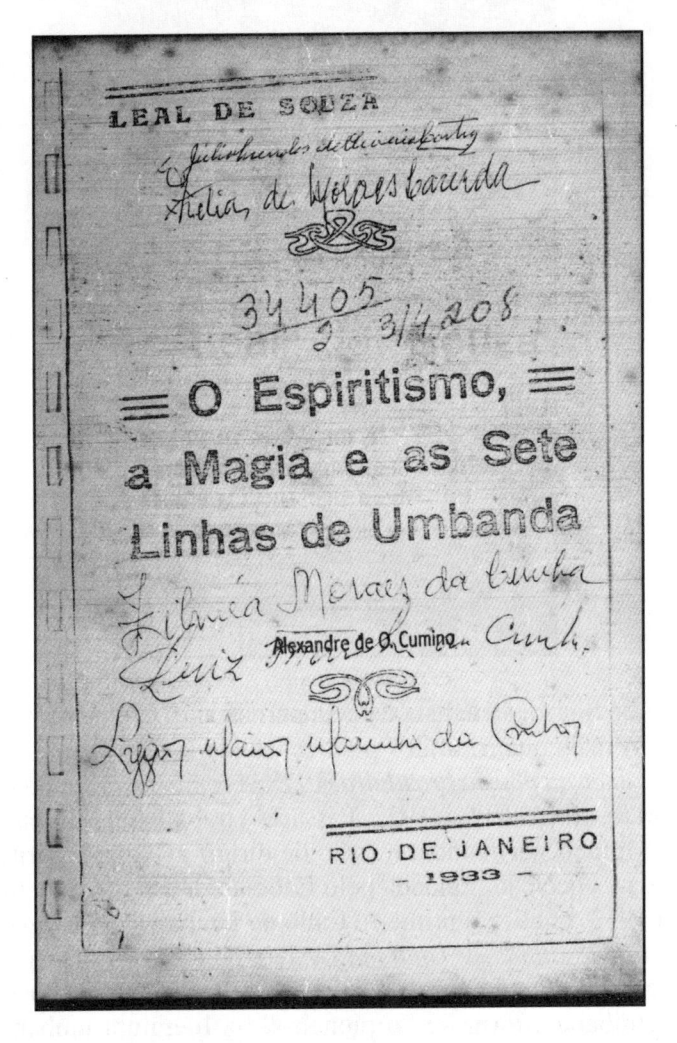

Já aqui, no primeiro título umbandista, está presente o conceito de Sete Linhas de Umbanda, marcando para sempre a importância desse conceito no entendimento das faixas em que atuam os Orixás e Mentores da religião. Para Leal de Souza, *Sete Linhas de Umbanda* são as sete divisões da *Linha Branca de Umbanda*, nesta ordem:

Oxalá – Jesus – Nosso Senhor do Bonfim, cor branca;
Ogum – São Jorge, cor vermelha;
Euxoce (Oxóssi) – São Sebastião, cor verde;
Xangô – São Jerônimo, cor roxa;
Nhá-San (Iansã) – Santa Bárbara, cor amarela;
Amanjar (Iemanjá) – Virgem Maria – Nossa Senhora da Conceição, cor azul;
Santo ou Linha das Almas, considerada uma linha transversal, não possui sincretismo com santo e nem cor que a identifique.

Além dessas linhas, há a Linha Negra (Linha de Exu) em oposição à Linha Branca de Umbanda, representada pela cor preta de Exu. Esta se relaciona com as demais linhas, mediada pela Linha de Santo.[173]

O autor comenta ainda, no mesmo livro, no Capítulo III, à página 12, as subdivisões do espiritismo:

> O espiritismo de linha compreende, pelo menos, 99 subdivisões, ou linhas, que são as que eu tenho conhecimento, nem todas, porém, praticadas à beira da Guanabara.
>
> Conta-se, finalmente, a Linha Branca de Umbanda, com suas sete secções [...].

Não havia literatura umbandista anterior a essa obra, como material de consulta; portanto, concluo que esse livro relata o entendimento de Leal de Souza sobre a obra de Zélio de Moraes, sua única fonte prática e teórica umbandista. Apenas não podemos desprezar a formação anterior, espírita, espiritualista e intelectual de Leal de Souza como um filtro para o seu entendimento e apresentação da *Boa Nova Umbandista*.

No mesmo livro, constam textos sobre Zélio de Moraes, Caboclo Sete Encruzilhadas e sobre três das tendas fundadas até então (Nossa Senhora da Piedade, Nossa Senhora da Conceição e Nossa Senhora da Guia). Veja no anexo Leal de Souza outros textos de sua obra.

## João de Freitas

Em 1939, João de Freitas publica o título *Umbanda*, em que descreve visitas a oito tendas de Umbanda. Entre as entrevistas, ressalto uma muito interessante que descreve a visita do "grande Embanda João da Golmeia" ao Terreiro de Cobra Coral do confrade Orlando Pimentel. Podemos afirmar que a ideia e o formato desse livro se aproxima muito do que foi feito por Leal de Souza na sua obra *No mundo dos espíritos*.

---

173. Veja anexo sobre Leal de Souza na página 324.

Mais tarde, década de 1940, viria a publicar *Xangô Djacutá*. Na apresentação do livro, ele escreve:

> [...] julgamos oportuno escrever *Xangô Djacutá* com o propósito de colaborar com os que pleiteiam o reconhecimento da Umbanda como religião de fato...

> [...] a Umbanda não quer e não precisa viver à sombra de outras religiões, suas falhas e lacunas somente aos umbandistas cabe o direito de corrigir.

E em linguagem simples e acessível apresenta:

> História, mitologia, Teogonia, similitudes, sincretismo, liturgia, procissão, ritual, iniciação, confirmação, casamento, cerimônia fúnebre, doutrina, Espiritismo, magia, curandeirismo, culinária, pontos riscados, pontos cantados, Concílio e vocabulário.

Em *Xangô Djacutá*, o autor parte de um paradigma entre as culturas afro e indígena para explicar a Umbanda, dando ênfase ao "culto de Xangô". Na iniciação, por exemplo, é descrita a camarinha e o sacrifício animal como se fosse uma iniciação de Umbanda.

> No capítulo "Concílio" ele propõe a hierarquização da religião:

> Tal como acontece em todas as seitas e confrarias religiosas, haverá uma reunião anual denominada Concílio Geral para discutir assuntos atinentes aos cultos...

> Reunidos os conselheiros será escolhido o Babalorixá ou Moribixaba, em escrutínio secreto, para presidir o Concílio e assumir as responsabilidades inerentes à alta investidura de chefe supremo da comunidade umbandista.

> Em cada Estado da federação haverá uma sede com idêntica organização...

> O Secretário Geral será a segunda pessoa do chefe da comunidade religiosa da Umbanda...

> O Secretário de Finanças desenvolverá periódicas campanhas...

> O Secretário de Cultura e religião será o responsável pela parte intelectual da Umbanda...

> O Secretário de Justiça... O Secretário de Administração...

> Com tal organização, anseio de todos os Umbandistas esclarecidos, estará certamente resolvido o problema magno da coleção de leis, de métodos e de disposições para a almejada codificação.[174]

---

174. Freitas, João de. *Xangô Djacutá*. Rio de Janeiro: Edições Cultura Afro-aborígene, [s.d.].

Assim ele conclui o capítulo do "Concílio" e também o objetivo do livro, no qual apresentou a Umbanda sob diferentes aspectos, oferecendo uma solução para que se tornasse uma religião estabelecida, hierarquizada e instituída, com sede "na Capital da República". Essas ideias de João de Freitas somam-se às ideias de quase todos os primeiros pensadores da Umbanda, que vinham buscando uma maneira de estabelecer o que é e o que não é Umbanda. Houve um sonho, sonhado por muitos, de que a religião pudesse se unir em uma identidade.

Além desses dois títulos, ele publicou também *Exu*, em que se encontram apenas algumas considerações sobre a entidade de esquerda na Umbanda.

### Waldemar L. Bento

Em 1939, ele publica o livro *Magia no Brasil*, uma obra de Umbanda que apresenta um "longo estudo da magia, teogonia, ritual, curimbas, pontos, Orixás e um vocabulário de uso corrente constituindo precioso manancial da época".[175]

Os comentários de outros autores indicam uma literatura relevante para estudo e apreciação; no entanto, não tive acesso a esse título; quem sabe até uma segunda edição desta obra eu consiga um exemplar.

## *Primeiro Congresso Brasileiro do Espiritismo de Umbanda*

Esse livro, publicado em 1942, é um marco para a literatura de Umbanda, dando um novo impulso à religião. Apresentando os anais do Congresso, podemos ver, na obra, diferentes formas de pensar a Umbanda, bem como a preocupação dos umbandistas nessa época. Quase toda a atenção do Congresso e da obra visa dar um caráter cientificista, branco e moderno para a Umbanda. Fica claro o interesse de "desafricanizar" a religião, extirpando suas influências negras e, quando não se consegue, define-se a mesma cultura como remanescente de outras culturas e continentes, como Índia, Atlântida, Lemúria, ou simplesmente se explica que a influência afro vem da África do Norte – Oriental – mais evoluída que a primitiva África do Sul – Ocidental; haja vista que lá se encontra o Egito, modelo de evolução e ascendência espiritual. Marcam esse Congresso e literatura algumas inovações, como a criação do Mito AUMBANDÃ para justificar Umbanda como Religião Primordial, a exemplo das ideias teosóficas e cristãs vigentes e aceitas na época por seus adeptos. Sem dúvida, esse Congresso marcou o primeiro movimento intelectual umbandista, incentivando outros adeptos da religião a escreverem suas ideias. Também,

---

175. Informação de Bandeira, Cavalcanti, op. cit., p. 82.

a exemplo do Congresso, cada um passou a publicar seus pontos de vista diferentes e controversos, uns com relação aos outros. Certamente esse é o divisor de águas para a literatura umbandista. Confira esse conteúdo no capítulo "Primeiro Congresso Brasileiro do Espiritismo de Umbanda".

Na década de 1940, o movimento umbandista começa a tomar corpo no Rio de Janeiro, ganhando força com a fundação da Federação Espírita de Umbanda, por sugestão do Caboclo das Sete Encruzilhadas, em 1939. A Federação teve como primeira incumbência a realização do Primeiro Congresso Brasileiro do Espiritismo de Umbanda em 1941.

## Lourenço Braga

Em 1942, ele publica *Umbanda e Quimbanda*, "trabalho apresentado" no Primeiro Congresso de Umbanda, em 1941; estranhamos não ser citado em nenhum momento no livro do Congresso. Lourenço Braga é o primeiro autor umbandista a dividir as Sete Linhas em 49 Legiões. Pioneiro, com um trabalho hercúleo, que foi a organização dessas legiões. Sua obra foi copiada por muitos autores posteriores a ele, sem que seu nome fosse ao menos citado, e esse procedimento se tornará "de praxe" na religião. Boa parte dos "escritores" oculta as fontes, negando a autoria verdadeira de muitas das ideias que se perpetuaram no tempo. Um bom exemplo é a teoria do AUMBANDÃ, tão citada e nunca reconhecida em sua origem e direito autoral, que, por direito, pertence a Diamantino Coelho Fernandes, em nome da Tenda Espírita Mirim, para o Primeiro Congresso.

Em sua organização das Linhas e Legiões, Lourenço Braga apresenta algumas inovações. Se compararmos com as Sete Linhas de Leal de Souza, constatamos que a Linha de Nhá-San deu lugar à Linha Africana ou de São Cipriano, a Linha de Santo une-se à Linha de Oxalá. Surgirá uma nova Linha que vai mexer com o imaginário umbandista, uma linha que vem ao encontro do "embranquecimento" e da "desafricanização" umbandista: a Linha do Oriente, de autoria de Lourenço Braga.

Esse mesmo modelo para a Linha do Oriente e suas Sete Legiões também se perpetuaria na Umbanda, tornando-se muito popular e do agrado de tantos adeptos abertos aos ensinamentos dos Mestres do Oriente. As filosofias orientais finalmente colocariam a Umbanda acima do Kardecismo e dos Cultos de Nação, o que era um entendimento do mundo espiritual, segundo a visão do "homem moderno". A Umbanda é uma "religião moderna", popular é claro, no entanto, moderna, e muitos modernistas umbandistas vão retirá-la do "espaço popular", criando um novo ambiente por meio do qual se justifica um *status* superior aos "umbandistas moderninhos" e positivistas. Uma das preocupações é o preconceito com relação às "religiões primitivas" dos africanos, e ninguém quer ser chamado de atrasado ou considerado, religiosamente, infantil.

Vejamos como ficaram as Sete Linhas de Umbanda no entendimento de Lourenço Braga:

1. Linha de Santo ou Oxalá;
2. Linha de Iemanjá;
3. Linha do Oriente;
4. Linha de Oxóssi;
5. Linha de Xangô;
6. Linha de Ogum;
7. Linha Africana ou de São Cipriano.

Além dessas inovações, Lourenço Braga apresenta em primeiríssima mão as Sete Linhas de Quimbanda. Inspirado e munido de uma capacidade intelectual ímpar, Lourenço Braga é sem dúvida autor de uma das melhores obras umbandistas, que constitui um valor histórico documental e uma leitura das mais agradáveis, no juízo desse humilde escrevinhador umbandista e mensageiro escrevente desses nobres vultos e baluartes das primeiras horas de Umbanda.

Títulos de Lourenço Braga:
*Umbanda e Quimbanda*, 1941;
*Trabalhos de Umbanda ou Magia Prática*, 1950;
*Os mistérios da magia*, 1953;
e *Umbanda e Quimbanda II*, 1955.

Observação: Confira no anexo Lourenço Braga a transcrição completa dos Capítulos III e IV do título *Umbanda e Quimbanda*, no qual aparece "A Lei de Umbanda e suas Sete Linhas" e "A Lei de Quimbanda e suas Sete Linhas".

## Emanuel Zespo

Pseudônimo usado pelo professor Paulo Menezes, filho de Leopoldo Betiol,[176] que publica, em 1946, o seu primeiro título umbandista *O que é a Umbanda?*. Esclarecido e com argumentação clara, o autor defende a Umbanda como religião brasileira. Em seu discurso é possível notar uma preocupação e um engajamento na comunidade umbandista. Fica claro, no prefácio dessa obra, seu comprometimento

---

176. Oliveira, Jota Alves de, op. cit., p. 26.

com a mensagem, em que descreve a realização de um grande número de palestras com o objetivo de esclarecer aos espíritas, principalmente, os fundamentos de Umbanda. Como resultado desses encontros, organizou as ideias apresentadas nesse que é seu primeiro livro publicado sobre Umbanda.

Vejamos os títulos de Emanuel Zespo:

## O que é a Umbanda?, 1946

O capítulo 3, de *O que é Umbanda?*, traz o mesmo título dessa obra. Logo no prefácio Emanuel Zespo faz um desabafo, retratando uma realidade que permeia o movimento umbandista até os dias de hoje, e apresenta uma dificuldade sempre presente em abrir diálogo com kardecistas, por causa da visão negativa que alguns sempre tiveram a respeito da Umbanda. Esse estudo mostra um de nossos objetivos: apresentar à comunidade umbandista que muitos já lutaram e defenderam nossos ideais com "unhas e dentes". Ao discursar em favor da Umbanda ou defendê-la não estamos realizando algo de novo, as mesmas dificuldades que temos hoje já tiveram antes os que nos precederam. Vamos, neste momento, resgatar um pouco dessa história, a fim de aprendermos com os acertos e erros de nós mesmos, umbandistas de todos os tempos. Cabe a nós registrar e oferecer algo que já foi lapidado, para que as futuras gerações e esta mesmo possam se valer deste recurso.

Vejamos o desabafo de Emanuel Zespo:

> No período de 13 de março a 9 de maio do corrente ano, 1946, realizei quarenta conferências sobre vários temas espiritualistas, em diversas sociedades espíritas do Rio Grande e Pelotas, conforme vasto noticiário da imprensa das duas cidades.
>
> O mundo espírita, em geral, de ambas as cidades, tratou-me com verdadeiro carinho e não foram poucas as manifestações de seu apreço por meus fracos conhecimentos de espiritualismo.
>
> Este tratamento, dispensado quando da presença do conferencista, sofreu fenomenal alteração quando de meu regresso. Tão pronto cheguei em Porto Alegre, chegaram também as primeiras cartas desfazendo a "doce impressão" daqueles aplausos.
>
> Era a crítica amarga.
>
> Que eu não era espírita. Que eu era teosofista, esoterista, materialista mesmo [...]
>
> Não se pode condenar uma coisa que não se conhece, que não se estudou profundamente. Estude-se a Umbanda (não o umbandeiro) e depois se faça justiça... minha opinião pessoal é que a Umbanda, em mão de

gente boa, é coisa muito boa – e muito mais avançada que o espiritismo de Kardec. Doa a quem doer: para mim esta é a verdade! Não façam clericalismo kardecista! [...]

Compreendi que o umbandista, no momento, não dispunha de um elemento intelectual para defendê-lo [...]

Ando de casa em casa explicando "O que é Umbanda" – tendo resolvido finalmente escrever uma síntese do assunto, apesar que já redigi outras obras, ainda inéditas, neste sentido [...]

E, aos irmãos de Umbanda, esta síntese apresenta-se não como uma coisa perfeita, mas como uma contribuição à causa do espiritismo de Umbanda, sobre o que ainda temos muito que estudar, escrever, emendar e aperfeiçoar.

## *Banhos de descarga e amacis, 1950*

É possível que esse seja o primeiro estudo sobre o uso das ervas na Umbanda, em que se encontra verdadeiro formulário de banhos e amacis. Logo nas primeiras páginas (p. 3 e 8), o autor ressalta a importância desse conhecimento aos umbandistas:

> Uma das coisas mais importantes, na Lei de Umbanda, tanto para a execução de certos rituais como para o favorecimento do desenvolvimento mediúnico, é o BANHO DE DESCARGA, assim denominado por significar que sua finalidade principal é a descarga de maus fluidos de que possa ser portador o "filho de fé" [...].
>
> Em Umbanda não existe ritual perfeito sem banho antes, não pode haver mediunidade sem banho, nem cabeça forte e juízo perfeito sem banho de cabeça (amaci).
>
> O bom umbandista jamais vai a uma sessão sem antes haver tomado o seu competente banho de descarga; e, depois, de um trabalho forte, faz sempre outro tanto.
>
> Todo o Diretor de terreiro (ou Cacique) que preze a saúde e o bom desenvolvimento de seus médiuns, exigirá dos mesmos os banhos de descarga nos dias de sessões e, periodicamente, determinará o amaci [...].

Nesse título Emanuel Zespo, às páginas 10 e 11, vai recomendar aos umbandistas que estudem de tudo um pouco, tudo o que se aprender de bom com outras religiões e filosofias pode e deve ser interpretado à luz da Umbanda, mesmo porque na Umbanda está um pouco de tudo. Vamos às palavras do autor, buscando o entendimento de seu ponto de vista:

> Um estudo sério e consciente das obras de Levi, Papus e outros autores, como Valdomiro Lorenz, especializados em medicina oculta, botânica

oculta e magia prática, deve ser procedido por todos os que desejarem não andar tateando no escuro em *banhos na Umbanda*.

A astrologia também se não dispensa como complemento necessário a uma melhor compreensão do assunto.

Se há dúvida quanto ao *dono da cabeça* de um filho de Umbanda, que se suponha ser de Iemanjá, nada mais fácil que obter-se confirmação pela astrologia, levantando-se seu horóscopo, e verificando-se se Vênus está regendo o signo governador do Ascendente.

Nenhum dos ramos do Ocultismo pode ser olvidado pelo estudioso da Lei de Umbanda e esta será tanto mais compreendida quanto mais vastos forem os recursos do seu adepto em religião comparada, teosofia, esoterismo, hinduísmo, cabala, astrologia, quiromancia, cartomancia, espiritismo, rosacrucianismo, maçonaria, mitologia, teologia, etc.

Uma vez que UMBANDA é a síntese, uma vez que Umbanda é o fundamento lemuriano das religiões primitivas, ao mesmo tempo que é o sincretismo de todas as religiões que vingaram no Brasil, não se a pode praticar nem bem entender sem um estudo meticuloso de todas as demais religiões [...].

As recomendações do autor foram seguidas por muitos umbandistas e também por alguns autores que, levando ao pé da letra, conseguiram misturar de tudo um pouco em suas *obras umbandistas*; afinal, estudar de tudo é diferente de misturar tudo. Zespo é muito feliz na forma de abordar outros conhecimentos e, ainda assim, manter a integridade umbandista de sua obra. Quanto ao estudo de outras filosofias e religiões, também recomendo igual dedicação ao entendimento dos mistérios que se manifestam em todas as religiões de formas diferentes.

## *Codificação da Lei da Umbanda, 1953*

Nessa obra o autor apresenta, sob seu ponto de vista, a importância em codificar a religião. Esta ideia apareceu no Primeiro Congresso de Umbanda, em 1941, e, no decorrer dos anos, o tema seria visto e revisto por vários autores. *Codificação da Lei da Umbanda* apresenta ensaio de codificação ou tentativa em chamar atenção de outros líderes para a questão. O conteúdo é dividido em duas partes: Científica e Prática. Logo no prefácio encontramos saudação ao Caboclo das Sete Encruzilhadas, ressaltando a importância do mesmo.

Vejamos algumas passagens, às páginas 8-11:

> Escrevemos para o umbandista e para o não umbandista.
>
> Ao primeiro fornecemos os argumentos científicos com os quais ele poderá justificar ao mundo a razão de ser da Umbanda. Ao segundo damos explicações claras do que é a Umbanda...
>
> [...] A Umbanda não é apenas uma corrente religiosa: ela é o sincretismo de todas as correntes religiosas, ela guarda os fundamentos de todas as teogonias e resume as bases de todas as filosofias...
>
> [...] Aquele que quer ser Cacique em um terreiro, ou chefe de tenda, deve estudar, estudar muito a Umbanda e não pode se arrogar a tal posto pelo simples fato de ser médium...
>
> [...] Eis porque, a seguir, damos à publicidade, sob o título "Diretrizes", as sugestões que apresentamos à Federação de Umbanda.
>
> Está quase tudo por ser feito.
>
> Lutemos, pois, e comecemos pela Codificação.
>
> Comecemos pela Codificação na parte Científica e na parte Ritualística; mas não esqueçamos que a base da parte moral é confraternização de todos os umbandistas.
>
> [...] Sarava o Caboclo das Sete Encruzilhadas!
>
> Viva Jesus!

*Emanuel Zespo*

A seguir, colocamos a sugestão de Zespo para a codificação da Umbanda (p. 16), como "diretrizes", ideias muito parecidas com as de João de Freitas em *Xangô Djacutá*:

> Para que se tenha um futuro sólido e firme, tornando-se a Umbanda uma religião respeitada pelo poder publico, tornam-se mister o seguinte:
>
> 1º) Que se filiem à União de Umbanda todas as casas do País que se consideram praticantes da Lei de Umbanda, aceitando e seguindo as instruções que emanarem do poder central;
>
> 2º) Que se organize na Capital da República, e imediatamente, uma escola para "sacerdotes" de Umbanda (diretores de terreiro, caciques, etc.), na qual sejam ministrados ensinamentos quanto a teogonia umbandista, organização de centros ou sociedades (templos), cuidando-se da formação cultural-espiritual dos que se querem colocar no lugar de mestres ou diretores de centro, etc.
>
> 3º) Convocação de um concílio ou congresso, a fim de que se assentem as bases da doutrina umbandista e sua moral – deliberando-se a criação de um Conselho Superior de um certo número de membros mais cultos

e mais entendidos na prática de rituais umbandistas – do que possa emanar uma direção nacional e geral realmente unificadora.

Emanuel Zespo publicou alguns romances mediúnicos, psicografia, que não tive acesso; no entanto, encontram-se descritos na contracapa da segunda edição do título *O que é a Umbanda?*; dessa forma transcrevo abaixo:

> **Pai José** – Romance espiritualista onde a doutrina reencarnacionista é exposta com toda a clareza e a razão das manifestações mediúnicas, sob a aparência de "preto-velho", nos trabalhos de Umbanda, é plenamente explicada.
>
> **Lei de Umbanda** – Originalíssimo romance, escrito em plenas matas brasileiras, sob a orientação sábia de Pai Joaquim de Aruanda, espírito luminar e mestre de elevada hierarquia no invisível. Em forma agradável, o autor ministra os mais elevados ensinamentos da sagrada Lei de Umbanda, expondo rituais de sessões privadas, o que, até então, não foi revelado em obra alguma. A obra está repleta de notas explicativas sobre todas as expressões próprias da religião Umbanda, além de vastas exposições sobre teogonia, mitologia comparada, etc. *Atma ou o Amor de um Super-Homem* – Belíssima novela espiritualista decalcada no profundo mistério do hinduísmo. A realização do ritual mais elevado da magia, *O Avatar*, é explicada claramente.

## J. Dias Sobrinho

Publica *Forças ocultas luz e caridade: elementos de esoterismo e teosofia aplicados a elucidação dos fenômenos espíritas*, 1949. Livro interessante, com uma ótica bem espírita, dividido em duas partes. Na primeira, aborda a constituição espiritual do homem e o mundo astral e seus habitantes; na segunda, o tema é Espiritismo.

Lourenço Braga é quem faz o prefácio. O autor segue o seu modelo dividindo Espiritismo em três partes (Kardecismo, Umbanda e Kimbanda), de igual forma apresenta as Sete Linhas de Umbanda com suas Legiões.

Encontramos ainda teorias curiosas, como o Cisma de Irschu, que não são ideias próprias, como as de Lourenço Braga; elas são adaptadas das dele e de outros autores. Esse Cisma de Irshu, apesar de ser simplesmente um mito, também seria copiado por outros autores no futuro, que vão inserindo mitos como se fossem fatos históricos, sem ao menos citar suas fontes de forma devida.

Vejamos algumas passagens, das páginas 81-82:

> O princípio da dissolução da Ordem Espiritual que regia os povos da antiguidade começou do célebre Cisma de Irschu, filho mais moço do Imperador Urga, da Índia. Este príncipe, não podendo atingir o poder pelos meios legais, porquanto o trono deveria pertencer ao seu irmão mais velho chamado Tarak'ya, provocou um cisma com o fim de se apoderar do poder. O Cisma de Irschu tinha a finalidade de reformar, ou antes dividir as opiniões filosóficas, religiosas, políticas e sociais daqueles tempos. Proclamava que se devia antes venerar a Natureza, como princípio feminino, do que Deus, o princípio masculino da Criação. Embora os sábios tenham declarado que Deus reunia em si ambos os princípios masculino e feminino, Irschu não se deu por vencido e continuou com sua doutrina filosófica denominada JONIA ou naturalista em oposição à filosofia DÓRIA ou espiritualista.
>
> Tendo reunido grande número de adeptos, Irschu declarou a revolta armada, sendo porém vencido e expulso do território da Índia.
>
> Os remanescentes deste famoso cisma vieram se estabelecer na Ásia Menor, na Arábia e no Egito, combatendo por toda a parte a ordem espiritual estabelecida e implantando o seu sistema de governo do qual se originam todas as formas de governos absolutos ou tirânicos até hoje conhecidos.
>
> Os sequazes de Irschu ostentavam, como símbolo de sua doutrina, uma bandeira vermelha com uma pomba branca no centro.
>
> Desde então, a cor vermelha passou a cor da revolta e da anarquia social dos povos [...]
>
> Estes acontecimentos tiveram lugar mais ou menos a uns 3.200 anos antes de Jesus Cristo; e no entanto as suas consequências se fazem sentir fortemente ainda em nossos dias. As guerras e revoluções que daí para cá tem infelicitado os povos da terra, tiveram suas origens nestas doutrinas nefastas.
>
> Disto se deduz que as tendências às doutrinas materialistas é que tem conduzido os povos à sua atual condição de inferioridade e sofrimento.
>
> Porém nos dirá o querido leitor: o que tem a ver tudo isso com o Espiritismo?
>
> Veremos de agora em diante.
>
> Mais ou menos pela metade do século XIX, uma onda de materialismo sem precedente começou a avassalar todos os povos da Europa e da América. Isso provocou reação por parte de um grupo de Epíritas Guias (Seria Espíritos Guias?), que alarmados com isso resolveram empregar certos métodos de repressão ao materialismo, que resultou na prática do Espiritismo.

> Esse grupo de Instrutores Espirituais eram dirigidos de uma Loja de uma das mais antigas Fraternidades do Mundo, cujo ritual era ainda o mesmo praticado na antiga Atlântida; e os métodos de combate ao materialismo por eles adotados era dar provas concretas a qualquer pessoa da existência da alma e da sua sobrevivência depois da morte do corpo físico [...].

## Maria Toledo Palmer

Essa médium, além de publicar dois títulos que chegam até nós, 60 anos após a primeira edição, também criou uma forma de pensar Umbanda, dando base filosófica e teológica para um grupo de tendas, que, seguindo suas doutrinas, mantêm esse trabalho vivo até os dias de hoje.

Chegou às minhas mãos duas obras, a primeira de pontos cantados e a segunda de conceitos doutrinários, biografias de entidades/santos e orientações para a condução e organização dos templos: *Chave de Umbanda*, 1949, e *A Nova Lei Espírita Jesus: a chave de umbanda*, 1953.

Mais do que eu, possa a própria Maria de Toledo falar sobre esta missão que ela recebeu do astral, possa também algumas partes de sua obra apresentar-se por si mesma:

> No dia 21 de agosto de 1948, recebi ordens de fundar, aqui, na Terra, sob orientação de Estrela Guia, a nova Lei Espírita – *Jesus, a Chave de Umbanda*. Para este fim vinha sendo preparada desde criança.
>
> Iniciamos os preparativos para a abertura da Matriz e a 2 de outubro de 1948, em uma sala provisória fizemos a inauguração.
>
> Os hinos e pontos dados pelos dirigentes espirituais da Chave de Umbanda têm por fim levar a todos os lares espíritas, Centros, Tendas e Congas a oração cantada [...] Rio de Janeiro, julho de 1949 – Maria de Toledo Palmer (*Chave de Umbanda*, p. I).
>
> Meus Poderes
>
> A minha representante na terra, Maria Toledo Palmer, lego todos os ensinamentos da Doutrina da Nova Lei Espírita Jesus, a Chave de Umbanda, tomando a mim, Estrela Guia, a fundadora espiritual, dirigente e orientadora a responsabilidade de todos os seus atos na terra na Lei Espírita Jesus a Chave de Umbanda e por mim guiada, amparada e preparada para que sua missão seja coroada de êxito espiritual e terreno [...] (p. 9).
>
> As Sete Linhas das Sete Leis de "Jesus, A Chave de Umbanda"
>
> 1 – Céu
>
> 2 – Terra
>
> 3 – Água

4 – Fogo
5 – Mata
6 – Mar
7 – Almas (p. 15).

Eixo de Deus

Mensagem recebida de Estrela Guia na primeira quinzena de junho de 1953.

DEUS e o Abracadabro são as palavras mágicas cuja expressão vibratória mantém vivo o gerador do Universo no seu trabalho construtivo, moto-contínuo da máquina divina, Eixo imortal e controlador das forças da natureza nos sete sentidos de DEUS!

Eixo ou *Exu Abracadabro* que nas entranhas de DEUS abriu na sua germinação as portas da vida para a formação do mundo, é o poder que mantém as duas forças poderosas que fizeram de DEUS o mundo e do Universo o corpo de DEUS!

DEUS e Abracadabro são as palavras que maior significação têm no mundo [...]

O REI *Abracadabro* é o Rei das 7 (Sete) Encruzilhadas do Universo, é o maior e mais poderoso dos Reis, é o Exu Divino de DEUS!

Acima dos Sete Reis das Encruzilhadas está o Rei de todos os Reis, o *Rei Angoxô* ou AUM... e acima do *Rei Angoxô* AUM... está o Rei Divino das Sete Encruzilhadas do Universo, o *Rei Abracadabro*, Rei Exu de DEUS (p. 36).

## Oliveira Magno

Publica *Umbanda Esotérica e Iniciatica* em 1950, sendo o primeiro autor a abordar esse tema de forma direta, pois o gérmen do esoterismo, das iniciações e do ocultismo na Umbanda pode ser percebido, literariamente, no Primeiro Congresso de Umbanda. Emanuel Zespo já recomendava que se estudasse de tudo, na obra *Banhos de descarga e amacis*. Essa temática é interesse por um lado oculto, esotérico, mágico e místico que sempre esteve e sempre estará presente na Umbanda.

Vejamos alguns de seus títulos:

*Umbanda Esotérica e Iniciatica Iniciática*, em 1950.

Logo na primeira página o autor apresenta o "Símbolo Esotérico-Umbandista" – um círculo com um triângulo feito de flechas, um coração e uma cruz, um símbolo dentro do outro respectivamente – e explica:

As três setas são os três mundos: o físico, o intermediário, o espiritual.

O coração é o amor universal.

A cruz representa o Cristo, o Orixá.

O círculo é o Universo.

Este simbolismo é uma novidade, no futuro outros autores manteriam o círculo, o triângulo e a cruz como símbolo da Umbanda – com a cruz dentro do triângulo que, por sua vez, está dentro do círculo.

Vejamos alguns dos conceitos de Oliveira Magno nessa obra, às páginas 7-14 e 41:

> É nosso desejo, ao escrever estas linhas, fazer obra ao alcance de todas as inteligências.
>
> Não é nosso desejo mostrar sabedoria ou fazer literatura, mas sim, tentar mostrar o que a Umbanda tem de grande, sublime, religioso e científico; e também ser útil aos estudiosos.
>
> Sabemos que as principais religiões têm por base: fazer o aperfeiçoamento do homem [...].
>
> A antiga Umbanda tem sido aperfeiçoada e sublimada nos últimos 30 anos, principalmente desde o dia em que se manifestou o sublime espírito – Caboclo das Sete Encruzilhadas.
>
> A Umbanda, assim como todas as antigas ordens e escolas ocultistas, a sua doutrina, ciência e filosofia, é constituída em duas partes: uma esotérica e outra exotérica; isto é: uma parte oculta destinada e reservada para os homens que estão preparados e em condições de receberem a luz da iniciação; e a outra parte, a exotérica, esta revelada como religião, segundo o aperfeiçoamento, mentalidade e cultura do povo.
>
> Neste modesto trabalho que apresentamos, tentamos abordar e fazer resumidamente uma comparação e análise do ocultismo oriental com o ocidental [...].
>
> Este trabalho que apresentamos tem por fim: apelar para os estudiosos, dando uma ideia, uma sugestão, para que escrevam uma obra religiosa-científica sobre Umbanda, mostrando o que ela tem de sabedoria, ciência, elevação e grandeza; mostrando que a Umbanda é uma verdadeira fraternidade de grande elevação espiritual, e não o que os materialistas, e certos espiritualistas, e alguns espíritas, julgam [...].
>
> A chave mestra que abre as portas da iniciação nos mundos superiores é a seguinte: Todo o conhecimento procurado com o único fito de aumentar e enriquecer o tesouro dos teus conhecimentos pessoais, desviar-te-á da tua rota, mas todo o conhecimento procurado para te aperfeiçoares no sentido de servir à humanidade e à evolução universal, te fará avançar um passo. A verdade deste ensinamento está encerrada nesta breve sentença: Toda a ideia que não se tornar um ideal, mata em tua alma uma força; mas toda a ideia que se tornar um ideal, faz surgir forças vitais no teu ser.

Como vemos, a iniciação é contrária ao egoísmo pessoal; portanto, beneficia os outros para que possas progredir e ser beneficiado [...].

Enfim, a Umbanda é uma "Lei", que engloba todos os cultos de origem africana e, atualmente, também os de origem ameríndia. [...].

O SETENÁRIO

Uma das bases principais das religiões e principalmente da antiga magia é o *Setenário*. De todos os cultos africanos, sendo o nagô o que mais está em afinidade e semelhança com o antigo ocultismo e com o cristianismo primitivo, não podia deixar de ter também o seu *Setenário* (Sete Linhas) assim constituído: Oxalá, Iemanjá, Ogum, Oxóssi, Xangô, Oxum, Omolu, nomes esses dados às sete legiões de espíritos governantes dos sete dias da semana.

Chamamos a atenção que esta denominação não significa Orixás mas, sim, nomes esses dados a cada uma das legiões (ou linhas) que constituem o Setenário Nagô. [...].

## *Umbanda e Ocultismo, 1952*

Na terceira edição dessa obra, Oliveira Magno faz um desabafo, o que lembra Emanuel Zespo. Vejamos o que ele escreve, como se fosse um alerta ou decepção com relação a outros autores umbandistas, em que comenta e cita, às páginas 11-13, os autores que lhe precederam:

> Na nossa obra *A Umbanda Esotérica e Iniciática* apelei para os escritores que escrevessem uma obra para a grandeza da Umbanda, mostrando o que ela tem de religioso, filosófico e científico; pois bem, se realmente os que me seguiram tentam corresponder ao nosso apelo houve um que por vaidade e pretensão, querendo fazer obra pessoal, tenta desfazer as obras dos outros e tudo quanto sobre a Umbanda se tem escrito. E a vista disso, mais uma vez apelo para todos os escritores e homens de boa vontade, que escrevam obras cujo fim seja para a grandeza e elevação da Umbanda.
> 
> Não vamos querer na nossa vaidade e pretensão nos mostrar mais sábios e mais conhecedores da Umbanda do que os que anteriormente nos precederam tentando fazer obra nossa quando a verdade é que todos contribuem com o seu material para a construção do grande edifício que é a codificação da Umbanda.
> 
> Não falando nas obras de Nina Rodrigues, Arthur Ramos, Edison Carneiro e outros, o primeiro que escreveu sobre a Umbanda foi Leal de Souza no seu livro *As 7 Linhas de Umbanda e Demanda*; a seguir, temos Valdemar Bento com o seu livro *A Magia no Brasil*; depois temos Lourenço Braga que na sua obra tenta fazer a definição da Umbanda e da Quimbanda; depois temos Emanuel Zespo que nas suas obras faz a

definição dos Orixás e dos Eguns; depois temos Heraldo Menezes que nas suas obras tenta nacionalizar a Umbanda; depois viemos nós tentando fazer a parte científica da Umbanda; a seguir temos Silvio Pereira Maciel escrevendo muito bem a parte religiosa; depois temos Byron e Tancredo que na sua obra confirmaram em muita coisa o que nós já havíamos escrito em nossas obras; e por último aparece um escritor que devido a sua vaidade e pretensão querendo fazer obra sua, tenta destruir princípios universais e destruir as obras anteriores citadas.

Pois, intitulando-se mestre e sacerdote em todas as umbandas afirma que a Umbanda tem 49 linhas, quando a verdade é que são apenas 7 segundo o Setenário Universal [...].

Quanto à Umbanda que se pratica desde o princípio do mundo, só temos a dizer que são meras pretensões de alguns modernos umbandistas, porque vejamos:

Os umbandistas dizem que desde que o mundo é mundo se pratica a Umbanda; também os teosofistas dizem a mesma coisa; os kardecistas idem; os ocultistas, magistas, etc. dizem o mesmo.

Os umbandistas dizem que a Umbanda engloba todas as religiões; os teosofistas dizem a mesma coisa; os ocultistas dizem o mesmo; é o caso de se dizer, levam a se englobar uns aos outros e no entanto não se englobam em coisa alguma [...].

## *Ritual prático de Umbanda, 1953*

Enfim, Deus existe, e porque Deus existe, nós pobres seres humanos seremos uns loucos se procurarmos saber a sua origem, o que ele é ou significa. Sendo nossas mentes limitadas, não nos é possível atingir ainda o Ilimitado e, portanto, quem quiser saber o que é Umbanda que explique primeiro o que é Deus e sua origem.

O objetivo deste trabalho é o de chamar a atenção dos umbandistas para que não façam misturas e evitem provocar choques de forças, e por conseguinte, perturbação em seus trabalhos. Aqueles que possuírem os necessários conhecimentos podem trabalhar na lei; porém, os que não possuírem, a esses aconselhamos a trabalharem somente na fé de Jesus [...] (p. 14).

Por conseguinte, a Umbanda, *na fé*, trabalha somente com eguns (espíritos) praticando a doutrina pregada por Jesus; e neste caso a Umbanda é uma religião.

A Umbanda na sua lei trabalha com Orixás, e o que se pratica é magia branca; neste caso a Umbanda é uma ciência. [...] (p. 18).

## Práticas de Umbanda, 1954

É um livro de receitas de banho, defumação, alimentação e magias.

Apenas desejamos apresentar ao leitor um pequeno trabalho prático, contendo algumas fórmulas úteis que ainda atualmente se praticam na Umbanda.

> Também é nossa intenção ao escrever estas linhas, fazer obra ao alcance de todos [...]. Nas páginas seguintes damos diversas fórmulas e preceitos para o bem e felicidade das pessoas [...]. Não queremos dizer com isto que se possa fazer coisas sobrenaturais, pois a magia está dentro das leis da Natureza.
>
> Quanto aos que duvidam e são contrários aos rituais, métodos ou processos utilizados na Umbanda, a esses damos a mesma resposta que deu um preto-velho a um kardecista que discordava dos espíritos trabalharem com a pemba, cachimbo, cachaça, etc.:
>
> – *Já viu consertar perna quebrada com chá de laranja?*
>
> – *Não* – respondeu o kardecista.
>
> – *Pois é, meu amigo; nós, nos nossos terreiros, somos consertadores de pernas quebradas, assim como vocês nos vossos centros são curadores de resfriados.*
>
> E ficai ciente:
>
> A Umbanda é Jesus trabalhando.
>
> O Kardecismo é Jesus pregando (p. 7-9).

## Antigas orações da Umbanda, [s.d]

> Oração do Santo Anjo da Guarda
>
> Senhor Deus Todo-Poderoso, Criador do Céu e da terra, louvores vos sejam dados por todos os séculos. Assim seja.
>
> Senhor Deus, que por Vossa imensa bondade e infinita misericórdia, confiaste cada alma humana a cada um dos Anjos de Vossa corte celeste, graças Vos dou por essa imensurável graça. Assim, confiante em Vós e em meu Santo Anjo da Guarda, a ele me dirijo, suplicando-lhe velar por mim, nesta passagem de minha alma, pelo exílio da terra.
>
> Meu Santo Anjo da Guarda, modelo de pureza e de amor a Deus, sede atento ao pedido que Vos faça. Deus, meu criador, o Soberano Senhor, a quem servia com inflamado amor, confiou a vossa guarda e vigilância a minha alma e meu corpo, a minha alma afim de não cometer ofensas a Deus, o meu corpo a fim de que seja sadio, capaz de desempenhar as

tarefas que a sabedoria divina me destinou, para cumprir minha missão na terra.

Meu Santo Anjo da Guarda, velai por mim, abri-me os olhos, dai-me prudência, em meus caminhos pela existência. Livrai-me dos males físicos e morais, das doenças e dos vícios, da más companhias, dos perigos, e nos momentos de aflição, nas ocasiões perigosas, sede meu guia, meu protetor, e minha guarda, contra tudo quanto me cause dano físico ou espiritual. Livrai-me dos ataques dos inimigos invisíveis, dos espíritos tentadores.

Meu Santo Anjo da Guarda, protegei-me. Assim Seja (p.101-102).

Oliveira Magno publicou ainda *Umbanda e seus complexos: Pontos cantados e riscados de Umbanda*, ambos pela Editora Espiritualista, Rio de Janeiro.

## Silvio Pereira Maciel

Caracteriza-se por uma literatura acessível, composta de doutrina, preces, pontos cantados, pontos riscados e curiosidades.

### *Alquimia de Umbanda, 1950*

Esse livro é dividido em três partes: na primeira o autor apresenta a alquimia de Umbanda, procurando explicar os "elementos" da Magia Umbandista por meio de perguntas e respostas; na segunda, as datas comemorativas; e na terceira, as preces da religião.

Quais são as magias da Umbanda?

São infinitas, vou relatar algumas que são permitidas, e as quais um profano que esteve em um terreiro viu, mas não ficou sabendo de suas finalidades. Os pontos cantados têm a sua magia em cada palavra, como uma prece, ou reza, ou oração – o termo não importa –, a verdade é que tem em cada palavra a magia. Assim como os pontos cantados têm a finalidade muito importante dentro das sete linhas de Umbanda. Cada linha corresponde a um ponto, e cada um pertence a um chefe, assim que, cada ponto tem a sua magia de acordo com a necessidade do trabalho. Se assim não fosse, não havia o grau de evolução espiritual, e o profano aprenderia um ponto cantado e se diria um iniciado, mas como só os iniciados podem saber estas magias, de acordo com o seu desenvolvimento e mérito, porque Umbanda é composta de sete linhas que são as superiores e as intermediárias [...].

É só o ponto cantado que tem estas magias?

Não. O ponto riscado tem o mesmo poder, não tanto como o ponto cantado, porque a vibração que existe nele é de conformidade com a vibração do médium, se não for feito dentro da harmonia, fazendo o equilíbrio vibratório, o seu efeito pode ser desastroso ao que riscou ou pode ser nulo [...].

Que finalidade têm as bebidas?

São utilizadas na Umbanda para atração ou repulsão e com diferentes nomes, gosto e vibração, e são muito usadas no terreiro – *marafa* (cachaça), *sangue doce* (vinho doce), *xarope* (cerveja), *sangue azedo* (vinho tinto), *masa* ou *marola* (água). Estas bebidas têm grande influência por serem feitas de frutas, raízes ou outros vegetais, tem a representação de seu governante, com sua ação e vibração anestésica e fluídica, porque evapora-se, desaparecendo no espaço, assim serve para descargas de miasmas pesados, impregnados em uma pessoa ou em um objeto, e facilita o desprendimento e o levantamento da carga pelos protetores, porque todo o elementar tem a sua vibração, muito inferior, para isso é preciso elementos com a vibração de atração ou repulsão, conforme a necessidade [...].

Para que serve o defumador?

O defumador tem a sua magia e é muito usado na Umbanda, e tem muita utilidade nos trabalhos da mesma, como preparação de ambiente, tornando-o perfumado conforme a necessidade; assim os protetores utilizam os charutos que têm o nome de *Ponche* ou *Grosso*, que quer dizer o mesmo charuto, o termo não importa, o que é verdade, é que é aproveitado com grande eficiência nos trabalhos de descarga de miasmas pesadas impregnadas em uma pessoa ou objeto, como se tivesse queimando mirra ou incenso ou outra defumação; também é usado o cachimbo (*Pitimba*), que vem a ser o mesmo cachimbo. Assim cada protetor tem a defumação apropriada, uns queimam ervas diversas, umas muito perfumadas, outras não, outras picantes; isto acontece porque o grau evolutivo não é igual, assim a Umbanda tem o rito muito claro, acompanhando a Lei da Evolução, isto é, para quem bem analisar o que enxerga, dentro de uma terreira ou Centro de Caboclo de Umbanda [...].

E para que servem estes banhos de ervas?

Estes banhos têm a mesma finalidade que tem o defumador, o qual serve para desprendimento de miasmas – é um grande auxiliar do defumador, porque com este lava-se o corpo, fazendo com que abram-se os poros por onde penetram os fluidos dos protetores e que este não encontre dificuldades para não se obrigar a um outro meio de descarga que venha a equivaler o poder de sua mácula, assim os filhos de Umbanda que têm este conhecimento do poder das ervas fazem antes de irem para os trabalhos o seu banho, como lhes foi marcado [...].

Por que os médiuns de Umbanda descalçam-se quando entram em trabalho?

Descalçam-se para facilitar o desenvolvimento e aproximação dos protetores, e mesmo trabalhando em uma terreira têm que rodar, assim o médium que estiver calçado, perde o equilíbrio e corta a corrente, fica sujeito a cair, e mesmo no calçado nós trazemos a mácula das ruas e como aquele recinto é sagrado para o umbandista, assim sendo não deve ser maculado, e com isso damos testemunho de humildade, e não humilhamos outros irmãos que compartilham da mesma seara, porque muitos destes não têm o seu calçado igual ao dos outros, e assim, descalços, no momento do trabalho, todos estão sentindo uma vibração de harmonia material por não haver choque [...].

Para que serve este santuário, com tantos objetos e santos?

Ali é o todo para um umbandista, quando ele se aproxima e tem a graça de ali penetrar como um médium, isto para ele é uma fortuna que pode conseguir na vida terrena, nesta divisão exclusiva para o Santuário, poucos são os que podem dizer: "eu conheço este recinto" e sabe penetrar nele, e tem o conhecimento das grandezas que ali existem, como as imagens – é uma representação que serve para nos facilitar a concentração e com isso nós nos desprendemos da vida material, e tornamos assim uma educação mental pela qual podemos corrigir os nossos defeitos, morais e espirituais, que por intermédio de uma imagem que nos é mais agradável ou outro ponto de apoio sagrado serve para fazer vibrar o seu espírito adormecido, assim como os objetos que ali existem, tudo tem a sua finalidade para o conhecedor da forças dominantes como já foi dito [...].

A Umbanda tem limites em suas magias ou não?

Tem, porque só um é ilimitado – Deus – os seus subordinados são todos limitados como o bem e o mal [...].

O que representam estes símbolos?

Representam o homem na sua formação e apresentação, como é, formado de positivos e negativos, como o sol representa o que o homem tem dentro de si, o plexo solar... este sol representa ainda a vida do homem, o fogo divino, o fogo criador, é o todo, é a partícula divina que o homem tem dentro de si [...].

O que representa a lua nesta simbologia?

Representa o plexo lunar que o homem tem formando o equilíbrio da vida, é o negativo que se encontra na região lombar [...].

O que representa a estrela de cinco pontas na Umbanda?

Representa o homem sobre a terra com os cinco membros principais [...].

O que representa esta forma de globo ou esfera?

Representa a terra em que o homem vive e evolui [...].

O que representam estas simbologias desenhadas?

Estes símbolos são os pontos riscados, os símbolos místicos de grande eficiência, como já foi dito em outras páginas anteriores, que só os iniciados podem saber a força de suas vibrações, por ter grande responsabilidade o que dele lança mão, quer consciente ou por mera brincadeira [...]

Para que serve esta bola de cristal ou este copo com água?

Serve para registrar tudo o que se passa em redor de nós e fora, não tendo distância nem tempo [...].

Para que servem estas lâminas de aço em forma de ponteira ou punhal?

Para os caciques diretores têm grande utilidade, porque o mesmo prepara estas lâminas com diferentes sons e vibrações, como o homem tem dentro de si, com a necessidade do trabalho lança mão fazendo assim a atração ou repulsão, como já foi dito em outras páginas, a tração feita com estas lâminas é de átomos do astral, fazendo a mesma por meio de pontos riscados ou cantados [...].

Que finalidade tem o giz ou pemba de diversas cores?

Serve para os pontos riscados, que os mesmos têm grande finalidade nos trabalhos de Umbanda [...].

Qual é a finalidade dos colares e pulseiras usados na Lei de Umbanda?

A finalidade destes colares ou guias, termo usado na lei de Umbanda, serve de proteção, fazendo com estes objetos, atração ou repulsão das cargas fluídicas de acordo com o trabalho feito nestes objetos, estes colares ou pulseiras servem de um amuleto nas horas de angústia, e são um representativo do protetor a quem pertence o médium que as usa, salvo tenha cruzamentos com outros protetores que o médium tenha muita fé e pede aos protetores de outras falanges uma ponta, termo de caboclo, e este dá, mas contanto que a guia contenha mais apresentação do seu governador, e estas guias passam por ritos de magias ficando assim impregnadas de fluidos de acordo com o trabalho da magia que foi feita nestes objetos, ficando registrado no astral, com o plano a que foi ligado pela magia, e a magia fica ligada a um ou mais protetores, para que no momento de precisão lance mão destas guias [...]

Por que existe, na religião Umbanda, diferentes sistemas de trabalho, de uma e de outra terreira?

É porque houve diversos sistemas de aplicação da Magia Branca, nas difusões feitas por diversas raças [...].

SÚPLICA A SÃO JORGE

Quem vem lá? É São Jorge, vem matar o dragão. Quem lhe ordenou? Deus, dono e construtor de todas as coisas, ordenou e deu o poder de vencer. Vencestes o dragão, ó gloriosos São Jorge vencei meus inimigos, com vossa espada sagrada e vosso cavalo branco, que nas suas patas sejam esmagados todos os males que em mim forem lançados, pelos meus irmãos visíveis e invisíveis e todas as magias serão cortadas, antes de me atingirem e vós me sirvais de escudo, meu glorioso São Jorge – Amém.

Sarava São Jorge!

Sarava sua falange!

Sarava São Sebastião!

AGRADECIMENTO

Sarava Umbanda!

Sarava Grandes e Pequenos!

Sarava Urubatan!

Agradecemos a todos os protetores que trouxeram estas mensagens, principalmente ao Caboclo Urubatan. O grande sacerdote e mensageiro do Pai. O que teve a graça de nos transmitir estas preces para bem empregar aos nossos irmãos e suavizar as nossas dores espirituais, ligando-nos a Deus, por intermédio dessas preces.

É o que oferece o Centro Espiritualista Fraternidade – *Reino de Urubatan* – Fundado em 1º de janeiro de 1947. Com sede à rua Paulina Azurenha n. 1008, Porto Alegre.

Transmitida por intermédio do médium Silvio Pereira Maciel

## *Umbanda Mista, [s.d.]*

O que o autor apresenta como Umbanda Mista é uma simbiose entre Umbanda e Quimbanda, em que uma completa a outra, ou melhor, a Quimbanda está dentro da Umbanda.

## *Irradiação Universal de Umbanda, [s.d.]*

Esse é um livro de perguntas e respostas para ajudar o leitor a entender melhor algumas questões pertinentes à Umbanda.

## Tancredo da Silva Pinto e Byron Torres de Freitas

Tata Ti Inkice Tancredo da Silva Pinto ou simplesmente Tata Tancredo, como era chamado. Presidente perpétuo da Congregação Espírita Umbandista do Brasil, defendia a origem afro da Umbanda, sendo considerado o pioneiro do ritual Omolocô, nas suas palavras: "A origem do Culto Omolocô vem do sul de Angola, sendo uma nação pequenina às margens do rio Zambeze que o tem como Zambi, que lhes dava a alimentação necessária, proveniente das enchentes" (*A origem da Umbanda*).

Também define o Ritual de Cabula (*Camba de Umbanda*), falando com desenvoltura e linguagem simples, desde a cultura afro-indígena até do Hinduísmo (*Doutrina e ritual de Umbanda*). Tata Tancredo está à frente da Confederação Espírita Umbandista e do Supremo Conselho Nacional de Umbanda. Em seus primeiros títulos faz parceria com Byron Torres de Freitas, um especialista na cultura indígena, que vem a somar para a explicação de elementos e fundamentos dessas duas culturas, Africana e Nativa.

Títulos de Tata Tancredo:

*Doutrina e ritual de Umbanda, 1951, em parceria com Byron Torres de Freitas.*

Nesse livro, os autores retomam alguns assuntos já abordados por Oliveira Magno, *Umbanda Esotérica e Iniciática*. Embora a obra não se apresente como esotérica, o seu conteúdo está totalmente inserido no que se entenderá como tal nos anos seguintes. Byron e Tancredo apresentam um estudo que cruza os conhecimentos de Teosofia, Hinduísmo, Umbanda e Africanismo, buscando a sabedoria oculta do Oriente, como linha de estudos internos para o umbandista. Essas ideias já haviam sido trabalhadas no Primeiro Congresso Nacional de Umbanda e nas obras de Emanuel Zespo e Oliveira Magno. Agora Tancredo e Byron procuram se aprofundar em algumas questões como *Raças raízes, Doutrina secreta dos iniciados, Filosofia esotérica da Índia, descerrar o véu de Ísis* e outras. Podemos observar em todo esse período, que vai da década de 1930 até a década de 1960, uma grande preocupação, de quase todos os autores, em fundamentar cientificamente a religião. Estão todos vivendo e se movimentando em um mundo moderno, e a Umbanda vem na contramão, quando as religiões estão em baixa; logo, busca-se afirmar para a Umbanda o que Kardec já havia afirmado para o Espiritismo: que a Umbanda é ciência e religião. Nas obras de Blavatsky e de ocultismo, busca-se a fonte de inspiração para defender e legitimar uma visão científica em uma linguagem que convença o homem moderno de que a Umbanda é uma religião inserida em seu tempo.

O livro em questão é dividido em três capítulos: no primeiro, abordam-se as filosofias orientais; no segundo; as culturas africanas; e no terceiro, estão as orientações práticas aos umbandistas sobre assuntos como: "A ideia do sagrado", "A teogonia de Umbanda", "O setenário universal", "O anjo da guarda", "Hierarquia sacerdotal", "Funções do chefe de terreiro" e "Os mandamentos da lei de Umbanda".

Vejamos algumas passagens dessa obra:

### As raças raízes

Reconhece a Geologia que em época recuadíssima, entre o atual golfo do México e o atual golfo de Guiné, havia um continente, que submergiu sob as águas do Oceano Atlântico. Era a Atlântida.[...] então povoado pelos Atlantes.

Um outro continente – a Lemúria – hoje desaparecido, teria sido povoado pelos lemurianos.

Acredita-se que as raças pré-históricas da América são remanescentes ou descendentes dos lemurianos e atlantes.

Ensinam os Livros Sagrados do Oriente que cinco grandes raças raízes povoaram a Terra. As primeiras, denominadas pré-adâmicas (anteriores a Adão), não tiveram corpo físico, porque as condições do planeta não o permitiam nessa época. A 3ª raça-raiz, porém, encontrou ambiência apropriada, habitando a Lemúria.

Foi essa 3ª raça que apareceu na América do Sul, descendente dos lemurianos. A 4ª raça raiz habitou a América do Norte, descendente dos Atlantes. A 5ª raça raiz, asiática, é a dos tempos históricos.

Schuré cita as tradições bramânicas, segundo as quais a civilização teria começado sobre a terra há cinquenta mil anos, com a *raça vermelha*, no continente austral, quando a Europa inteira e a maior parte da Ásia estavam sob as águas oceânicas. Esse continente austral formou-se da Oceania, da África e da América, que ocupava a parte ocidental e, portanto, a mais antiga. Ora, esse mesmo continente austral era a Lemúria.

Até onde pode-se investigar, as raças aborígines da América eram vermelhas.

De acordo com a *Doutrina Secreta*,[177] lemurianos e atlantes palmilharam continuamente o solo das duas Américas [...].

A circunferência e o quadrado, divididos por uma cruz central ou um X, são a base alfabética e numérica, de cujo comprimido saíram os demais sinais ou valores convencionais [...].

Antes do cristianismo o culto da cruz existia em toda a América [...].

Descerrou-se o véu de Ísis

Nenhum mortal ergueu o véu de Ísis...

Descerrou-se o véu de Ísis a ti, ó iniciado, que sobre o abismo contemplas o azul, as terras e o mar...

Conhecei a verdade – disse Jesus Cristo – e a Verdade vos tornará livre.

A Verdade é Deus.

---

177. In: Blavatsky, Helena Petrovna. *Glossário teosófico*. São Paulo: Ground, 2004.

DEUS É O TODO

Eu vi todas as seitas e todos os caminhos. Já não me incomoda mais nenhum deles. Os que pertencem a essas seitas disputam tanto! Depois de experimentar todas as religiões, compreendi que Deus é o Todo e eu Sua parte; que Ele é o Senhor e eu o seu servo; também compreendi que Ele é eu e eu sou Ele (Bhagavân Sri Ramacrishna).

Quando estiveres integrado na harmonia universal, vibrando uníssono com as esferas, sentindo a pulsação cósmica dos astros onde habitam outras humanidades, terás então descerrado O último véu de Ísis.

INICIAÇÃO

Sobre iniciação, diz o *Dicionário de Ciências Ocultas*:

Iniciação – Espécie de educação gradual, na qual o discípulo, instruído primeiramente nas suas possibilidades por meio de uma exposição dogmática e ainda hipotética, desenvolve em si, por seus próprios esforços, faculdades transcendentes, das quais não possui agora senão o germe.

Existem, entretanto, duas espécies de iniciação: a dos Mistérios Menores e a dos Mistérios Maiores.

A primeira destas iniciações não comporta senão um apanhado sintético das ciências elementares, dos princípios gerais, pouco definidos, do ocultismo.

A iniciação dos Mistérios Maiores, a grande iniciação, ou a Iniciação, simplesmente, abrangia a metafísica das ciências no seu grande desenvolvimento, assim como a prática da arte sagrada ou Ocultismo.

A arte sagrada era ensinada nos templos por professores hierárquicos que faziam o neófito passar pelos diversos graus da Iniciação. A grande iniciação era idêntica em todos os santuários ocultos.

E o mesmo *Dicionário* assim define *iniciado*:

Iniciado – O iniciado é o que tem conhecimento dos mistérios, isto é, que conhece a ciência oculta, a arte sagrada. Tal é o verdadeiro iniciado.

O iniciado de grau elevado é o que tem poder de mandar sobre os espíritos elementais, e, por conseguinte, o de impor silêncio ao raio, domar as ondas e a tempestade. Pode também restabelecer no corpo humano o equilíbrio perdido; regenerar os órgãos e fazer voltar a saúde. E tudo isso se realiza pelo exercício de sua própria vontade, que põe em movimento o fluido magnético [...].

Nenhum mortal levantou o véu que me encobre

– Esta é a porta do santuário oculto – dizia o Hierofante. Olha estas duas colunas. A vermelha representa a ascensão do espírito para a luz de Osíris; a negra significa sua sujeição à matéria, pecado esse que pode ir até o aniquilamento. Quem quer que procure a nossa ciência e a nossa doutrina, joga a vida. A loucura ou a morte, eis o que o fraco ou o malévolo aí encontra: só os fortes e os bons encontram nela a vida e a imortalidade. Por esta porta tem entrado muito imprudente, mas nenhum deles saiu vivo por ela [...].

Aqui perecem os loucos que apeteceram a ciência e o poder. Devido a um maravilhoso efeito de acústica aquela frase era repetida sete vezes por ecos distanciados [...].

Chegando ao último degrau da escada, o seu olhar terrificado mergulhava em um precipício horroroso [...].

Um mago denominado *Pastoforo* (guardião dos símbolos sagrados) abria ante o noviço a grade de bronze, acolhendo-o com um sorriso benévolo [...].

Os vinte e dois símbolos representavam os vinte e dois primeiros mistérios e constituíam o alfabeto da ciência oculta, quer dizer os princípios absolutos, as chaves universais, que aplicadas pela vontade se transformam na fonte de toda sabedoria e de todo poder [...].

As provas não haviam, porém, terminado ainda [...].

Meu filho – respondia-lhe o mago – a morte só apavora as naturezas defeituosas. Eu atravessei outrora essas labaredas como quem atravessa um campo de rosas [...].

Uma vez que ele toca aquela mão e coloca os lábios nos rebordos daquela taça, estava perdido [...].

– Tu soubeste sair vencedor das primeiras provações. Triunfante da morte, do fogo e da água, mas não soubeste vencer-te a ti mesmo. Tu que aspiras às alturas do espírito e do conhecimento, sucumbiste à primeira tentação dos sentidos e caíste no abismo da matéria. Quem vive escravo dos sentidos, vive nas trevas [...].

Se, ao contrário, o aspirante entornava a taça e repelia a tentadora, vinham então doze neócoros armados de fachos que o rodeavam e condiziam triunfalmente ao santuário de Ísis onde os magos, colocados em hemiciclo e vestidos de branco, o esperavam em assembleia plenária.

Ao fundo do templo, esplendidamente iluminado erguia-se a estátua colossal de Ísis em metal fundido – uma rosa de ouro no colo, um diadema de sete raios na cabeça e tendo seu filho Horus nos braços [...].

Novamente ele lia a inscrição da estátua de Ísis: "Nenhum mortal ergueu o meu véu".

Todavia uma ponta desse véu se havia levantado, mas para de novo cair [...].

No final desse livro é apresentado o Regulamento Geral da Confederação Espírita Umbandista. A idealização desse órgão trouxe, ao sr.

Tata Tancredo, fôlego e disposição para colocar suas ideias umbandistas no papel. A publicação de títulos umbandistas por parte de líderes e chefes de federações sempre vieram ao encontro da necessidade de oferecer material filosófico, doutrinário, litúrgico, ritualístico e teológico para seus filiados, em particular, para um público maior, em geral.

## As mirongas de Umbanda, 1953, em parceria com Byron Torres de Freitas

Vejamos algumas passagens que falam por si nesse volume:

> Este é o nosso 2º volume sobre Umbanda. O 1º, *Doutrina e ritual de Umbanda*, teve uma divulgação que em parte nos surpreendeu, mas neste expomos, com maiores detalhes, em numerosas cerimônias e costumes umbandistas. É claro que, tratando-se de uma religião muito antiga e muito forte, é necessário muito cuidado para não se revelar segredos do culto, que só podem ser transmitidos a iniciados de grau superior. [...]
> 
> Finalmente, advertimos aos nossos leitores de que as cerimônias descritas em *As Mirongas de Umbanda* não podem ser reproduzidas por quem não conhece... as mirongas de Umbanda. (p.17-18)
> 
> OS RISCOS CABALÍSTICOS E A ORIGEM DO ALFABETO
> 
> O alfabeto moderno foi inventado pelos fenícios. Antes, porém, do alfabeto atual, houve outros, e podemos citar o egípcio, o chinês, o sânscrito, o hebraico, etc. Mas o fenício foi escolhido por sua simplicidade.
> 
> Como se sabe, a linguagem completa do homem primitivo constava de formas simbólicas e geométricas. Cada Palavra representava uma ideia. Era a escrita ideográfica.
> 
> Ora, os umbandistas tinham, a milhares de anos, a sua escrita ideográfica. Povos profundamente religiosos, os africanos tinham o seu alfabeto de fundo religioso.
> 
> O que é um *ponto riscado* senão a expressão escrita de uma ideia? Cada ponto riscado possui sua significação própria. Cada orixá possui seu ponto riscado individual. Cada falange de Orixá, idem. Esses pontos riscados, cruzados uns com os outros, constituem mensagens que o umbandista sabe compreender, sem necessidade da palavra falada. (p. 86)
> 
> A LENDA DA PEMBA
> 
> A pemba é um material frequentemente utilizado nos terreiros de Umbanda, em festas, reuniões e cerimônias. Os pontos dos Orixás são riscados com pemba. Diz-se que pó da pemba, espalhado na casa, evita a entrada de elementos malfazejos. Misturando ao pó de arroz, e posto

nas faces das moças, atrai simpatias. Um pedido escrito com pemba, atrás da porta, é atendido.

Qualidades da Pemba

A pemba legítima deve possuir as seguintes qualidades:

1ª deve ser bem lisa e macia;

2ª deve ser leve e riscar facilmente sobre qualquer superfície, menos envernizadas ou vidros;

3ª é frágil e facilmente quebradiça.

ORIGEM DA PEMBA

Um dos maiores exportadores da pemba é Ali-Bem-Itah, descendente de Li-U-Tab, da Tribo de Umbanda. Em um dos seus folhetos, assim descreve a lenda da pemba:

M. Pemba era o nome de uma gentil filha do Soba Li-U-Thab, soba poderoso, dono de grande região e exercendo a sua autoridade sobre um grande número de tribos.

M. Pemba estava destinada a ser conservada virgem, para ser ofertada às divindades da tribo; acontece, porém, que um jovem estrangeiro audaz conseguiu penetrar nos sertões da África e se enamorou perdidamente de M. Pemba.

M. Pemba, por sua vez, correspondeu fervorosamente a este amor e durante algum tempo gozaram as delícias que estão reservadas aos que se amam.

Porém não há bem que sempre dure. O soba poderoso foi sabedor destes amores, e, em uma noite de luar, mandou degolar o jovem estrangeiro e jogar o seu corpo no rio sagrado U-Sil, para que os crocodilos o devorassem.

Não se pode descrever o desespero de M. Pemba; e, para prova de sua dor, esfregava todas as manhãs o seu lindo corpo e rosto com o pó extraído nos Montes Brancos Kabanda. A noite, para que seu pai não soubesse dessa sua demonstração de pesar pela morte de seu amante, lavava-se nas margens do Rio Divino U-Sil.

Assim fez durante algum tempo, porém, um dia, pessoas de sua tribo, que sabiam desta paixão de M. Pemba, e que assistiam ao seu banho, viram com assombro que M. Pemba se elevava no espaço, ficando em seu lugar uma grande quantidade de massa branca, lembrando um tubo.

Apavorados, correram a contar ao soba o que viram; este, desesperado, quis mandar degolar a todos, porém como eles houvessem passado nas mãos e no corpo o pó deixado por M. Pemba, notaram que a cólera do soba se esvaia e ele se tornava bom, não castigava os seus servos.

Começou a correr a fama das qualidades milagrosas da massa deixada por M. Pemba, e, com o nome simples de PEMBA, atravessou muitas gerações, chegando até nossos dias, prestando grandes benefícios àqueles que dela se têm utilizado.(p. 129-130)

COMO É FORMADO UM TERREIRO

Chama-se *Terreiro* lugar onde dançam sambas e cambonos. Tem também o nome de *abacé*. Sambas são as dançarinas do culto. *Cotas* são as servidoras dos Orixás. Onde está o santo católico – santuário. Onde está o santo africano – o *otá*. O lugar onde estão os *otás* – *pegí*. O nome *pegí* é nagô, e *gongá* é Omolocô (Angola), chama-se *baguildar* o lugar onde está assentado o otá. No pegí, gongá ou *roço*, estão assentados todos os Orixás ou *bacuros*. Quem trata do sacrifício dos animais é *pegí-gan*, auxiliar do babalaô (em nagô, o auxiliar do babá-de-orixá, chama-se oxôgun). Só há uma pessoa que tem mão de faca, isto é, licença para sacrificar os animais. Quem cozinha a comida do orixá é a *iabá*. A *jabonan*, ou mão pequena, é a encarregada das *sambas* e das *cotas* e da ornamentação do *abacé*. Depois que o indivíduo se inicia tem o grau de *cambono*. Depois passa a *cambono de ebó*. A sua missão é saber as encruzilhadas de cada Exu, que é o agente mágico universal. (p. 71-72)

## *Camba de Umbanda,[ s.d.], em parceria com Byron Torres de Freitas*

Tancredo e Byron começam essa obra dando foco ao ritual de Cabula, em um texto que vale a pena ser lido, conforme podemos ver na seção "Origem africana" do capítulo 1, "Origens da Umbanda".

No mais, a obra transcorre sem grandes novidades, na tradicional visão afro de Tata Tancredo, com algumas inserções de Blavatsky e Leadbeater, buscando um fundamento teosófico para endossar algumas de suas teorias. Ele responde e comenta algumas cartas de situações vivenciadas por leitores e defende arduamente a origem africana da Umbanda e sua situação atual como afro-brasileira. Nessa obra, vem apontando para possíveis erros de interpretação sobre a Umbanda por leigos, escritores e praticantes. Vejamos algumas dessas passagens:

O tal centro *Ori do Oriente* está errado até no nome. *Ori* é uma palavra nagô, que quer dizer cabeça. É também uma espécie de banha, utilizada na limpeza do assentamento de Oxalá. Quanto a denominada *Linha do Oriente*, esta não pertence à Umbanda. (p. 108)

Pesquisadores cientistas começaram a escrever sobre as religiões afro-brasileiras, tentando desvendar o que deve permanecer oculto. Não devem ser censurados apesar dos erros em seus livros.

A confusão criada é que é responsável pela tal "Umbanda de Branco", terrível mistura de doutrinas diferentes. Ainda hoje, pessoas que se julgam muito instruídas, ainda pensam que há duas espécies de espiritismo: o espiritismo de mesa, bonzinho, suportável pela gente de coração sensível, e o "baixo espiritismo", o espiritismo da raça negra, dos "macumbeiros". É o antigo preconceito racial que reaparece com a roupagem de preconceito religioso. (p. 120)

A Umbanda é hoje um tema atrativo. O mal é que indivíduos sem a menor noção dos assuntos umbandistas se julgam no direito de escrever os maiores absurdos, fingindo que conhecem o que está além de sua compreensão.

SOBRE A UNIFICAÇÃO DA UMBANDA

O nosso ilustre confrade e querido irmão Lourenço Braga acaba de apresentar mais um livro de sua autoria. É o 2º volume de *Umbanda e Quimbanda*, lançado pela Editora Sousa, empresa dirigida pela competência e cultura do dr. Pedro de Sousa. Trata-se de um trabalho muito bem impresso, com excelentes ilustrações, inclusive um desenho explicativo do Arco-íris, uma Planta para as Tendas Umbandistas e o arranjo musical de pontos cantados.

Fomos lendo o trabalho com muita simpatia até a página 66. Daí por diante, caímos das nuvens. Lourenço Braga, na sua comovente boa-fé, resolveu esboçar uma espécie de plano para a unificação da Umbanda em todo o Brasil.

Pedimos licença ao autor para transcrever alguns trechos de itens de seu plano. Ei-los:

13º - Não será permitido o bater palmas e nem o uso de outros instrumentos musicais primitivos e nem tambores durante as sessões de mesa ou terreiro...

14º - Os pontos serão cantados em ritmo de Umbanda e sem alterar a voz em demasia – Não será permitido cantar pontos com o ritmo Gêge, Nagô, Bantu, Queto, Angola e Omolocô, etc.

17º - Não será permitida a matança de quaisquer espécies animais e nem comidas de Santo, bem como não será permitido os despachos em nenhum lugar.

Ora, bom confrade e irmão (confrade na escrita e irmão na fé): terreiro de Umbanda que não usar tambores e outros instrumentos rituais, que não cantar pontos em linguagem africana, que não oferecer o sacrifício do preceito e nem preparar comidas de santo, pode ser tudo, menos terreiro de Umbanda. Chega?... (p.129)

Apesar das críticas, Tata Tancredo também espera uma união com as demais federações de Umbanda, como fica registrado na página 122 da obra em questão:

A unificação do espiritualismo, que vimos pregando há alguns anos, já é uma ideia praticamente vitoriosa. Assim, a Confederação Espírita Umbandista (responsável pela Lei de Umbanda), a grande tenda Mirim, os Caminheiros da Verdade, a União Espírita de Umbanda, a União Nacional dos Cultos Afro-Brasileiros e outras poderosas entidades espiritualistas, resolveram fundar um órgão controlador, encarregado da defesa do espiritualismo, de acordo com as leis vigentes e às autoridades constituídas. A diretoria do novo órgão deverá ser constituída dos cabeças maiores das associações coligadas. Um culto não poderá atacar o outro. O inimigo comum é o materialismo.

## A origem da Umbanda, [s.d.]

Embora o título desse livro seja sugestivo, apenas três páginas tratam da questão origem da Umbanda. A obra em si busca esclarecer questões litúrgicas, com um enfoque ora banto ora nagô. Das páginas iniciais ressalto esta passagem, abaixo, um pequeno comentário sobre origem da Umbanda e Omolocô:

> Na sua origem a Umbanda desenvolveu mais aqui no Brasil, onde se proliferou devido as imigrações africanas com vários cultos de diversas regiões ou aldeias daquele continente, professando e respeitando a doutrina de uns aos outros. Dentro dos quilombos então foi que se deu a conjunção de raças ou vários cultos ante a liberdade ao apoio, chegando assim pretos de várias nações, para pregarem os seus rituais, o que era aceito pelo chefe do quilombo.
>
> A origem do culto Omolocô vem do sul de Angola, sendo uma nação pequenina às margens do rio Zambeze que o tem como Zambi [...] (p. 9) O povo Luanda Quiôco, que é de onde nasceu o culto do Omolocô [...].

Outros títulos de Tata Tancredo: *O Eró da Umbanda*, 1968; *Umbanda: guia para organização de terreiros*, [s.d.]; *Horóscopo de Umbanda*, [s.d.]; *Negro e branco na cultura religiosa afro-brasileira*, [s.d.]; *Os EGBAS*, 1976, em parceria com **Gerson Ignes de Souza**; e *As impressionantes cerimônias da Umbanda*, [s.d.], Editora Souza, Rio de Janeiro.

## Aluízio Fontenele

Não sabemos a data exata de publicação de seus títulos, na capa dos três livros que tive acesso há uma foto do autor autografada com data de 1951, aparecendo também sua data de morte, em 1952. Faço crer que as primeiras edições desses títulos ocorreram no final da década de 1940 ou, mais tardar, em 1950, pois caso contrário não daria tempo de fazer comentário de um título já publicado no outro sendo editado, o que verificamos no título *Exu*, ao qual temos acesso à sua segunda edição com data de 1954.

Aluízio Fontenele tem uma postura dura e crítica na sua forma de expressar a Umbanda. Apresenta influências diversas com ênfase no Hinduísmo, na teosofia, na cabala e na alta magia europeia. Ressalta a existência de um aspecto esotérico, fechado e oculto, em todas as religiões, propondo a busca pelos "reais fundamentos" da Umbanda em seu aspecto esotérico. Apresenta as Sete Linhas de Umbanda e suas Legiões por meio do modelo de Lourenço Braga (*Umbanda e Quimbanda*, 1942). No entanto, é justamente com relação a Exu que esse autor inovará, tornando-se um dos escritores mais copiados e mal compreendidos na religião. A busca pela *Umbanda Esotérica e Iniciática* levou-o, assim como a outros umbandistas, a buscar o "suprassumo" da religião em outras culturas. Aluízio Fontenele é o primeiro autor a comparar os Exus de Umbanda com os demônios da Goécia, "Magia Negra" europeia. Se, por um lado, ele teve intenção de elevar o padrão intelectual da religião, por outro, deu início a uma "demonização" do Exu de dentro para fora, como se já não bastasse a externa. Ou seja, atribuiu aos tão conhecidos nomes de Exus, em suas populares falanges, nomes tão ou mais conhecidos na "Magia Negra". Foi copiado ou simplesmente serviu de inspiração para autores como Decelso, Antonio de Alva, José Maria Bittencourt, N. A. Molina e tantos outros autores posteriores a adotar esse sincretismo entre Umbanda, Quimbanda e Goécia. Claro que há contribuições positivas e negativas por parte de todos os autores, no entanto, a partir do momento que identificamos Exus como "demônios", em seu sentido popular de ser, nós mesmos estamos dando lenha para aquecer a fogueira da discriminação. Suas tabelas e relações foram largamente usadas pela "Quimbanda" brasileira.

## *O Espiritismo no conceito das religiões E a Lei da Umbanda, [s.d.]*

> Dizem certos entendidos, que existem várias umbandas, porém, a verdade é que o termo UMBANDA não deveria significar pluralidade e sim unidade. (p. 59)
>
> O que se pratica na Umbanda, é justamente uma mistura de credos, dos quais podemos citar, em primeiro plano o *Espiritismo*; a seguir, o *Catolicismo*, depois, os cultos: NAGÔ, BANTU, MALÊ, GÊGE, enfim, uma infinidade de crenças, cujas origens são na maioria oriundas

dos negros de Angola, de origem Islâmica, das tribos nômades de índios americanos, etc. A *Umbanda* encerra ainda em seus rituais, certos preceitos de "KABALA", "AUTOSSUGESTÃO", "MAGNETISMO", "TRANSMISSÃO DE PENSAMENTO", enfim uma série de outros fenômenos legados pelo infindável número de espíritos desencarnados e mesmo encarnados, que o praticam, de acordo com a orientação que lhes foi dada [...].

Professam os umbandistas, tal como os adeptos da Quimbanda, a crença de elegerem, como principais chefes espirituais, os mártires e santos da Igreja Católica. (p. 60)

Acredita-se na Umbanda que exista um Deus Supremo, que é considerado o "GANGA MAIOR", chefe supremo da Corte de "OBATALÁ", cujo filho, Jesus Cristo, é o seu "ORIXÁ MAIOR", ou *"Pai dos Orixás"* [...].

Para cada setor de atividade espiritual foi designado um *Chefe*, ou melhor, um ORIXÁ. Esses *Orixás*, por sua vez contam com o auxílio de outros *Orixás* que são considerados os *Orixás Menores*, que os auxiliam como subalternos. (p. 63)

Compreende-se como Orixás Maiores, tanto em Umbanda como em Quimbanda, os "SANTOS" que a igreja reconhece como tal, e que fazem parte como espírito de maior grau de aperfeiçoamento na escala da Suprema Corte do Céu, ou ARUANDA.. (p. 66)

## *Umbanda através dos séculos, [s.d.]*

PREFÁCIO

Ao ser dada à publicidade mais esta obra sobre a expansão do culto da LEI DE UMBANDA, quero apenas demonstrar, aos meus caros leitores, o quanto sou capaz de realizar, uma vez que até o presente momento, tudo o que se tem feito nesse sentido é apenas dissertar erroneamente sobre o que de mais sublime existe nessa LEI, que a maioria confunde e menospreza, sem ao menos procurar bases sólidas para a sua verdadeira divulgação.

Certo como estou de que este livro causará uma celeuma acendrada entre aqueles que se julgam entendidos, aqui estou ao inteiro dispor de quantos quiserem comigo discutir, dentro dos verdadeiros princípios da fé e da razão, as minhas teorias, conceitos e opiniões sinceras, a respeito de tudo quanto de fato é verdadeiro dentro da UMBANDA.. (p. 13)

A RAZÃO DE SER DESTE LIVRO

Pelo muito que tenho ouvido falar; pelas observações feitas durante longos anos de trabalho como praticante da SEITA; e, sobretudo, pelo que tenho lido sobre a UMBANDA e seus propósitos; querendo combater de uma maneira pode-se dizer acintosa, as inverdades que não só se praticam, como também, se espalham através de livros e panfletos que tratam desta intrincada matéria, foi o que me levou a publicar esta obra, na qual venho a público, demonstrar cientificamente e dentro da mais perfeita concordância em face à TEOGONIA RELIGIOSA que a UMBANDA é a única religião que sobre a face da terra tem a autoridade suficiente para falar e tratar COUSAS DIVINAS.

Ao me referir ao termo UMBANDA, quero enquadrar todo aquele que contra ela se manifesta, seja desta ou daquela religião, e, digamos mesmo, em face ao *Ecletismo Universal*.

Na alta concordância das religiões, quando aprofundamos a matéria ao âmago da sua criação, verificamos que todos os caminhos provêm de uma única fonte, e que, a UMBANDA, é a razão de ser de todas as religiões [...].

A partir deste momento vou deitar por terra e discordar por completo de todas as teorias e conceitos que da Umbanda fizeram e fazem não só certos umbandistas, como também aqueles que, desconhecendo a sua verdadeira origem, julgam-na uma religião de idiotas, de obsedados, enfim, de indivíduos desclassificados e sem princípios, para os quais só interessa o bem-estar e os prazeres da vida mundana, pouco se importando que provenham desta ou daquela forma.

Por este motivo, vem à luz do público a primeira obra doutrinária e filosófica, escrita nos moldes das Academias. (p. 17-18)

A palavra UMBANDA significa: NA LUZ DE DEUS, ou ainda etimologicamente falando: LUZ DIVINA.

Na Luz de Deus é um termo por mim concebido por analogia, uma vez que LUZ DIVINA, é a tradução correta da palavra UMBANDA, compilada do original em PALLI (Primeira língua falada no Oriente Médio, e que suas mais remotas indicações são comprovadas através de qualquer tratado científico sobre a história da Índia, Egito e África.) (p. 20)

Portanto, lógico se torna a minha afirmativa em dizer-vos que a UMBANDA veio ao mundo quando o mundo entrou na sua primeira formação social, isto é: quando na terra apareceu o primeiro casal que foi ADÃO e EVA (p. 26)

Várias gerações já passaram sobre a face da terra; várias religiões apareceram e desapareceram com o correr dos séculos; entretanto uma delas, ou melhor: a primeira, ainda perdura e perdurará, enquanto o mundo for mundo. Refiro-me à *Umbanda*; pois, encarada sob os mais variados pontos de vista, modificando o seu verdadeiro nome desde os primórdios da existência terrena, jamais deixará entretanto de ser *Umbanda*, o verdadeiro sentido que se dá no ESPIRITUALISMO, em qualquer condição que o queira encarar.

A *Umbanda* será a futura religião que dominará no mundo, de vez que é ela oriunda da vontade divina [...].

A Umbanda a que me refiro, não é essa Umbanda mistificada e misturada com os diversos credos fetichistas de hoje conhecidos no Brasil inteiro. Será uma Umbanda codificada, uma Umbanda pura, na qual se aproveitará de todas as religiões existentes na terra, somente aquilo que for sublime e perfeito. (p.91-92)

A CODIFICAÇÃO DA UMBANDA: TRABALHOS FILOSÓFICOS E DOUTRINÁRIOS

Há muito se fala em uma codificação na LEI DE UMBANDA; entretanto, quem lançará a pedra fundamental?... Quem se atreverá a arcar com a enorme responsabilidade que atrairá para si a ira dos potentados das inúmeras religiões que dominam o mundo inteiro? Sim, aquele que se atrever a isso, lutará com todas as dificuldades possíveis e imagináveis, contra todos e contra tudo [...]

Quando falo em codificação da UMBANDA, não me refiro ao aglomerado que se possa fazer entre algumas tendas espíritas, sujeitas a um determinado "centro" que as possa dirigir. Não é nada disso. A CODIFICAÇÃO a que me refiro é uma luta tremenda que se terá que realizar em torno de milhares de "centros", "tendas", "terreiros", "templos", etc., com a finalidade de separar o "joio do trigo", unificando-se todas as interpretações espíritas em torno de um só poder, de uma só ORDEM, sendo essa ordem incontestavelmente UNIVERSAL. (p. 96)

COMO COMEÇARIA EU A CODIFICAÇÃO DA LEI DE UMBANDA

Em primeiro lugar, reunindo em local amplo e espaçoso, adrede preparado, uma legião de médicos, cientistas, literatos, etc., inclusive chefes de centros kardecistas, de Umbanda e mesmo da Quimbanda, bem assim, como todo aquele que de fato se julgar um verdadeiro "MÉDIUM", e, fazendo-se uma sessão espírita sob a direção de um único homem capaz de dirigi-la, obter-se-ia das entidades máximas que baixassem uma orientação precisa para a regulamentação dos primeiros pontos básicos a serem estudados. (p. 99)

A falsa Umbanda que se pratica no Brasil: tabus – imagens – amuletos, etc.

Tudo o que se tem feito em prol da Umbanda, quer no Rio de Janeiro, quer nos demais estados onde se cultuam práticas espirituais, não condiz absolutamente com a sua verdadeira finalidade.

Interpretada erroneamente pela maioria, a Umbanda que atualmente se pratica no Brasil está ainda bem longe da realidade. Essa mistura de credos, essa falta de bom senso, essa ignorância de preceitos religiosos, nada mais tem feito do que ocasionar uma verdadeira balbúrdia, em uma concepção que é, acima de tudo, divina.

A Umbanda nunca foi o que se tem visto e comentado através de livros e reportagens jornalísticas, que a confundem de uma maneira, pode-se dizer, calamitosa.

Digo e afirmo, que é totalmente falsa a Umbanda que se está praticando no Brasil inteiro. É falsa, porque está longe de conter a verdade na qual ela inteiramente se baseia. É falsa, porque querem atribuir-lhe qualidades que não condizem absolutamente com os seus pontos de vista, a começar pelo seu próprio ritual. É falsa, porque misturam em sua teogonia, em sua liturgia, etc., quase tudo o que contêm as demais religiões. Essa mistura de africanismo, de catolicismo, etc. (p.117-118)

Em uma verdadeira Umbanda, não devem existir absolutamente altares, onde se preste culto aos santos que a igreja católica canonizou […].

O que se faz é misturar rituais bárbaros provindos do africanismo com práticas católicas e concepções kardecistas, o que não condiz absolutamente com uma Umbanda cem por cento. (p. 120)

COMO DEVE SER CULTUADA A VERDADEIRA UMBANDA

Em uma Umbanda cem por cento verdadeira, certas palhaçadas podiam ser perfeitamente abolidas, por se tratar simplesmente de uma cópia fiel dos nossos confrades "*macumbeiros*". A Umbanda deveria passar por uma escola de aperfeiçoamento, onde os seus médiuns fossem devidamente instruídos […].

Infelizmente, na concepção de muitos, quando acontece que em um determinado terreiro não se fazem espalhafatos, e os Guias baixados não dão berros, não comem velas, etc., etc., e não chamam a atenção dos assistentes com espetáculos fantasmagóricos, diz-se que essa sessão não tem força, e que os seus médiuns são por demais fracos. É um mero engano... A encenação e o absurdo não dão força a médium algum […].

Na minha opinião de médium, praticante e iniciado na Umbanda durante vinte anos aproximadamente... assim concebo o culto da Umbanda. (p.155-156)

ORGANIZAÇÃO DE TEMPLOS, CENTROS, TERREIROS, ETC.

No meu ponto de vista deveria ser abolido o uso de imagens católicas, e os altares conteriam uma simples cruz de madeira, que simboliza a fé, e os pontos "*esotéricos*" e "*cabalísticos*", representativos das forças próprias de cada entidade. Entoar-se-iam hinos e cânticos próprios, que condizem perfeitamente com a evocação das entidades. (p. 157)

A UMBANDA DENTRO DA SUA VERDADEIRA DIVISÃO

Para maior clareza no que concerne à divisão da Umbanda, a qual chamarei de *Umbanda Esotérica e Iniciática*, farei as devidas comparações entre uma e outra […].

Divide-se a Umbanda Esotérica e Iniciática em 2 partes principais, chamadas REINOS. Esses reinos, obedecendo a fórmula esotérica UMBANDA, significam duas forças: o bem e o mal [...]

Esses reinos estão constituídos de 7 cortes principais, as quais, por sua vez, formam as subdivisões que constituem as *49 linhas* (grifo nosso) integrantes de cada uma dessas forças. (p. 160)

A UMBANDA INICIÁTICA – OS EXUS E SUAS FALANGES

Compreende-se por iniciação, todos os trabalhos ou estudos que se fazem, em prol de uma determinada seita ou religião, da qual se procura fazer do seu culto um verdadeiro sacerdócio. Por esta razão, toda e qualquer religião possui ou deve possuir a sua corte de iniciados, para que exista verdadeiramente um culto, em toda a acepção da palavra [...].

Na Umbanda que se pratica ultimamente no Brasil, essa questão ainda não foi tomada na sua devida consideração, pelo fato de que a maioria dos seus praticantes, desconhecendo completamente o que seja uma verdadeira iniciação, julga não ter a mínima importância esse fator primordial [...].

Se fizermos uma comparação perfeita, e levarmos em conta tudo o que se pratica em uma sessão de Umbanda, vamos constatar perfeitamente a semelhança existente entre uma iniciação Umbandista e uma iniciação mágica. (p. 188-189)

As sessões que se costumam realizar nos "CANDOMBLÉS", na *"Quimbanda"*, e mesmo em alguns centros Umbandistas, não quer dizer que certos rituais efetuados nessas seitas condigam perfeitamente com a *Umbanda Esotérica e Iniciática*, que procura na verdade cultuar uma Umbanda pura e divina. (p.204)

## *Exu, [s.d.]*

Ao leitor

Esta é mais uma obra espírita, baseada nos rituais que se praticam no culto das diversas modalidades do espiritismo, não só no que diz respeito às práticas da Magia, como também em tudo o que se faz, no tocante à evocação dos Gênios do Mal, que muitos que se dizem conhecedores erram lamentavelmente.

As entidades espirituais que dirigiram em grande parte a confecção deste trabalho, e que autorizaram a sua publicação e expansão através dos quatro pontos cardeais, pediram-me que tornasse público, deixando bem patente, a seguinte exortação:

Por se tratar de uma obra que se define de um modo claro e insofismável toda a atuação das entidades do Mal que se denominam Exus, os quais são imprescindíveis em qualquer terreno espiritual através da existência

*Imagem extraída do livro* Exu, *de Aluízio Fontenele.*

humana, é necessário exortar a todos quantos deste livro pretenderem tomar conhecimento, que tenham bastante cuidado na apreciação da matéria que nele está encerrada, por motivos especiais, os quais, se não forem devidamente compreendidos, trarão certamente grandes prejuízos àqueles que inconscientemente usarem dos ensinamentos desta obra, que é um verdadeiro "Vade-mécum", sobretudo quando se pratica o que concerne à MAGIA NEGRA utilizada pelos EXUS.

Quero ainda desobrigar-me de toda e qualquer responsabilidade sobre a interpretação errônea das pessoas de pouco conhecimento do assunto, que pretendem utilizar-se deste livro para a prática do mal...

*Cuidado com o POVO DE EXU, porque ele tanto serve para o bem como serve para o mal.* (grifo nosso)

A Umbanda tem fundamento, e fundamento na Umbanda, tem mironga. (p.11-13)

[...] a Umbanda nasceu da Quimbanda, isto é: a Umbanda foi criada pelo astral superior, a fim de combater a Quimbanda...

A entidade máxima do mal. Lúcifer, o anjo belo

A *Entidade Máxima* denomina-se "MAIORAL", tendo ainda outros denominativos, tais como: Lúcifer, Diabo, Satanás, Capeta, Tinhoso, etc., etc., sendo que nas Umbandas é mais conhecido com o nome de "EXU REI".

Apresenta-se como figura de altos conhecimentos, tratando-nos com uma grande elevação de sociabilidade prometendo-nos este mundo e o outro, exigindo tão somente que por nós, seja tratado por: MAJESTADE.

Raramente vem a um terreiro, preferindo apenas aproximar-se dos lugares onde se professe altos estudos de MAGIA ASTRAL...

[...] Tem o *Maioral* bem como as demais Entidades, o seu ponto ou pontos riscados, sendo que o principal é de origem ESOTÉRICA, o qual a seguir, divulgarei...

Nessa obra de Aluízio Fontenele vamos encontrar uma Trindade que está acima de todas as demais entidades, o Maioral se manifesta em três pessoas: Lúcifer, Belzebuth e Aschtaroth, que são na sua opinião Exu Rei, Exu Mor e Exu Rei das Sete Encruzilhadas. Apenas para termos uma ideia das relações dos nomes e sincretismo estabelecidos por ele, destaco a seguir alguns desses nomes a título de curiosidade e estudo, embora não concorde com a evocação dos mesmos, já que a cada nome da Goécia ou Magia Negra Europeia está relacionada uma egrégora astral afim.

*Lúcifer* tem como assistentes *Put Satanakia* (Exu Marabô) e *Agalieraps* (Exu Mangueira)

*Belzebuth* tem como assistentes *Tarchimache* (Exu Tranca Ruas) e *Fleruty* (Exu Tiriri)

*Aschtaroth tem como assistentes Sagathana* (Exu Veludo) e *Nesbiros* (Exu dos Rios)

*Klepoth* é o nome de "Exu Pombajira", a mulher de sete Exus

*Syrach* ou Exu Calunga comanda 18 Exus:

*Bechard* – Exu dos Ventos

*Frimost* – Exu Quebra Galho

*Klepoth* – Exu Pomba Gira

*Khil* – Exu das Sete Cachoeiras

*Merifild* – Exu das Sete Cruzes

*Clistheret* – Exu Tronqueira

*Silcharde* – Exu das Sete Poeiras

*Ségal* – Exu Gira-Mundo

*Hicpasth* – Exu das Matas

*Humots* – Exu das Sete Pedras

*Frucissiére* – Exu dos Cemitérios

*Guland* – Exu Morcego

*Surgat* – Exu das Sete Portas

*Morail* – Exu da Sombra ou Sete Sombras

*Frutimière* – Exu Tranca Tudo

*Claunech* – Exu da Pedra Negra

*Musifin* – Exu da Capa Preta

*Huictogaras* – Exu Marabá

Sobre as ordens de OMULU trabalham *Sergulath* (Exu Caveira) e *Hael* (Exu da Meia-Noite).

Sob o comando de *Sergulath* (Exu Caveira) trabalham mais sete Exus:

*Proculo* – Exu Tatá Caveira
*Haristum* – Exu Brasa
*Brulefer* – Exu Pemba
*Pentagnoni* – Exu Maré
*Sidragosum* – Exu Carangola
*Minosum* – Exu Arranca-Toco
*Bucons* – Exu Pagão

Sob o comando de Hael (Exu da Meia-Noite) trabalham mais sete Exus:

*Serguth* – Exu Mirim
*Trimasael* – Exu Pimenta
*Sustugriel* – Exu Male
*Eleogap* – Exu Sete Montanhas
*Damoston* – Exu Ganga
*Tharithimas* – Exu Kaminaloá
*Nel Birith* – Exu Quirombô

Há ainda *Aglasis* (Exu Cheiroso) e *Meramael* (Exu Curado).

Este é o sincretismo de Aluízio Fontenele que influenciou alguns umbandistas e uma boa parte da Quimbanda brasileira.

## Yokaanam

Chefe Espiritual da Fraternidade Eclética Espiritualista Universal, publica *Evangelho de Umbanda*, em 1951. O autor apresenta nessa obra uma elaboração do que é e como praticar a Umbanda, desde como se vestir até a forma como deve ser construído e organizado o templo. Também combate a ideia das sete linhas de Umbanda pontificada com sete Orixás, já adotada por alguns autores anteriores, como Leal de Souza, Lourenço Braga e outros. Yokaanan, polêmico e pragmático em suas colocações, diz que esses autores são africanistas. Vejamos apenas algumas passagens curiosas:

> [...] os senhores **Jaime Madruga** – presidente da nascente União Espírita de Umbanda – e dr. **Heyder Siqueira Gomes – médico** –, os quais me convenceram e nos declararam, baseados em uma "enquête" realizada a respeito, que o Brasil inteiro e, quiçá o mundo, que esperam nossa palavra, precisam saber a *verdade* sobre *UMBANDA, conhecer o*

*seu código legítimo, segundo as leis morais, evangélicas e os preceitos divinos contidos em seus mistérios.*

[...] Talvez amanhã mesmo, quem sabe, uma vez, a lume, se encontrem estas verdades que afirmamos de pé, nossas palavras não agradem também aqueles mesmos que nos convenceram para escrevê-las... uma vez que venham contrariar o gosto pela aceitação daquilo que elas desaconselham, mesmo contra o prazer da maioria... (o convite havia sido feito 15 anos antes, 1936).

[...] Aconteceu exatamente o que prevíramos (agora na 4 edição em 1961). As mesmas comitivas e Delegações que nos procuraram para confirmarem e aplaudirem o apelo da primeira comitiva que considerou a Fraternidade Eclética e o Mestre Yokaanam a autoridade competente para legislar tal codificação, voltaram-se todos contra o Mestre e logo improvisaram pela imprensa uma codificação às pressas através do jornal "A Noite"...

[...] *UMBANDA – Vem de UM + BANDA.*

*UM* que significa *DEUS*... *BANDA* que significa *Legião, Exército...* ou *Lado de Deus*! Ora, assim sendo não pode ser confundida com o *Africanismo...*

## Samuel Ponze

Confessa que nunca conheceu Emanuel Zespo, mas o reconhece como o codificador da Umbanda. Em seu livrinho, *Lições de Umbanda* (46 p.), de 1954, faz perguntas e respostas sobre a Umbanda, sempre citando o codificador. No prefácio desse livrinho afirma: "Não me sentiria capaz de continuar a obra de Zespo, mesmo porque ela está concluída; contudo, desejo divulgá-la e esclarecê-la por ser a mais sensata em matéria de Umbanda, publicada até hoje no Brasil conforme bem disse o *Jornal de Umbanda*". O *Jornal de Umbanda* a que se refere é o mesmo que foi idealizado por Zélio de Moraes e o Caboclo das Sete Encruzilhadas.

## Florisbela M. Sousa Franco

Autora de dois livros conhecidos, seu trabalho consiste em mensagens que variam entre textos inspirados, uma ou outra mensagem recebida mediunicamente e pesquisa. São principalmente textos doutrinários. Sua primeira publicação é de 1953, na qual apresenta o triângulo de Umbanda: Caboclos (energia), Crianças (inocência) e Pretos-Velhos (humildade). É dessa médium o mérito de apresentar Caboclo, Preto-Velho e Criança como um triângulo de Umbanda, e também a primeira obra mediúnica de mensagens doutrinárias. Lourenço Braga já havia apresentado obra mediúnica, *Os mistérios da magia*, como um romance mediúnico ou simplesmente um conto mediúnico pelo tamanho reduzido.

## UMBANDA, 1953

Obra mediúnica sobre este ramo do espiritismo prático, ditada pelos espíritos de Pai João, mãe Maria da Serra e Aleijadinho no grupo espírita Unidos pelo Amor de Jesus, de Juiz de Fora – Minas Gerais.

Se para serem beneficiados, todas as pessoas tivessem antes que estudar o Espiritismo ou praticá-lo, coitados dos analfabetos; como haveriam de arranjar-se! Eis a razão por que os pretos-velhos usam este ponto:

> Umbanda tem mironga
> Umbanda tem dendê
> Quem quiser conhecer Umbanda
> Tem muito o que aprender [...] (p. 8)

Este livro, que constitui a primeira obra mediúnica sobre os trabalhos executados no terreiro, na prática da verdadeira caridade, com toda a simplicidade dos espíritos. (p. 20)

Umbanda tem fundamento e fundanga tem mironga. (p. 24)

Nenhum terreiro pode trabalhar somente com o povo de Umbanda. Tem de utilizar também os espíritos da Quimbanda para a prática do bem para que os mesmos possam ir se aperfeiçoando e vão se conduzindo para a magia branca. (p. 25)

Um terreiro bem organizado obedece este ritual: primeiro incorporam os caboclos, depois as sereias, no caso em que o ambiente esteja muito carregado, porque estes espíritos nem sempre incorporam, a não ser que sejam guias de cabeça do médium; depois as crianças, que também não demoram muito; por fim os pretos-velhos, que vêm encerrar os trabalhos, firmar os pontos, dar os conselhos, atender os pedidos, etc.

Assim se forma o triângulo de Umbanda: os caboclos, representando a energia; as crianças, a inocência; os pretos-velhos, a humildade. Ocupam o centro do triângulo as sereias, que representam a higiene de Umbanda.

Eis o símbolo triangular:

Umbanda é uma legião de espíritos que permanecem na atmosfera terrena em meio dos encarnados, conservando os mesmos hábitos que aí tiveram. (p. 29)

Os que recebem a incumbência de trabalhar no terreiro são divididos segundo o seu progresso, em vários grupos, formando as respectivas linhas:

Linha de Santo

Linha do Mar

Linha Oriental

Linha de Oxosse

Linha de Xangô

Linha de Ogum

Linha Africana  (p. 33)

O que Deus faz, só Ele pode desfazer. Combater Umbanda significa o mesmo que combater as sábias leis do Criador. (p. 37)

Origem de Umbanda

Umbanda foi introduzida no Brasil pelos negros africanos [...].

Foram, assim, os brancos civilizados que trouxeram os negros para o Brasil, vindo com eles sua seita religiosa, a Umbanda, que é de origem africana. (p. 56)

NEGRO DA COSTA

Livro de Umbanda é livro de terreiro; negro também quer escrever. Mão calejada nunca pegou em lápis na terra, mas negro já tem luz e "cavalo"[178] sabe "escrevinhar"; deixa língua de negro tirar seu "ponteiro"[179] e de seus companheiros:

*Mão de negro na terra*
*Foi calejada;*
*Alma de negro no céu*
*Foi por Zambi iluminada.*
*Auê!*
*Auê! – Auá!*
*Povo de Luanda*
*Também vai escrevinhá [...].*
*No terreiro de Umbanda,*
*Preto-velho vem salvar;*
*Fazendo sua reza, pede a Zambi,*
*Pra todo filho ajudar [...].*
*O preto sentado no toco,*
*Tirando sua fumaça,*
*Faz a limpeza nos filhos,*

---

178. "Cavalo" é um termo utilizado para definir aquele que é médium de Umbanda, assim como se utiliza o termo "Aparelho" nos meios espíritas, "kardecistas".
179. Seu "ponto", conto ou canto.

*E todo o mal deles passa [...]*. (p.107-109)

Deus, a fonte inesgotável do Amor e Caridade, há de nos amparar na grandiosa tarefa de mostrar a todos o que é Umbanda, Magia Branca ou Linha Branca.. [...] (p.129)

## Umbanda para os médiuns, 1958

Obra mediúnica ditada pelo Espírito Paraguaçu,[180] no Grupo Espírita Unidos Pelo Amor de Jesus. (p. 3)

Umbanda não é apenas espiritismo porque é mais do que isso: é religião divina, sublime, humanitária e pura. (p. 17)

A mesa dos trabalhos de Umbanda não necessita de ostentar grande número de imagens; é bastante a Cruz, simbolizando o martírio de Cristo em benefício da humanidade. (p. 23)

O médium que faz da mesa de Umbanda um balcão onde corre a prata, negociando seus dons mediúnicos, não possui nenhum desenvolvimento nem recebe entidades de Umbanda; é apenas um charlatão e merece ser expulso das correntes mediúnicas, e jamais ser chamado filho de Umbanda. (p. 33)

O católico de fato ora e pede aos Santos, que são os Orixás da lei de Umbanda. (p. 55)

A Legião de Umbanda foi formada antes da criação do mundo, com a diferença que então eram falanges de anjos, querubins e serafins. (p. 72)

Salve, pois, a Umbanda, que não vem do Ocidente nem do Oriente, mas sim do infinito, divinamente pura, como que terá a primazia das religiões terrenas, quando seus adeptos deixarem de ser inimigos da sua evolução, pois que, infelizmente, a maior parte dos umbandistas prejudica a sua evolução no plano terráqueo porque quer. (p.157)

UMBANDA

*Mensagem recebida em dezembro de 1945 quando iniciei a minha missão de médium no terreiro.*

Sobre Umbanda nada deves ler porque um livro será ditado por nós, cujo título é *Umbanda*, e então compreenderás a razão de certo materialismo existente nos terreiros. Procura seguir a orientação dos Guias que se incorporam em ti, mesmo com esta repugnância que tens pelo pitar de cachimbo, de charuto e cigarro. (p. 181)

## AB'D Ruanda

Fez um livrinho simples de perguntas e respostas, que, durante muito tempo, foi comercializado – acredito que ainda seja possível en-

---
180. Paraguaçu se identifica como Caboclo de Umbanda.

contrá-lo. A primeira edição é de 1954, chama-se *Lex Umbanda: catecismo*, mas nas edições posteriores saiu como *Catecismo de Umbanda*.

## Lex Umbanda: Catecismo, 1954

1. Que é Umbanda?

R. Umbanda é a religião ensinada pelos Pretos-Velhos e Caboclos de Aruanda.

2. Quem são os Pretos-velhos e os Caboclos?

R. São espíritos de muita luz que, servindo-se dos "cavalos", vêm ensinar-nos o caminho do bem.

3. Quem são os "cavalos"?

R. Cavalos são os filhos de Fé que, com grande renúncia e sacrifício emprestam seus corpos físicos para que, nos mesmos incorporados, possam os Pretos-Velhos e Caboclos comunicar-se com seus irmãos que ainda vivem no plano da matéria. (p. 17)

7. E quais os "fins" da Umbanda?

R. Os principais fins da Umbanda são:

1) A prática da caridade;

2) Evidenciar a imortalidade;

3) Promover a reencarnação;

4) Propagar a palavra de Jesus, o Mestre Supremo da Umbanda;

5) Promover o respeito e o culto à Natureza criada por Deus;

7) Preparar o homem para uma vida melhor aqui e no Além. (p.18)[181]

14. Que é o "orixá"?

R. Orixá é exatamente o deva ou anjo que preside aos elementos e seres da natureza. E "orixá" também é o anjo de guarda particular de cada homem. (p. 19)

17. Quais são os mandamentos da umbanda?

R. São os mesmos dez mandamentos da lei de Deus e mais sete mandamentos da Lei de Umbanda.

18. Quereis enumerar os sete mandamentos?

R. Sim. São eles:

1) Assistir aos trabalhos de Umbanda com respeito;

2) Cumprir suas obrigações anuais na lei de orixá;

3) Socorrer os que sofrem;

---

181. Aqui está como no original onde falta o número 6.

4) Jejuar e abster-se de álcool e carne, quando manda a Lei de Umbanda;

5) Ajudar os bons trabalhadores;

6) Estudar e observar a Lei de Umbanda;

7) Praticar a Lei de umbanda, segundo as Instruções dos Guias, e de coração limpo. (p. 22)

55. Há algum código de Umbanda?

R. Não precisamos dizer em outras palavras aquilo que os séculos já disseram. O Código do Umbandista é a Lei de Moisés, reformada por Jesus e explicada por São Paulo. Basta-nos a Bíblia.

56. E a Umbanda não é uma forma de Espiritismo?

R. Não. O Espiritismo é que tem sido uma forma de Umbanda. O Espiritismo de Kardec surgiu há cem anos exatamente e, no Brasil (só para falar do nosso país) o reencarnacionismo já era praticado antes do descobrimento. Os Tupinambás eram espíritas reencarnacionistas. (p. 36)

69. Tais palavras, como Umbanda, Aruanda, não são de origem africana?

R. A palavra, meu amigo, representa a ideia. A ideia é abstrata. Poderíamos representar nossas ideias de Deus, Céu, Jesus, Guia, Mestre, etc. com palavras hebraicas, gregas ou latinas. Preferimos o vocabulário africano e o vocabulário índio por várias razões. E assim procedendo, evitamos queixem-se os adeptos de outras religiões que nós lhes roubamos ou plagiamos os termos. Também preferimos conservar aquilo que os mais humildes, os escravos e os silvícolas, nos deixaram. É um meio, também, humilde de homenagearmos aqueles a que o Brasil tanto deve: o índio que renunciou a terra ao branco, e o negro que regou esta mesma terra com o sangue e o suor da escravidão. (p.41)

AB'D Ruanda publicou ainda *Banhos e defumações na Umbanda*, [s.d.], Coleção Espiritualista.

## Segunda e terceira gerações de autores umbandistas

Nosso objetivo em resgatar a obra de alguns autores umbandistas está focado exclusivamente na primeira geração, que vai até a primeira metade da década de 1950.

A partir de 1956, fica mais evidente uma segunda geração de autores que trabalham com bibliografia fundamentada em títulos de Umbanda; no entanto, as teorias da primeira geração vão aparecer nessas obras sem citação regular ou créditos autorais. Embora não figurem com muito destaque neste livro, há alguns autores umbandistas dedicados e de primeira linha nessa segunda geração, a saber:

- **Antônio Alves Teixeira Neto** (*Conhecimentos indispensáveis aos médiuns espíritas*, 1953; *Umbandismo*, 1957; *Umbanda dos Pretos-velhos*, 1965; *Pomba-gira, as duas faces da Umbanda*, 1966; *Como desmanchar trabalhos de quimbanda*, volumes I e II, 1967; *O Livro dos Exus*, 1967; *Oxalá*, 1967; *O Livro dos médiuns de Umbanda*, 1967; *Umbanda através dos astros*, 1968; *Oxóssi*, 1969; *Despachos e oferendas na Umbanda*, 1969; *Omulu o médico dos pobres; Impressionantes casos de Magia Negra; A magia e os encantos da Pomba-gira*).

- **N. A. Molina** (*Na Gira de Exu, A Cura pela Simpatia, No Reino da Feitiçaria, Feitiços de Preto-velho, O Secular Livro da Bruxaria, Antigo Livro do Feiticeiro, Na Gira dos Pretos-Velhos, Como Cortar o Olho Grande, Manual do Babalaô e Yalorixá, O Livro Negro de São Cipriano, Antigo Manual de Cartomante, A Cura pelas Ervas Medicinais, Despachos e Trabalhos de Quimbanda, Antigo Breviário de Rezas e mandingas, Amuletos e Talismãs para todos os fins, Feitiços de um Preto-velho Quimbandeiro, Antigo e Verdadeiro Segredo da Salamandra, Nostradamus – A Magia Branca e a Magia Negra, O Livro Negro de São Cipriano – Verdadeiro Capa Preta, Como fazer e desmanchar trabalhos de Quimbanda, Antigo Livro de São Cipriano – o Gigante e Verdadeiro Capa de Aço, Manual de Oferendas e Despachos na Umbanda e na Quimbanda, Pontos Cantados e Riscados de Oxóssi e Caboclos, Pontos Cantados e Riscados dos Exu e Pomba Gira, Pontos Cantados e Riscados dos Pretos-velhos, São Cipriano o Feiticeiro de Antioquia, Trabalhos de um Preto-Velho Feiticeiro, Trabalhos de Magia Branca e Magia Negra, Trabalhos de Quimbanda na Força de um Preto-velho, 3.777 Pontos Cantados e Riscados na Umbanda, Coleção Sarava: EXU, Oxóssi, Ogum,*

*Oxum, Xangô, Inhasã, Ibeijada, Iemanjá, Obaluaiê, Seu Tiriri, Pomba Gira, Seu Caveira, Seu Marabô, Maria Padilha, o Povo d'Agua, Seu Zé Pelintra, Seu Tranca Ruas, Linha das Almas, Rei das Sete Encruzilhadas, quase todos sem data).*

- **Paulo Gomes de Oliveira** (*Umbanda Sagrada e Divina*, 1957, Editora Aurora, Rio de Janeiro).
- **Decelso** (*Babalaôs e IalOrixás*, 1967; *Umbanda de Caboclos*, 1967; *Umbanda para todos*; e *Tranca Ruas das Almas*, [s.d.])
- **Benjamim Figueiredo** (*Okê Caboclo*, 1962).
- **Capitão Pessoa** (*Umbanda: religião do Brasil*, 1960, Editora Obelisco).
- **Paulo de Deus** (*Kardecistas e Umbandistas*, 1965, Editora Espiritualista).
- **Francisco Xavier da Silva** (*Saravá Umbanda*, 1965, Editora Eco).
- **José Paiva de Oliveira** (*Filosofia afro-umbandista e seus mistérios* e *Os Orixás africanos na Umbanda*).

Abordar esses e mais alguns outros autores tornaria este trabalho muito extenso e daria outro foco, no qual o correto seria uma abordagem comparativa desses com seus antecessores, a fim de localizar a origem de alguns de seus fundamentos para a Umbanda, ou simplesmente ignorar suas influências e destacar a colaboração literária de cada um para a Umbanda.

Ressalto que o mais importante nesse resgate literário umbandista é justamente trazer títulos que já não encontramos mais nas livrarias nem nos sebos, permitindo, ao leitor, estudante e pesquisador, ter um contato mínimo com a linha de pensamento de cada autor.

Já na terceira geração vamos encontrar autores tão importantes **quanto Omolubá, Átila Nunes, Cavalcanti Bandeira, Jota Alves de Oliveira, Roger Feraudy, Ronaldo Linares, Diamantino Fernandes Trindade e Edson Orphanake**, entre outros.

## A literatura de Umbanda hoje

### Rubens Saraceni

É o mais procurado entre os autores umbandistas da atualidade. Podemos estudá-lo como um fenômeno de fato e de direito dentro dessa realidade, na qual fez uma revolução na forma de se relacionar com a psicografia na religião. Passou a apresentar uma obra de romances mediúnicos umbandistas, transmitidos por um Preto-Velho, Pai Benedito de Aruanda. Algo que é tão comum no espiritismo de Kardec e tão difundido por Chico Xavier ainda não havia sido bem aproveitado na Umbanda.

Os romances *O guardião da meia-noite* e o *Cavaleiro da estrela guia* viriam a se tornar, em pouco tempo, os títulos mais lidos entre os umbandistas. Encontrou, o autor, apoio irrestrito na pessoa do sr. Wagner Veneziani Costa, presidente e editor-geral da Madras Editora, para a publicação e divulgação umbandistas.

Rubens Saraceni e a Madras Editora mudaram o paradigma do mundo livreiro, pois as grandes editoras e livrarias não aceitavam títulos de Umbanda, e esses livros eram encontrados apenas em lojas de artigos religiosos. Agora, outras editoras já se animam em publicar títulos de Umbanda, e outros umbandistas se sentiram incentivados também a psicografar romances umbandistas e obras doutrinárias.

Rubens Saraceni conta, hoje, com mais de 50 títulos publicados pela Madras Editora. Além dos já tradicionais e consagrados romances mediúnicos umbandistas de sua autoria, também brindou a Umbanda e os umbandistas com uma vasta obra de conteúdo doutrinário e teológico. É possível identificar em sua Teologia de Umbanda novos conceitos e a releitura de alguns pontos já a muito abordados por outros autores.

Em seu primeiro livro doutrinário, *Umbanda: o ritual do culto à Natureza*,[182] é possível encontrar uma semente da linha teológica que marca a obra do autor. Esse livro já trazia uma boa consistência e marcava a postura do autor com relação ao universo em que começava a transitar: a literatura umbandista. Logo na introdução do livro ("Apresentação" e "Uma palavra do autor"), podemos ter uma ideia "de onde vem e para onde vai" essa obra e esse autor. Destaco, a seguir, algumas passagens que marcam esse perfil:

> APRESENTAÇÃO
>
> Este livro foi formado a partir de mensagens transmitidas por entidades do Ritual de Umbanda que se identificam no final de cada trecho, mensagens estas que não são de natureza iniciática, mas tão somente esclarecedoras de alguns aspectos e elementos do todo nominado "Umbanda Sagrada"[...].
>
> Neste caso, parece-nos que este livro guarda uma coerência bastante grande com todos os outros livros inspirados pelos mestres da Luz: o

---

182. Livro psicografado em 1990 e publicado em 1995, sendo reeditado com o título: *Umbanda Sagrada: ciência, religião, magia e mistério*. São Paulo: Madras Editora, 2001.

de trilhar em um meio termo entre o popular e o iniciático, ou entre o exotérico e o esotérico [...].

(Umbanda) não pode ser contida ou apreendida no seu todo por quem quer que seja. O mais que alguém poderá conseguir será captar partes desse todo [...].

Umbanda traz em si energia divina viva e atuante, à qual nos sintonizamos a partir de nossas vibrações mentais, racionais e emocionais. Energias estas que se amoldam segundo nosso entendimento de mundo.

[...] os mestres nos ensinam que o "Verbo" não está contido em uma só língua ou grafia iniciática, mas que, quando verdadeira é a língua ou grafia, através dela o "Verbo" se manifesta.

Logo, se um irmão de fé em um grau não iniciático, mas instruído pelo seu mentor, riscar um ponto análogo às forças do seu regente, ativará forças análogas àquelas ativadas pelo mais profundo dos conhecedores da Lei de Pemba [...].

E neste ponto reside e se manifesta toda a grandeza da Umbanda: os Orixás não olham o grau de ninguém, apenas esperam que cada um contribua com seu corpo, sua boa vontade, sua fé, e também com o que de melhor temos a oferecer-lhes: nosso amor! [...].

UMA PALAVRA DO AUTOR

Ali está uma boa parte dos fundamentos da Umbanda, seu ritual é aberto ao aperfeiçoamento constante...

Tudo o que as grandes religiões castram nos seus fiéis, o ritual umbandista incentiva nas pessoas que dele se aproximam. Nada tem a ocultar, mas sim a ensinar àqueles que querem penetrar nos seus mistérios [...].

Observando estes que são os primeiros textos de Rubens Saraceni podemos vislumbrar uma proposta de fazer um "caminho do meio" para a Umbanda, entre o esotérico (fechado) e o exotérico (aberto). Pretende mostrar que a Umbanda revela os grandes mistérios, os arcanos, de uma forma simples e acessível, sem a necessidade de segredos e rituais complicados. Com o tempo, passou a apresentar conceitos "chaves" para o entendimento da religião, por meio dos quais trouxe todo um conjunto de informações sobre campos ainda inexplorados, mal explicados ou pouco compreendidos como: *Os Tronos de Deus, O Setenário Sagrado, Sete Linhas de Umbanda, Gênese de Umbanda, Androgenesia, Fatores de Deus, Ciência dos Entrecruzamentos, Escrita Mágica*, etc.

Um conceito fundamental na obra de Rubens Saraceni é o *Setenário Sagrado*, no qual se assentam as *Sete Vibrações de Deus* que fundamentam tudo o que se relaciona com o mistério do número sete na criação, que é a base de entendimento das *Sete Linhas de Umbanda*. Da forma como lhe foi passado por Pai Benedito de Aruanda, Sete Linhas são sete vibrações de Deus, pelas quais Ele criou tudo e todos. Toda a criação leva a marca dessas sete vibrações. Todos os Orixás se encontram nelas, cada linha é associada a uma essência, um elemento, e suas respectivas cores e divindades correspondentes.[183]

Vejamos algumas considerações sobre a Umbanda que marcam a obra de Rubens Saraceni:

## *Umbanda Sagrada*

> A Umbanda nada mais é que um retorno à simplicidade em cultuar a Deus; em aceitá-Lo como algo do qual nós também fazemos parte [...].
>
> Na simplicidade do ritual umbandista é que reside sua força, pois não adianta um templo luxuoso cheio de pessoas ignorantes sobre a natureza do Ser Divino. (p. 18)
>
> Esta é a essência da Umbanda: cada umbandista é um templo do seu culto. Este é um mistério sagrado que sempre esteve oculto dos homens. Não interessa as grandes religiões ensiná-lo, pois assim perderiam o domínio sobre o adepto. (p. 20) [184]

## *Doutrina e teologia de Umbanda Sagrada*

> Se a Umbanda é uma religião nova, seus valores religiosos fundamentais são ancestrais e foram herdados de culturas religiosas anteriores ao cristianismo.
>
> A Umbanda tem na sua base de formação os cultos afros, os cultos nativos, a doutrina espírita kardecista, a religião católica e um pouco da religião oriental (Budismo e Hinduísmo) e também da magia, pois é uma religião magística por excelência, o que a distingue e a honra, porque dentro dos seus templos a magia negativa é combatida e anulada pelos espíritos que neles se manifestam incorporando nos seus médiuns.[185]

## *Os Arquétipos da Umbanda*

> A Umbanda é fé, religião, magia e espiritualização na vida dos seus seguidores.
>
> Ela é como é porque assim foi pensada por Deus, concretizada pelos sagrados Orixás e colocada para todos pela espiritualidade. [186]

---

183. Veja anexo sobre Lourenço Braga e as sete linhas de Umbanda na página 356.
184. Saraceni, Rubens. *Umbanda Sagrada: ciência, religião, magia e mistério*, op. cit.
185. Id., *Doutrina e teologia de Umbanda*, op. cit., p. 22.
186. Id., *Os arquétipos da Umbanda*, op. cit.

## As sete linhas de Umbanda

As entidades que atuam na Umbanda não são apenas de uma raça ou religião. Vêm de todos os lugares da Terra e trazem consigo os seus últimos ensinamentos religiosos, porém já purificados dos tabus criados pelos encarnados.[187]

## Tratado Geral de Umbanda

_ Sim, há um iniciador da Umbanda no plano material e este é Pai Zélio de Moraes.

Quanto aos que propugnam que ela teve um início em eras remotas ou entre outros povos, estes fazem apenas um exercício de comparatividade porque confundem a prática de incorporar espíritos, tão antiga quanto a própria humanidade, com a Umbanda.[188]

## Formulário de Consagrações Umbandistas

Sabemos que existem várias correntes de pensamento dentro da Umbanda e também há muitas formas de praticá-la...Não consideramos nenhuma das correntes melhor ou pior e nem mais ou menos importante para a consolidação da Umbanda. Todas foram, são e sempre serão boas e importantes, pois só assim não se estabelecerá um domínio e uma paralisia geral na assimilação e incorporação de novas práticas ou conceitos renovadores.

E por essa pluralidade, temos correntes cristãs, indígenas... tantas correntes de pensamento só enriqueceram ainda mais a nossa religião [...].[189]

## Código de Umbanda

Imaginemos cada quadrante do universo visível e invisível sendo varrido pelo fluxo contínuo e ordenado de uma Vontade Superior; imaginemos células macrocósmicas e microcósmicas organizadas rigidamente no sentido de garantir este ordenamento.

Imaginemos todas as formas possíveis, das mais densas às mais sutis, todos os seres e criaturas reunidos em uma explosão de vida que perpassa todas as dimensões, submetidas a ciclos vitais inexoráveis; imaginemos a Presença Divina em cada gesto, em cada palavra, em cada vontade nutrida procurando o bem de todos e o consolo de cada um.

---

187. Id., *As sete linhas de Umbanda*. São Paulo: Madras Editora, 2003, p. 141.
188. Id., *Tratado geral de Umbanda*. São Paulo: Madras Editora, 2007, p. 31.
189. Id., *Formulário de consagrações umbandistas*. op. cit., p. 19.

Imaginemos tudo isso acontecendo simultaneamente, e estaremos começando a penetrar no universo sublime e maravilhoso do Ritual de Umbanda Sagrada.

Umbanda significa: o sacerdócio em si mesmo, na m' banda, no médium que sabe lidar tanto com os espíritos quanto com a natureza humana. Umbanda é o portador das qualidades, atributos e atribuições que lhe são conferidas pelos senhores da natureza: os Orixás! Umbanda é o veículo de comunicação entre os espíritos e os encarnados, e só um Umbanda está apto a incorporar tanto os do Alto, quanto os do Embaixo, assim como os do Meio, pois ele é, em si mesmo, um templo.

Umbanda é sinônimo de poder ativo.

Umbanda é sinônimo de curador.

Umbanda é sinônimo de Conselheiro.

Umbanda é sinônimo de intermediador.

Umbanda é sinônimo de filho de fé.

Umbanda é sinônimo de sacerdote.

Umbanda é a religiosidade do religioso.

Umbanda é o veículo...

Umbanda é o mais belo dos templos, onde Deus mais aprecia ser manifestado, ou mesmo onde mais aprecia estar: no íntimo do ser humano!...

Umbanda, o sacerdócio; embanda, o chefe do culto; Umbanda, o ritual aberto do culto aos ancestrais.

Umbanda, onde na banda do "Um", mais um todos nós somos...

Digam que, na banda do "Um", o rebanho é composto só de pastores, pois "Umbanda" é sacerdócio. (p.37-39)

## Orixás: Teogonia de Umbanda

Observem que queremos chamar a atenção dos leitores para o fato de que em um século de existência a Umbanda já avançou muito em seus aspectos teóricos e práticos e, no entanto, sempre haverá espaço para novos livros e conceitos, porque ela é uma religião de fato e uma fonte inesgotável de conceitos e informações. Tanto isso é verdade que jamais deixaremos de ter novos livros sobre a religião umbandista, nos quais os autores estarão reavivando a fé dos leitores, abordando aspectos ritualísticos e conceitos doutrinários, sempre movidos pelo intuito de elucidar, esclarecer e instruir a novas gerações umbandistas.

Sim, as novas gerações são as grandes levas de pessoas possuidoras da mediunidade de incorporação que adentram diariamente os templos de

Umbanda, ávidas por informações acerca do universo divino da sua nova religião.

Pai Benedito de Aruanda já nos dizia: "Filhos, não temam as críticas cujo único objetivo é destruir a Umbanda porque elas não prosperarão, já que a cada novo dia milhares de espíritos reencarnam e muitos deles já trazem abertas as suas faculdades mediúnicas, faculdades essas que os conduzirão ao encontro das religiões espíritas ou mediúnicas, tais como o Espiritismo, a Umbanda e o Candomblé".

Pai Benedito também dizia:

"Filhos, a Umbanda é maior que todos os Umbandistas juntos, pois ela é uma religião, e, como tal, sempre abrigará novos fiéis, mostrando a todos que é em si um mistério de Deus, apto a abrigar em seu seio (templos) quantos a procurarem e a adotarem como sua 'guia' terrena nos caminhos que nos conduzem a Deus".

Pai Benedito também nos alertava sempre sobre o fato de que, caso alguém quisesse se arvorar em "papa" da Umbanda ou chamasse para si a posse dela, dos seus conceitos e da sua doutrina, logo se veria tão assoberbado que se calaria e se recolheria ao silêncio sepulcral do seu íntimo, já que a Umbanda não tem um dono ou papa.

Pai Benedito também nos dizia: "Filhos, a Umbanda é uma religião mediúnica e, como tal, dispensa templos suntuosos, pois onde houver um médium lá estará um dos seus 'templos vivos', através do qual a religião fluirá em todo seu esplendor. Portanto, sejam bons e bem esclarecidos médiuns, porque serão a religião".

Tantas foram as coisas ditas a nós por Pai Benedito de Aruanda que é impossível recordar todas neste momento que escrevo a apresentação deste livro.

Mas se de algumas me recordo é para salientar a sapiência desse nosso amado irmão Preto-velho que sempre nos alertava: "Filhos, Deus é a verdade e é a fonte divina de todos os mistérios. Só Ele realmente sabe! Quanto a todos nós, espíritos mensageiros e médiuns, somos apenas intérpretes d'Ele e dos Seus mistérios, dos quais temos nossas versões e nada mais". Logo, caso lhes digam: Esta é a verdade final sobre Deus e sobre seus mistérios – fiquem alertas porque ali estará alguém fazendo proselitismo em causa própria ou é mero especulador.

Se relembro os alertas de Pai Benedito de Aruanda, dados quando ele psicografava através de mim, é porque ele sempre foi um crítico ardente de muitos dos comentários sobre os Orixás...

Ele não poupava ninguém quando o assunto era os Orixás e até nos dizia: "Filhos, hoje estão surgindo pessoas, cheias de soberba e sapiência, arvorando-se em arautos do saber sobre os Orixás... Lembrem-se, alertava-nos Pai Benedito, que Orixá é mistério de Deus! E, como tal, assume as feições humanas que lhe dermos. Mas lembrem-se também: existe uma Ciência Divina que explica os mistérios dos Orixás de forma científica e, em vez de recorrer aos seus aspectos míticos, os decifra e os ensina através das qualidades divinas que cada um é em si mesmo. Na "ciência divina" está a chave para decifrar os mistérios dos Orixás, filhos de Umbanda! (p. 7-9)

No livro *Lendas da criação*, o autor apresenta uma nova leitura da mitologia dos Orixás, fundamentada na Ciência dos Orixás, de uma forma inusitada; por meio da psicografia, surge um novo estilo literário. Aparecem longos discursos em diálogos, com toques de humor e ironia, nos quais figuram os Orixás. Pode-se dizer que três personagens roubam a cena, são eles: Exu, Pombajira e Exu Mirim. Os três se movimentam com mesma desenvoltura e no mesmo nível dos outros Orixás, e mais uma novidade: Pombajira e Exu Mirim assumem o *status* de Orixá. O autor explica que há tronos, divindades, no astral, responsáveis por essas duas entidades. E que assim como a entidade Exu tomou o nome do Orixá Exu para se identificar, pode-se tomar o nome da entidade (Exu Mirim ou Pombajira) para identificar o Orixá correspondente. E para oferecer mais e melhores explicações, publicou os títulos *Orixá Pombajira* e *Orixá Exu Mirim*. Rubens é também o primeiro autor a dedicar um livro a Exu Mirim, mais um dos elementos tão discutidos e pouco conhecidos dentro da Umbanda.

A quantidade de livros e revelações de Rubens Saraceni é algo que parece não ter fim. A quem vai ingressar nessa literatura, recomendo começar pelos romances *O guardião da meia-noite* e *Cavaleiro da estrela guia*, para então passar aos doutrinários, dos quais recomendo iniciar com os volumes mais "fininhos", como *Umbanda Sagrada*, *Os arquétipos da Umbanda*, *Rituais umbandistas* e *As sete linhas de Umbanda*. Após essa leitura, tornam-se mais acessíveis títulos de maior profundidade, como *Código de Umbanda*, *Gênese de Umbanda* ou *Lendas da criação*.[190]

A Madras Editora vem abrindo espaço para novos autores de Umbanda, como: **Rodrigo Queiroz** (*Redenção*), **Iara Drimel** (*A história da Senhora Pombajira Rosa do Lodo*), **Angélica Lisanti** (*Cristais e os Orixás*), **Lurdes Campos Vieira** (*Manual ritualístico umbandista, Linha do Oriente na Umbanda, Oxumaré*), **Nelson Pires Filho**, **Vicente Paulo de Deus**, **Nilton de Almeida Junior**, **José Augusto Barbosa**,

---

190. Confira todos os títulos atualizados de Rubens Saraceni no site: <www.madras.com.br>.

**Pai Ronaldo Linares** (reedição), **Silvio da Costa Matos**, entre outros. Citamos esses autores apenas para que se tenha uma ideia do que vem sendo publicado sobre Umbanda e do trabalho dessa editora.

O Pai espiritual **Ronaldo Linares**, que conviveu com Zélio de Moraes, acaba de reeditar em parceria com **Diamantino Trindade** e **Wagner Veneziani Costa**, dois títulos importantes pela Madras Editora. O primeiro é *Iniciação à Umbanda*, livro já consagrado no meio umbandista. Essa obra já tinha sido publicada anteriormente em dois volumes; agora, ganha uma versão única, ampliada e revisada. Nesse título, o leitor encontrará a história de Zélio de Moraes, seus ensinamentos para Ronaldo Linares, fotos do Pai da Umbanda e de seus trabalhos. O outro título de Ronaldo Linares é *Os Orixás na Umbanda e no Candomblé*, que antes estava dividido em uma coleção de títulos sobre os Orixás, agora reunido em volume único.

Quanto às livrarias, aos poucos vêm dado mais destaque à Umbanda e aos autores umbandistas.

Esperamos sinceramente que os umbandistas aproveitem os ensinamentos e os esclarecimentos que surgem na obra literária umbandista. Hoje, mais do que nunca, os guias e mentores da Umbanda registram seus ensinamentos no papel, pela psicografia.

Todos podem e devem ler e estudar para entender a Umbanda, além da manifestação mediúnica no terreiro (Tenda, Centro ou Templo de Umbanda), entendendo-a como religião – com doutrina, teologia e ritual próprios.

*Capítulo 8*

# Literatura Científica: um Olhar de Fora

A religião e o relacionar-se com Deus ou com o transcendente são fenômenos inerentes e naturais ao ser humano. A forma de explicar a sua experiência com essa realidade subjetiva e intangível se caracteriza como Teologia, na qual o religioso fundamenta sua fé. A Teologia é uma das filhas da Filosofia, mantendo com esta uma relação de simbiose e troca de conceitos e experiências.

No entanto, a religião é algo tão complexo que necessita de outras ciências para ser compreendida em suas várias nuanças. Dessa forma, as ciências humanas vão se ocupar de entender a experiência religiosa como fenômeno que envolve o ser e a sociedade em que vive. Dos estudos específicos, dessas ciências humanas, voltados à religião, nasceu as Ciências da Religião, que englobam História da Religião, Filosofia da Religião, Sociologia da Religião, Antropologia da Religião, Psicologia da Religião e Fenomenologia da Religião, entre outras.

O precursor da sociologia, Augusto Comte, fundador do positivismo na França, influenciou boa parte dos cientistas que o sucederam. A Revolução Francesa e o Iluminismo colocariam essa nação na vanguarda do mundo, no que diz respeito aos estudos sobre o ser humano, começando com os "direitos humanos". O mundo moderno seguiria as ideias de Comte, nas quais a religião representa algo a ser superado pela ciência, assim como a antiga magia e mitologia já haviam sido superadas por aquela (religião e teologia). É nesse sentido que cientistas creem ser religião algo atrasado e o fenômeno mágico, algo "primitivo". Atrasado ou primitivo, aos poucos foram se estruturando estudos sérios e científicos sobre a experiência religiosa na sociedade, independentemente das crenças e dos valores teológicos.

As respostas, dadas por místicos e profetas, em todas as culturas, são interpretadas pelos sacerdotes, transmitidas por uma tradição e dogmatizadas pela ortodoxia. Fenômeno que se repete na maioria das culturas, desde as sociedades mais simples e primeiras, nas quais o sagrado se manifestava de forma mais intuitiva e livre da ortodoxia. É justamente essa ortodoxia que formula, escreve e registra sua doutrina e teologia, nas quais estão presentes teoria e filosofia sobre Deus, o ser humano e o mundo que nos cerca, buscando um sentido existencial.

As tradições religiosas e místicas nos dizem que o homem é composto de *corpo, mente e espírito*. Os estudos antropológicos nos dizem que esse mesmo ser é *aberto, relacional e simbólico*. *Aberto*, pois sente que é incompleto, que lhe falta algo que está além de si mesmo; *relacional*, pois vive em sociedade; e *simbólico*, por ritualizar a vida e criar símbolos para alcançar o inalcançável.

As ciências humanas vão inevitavelmente se debruçar sobre esses aspectos inerentes ao ser humano, e agora que no mundo contemporâneo existe menos arrogância da ciência com relação às antigas tradições filosóficas de tradições religiosas ocidentais e orientais, vemos também uma troca de valores e informações importantes entre ciência e religião.

As Ciências da Religião têm um olhar que parte de fora para observar a religião, enquanto a Teologia olha de dentro. Embora não exista ser humano neutro, o método das Ciências da Religião vai buscar certa neutralidade, diferente da Teologia, que traz conceitos enraizados em sua própria doutrina, ritual e liturgia como forma de dar sentido aos mesmos, apresentando a ideologia fundamental à fé em tal seguimento.

O olhar de fora é importante colaboração, como contraponto ao olhar de dentro, trazendo a oportunidade de colocar lado a lado religiões diversas, abrindo campo para o estudo de religiões comparadas e teologia das religiões.

Para as Ciências da Religião, o fenômeno religioso ou a experiência religiosa em si é o objeto de estudo a ser pesado, analisado, comparado e dissecado em suas partes.

Todos os grandes cientistas, da área de humanas, se ocuparam com a compreensão do fenômeno religioso. Na história e na obra de cada um deles é possível verificar influências desta ou daquela religião, ou religiosos próximos a eles. **Emile Durkheim**, o pai da sociologia e criador do método sociológico, no título *Origens elementares da vida religiosa,* dedica atenção especial à religião e a define como o local em que se encontra o sagrado, no qual o território é delimitado a fim de apartar-se do profano. **Karl Marx** coloca a religião como o *suspiro* *dos oprimidos, o ópio do povo*, que deve ser compreendido dentro do contexto, no qual o povo se constitui da massa de proletários vivendo em completa alienação. Em sua perspectiva, a religião é ópio exatamente quando faz parte desse mesmo sistema social de alienação. **Max Weber** nos explica como a tensão entre religião e o conhecimento intelectual, o racionalismo, criou um *desencanto do mundo*; no momento em que transformaram o mesmo em mero *mecanismo causal*.[191] Também criou o conceito de "tipo ideal", por meio do qual desenvolve estudos, entre outros, sobre o *sacerdote*, o *mago* e o *profeta*. Analisa ainda a sociedade e sua tensão com a religião no título *A ética protestante e o espírito do capitalismo*. **Freud**, pai da Psicologia e criador da psicanálise, estudou o fenômeno religioso e entendeu que era algo infantil para a humanidade. Atitude diferente teve seu contemporâneo **Jung**, que deu o devido valor à religiosidade, na qual se fundamentam muitos dos dramas humanos. Desenvolvem ainda sérios estudos sobre inconsciente coletivo, arquétipos, mandalas, alquimia, etc. A filosofia moderna tem em **Nietzsche** um de seus maiores expoentes; ele também se dedicou a entender a religião e acabou por afirmar que *Deus está morto*. **Rudolf Otto** identifica algo que é comum em todas as religiões e que determina o sagrado, e, para identificar esse algo presente no sagrado, cunha uma nova palavra: *numinoso*. Ao estudar os aspectos desse *numinoso* apresenta o *mistério fascinante* (que encanta) e o *mistério tremendo* (que assusta) presentes no sagrado das religiões. **Peter Berger** dá atenção especial à secularização da sociedade em que os ex-monopólios religiosos não podem contar mais com a submissão da população:

> A tradição religiosa, que antes era imposta pela autoridade, agora tem que ser "colocada no mercado". Ela tem de ser "vendida" para uma clientela que não está mais obrigada a "comprar". O pluralismo é uma situação de mercado. As instituições religiosas tornam-se agências de mercado e as tradições religiosas tornam-se produtos de consumo... a atividade religiosa é dominada pela lógica de mercado.[192]

A experiência religiosa individual e coletiva não pode ser ignorada por quem estuda o ser humano. A antropologia nos mostra que o homem sempre ritualizou a morte e o momento da despedida, caracterizando o *Homo sapiens* como *Homo religiosus*. O ser sempre teve em

---

191. Desde a formulação das leis de Newton, muitos passaram a crer que o universo pode ser todo ele pesado, medido e calculado, o que vem sendo derrubado com a física quântica, que demonstra que tais leis são totalmente ineficientes.
192. Berger, Peter. *O dossel sagrado*. São Paulo: Paulus, 2004, p. 149.

si duas dimensões, uma objetiva e outra subjetiva; na primeira, ele se define pelo que é palpável e visível; na segunda, busca transcender a si mesmo, formulando para isso conceitos e teorias metafísicas que lhe deem um sentido de estar aqui, nesse mundo sensível.

Antes de a Umbanda aparecer nesse cenário, vamos encontrar cientistas ocupando-se das religiões afro-brasileiras, aproveitando as mesmas como campo de estudo para as ideias de Durkheim, ou seja, o "primitivismo" africano poderia dar pistas da origem do fenômeno religioso no ser humano. Animismo, totemismo, fetichismo e magia seriam as primeiras manifestações de crença do homem, ainda sem formulações metafísicas ou teológicas, nas quais os Cultos de Nação Africanos e o Candomblé Afro-brasileiro ofereceriam oportunidade única de entender a origem dos fenômenos. Com interesse ímpar e preconceito característico do paradigma da época, temos à nossa disposição os estudos de Nina Rodrigues, como precursor no Brasil, seguido por Roger Bastide e Arthur Ramos, entre outros. Com o tempo o paradigma foi mudando; no entanto, esses mesmos estudiosos da cultura religiosa afro-brasileira, em perspectiva positivista, deram os primeiros passos na direção de uma nova religião que surgia, dentro do quadro de sincretismos entre África, Europa e Brasil: a Umbanda.

Os primeiros estudiosos a se dedicarem à Umbanda são do campo da Sociologia e da Antropologia. Estes partiram, a princípio, da cultura negra para a Umbanda.

Pioneiros, como **Arthur Ramos**, **Edison Carneiro** e **Roger Bastide**, já estudavam as expressões religiosas afro-brasileiras e passaram a estudar a Umbanda por meio das semelhanças entre elas. **Roger Bastide** chegou a entender como uma traição à Umbanda o "embranquecimento" da cultura negra, afinal ele vai caracterizá-la mais como uma "revalorização" da macumba carioca.

Embora esses autores tivessem uma "visão de fora" da religião Umbanda, traziam uma "visão de dentro" dos próprios estudos sobre os Cultos de Matriz Africana. **Roger Bastide** muda sua opinião de forma tardia, reconhecendo a Umbanda como religião brasileira. Digo tardia porque suas teses e obras principais já haviam sido publicadas; no entanto, passa a um de seus continuadores, **Renato Ortiz**, as novas considerações do reconhecimento da Umbanda como religião brasileira, retirando o peso da suposta traição, do "negro que quer ser branco" ou da apropriação, por parte do branco, de uma cultura negra. Neste ínterim, aparece **Candido Procópio Ferreira de Camargo**, que vinha estudando o Espiritismo e fez o mesmo procedimento com outro ponto de vista. Agora ele veria a Umbanda a partir do Kardecismo, englobando ambas as vertentes, como Religiões Mediúnicas e parte de um único "*continuum* mediúnico".

Mais recentemente veremos **Maria Vilas Boas Concone** reconhecendo a Umbanda como religião brasileira e, a partir dela e de Renato Ortiz, fica clara a identidade nacional da Umbanda, o que se soma às contribuições únicas de **Diana Brown, Lísias Nogueira Negrão, Patrícia Birman** e **Zélia Seiblitz**, principais estudiosos da Umbanda no contexto antropológico e sociológico.

São anos de estudo e aplicação do método científico para chegar a essas conclusões, em que cada um dos cientistas leu e releu, estudou e se aprofundou nas obras de seus antecessores. Além de todo o aporte teórico e da base para cada uma de suas ciências, vamos encontrar pesquisas de campo e estatísticas que revelam fatos interessantes quando observados sob o olhar de fora.

E como tudo começou com o estudo da cultura afro-brasileira, comecemos com o pioneiro neste campo:

## Nina Rodrigues

Médico por profissão, antropólogo e etnólogo por especialização, legista, epidemiologista, clínico, professor e escritor. Foi o primeiro estudioso a aplicar o método científico em suas pesquisas sobre a religião afro-brasileira. Produziu farto material de estudo no início do século XX. Sua visão sobre o negro era preconceituosa – positivista e evolucionista –, acreditando que estava pesquisando uma cultura atrasada. Assim, definiu os rituais como "fetiche" e "animismo", produto de uma etnia inferior. No entanto, suas observações são detalhadas e seu método é rigoroso ao registrar cada detalhe dos fenômenos pelos quais ele também se encantou. Nina era criticado pelos colegas que diziam que ele estava maluco e o acusavam de se deitar e comer com os negros em suas roças de Candomblé. Entre os seus escritos se destacam, para nós, *O animismo fetichista dos negros na Bahia*, publicado em 1900, e *Os africanos no Brasil*, escrito entre 1890 e 1905, e publicado em 1932. Esse material é ponto de partida para etnólogos, antropólogos, sociólogos e psicólogos que se interessam pelo afro-brasileiro. Vejamos o comentário de Roger Bastide sobre Nina Rodrigues:

> Precisamos insistir na obra de Nina Rodrigues porque é a partir dele que todas as pesquisas se desenvolveram . Ele foi, segundo as expressões de seu discípulo, Arthur Ramos, "um chefe de escola", quer dizer, fixou os dois pontos de referência do estudo das religiões afro-brasileiras para toda a primeira metade do século XX, o Psicologismo e a Etnografia. Poder-se-á corrigi-lo, recusar seus preconceitos raciais ou seus estereótipos

sobre o negro, mas sempre colocar-nos-emos nas mesmas perspectivas que ele, as da Psicologia e da Etnografia.[193]

No tempo de Nina Rodrigues não havia ainda a religião Umbanda, no entanto, ele registrou a Cabula como um Culto Banto; mais tarde reconhecido como o ritual afro mais próximo e semelhante à Umbanda.

> A nosso ver, *Cabula* é semelhante ao *Espiritismo* e à *Maçonaria*... Como o *Espiritismo*, acredita na direção imediata de um bom espírito chamado Tatá, que se encarna nos indivíduos e assim mais de perto os dirige em suas necessidades temporais e espirituais. Como a *Maçonaria*, obriga seus adeptos que se chamam *camanás* (iniciados) para distinguir dos *caialós* (profanos), a *segredo absoluto*, até sob pena de morte pelo envenenamento; tem suas iniciações, suas palavras sagradas, seus tatos, seus gestos, recursos particulares para se reconhecerem em público os irmãos. [...] Em vez de sessão, a reunião dos cabulistas tem o nome de mesa [...] O Chefe de cada mesa tem o nome de *Embanda* e é secundado nos trabalhos por outro que se chama *Cambône*. A reunião dos *Camanás* forma a *Enjira*. Todos devem obedecer cegamente ao *embanda* sob pena de castigos severos. As reuniões são secretas, ora em uma determinada casa, mais comumente nas florestas, em alta noite. À hora combinada, todos, de camisa e calças brancas, descalços, dirigem-se ao *camucite* (templo).[194]

Depois de Nina Rodrigues, seus seguidores, os primeiros antropólogos e sociólogos, ao estudarem Umbanda, observaram a religião de um ponto de vista africanista, acreditando se tratar de um culto africano ou afro-brasileiro. Assim foi a visão de Arthur Ramos, Edison Carneiro e Roger Bastide.

## Arthur Ramos

Foi quem deu continuidade ao trabalho de Nina Rodrigues no campo da antropologia. No entanto, esse autor já possui uma visão mais neutra e livre do etnocentrismo preconceituoso de seu antecessor. Arthur Ramos também produziu muito material sobre a cultura e religião do negro nas três Américas. Entre suas obras publicadas estão *O negro brasileiro: etnografia religiosa*, 1934; *O folclore negro no Brasil*, 1935; e *As culturas negras no novo mundo*, 1935.

Em sua época já existia a Umbanda e ele a identifica dentro da cultura Bantu, afirmando que "o grão-sacerdote dos angola-congoleses, o *Quimbanda* (Kimbanda), passou ao Brasil com os nomes de Quim-

---

193. Bastide, Roger, op. cit., p. 33.
194. Rodrigues, Nina, *Os africanos no Brasil*. São Paulo: Madras Editora, p. 229-230.

banda e seus derivados *umbanda, embanda e banda* (do mesmo radical *mbanda*)".[195] É também o primeiro a apresentar a etimologia correta da palavra Umbanda. Já identifica um culto sincrético e define Umbanda como "Religião Afro-indo-católico-espírita-ocultista".[196] Ainda em uma visão africanista, observa, "no Brasil, o *Embanda* perdeu muito do seu prestígio...tem apenas função de *chefe de macumba*, secundado por um auxiliar ou acólito, o *cambone* ou *cambondo*. Por influência dos cultos gêge-nagôs, o *Embanda* é também chamado *pai de terreiro*, ou *de santo*, e os iniciados, *filhos* e *filhas de santo*". Nessa época, os cultos afro-brasileiros no Rio de Janeiro, de maior influência Bantu, chamavam-se *macumba* e assim são identificados pelos sociólogos e antropólogos. Nessa época, nasce a Religião Umbanda, logo de início associada e identificada, também, como *macumba*.

## Edison Carneiro

Publica, entre outras obras, *Candomblés da Bahia*, em 1948, dando continuidade aos estudos de Nina Rodrigues e Arthur Ramos. Em sua obra aparece um curto adendo com o título *Umbanda*,[197] do qual extraímos algumas considerações que nos apresentem a visão do autor:

> Ainda ao tempo das reportagens de João do Rio, os cultos de origem africana do Rio de Janeiro chamavam-se coletivamente, *candomblés*, como na Bahia... Mais tarde, o termo genérico passou a ser *macumba*, substituído recentemente por *Umbanda*.
> 
> [...] O catolicismo, o espiritismo e o ocultismo tentaram ganhar para si os cultos populares e, em consequência, há inúmeros folhetos, muito lidos, que veiculam as mais diversas explicações para os fenômenos da Umbanda, relacionando-os, ora aos aborígines brasileiros, ora à magia do Oriente, ora aos druidas de Kardec.
> 
> [...] A pressão exercida sobre a Umbanda por esses novos modos de conceber o mundo não conseguiu, porém, comprometer gravemente um núcleo original de crenças e de práticas que tem preservado a sua integridade.
> 
> [...] O espiritismo ofereceu, com o copo d'água, em que se refletem os fluidos, uma alternativa que, dada a sua simplicidade, pôs em perigo os búzios divinatórios dos nagôs. Leem-se páginas de Allan Kardec nas *tendas*, estabelece-se comunicação com os mortos, os *guias* e os *irmãos do espaço* se dispõem a fazer *caridade*, os *perturbados* são alijados por

---

195. Ramos, Arthur. As *culturas negras no novo mundo*. São Paulo: Companhia Editora Nacional, 1979, p. 229.
196. Ramos, Arthur. *O negro brasileiro*. 2. ed., 1934, p.175-176 apud Bastide, Roger, op. cit., p. 466.
197. Carneiro, Edison. *Candomblés da Bahia*. Rio de Janeiro: Conquista, 1961, p. 165-170.

meio de *passes* e *concentrações*. O contato com o ocultismo, em grande voga ainda por volta de 1930, comunicou à Umbanda os defumadores, os banhos de descarga...

## Roger Bastide

De origem francesa, é o primeiro sociólogo a se dedicar ao estudo das religiões africanas e ao Candomblé aqui no Brasil. Professor titular da USP, era muito conhecido por sua dedicação às pesquisas em campo. Para entender melhor o culto afro-brasileiro, frequentou os terreiros baianos e foi à África, onde esteve com Pierre Verger, e adentrou no ambiente dos terreiros baianos. Dá continuidade aos trabalhos de Nina Rodrigues, Arthur Ramos e Edison Carneiro, porém com método e visão inovadores. Em seu livro *O Candomblé da Bahia*, 1958, ele afirma:

> Estudaremos o Candomblé como realidade autônoma, sem referência à história ou ao transplante de culturas de uma para a outra parte do mundo. Não nos preocuparemos também com o enquadramento das descrições em sistemas de conceitos tomados à etnografia tradicional ou a antropologia cultural... É preciso dissociar completamente religião e cor da pele. [198]

A primeira incursão ao universo afro no Brasil se dá em 1944, quando vai ao Nordeste; o resultado fica registrado em sua obra *Imagens do Nordeste místico em branco e preto*, 1945. No entanto, sua obra que mais nos chama a atenção é *As religiões africanas no Brasil*, 1960, na qual vamos encontrar no capítulo VI, "Nascimento de uma religião", todo um estudo sobre a problemática da Umbanda. Bastide, apesar de toda sua desenvoltura, independência de valores externos e busca pela neutralidade, vai observar a Umbanda a partir dessa sua visão construída, para melhor entender o Candomblé e o afro-brasileiro em geral. Esse é seu ponto de partida e paradigma; no entanto, já é um avanço a atenção dispensada à Umbanda. Abaixo, destaco algumas de suas considerações, que nos dão uma amostra de suas ideias:

> [...] o preconceito de cor não deixou de se introduzir no espiritismo brasileiro. Já o observamos, quando dissemos que os médiuns que trabalham com a linha índia (indígena) ou a linha africana se veem tachados de "baixos espíritas... O espiritismo de Allan Kardec aceitará muitos mulatos e muitos negros em seu seio, mas sob a condição de que eles recebam os espíritos dos brancos.

---

198. Bastide, Roger. *Candomblé da Bahia*. São Paulo: Companhia das Letras, 2001, p. 24.

Como diz Lourenço Braga, defendendo a causa do espiritismo de cor: "Os umbandistas são injustamente combatidos pelos kardecistas... Os kardecistas pensam que os umbandistas se enganam ao aceitarem os espíritos dos *caboclos,* dos africanos, etc., como guias e protetores, e alegam que esses espíritos são inferiores ou atrasados, e que, por essa razão, não são capazes de preencher o ofício de guias nos centros ou nas tendas, nem mesmo de protetores dos médiuns". (Lourenço Braga, *Umbanda e Quimbanda*, p. 54-55.)

Agem aqui outros estereótipos, nessa condenação sumária: a ideia do negro bêbado, da negra ladra, da prostituição de cor, do negro ignorante e grosseiro, preguiçoso ou mentiroso... É a velha luta racial que passa do mundo terrestre para o mundo sagrado... Discutia-se, outrora, se os negros tinham alma...

Entenda-se: o negro vai reagir. O espiritismo de Umbanda é a expressão dessa reação.

Segundo o capitão José Pessoa, a fundação da Umbanda foi decidida e realizada em Niterói (Estado do Rio) há mais de trinta anos, em uma macumba que ele visitava pela primeira vez. Até ali, ele fora um espírito kardecista. O pai de santo investiu-o dos poderes de presidente da tenda de São Jerônimo, que devia funcionar na Capital, e lhe disse que importava organizar a Umbanda como religião. (Resposta a uma enquête, do *Radical*, citada por Alfredo Alcântara, *Umbanda em Julgamento*, p. 174.)

Ora, o sucesso dessa nova seita, a primeira no Rio, em seguida em outros Estados do Brasil – Minas, Rio Grande do Sul, São Paulo, Recife –, prova que ela correspondia à nova mentalidade do negro mais evoluído, em ascensão social, que compreendia que a macumba o rebaixava aos olhares dos brancos, mas que entretanto não queria abandonar completamente a tradição africana. "*Umbanda* é uma valorização da *macumba* através do espiritismo" (Oliveira Magno, *Ritual Prático de Umbanda*, p. 11.). E o ingresso de brancos em seu seio, trazendo com eles restos de leituras mal digeridas, de filósofos, de teósofos, de ocultistas, não podia senão ajudar esta valorização. Pelo menos em certa medida. Até o momento no qual a valorização se transforma em traição, na qual a origem africana de *Umbanda* é esquecida. Pois existem uma valorização negra e uma valorização branca que se cruzam, como veremos, por causa desse duplo contingente de adeptos: o de cor e o de origem europeia. A luta racial prosseguirá ainda, sob uma forma mais sutil, é verdade, e mais disfarçada.

Se é difícil seguir historicamente os primeiros momentos de *Umbanda*, é igualmente difícil descrevê-los. Pois estamos em presença de uma religião a pique de fazer-se; ainda não cristalizada, organizada, multiplicando-se em uma infinidade de subseitas, cada uma com o seu ritual e mitologia próprios. Algumas, mais próximas da macumba pelo espaço deixado aos instrumentos de música africana e à dança, outras mais próximas do espiritismo, outras, enfim, tendendo para a magia ou astrologia. É porque, além disso, a fim de remediar essa anarquia de formas e de crenças, que arriscava prejudicar a irradiação da nova Igreja, em 1941 um Congresso se reuniu no Rio, tendo em vista uniformizar o ritual e sistematizar a dogmática. Mesmo assim, a heterogeneidade se mantém bastante grande para tornar impossível apresentar-se a *Umbanda* de maneira clara e precisa.

[...] Reação do espírito moderno diante de uma situação de fato, de um sincretismo que nasceu do encontro, nas grandes cidades, de religiões diferentes, mas que possuíam a mesma clientela que respondia aproximadamente às mesmas necessidades e cujos adeptos eram dotados de uma mobilidade religiosa desconcertante. O processo de criação de Umbanda é um processo puramente sociológico, não obedecendo senão a causas sociais, não se explicando senão pelo contato das civilizações.[199]

## Candido Procópio Ferreira de Camargo

É o primeiro brasileiro a se dedicar à sociologia da religião. Segue os passos de Roger Bastide, porém, assume uma visão diferente, apresentando um estudo sobre *Kardecismo e Umbanda*, no qual seu olhar sobre a Umbanda parte do Kardecismo. Define as duas vertentes como "Religiões Mediúnicas", o que para a Umbanda é um avanço, além de ser objeto de estudo, ao lado do Kardecismo, também ganha o *status* de religião. Procópio Ferreira defende a tese de um *"continuum"* mediúnico, que envolve as duas vertentes religiosas.

Atenção especial foi dedicada ao estudo de dupla pertença religiosa e a dificuldade do adepto de assumir, publicamente, o Kardecismo ou a Umbanda como sua religião e, no caso dos Umbandistas, muitos se apresentavam como espíritas. Embora esse trabalho tenha sido realizado no final da década de 1950, muitas das suas conclusões são atuais e importantes para a nossa reflexão. Vejamos algumas passagens desse estudo:

[...] Os dados do IBGE., somando 824.553 espíritas em 1950, revelam de modo inadequado (devido às declarações incorretas e à duplicidade de religião) o crescente ímpeto de formas religiosas que se organizam em "terreiros", "tendas" e sessões espíritas...

---

199. Id., *As religiões africanas no Brasil*, op. cit., p. 439-440; 449.

[...] Em primeiro lugar, como já deve ter notado o leitor, referimo-nos a "religiões mediúnicas", agrupando formas religiosas bem diversas, como a Umbanda e o Kardecismo. Levou-nos a realizar esse "corte da realidade" tanto a percepção de analogias, que explicariam o crescimento simultâneo dessas modalidades de vida religiosa, como a verificação de uma simbiose doutrinária e ritualística que redunda no florescimento de uma consciência de unidade. Constitui-se, assim, conforme nossa hipótese, um *continuum* religioso que abarca desde as formas mais africanistas da Umbanda até o Kardecismo mais ortodoxo...

[...] Em São Paulo, apesar dos protestos de inúmeros kardecistas, a expressão "espírita" cobre todo o *continuum* e mesmo os umbandistas mais ortodoxos sempre se dizem "espíritas", empregando também o termo na denominação de suas instituições. Gozando de melhor prestígio social do que a religião umbandista, a qualificação de "espírita" é quase sempre empregada pelos entrevistados no primeiro contacto; só especificam eles mais tarde, a natureza umbandista de seu Espiritismo...

[...] Se o Espiritismo é crença à procura de uma instituição, a Umbanda é aspiração religiosa em busca de uma forma. Realmente, o que se vê em São Paulo, são cambiantes variados de organizações religiosas, sem unidade doutrinária e ritualística. Todo "terreiro" tem seu sistema e cada Dirigente pensa monopolizar a mais acabada verdade...

[...] Praticamente, não há estudo anterior sobre a Umbanda em São Paulo. O trabalho de Roger Bastide sobre a "Macumba Paulista", realizado nos primeiros anos da década de 1940, devido à pobreza da Umbanda naquela época, deu ênfase aos aspectos de um "curandeirismo", ainda comuns em São Paulo (Infelizmente não pudemos utilizar o recente livro do professor Roger Bastide, *Les religions africaines du Brésil* que só nos chegou às mãos quando estava terminada a nossa pesquisa. Sua análise da Umbanda, cheia de ideias sugestivas e originais, se funda em hipóteses étnicas, bem diversas das que orientaram nosso trabalho).

[...] Realmente, o crescimento da Umbanda, recente em São Paulo, tem seu desenvolvimento datado de 10 anos.

[...] muitos etnólogos, inclusive Roger Bastide, querem encontrar na tradição africanista de São Paulo a marca do estilo religioso dos negros Banto. É possível. Não cremos, entretanto, que tenha havido na cidade de São Paulo uma *continuidade* cultural de tradição africana que chegasse até nossos dias, como sucede na Bahia. A Umbanda paulista é importada de outros Estados e seu poder de expansão se encontra na funcionalidade do seu sistema e não na força de inércia de uma tradição cultural. Além do mais, a Umbanda não constitui um fenômeno racialmente africanista em São Paulo.

## Diana Brown, Doutora em Antropologia pela Universidade de Columbia, EUA.

Entregou, em 1974, sua tese de doutorado, da qual um capítulo foi traduzido e publicado em 1985 com o título "Uma história da Umbanda no Rio",[200] e é um texto de grande relevância científica e histórica, neste contexto de estudo, do qual extraímos algumas de suas reflexões abaixo:

### A fundação da Umbanda

Considero que a fundação da Umbanda ocorreu no Rio de Janeiro em meados da década de 1920, por iniciativa de um grupo de Kardecistas de classe média que começaram a incorporar tradições afro-brasileiras em suas práticas religiosas. Os primórdios da Umbanda, contudo, implicam muito mais do que a simples ocorrência de um sincretismo entre elementos dessas duas tradições. Os sincretismos afro-kardecistas ocorreram com frequência em diversos núcleos urbanos desde o final do século XIX, e provavelmente também existiam no Rio. A importância da Umbanda reside no fato de que, em um momento histórico particular, membros da classe média voltaram-se para religiões afro-brasileiras como uma forma de expressar seus próprios interesses de classe, suas ideias sociais e políticas e seus valores. Isso marcou o início da formação da Umbanda, cuja proliferação no período pós-1945 lhe granjeou a publicidade e a legitimidade de que desfruta hoje.

Eu relacionei os primórdios da Umbanda, mais especificamente as atividades de uma pessoa em particular, Zélio de Moraes, que no relato da sua doença, de sua posterior cura, e da revelação de sua missão especial para fundar uma nova religião chamada Umbanda fornece aquilo que considero como um mito de origem da Umbanda. Não posso estar totalmente certa de que Zélio foi *o* fundador da Umbanda, ou mesmo que a Umbanda tenha tido um único fundador, muito embora o centro de Zélio e aqueles fundados por seus companheiros tenham sido os primeiros que encontrei em todo o Brasil que se identificavam conscientemente como praticantes da Umbanda. A historiografia da Umbanda é extremamente imprecisa sobre este aspecto, e, fora deste contexto, a história de Zélio não é amplamente conhecida nem tão pouco ganhou uma aceitação geral, particularmente entre os líderes mais jovens. Representando ou não, seu relato, o momento histórico "real" da fundação da Umbanda, de qualquer maneira ele é extremamente convincente no sentido de dar conta de como a fundação da Umbanda provavelmente

---

200. In: Brown, Diana et al., op. cit., p. 9-12.

ocorreu, combinando a realidade dos primeiros centros efetivos de Umbanda e o pessoal participante.

Assim, o Centro Espírita Nossa Senhora da Piedade, que Zélio fundou e identificou para mim como o primeiro centro de Umbanda, começou a funcionar em meados da década de 1920 em um terreno alugado, nos fundos de uma casa, nos arredores de Niterói. Após uma série de mudanças de local, o centro instalou-se em 1938 em um amplo edifício na área central do Rio, onde está até hoje. Zélio permeneceu na direção do centro até seu afastamento em 1967, quando transferiu a liderança para sua filha. No decorrer dos 20 primeiros anos da Umbanda, muitos outros centros foram fundados por iniciados da Casa Mater. Esses centros continuam a florescer e hoje formam o núcleo da maior, melhor conhecida e mais bem dotada rede de centros de Umbanda do Rio.

Zélio e seus companheiros provinham predominantemente dos setores médios. Trabalhavam no comércio, na burocracia governamental, eram oficiais de unidades militares; o grupo incluía também alguns profissionais liberais, jornalistas, professores e advogados, e ainda alguns operários especializados. Todos esses indivíduos eram homens e quase todos eram brancos. Dos 17 homens retratados em uma fotografia oficial dos fundadores e principais líderes da Umbanda, tirada em 1941, meus informantes identificaram 15 como brancos e apenas dois como mulatos. Nenhum era negro.

Muitos integrantes deste grupo de fundadores eram, como Zélio, kardecistas insatisfeitos, que empreenderam visitas a diversos centros de "macumba" localizados nas favelas dos arredores do Rio e de Niterói. Eles passaram a preferir os espíritos e divindades africanos e indígenas presentes na "macumba", considerando-os mais competentes do que os altamente evoluídos espíritos kardecistas na cura e no tratamento de uma gama muito ampla de doenças e outros problemas. Eles achavam os rituais da "macumba" muito mais estimulantes e dramáticos do que os do Kardecismo, que comparados aos primeiros lhes pareciam estáticos e insípidos. Em contrapartida, porém, ficavam extremamente incomodados com certos aspectos da "macumba". Consideravam repugnantes os rituais africanos que envolviam sacrifícios de animais, a presença de espíritos diabólicos (exus), ao lado do próprio ambiente que muitas vezes incluía bebedeiras, comportamento grosseiro e a exploração econômica dos clientes. Não é para se espantar, portanto, que a Umbanda viesse a expressar as preferências e as aversões dos seus fundadores. Elas estão claramente refletidas na literatura que eles produziram, especialmente na Atas do Primeiro Congresso do Espiritismo de Umbanda (que foram publicadas), evento realizado no Rio em 1941. Dois temas centrais destacavam-se nessas atas: a preocupação com a criação de uma Umbanda desafricanizada, cujas origens foram localizadas nas antigas tradições religiosas do Extremo Oriente e do Oriente Próximo, e cujas conexões com a África foram minimizadas ao máximo –, e o esforço para "branquear" ou "purificar" a Umbanda, dissociando-a da África "primitiva" e "bárbara". Frente a essas preocupações, pode parecer paradoxal que esses fundadores desejassem abraçar de qualquer modo essas tradições afro-brasileiras, mas o que deve ser enfatizado é que eles o faziam de uma forma extremamente seletiva. Por exemplo, dois dos principais elementos retirados das tradições afro-brasileiras constituíram os espíritos centrais da Umbanda, os caboclos e os pretos--velhos. No entanto, os pretos-velhos, celebrados como as presenças africanas mais significativas na Umbanda, são escravos, subjugados e aculturados à vida brasileira, muito embora práticas associadas com africanos não aculturados fossem rejeitadas desta forma de prática da Umbanda [...]

Refiro-me a esta forma de Umbanda como Umbanda Pura, termo frequentemente empregado por seus praticantes.

## Renato Ortiz

Sociólogo, iniciou suas pesquisas sobre Umbanda em 1972, concluindo-as com sua tese de doutorado em 1975, em Paris, com orientação do mestre Roger Bastide. Dessa tese resultou o livro *A morte branca do feiticeiro negro*. O trabalho foi realizado em duas partes, uma de seminários e, outra, em campo, fazendo um período de um ano de pesquisas no Rio e em São Paulo. Ele justifica a escolha desses dois estados, onde escolheu "o Rio porque é o lugar histórico de nascimento da religião umbandista; São Paulo por ser a região onde o movimento religioso se desenvolve hoje mais intensamente".

Ortiz dedica esse trabalho única e exclusivamente à Umbanda, não parte do afro para a Umbanda, nem do Kardecismo para Umbanda. Em sua obra, a Umbanda vai além de um sincretismo, para se autoafirmar como uma síntese do povo brasileiro. A Umbanda é brasileira e esta é uma conclusão construída com o rigor do método científico, ou seja, o seu trabalho é a continuidade e a conclusão de todos que o antecederam, pois assim se constrói o conhecimento científico. Vejamos sentimentos, pensamentos e palavras de Renato Ortiz, que calam fundo na alma de quem busca a neutralidade do trabalho científico, sem perder o amor pelo objeto do estudo:

O objetivo de nosso trabalho é mostrar como se efetua a integração e a legitimação da religião umbandista no seio da sociedade brasileira...

[...] Constataremos assim que o nascimento da religião umbandista coincide justamente com a consolidação de uma sociedade urbano--industrial e de classes...

[...] A sociedade global aparece então como modelo de valores, e modelo da própria estrutura religiosa umbandista...

[...] Visto que nossa tese coloca o problema da integração da religião umbandista na sociedade brasileira, pareceu-nos interessante comparar a Umbanda com as práticas do Candomblé... Com efeito, pode-se opor Umbanda e Candomblé como se fossem dois polos: um representando o Brasil, o outro a África. A Umbanda corresponde à integração das práticas afro-brasileiras na moderna sociedade brasileira; o Candomblé significaria justamente o contrário, isto é, a conservação da memória coletiva africana no solo brasileiro... O que nos parece importante é sublinhar que para o Candomblé a África conota a ideia de terra-Mãe, significando um retorno nostálgico a um passado negro. Sob este ponto de vista a Umbanda difere radicalmente dos cultos afro-brasileiros; ela tem consciência de sua brasilidade, ela *se quer* brasileira. A Umbanda aparece desta forma como uma religião nacional que se opõe às religiões de importação: protestantismo, catolicismo e kardecismo. Não nos encontramos mais na presença de um sincretismo afro-brasileiro, mas diante de **uma síntese brasileira**, de uma religião endógena.

Neste sentido divergimos da análise feita por Roger Bastide em seu livro *As Religiões Africanas no Brasil*, onde ele considera a Umbanda como uma religião negra, resultante da integração do homem de cor na sociedade brasileira. É necessário porém assinalar que o pensamento de Roger Bastide havia consideravelmente evoluído nestes últimos anos. Já em 1972 ele insiste sobre o caráter nacional da Umbanda... Entretanto, depois de sua última viagem ao Brasil, seu julgamento torna--se mais claro; opondo Umbanda, macumba e Candomblé, ele dirá: "o Candomblé e a Macumba são considerados e se consideram como religiões africanas. Já o espiritismo de Umbanda se considera uma religião nacional do Brasil. A grande maioria dos chefes das tendas são mulatos ou brancos de classe média...". O caráter de síntese e de brasilidade da Umbanda é desta forma confirmado e reforçado.

Com esse trabalho de Renato Ortiz, o olhar sociológico sobre a Umbanda fecha um ciclo que começa com sua gestação, passando por seu desenvolvimento e identificação como uma religião brasileira. O fato de Ortiz ter trabalhado em conjunto com Bastide nos passa um valor real de continuidade e capacidade em rever "velhos" paradigmas.

## Patrícia Birman

Antropóloga e também dedicada à compreensão da Umbanda, ela nos oferece excelentes considerações no título *O que é Umbanda*, da Coleção Primeiros Passos. Entre outras coisas, é interessante ressaltar suas considerações entre a Unidade e a Multiplicidade na Umbanda. Embora a autora afirme que *"esta questão da relação entre o Um e o Múltiplo não pertence somente à Umbanda"*, ela dedica uma atenção e uma reflexão sobre o assunto que nos vale: essa citação e o reconhecimento da profundidade de seus estudos e pesquisas, teóricas e de campo, captando um dos grandes dramas, dilemas e polêmica umbandista, sua multiplicidade.

> No plano da organização social, a religião umbandista pode ser considerada um agregado de pequenas unidades que não um conjunto unitário. Não há, como na Igreja Católica, um centro bem estabelecido que hierarquiza e vincula todos os agentes religiosos. Aqui, ao contrário, o que domina é a dispersão. Cada pai-de-santo é senhor no seu terreiro, não havendo nenhuma autoridade superior por ele reconhecida. Há, portanto, uma multiplicidade de terreiros autônomos, embora estejam unidos na mesma crença, havendo também um esforço permanente por parte dos líderes umbandistas no sentido de promover uma unidade tanto doutrinária quanto na organização. Criam federações, tentam estabelecer formas de relacionamento entre os vários centros decisórios, tentam enfim enfrentar a dificuldade de conviver simultaneamente com formas de organização dispersas e tentativa de centralização.
>
> A mesma dificuldade se reflete no plano doutrinário. Entre os terreiros são encontradas diferenças sensíveis no modo de se praticar a religião. Tais diferenças, contudo, se dão em um nível que não impede a existência de uma crença comum e de alguns princípios respeitados por todos. **Há, pois, uma certa unidade na diversidade.** (grifo nosso)
>
> A diversidade se expressa nas várias e reconhecidas influências de outros credos na umbanda. Encontramos adeptos de umbanda que praticam a religião em combinação com o candomblé, com o catolicismo, que se dizem também espíritas, absorvendo os ensinamentos de Kardec e, entre estes, as variações continuam: centros que aceitam determinados princípios do candomblé e excluem outros, que se vinculam a uma tradição por muitos ignorada etc. Não há limites na capacidade do umbandista de combinar, modificar, absorver práticas religiosas existentes dentro e fora desse campo fluido denominado "afro-brasileiro".
>
> Fato é que os umbandistas desenvolveram formas próprias de lidar com essas características da sua religião. A segmentação, a dispersão, a multiplicidade se combinam de alguma maneira com a unidade, a doutrina,

a hierarquia. Estas combinações estão claramente presentes nas formas como religiosos elaboram a relação dos médiuns com os espíritos, nas formas pelas quais organizam a multiplicidade de santos em um conjunto inteligível e como também conseguem, apesar da segmentação, reunir todos os fiéis em uma mesma doutrina.

São essas formas, em suma, que pretendemos entender aqui. A possessão é o melhor paradigma dessa tensão entre o Um e o Múltiplo que atravessa todas as questões peculiares à umbanda. Encerra o paradoxo de uma só religião com muitas faces e muitos deuses.

[...] A umbanda mais praticada, que se dissemina sem nenhum controle, é essa – *misturada,* que não dá importância à pureza, seja esta de cunho moral, com a pretensão de impor códigos doutrinários, seja de caráter ritual.

[...] Encontramos, pois, umbandas misturadas com o candomblé, o catolicismo, o judaísmo, com cultos orientais, espiritismo, com a maçonaria, o esoterismo... É claro, no entanto, que algumas influências estão mais presentes do que outras, como é o caso do candomblé, do espiritismo e do catolicismo.[201]

## Maria Helena Vilas Boas Concone

Doutora em antropologia, oferece-nos em sua tese **Umbanda Uma Religião Brasileira**[202] considerações fundamentais para tecer o estudo acadêmico da Umbanda, nesta trama de fios que nos presenteiam esses brilhantes sociólogos e antropólogos. É sempre interessante notar que muitos deles foram bem além da maioria dos adeptos de Umbanda, mesmo na leitura e interpretação dos títulos de dentro do seio religioso, permeada por dezenas de títulos, boa parte deles citados no capítulo da Trajetória Literária de Umbanda. Vejamos apenas algumas palavras de Concone, as quais situam de forma incisiva e factual a Umbanda enquanto religião brasileira:

[...] Disse no início desta "apresentação" que meu interesse primeiro se acendeu por aquilo que entendia como "religião afro-brasileira". A realização do trabalho fez mudar esse enfoque e passamos a perceber a Umbanda como religião brasileira na qual o conteúdo africano se constitui não apenas de uma matriz, mas em uma dificuldade a ser resolvida à luz das expectativas ascensionais e em função das relações estabelecidas no correr da história brasileira entre os grupos (não apenas culturalmente diversos, diversamente inseridos na estrutura nacional) que foram os protagonistas dessa mesma história.

---

201. Birman, Patrícia, op. cit., p. 25-27; 90.
202. CONCONE, Maria Helena Vilas Boas. *Umbanda Uma religião Brasileira.* São Paulo: Ed. Edusp-CER/FFLCH, 1987.

> Como este trabalho foi terminado em 72, embora uma série de circunstâncias me levasse a defendê-lo só em 73, algumas ideias desenvolvidas por Bastide em "Sacré Sauvage" e que de algum modo estão presentes no meu trabalho (como a oposição Caboclo/Preto-Velho), não eram, então, do meu conhecimento. Por razões análogas, não pude me beneficiar das discussões levadas a efeito nos interessantes trabalhos de D. Brown e R. Ortiz, sobejamente conhecidos. (p.18-19)
>
> [...] Tentar caracterizar a Umbanda é um trabalho ingrato, escorregadio e difícil. Na verdade qualquer tentativa de caracterização absoluta está fadada, de antemão, ao insucesso. (p.65)
>
> [...] Como se viu procuramos interpretar a Umbanda como religião brasileira por considerar que suas formulações tal como aparecem são o resultado de um particular conjunto de circunstâncias histórico-estruturais. (p.149)

## Lísias Nogueira Negrão

Sociólogo e um dos mais dedicados estudiosos da Umbanda, apresenta-nos o mais completo estudo sobre a religião em São Paulo, fundamental a quem quer entender mais e melhor a história da Umbanda: *Entre a cruz e a encruzilhada*:

> Roger Bastide, apesar de seu ponto de partida de inspiração durkheimiana em que opõe a Macumba – magia individualizada e desagregadora à Umbanda – ideologia coletiva e agregadora, interpreta esta última como sendo o resultado, no plano ideológico, da integração do negro proletarizado à sociedade de classes brasileira de inícios do século [...].[203]
>
> Cremos que Ortiz... resvalou para um estruturalismo reducionista do fenômeno estudado. A Umbanda seria, para ele, uma resposta cultural necessária a um tipo peculiar de sociedade, a de classes, urbanizada e industrializada [...].[204]
>
> Por meio destas análises, chegam as conclusões instigantes. A Umbanda seria um código de percepção e ação pelo qual a visão de mundo subalterna da sociedade se elabora e manifesta [...].[205]
>
> A tensa convivência de princípios diferenciados, mesmo havendo predominâncias, ajuda-nos a compreender a realidade da Umbanda como um campo complexo. A síntese resultante do sincretismo não culmina em um produto final totalmente homogêneo e globalizante, tal como supõe o conceito em sua versão positivista, mas aponta para a manutenção de diferenças e oposições. Esta é a razão de a identidade da Umbanda, formada no bojo do processo sincrético, apresentar-se sob

---

203. Negrão, Lísia Nogueira, op. cit., p. 21.
204. Ibid., p. 30-31.
205. Ibid., p. 33.

forma múltipla e variável no tempo, conforme veremos na conclusão de nossa análise histórica. Sincretismo é um processo, um contínuo fazer e refazer, não um estado, um produto final [...].[206]

[...] Demétrio Domingues declarou que o crescimento da Umbanda teria sido "desordenado" e sofrera "intromissão" do Candomblé. Em sua interpretação, muitos chefes de terreiro que durante dez ou quinze anos praticaram a "Umbanda honesta", descobriram que ...fazendo o santo no Candomblé [...] poderiam cobrar o que quisessem, sem ter qualquer problema com as entidades. E assim muitos chefes de terreiro que deixaram de praticar a Umbanda pura caíram nessa contradição que hoje se poderia chamar de Umbandomblé.[207]

A matriz negra, ao lado da indígena e da europeia, é condição essencial da especificidade pretendida pela Umbanda, por lhe conferir a condição muito cara aos umbandistas de ser sua religião a única genuinamente brasileira, fruto da fusão dos cultos das três raças que constituiriam a nacionalidade. Tem ela de ser lembrada e afirmada, mesmo quando a nega na prática, na medida em que a cristianiza e kardecisa.

O projeto de institucionalização da Umbanda, elaborado pelos líderes do movimento federativo, foi colorido pela ideologia da miscigenação racial como um dos sustentáculos da brasilidade. Assumiu-se a Umbanda como "sincretismo nacional afro-aborígine", conforme afirmam os estatutos do Souesp [...].

[...] a identidade umbandista faz-se e refaz-se em função das demandas de diferenciação e legitimação, apresentando-se de forma eminentemente dinâmica e compósita.[208]

Para a Umbanda constitui inestimável colaboração toda essa pesquisa e conclusão para a formação de sua identidade e maturidade, como religião brasileira.

Além dos sociólogos, etnólogos e antropólogos, vamos encontrar profissionais de outras áreas estudando e abordando a Umbanda, cada um em seu campo de atuação. Encontrei colaboração valiosa, na área da Comunicação e Marketing, por meio de dois profissionais da comunicação que se apresentaram no Primeiro Eclesiocom,[209] 2006, onde o tema central foi *Mídia e religião na sociedade do espetáculo*.

---

206. Ibid., p. 38.
207. Ibid., p. 122.
208. Ibid., p. 170.
209. Conferência Brasileira sobre Comunicação Eclesial (Eclesiocom), evento integrante do Unescom, onde se reuniram pesquisadores, profissionais e estudantes de comunicação social de todo o país e do exterior, convocados pela Cátedra Unesco/Metodista de Comunicação, para discutir e apresentar resultados de pesquisas e ações levadas a efeito não só no cenário nacional, mas também no internacional, sobre a comunicação eclesial.

## Eduardo Refkalefsky

Doutor em Comunicação e Cultura, professor da Escola de Comunicação da Universidade Federal do Rio de Janeiro (UFRJ), ao lado da aluna de graduação (ECO/UFRG) **Cyntia R. J. Lima**, apresentaram o tema "Posicionamento e maketing religioso iurdiano: uma liturgia semi-importada da Umbanda", em que faz considerações importantes para este nosso estudo:

> [...] a Umbanda representa melhor do que qualquer outra religião, culto ou doutrina os elementos da "Matriz Religiosa Brasileira", termo criado pelo sociólogo José Bittencourt Filho (2003). A Matriz Religiosa é parte da Matriz Cultural Brasileira, fruto do processo de colonização. No processo de formação da nacionalidade brasileira, o que em demografia representa a miscigenação, se traduz no campo religioso como sincretismo. Do ponto de vista conceitual, a Matriz compreende:

> [...] formas, condutas religiosas, estilos de espiritualidade, e condutas religiosas uniformes evidenciam a presença influente de um substrato religioso-cultural que denominamos Matriz Religiosa Brasileira. Esta expressão deve ser apreendida em seu sentido lato, isto é, como algo que busca traduzir uma complexa interação de ideias e símbolos religiosos que se amalgamaram em um decurso multissecular, portanto, não se trata *stricto sensu* de uma categoria de definição, mas de um objeto de estudo. Esse processo multissecular teve, como desdobramento principal, a gestão de uma mentalidade religiosa média dos brasileiros, uma representação coletiva que ultrapassa mesmo a situação de classe em que se encontrem. (...) essa mentalidade expandiu sua base social por meio de injunções incontroláveis (...) para em um determinado momento histórico ser incorporada definitivamente ao inconsciente coletivo nacional, uma vez que já se incorporara, através de séculos, à prática religiosa [BITENCOURT, 2003, p. 42s].

> As características principais da Matriz Religiosa Brasileira e da Umbanda, em especial, são: a) o contato direto com o sagrado (através das incorporações de "espíritos"); b) o uso intensivo de elementos sincréticos, provenientes de várias origens religiosas; c) o caráter de magia prática para solução de problemas cotidianos; d) a relação de trocas ("eu te ajudo para que você me ajude") com estas entidades e o Sagrado, de modo geral; e) a prática de uma religiosidade individual, à margem das instituições eclesiásticas; e f) uma moral "franciscana" (LIMA FILHO, 2005), que privilegia atitudes e comportamentos "simples", "líricos", quase animistas em relação à natureza, avessos à cultura letrada, ao

intelectualismo, mercantilismo (a modernidade de Weber) e defensores dos "fracos e oprimidos".[210]

Aqui fecho esta parte de colaborações científicas para o entendimento da religião Umbanda. Ela é bem interessante, pois fica clara a evolução do estudo e a compreensão da Umbanda no correr dos anos. Os primeiros estudiosos não sabiam por onde começar a estudá-la, por vezes tomaram conclusões mais apressadas, como a de Roger Bastide, que, de volta à França, reformulou suas convicções, passando a crer na brasilidade da Umbanda. Na obra de Nina Rodrigues observamos a ausência da Umbanda, pois não a encontrou em lugar algum em torno do ano de 1900. Acompanhar as conclusões mais recentes sobre Umbanda é algo muito agradável, pois cada vez mais surgem estudiosos realmente interessados na compreensão desse fenômeno religioso.

A Umbanda, mais do que nunca, vem fascinando as pessoas. Mesmo com um público de adeptos reduzido, cada vez mais recebemos pessoas que vêm por si mesmas e passam a frequentar a religião, sem passar por um ritual de conversão. Já existe um público flutuante muito grande em torno dos terreiros e tudo indica que esse mesmo público vem aumentando dia a dia; e se os umbandistas se prepararem para bem receber esses adeptos em potencial, a religião poderá entrar em um processo de expansão crescente de forma exponencial, ainda assim despercebido por causa da postura desse religioso, que busca uma vida simples e normal, sem comportamento segregador e de muito pouco fanatismo. Portanto, o umbandista é um religioso discreto que passa despercebido, salvo exceções de umbandistas mais engajados.

Fica, portanto, a colaboração desses nobres senhores e senhoras, mestres e doutores, que muito nos ajudam na compreensão da Umbanda, guardando a devida consideração do local e da época em que cada um se debruçou em pesquisas teóricas e de campo sobre a religião. Fica aqui um agradecimento e reconhecimento da importância de vossa colaboração ao entendimento de nossa religião.

---

210. Refkalefsky, Eduardo; Lima, Cyntia R. J. Posicionamento e marketing religioso lurdiano: uma liturgia semi-importada da Umbanda. In: Melo, José Marques de; Gobi, Maria Cristina; Endo, Ana Claudia Braun (Orgs.). *Mídia e religião na sociedade do espetáculo*. São Bernardo do Campo, SP: Universidade Metodista, 2007, p. 52-53.

# Crítica de Fora

A Umbanda é como um grande edifício sem controle de condomínio, em que cada inquilino vive a seu modo e faz o seu entulho! Em consequência, o edifício mostra em sua fachada a desorganização que ainda lhe vai por dentro! As mais excêntricas cores decoram as janelas ao gosto pessoal de cada morador; ali existem roupas a secar, enfeites exóticos, folhagens agressivas, bandeiras, cortinas, lixo, caixotes, flores, vasos, gatos, cães, papagaios e gaiolas de pássaros em uma desordem ostensiva. Debruçam-se nas janelas criaturas de toda cor, raça, índole, cultura, moral, condição social e situação econômica, enquanto ainda chega gente nova trazendo novo acervo de costumes, gostos, temperamentos e preocupações, que, em pouco tempo, tentam impor aos demais.

Malgrado a barafunda existente, nem por isso é aconselhável dinamitar o edifício ou embargá-lo, impedindo-o de servir a tanta gente em busca de um abrigo e um consolo para viver a sua experiência humana. Evidentemente, é bem mais lógico e sensato firmar as diretrizes que possam organizar a vivência proveitosa de todos os moradores em comum, por meio de leis e regulamentos formulados pela direção central do edifício, e destinados a manter a disciplina, o bom gosto e a harmonia desejáveis!

Ramatis[211]

Para abrir esse tema da "Crítica de Fora", escolhemos o texto de Ramatis[212] que se encontra na obra *Missão do Espiritismo*, escrito em 1967, onde o autor faz uma série de considerações sobre religiões, doutrinas e filosofias em face do Espiritismo. Ramatis é um espírito que se

---
211. Maes, Hercílio; Ramatis, op. cit., p. 130-132.
212. Os títulos de Ramatis tiveram uma nova edição pela Editora Conhecimento (www.edconhecimento.com.br). Atualmente, o médium psicógrafo Norberto Peixoto tem psicografado novos títulos, voltados à Umbanda, sob a orientação de Ramatis.

manifestava por meio da mediunidade de Hercílio Maes, médium que produziu uma extensa obra psicografada. Ramatis não é totalmente "de fora" do contexto nem de interpretação neutra, uma vez que afirma: "O Espiritismo é a doutrina mais própria para o aprimoramento espiritual do cidadão moderno. Os seus ensinamentos são compreensíveis a todos os homens e ajustam-se perfeitamente às tendências especulativas e ao progresso científico dos tempos atuais. É o consolador da humanidade prometido por Jesus…" (p. 19).

Esse posicionamento caracteriza sua obra como apologia ao Espiritismo, que é natural em se tratando de obra espírita. No entanto, pode oferecer certa distorção acerca da Umbanda, o que não invalida algumas de suas críticas muito bem colocadas e até esclarecedoras. De qualquer forma, o estilo de Ramatis e sua liberdade em abordar a Umbanda ou simplesmente de tê-la lembrado no contexto, atraiu a simpatia dos umbandistas.

Ramatis costumava definir Umbanda como mediunismo e a entendia como seita religiosa de origem africana; nas suas críticas mostrava conhecer os questionamentos internos e literários de Umbanda:

> É provável que alguns entendidos do hermetismo egípcio e da escolástica hindus pretendam provar que a atual doutrina umbandística provenha diretamente do sentido original e iniciático de Umbanda, como a "Lei Maior Divina" subentendida nas velhas iniciações. Mas a verdade é que entre os africanos, a sonância de tal palavra nada tinha de iniciática ou significação de legislação cósmica; porém, abrangia a vulgaridade das práticas mediúnicas fetichistas, no intercâmbio ritualístico com espíritos primários e elementais da natureza, assim como toda sorte de sortilégios, crendices e cultos aos mortos!

> […] Apesar do louvável empenho dos umbandistas em atribuírem a origem de sua seita a fontes iniciáticas do Egito, da Caldeia ou da Índia, o certo é que a doutrina de Umbanda, atualmente praticada no Brasil, deriva fundamentalmente do culto religioso da raça negra da velha África.

> […] O vínculo do negro persiste implacável, apesar da penetração do branco e das tentativas dos ocidentais considerarem a Umbanda uma seita exclusivamente originária de antigas confrarias do Oriente. (p. 136)

Provavelmente a simpatia dos umbandistas a Ramatis se deve ao reconhecimento dos próprios adeptos da religião em algumas de suas faltas. A crítica de Ramatis é direta e franca, fechando sempre com uma conclusão em que elogia e defende, de certa forma, o propósito existencial da Umbanda, o que dava argumento positivo à causa umbandista, como vemos abaixo:

> Indubitavelmente, a Umbanda, como seita, ainda não passa de uma aspiração religiosa algo entontecida, mas buscando sinceramente uma forma de elevada representação no mundo. Não apresenta uma unidade doutrinária e ritualística conveniente, porque todo "terreiro" adota um modo particular de operar... (p. 130)
>
> [...] Apesar dessa aparência doutrinária heterogênea, existe uma estrutura básica e fundamental que sustenta a integridade da Umbanda, assim como um edifício sob a mais flagrante anarquia dos seus moradores mantém-se indestrutível pela garantia do arcabouço de aço!
>
> Da mesma forma, o edifício da Umbanda, na Terra, continua indeformável em suas "linhas mestras". (p. 131)

Para desenvolver o tema da crítica de fora, vamos voltar ao nosso diálogo com os cientistas já apresentados. Como senhores das ciências humanas, entendemos a importância do método científico que foi aplicado em seu estudo ao analisar a Umbanda e o quanto é importante ter acesso à opinião isenta de apologia deste ou daquele seguimento, tão comum a quem está dentro da religião.

Ninguém pode falar melhor da Umbanda que os umbandistas; no entanto, é muito difícil a qualquer um enxergar os próprios erros, mesmo porque olhamos a Umbanda com paixão, que, também, distorce a visão.

Embora o ideal seja a visão neutra e abstraída de paixão, sabemos que tal atitude é praticamente impossível no ser humano. Vamos assim observar as críticas lembrando o contexto e o ponto de partida de cada um dos nossos "convidados".

Entre os críticos escolhidos estão os sociólogos Roger Bastide, Candido Procópio Ferreira de Camargo, Renato Ortiz e a antropóloga Maria Helena Vilas Boas Concone.

Candido Procópio Ferreira de Camargo, observando a literatura umbandista em sua época, no final da década de 1950, fez a consideração abaixo:

> Há, entretanto, um campo de elaboração doutrinária, ainda não mencionado por nós, e que merece estudo à parte. Referimo-nos à crescente literatura Umbandista que surge no Brasil.
>
> Calcula-se que mais de 400 volumes sobre Umbanda foram publicados no Brasil. Esta literatura é encontrada nas bancas de jornais e nos vendedores de livros velhos nas ruas, nos locais de maior movimento popular. Foi-nos impossível ter uma ideia precisa da quantidade de

> volumes vendidos nas edições que se sucedem. Salvo uma exceção, são em geral publicados por pequenas editoras. A Editora Esotérica também os edita. De qualquer modo, aparentemente, ninguém se mostra muito orgulhoso de suas edições umbandistas e as explicam em termos de necessidade econômica. Daí a dificuldade em se conhecer o número de livros editados e exemplares vendidos. Todo "terreiro" tem sua pequena biblioteca, ao menos formalmente, os fiéis "participantes" são convidados a ler e aprender na literatura Umbandista. Entretanto, o dirigente trata a literatura com certo descaso, criticando suas imperfeições e mistificações e atribuindo-lhe qualidades de informação secundárias e subordinadas, em comparação com seu próprio aprendizado e "iniciação". Sua autoridade não deve sofrer desprestígio, em confronto com a palavra escrita.[213]

Camargo consegue alcançar a dimensão do que foi vivido dentro dos terreiros de Umbanda com relação à literatura. Em razão dos desencontros doutrinários e da distância entre o que se prega e o que se pratica, houve durante muito tempo grande resistência à literatura entre os umbandistas. Mais adiante veremos, na palavra de Renato Ortiz, o estilo de discurso do "intelectual umbandista", que servia apenas para afastar mais ainda a teoria da prática. Essa realidade criou um estigma muito inconveniente na religião, por ser de maioria simples, não dada a elucubrações filosóficas, a maior parte dos dirigentes umbandistas, da "velha guarda", proibia seus médiuns de fazer qualquer tipo de leitura, acreditando que a literatura mais atrapalhava que ajudava, o que lhes valia o rótulo de "ignorantes".

Antes de generalizarmos a falta de leitura e sua não recomendação como "atraso cultural", precisamos lembrar que alguns autores eram críticos ácidos a tudo e a todos que não fossem eles mesmos e sua nova "doutrina milenar" da verdadeira religião, existente desde tempos imemoriais, enquanto outros simplesmente escreviam sem o menor conhecimento de causa sobre a própria religião e os fenômenos de Umbanda.

Era muito difícil separar o joio do trigo e, como o papel aceita tudo, surgiram teorias absurdas sobre Umbanda. Dessa forma, justifica-se o comportamento de alguns dirigentes de núcleos umbandistas, cansados de responder ou de não saber responder a perguntas "sem pé nem cabeça" de novos adeptos, que tinham feito esta ou aquela leitura. Por outro lado, também houve dirigentes (não entendo que possam ser considerados sacerdotes) totalmente despreparados, acomodados e mal informados, quando não, mal intencionados, à frente de grupos, ora com

---

213. Camargo, Candido Procópio Ferreira de, op. cit., p. 41-42.

propostas louváveis, ora com propostas escusas, que não podem ser chamadas de Umbanda.

São muito variados e distintos os casos e a forma de relacionar-se com a literatura de Umbanda. Fica aqui registrado, nas palavras de Procópio Ferreira, o que foi comum nos terreiros, o descrédito das literaturas de Umbanda por parte dos dirigentes e sacerdotes da religião, pelos mais variados motivos.

Vamos acompanhar as demais considerações e críticas para, quem sabe, entendermos melhor o comportamento do umbandista e alguns de seus prováveis pontos falhos a serem corrigidos, se já não o foram, em razão da época a que nos remete cada autor.

Maria Helena Vilas Boas Concone, em *Umbanda: uma religião brasileira*, 1973, dedica um capítulo para abordar "A Umbanda segundo os umbandistas", do qual cito a Introdução ("Uma análise da ideologia"):

> Na maioria dos casos, a linguagem escrita dos umbandistas é extremamente pedante, existindo um abuso das ordens inversas (por exemplo: "...pelos negros, os nossos tão infelizes escravos"); repetições desnecessárias ("rezar, orar, deprecar, pedir, rogar, fazer uma Prece"); uso de pequenas expressões latinas como *pari passu*, no mais das vezes deslocadas. Isto sem falar no uso de expressões complicadas que podem ser consideradas "fora de moda", e de transposição de conceitos de uso corrente mas de significado específico, para contextos totalmente diferentes. (p.133)
>
> [...] Na verdade alguns umbandistas colocam a Umbanda como a forma mais abrangente de espiritismo e reivindicam para si, a colocação que os kardecistas fazem de sua própria crença, isto é, como um conjunto de Religião, Ciência e Filosofia....

As afirmações de Concone vão direto à literatura de Umbanda, o que confirma os comentários feitos sobre Procópio Ferreira. Fica ressaltada a dificuldade do umbandista em relacionar-se com a literatura. O autor umbandista em geral é alguém tentando "fugir" do preconceito para mostrar a Umbanda como religião e, quando não, como a melhor religião. Em algumas obras encontraremos ainda uma pseudo-erudição e verborragia desnecessária.

Roger Bastide, além de tecer algumas críticas, coloca-as no processo de entendimento da psicologia e organização da Umbanda pelo umbandista, construindo com isso um material precioso, sob o seu olhar atento e responsável. Roger Bastide não se permite superficialismo; em todo o seu texto fica claro a profundidade com que entra na literatura e prática de Umbanda:

> [...] Primeiramente, o que representa a *Umbanda* para os seus adeptos? Que realidade mística se designa pela palavra de misteriosas ressonâncias? A etimologia do termo é clara. *Umbanda* deriva do Banto, *Quimbanda* (raiz: *ymbanda*), que em Angola designa o chefe supremo do culto. (Segundo Arthur Ramos em *Antropologia Brasileira*, 1934, I, p.471.)
>
> Poder-se-ia então pensar que o homem de cor aceitaria facilmente fazer remontar à África a religião Umb*anda*. Tanto mais que a seita deixa transparecer a nostalgia do Continente Perdido. Mas essa nostalgia se choca com a ignorância linguística, diz Leal de Souza: "Não sei o que *Umbanda* significa. O Caboclo das Sete encruzilhadas chama Umbanda aos serviços de caridade e ao *Pedido* de trabalhos para neutralizar, ou desfazer, os trabalhos de magia negra". (Resposta à reportagem do *Radica*, citado por A. D'alcântara, op. cit., p.161)
>
> Sobre essa ignorância linguística, a fantasia reinvidicadora do mulato e, mais tarde, do branco adepto de *Umbanda*, vai poder bordar as mais curiosas variações. Trata-se, para responder às críticas dos Kardecistas, de provar a origem iniciática da religião, de ligá-la às mais antigas e mais altas civilizações. Ou então pensar-se-á, sobretudo, nos velhos negros e se fará da *Umbanda* a mantenedora da religião lemuriana, que foi anterior à da Índia: "Não se deve esquecer que a magia africana é a herança deixada para a raça negra pela antiga civilização lemuriana, a mais alta que já existiu". (W.L. BENTO, *A Magia no Brasil*, p.11)
>
> É verdade que existe uma transição entre essa Lemúria original e *Umbanda*...
>
> [...] A Lemúria não toca somente o Egito: toca também a Índia. Umbanda então se torna uma doutrina esotérica hindu.
>
> Assim, pois, a Umbanda não é um conjunto de fetiches, de seitas ou de crenças originárias de povos incultos... Umbanda é, e foi provado, uma das maiores correntes do pensamento humano existente na terra há mais de cem séculos, cuja raiz se perde nas insondáveis profundezas das mais antigas filosofias.
>
> AUM-BANDHÃ (OM-BANDÁ)
>
> AUS (OM)
>
> BANDHÁ (BANDA)
>
> OMBANDA (UMBANDA)
>
> O termo Umbanda é de origem sânscrita, a mais antiga e a mais bela de todas as línguas, a língua-fonte, por assim dizer, de todas as que existem no mundo. Sua etimologia deriva de Aum-Bandhã, isto é, o limite

no ilimitado... (relatório apresentado por M. D. Coelho Fernandes, no *Primeiro Congresso de Espiritismo de Umbanda*, p. 21-3)

Renato Ortiz, assim como Roger Bastide e Procópio Ferreira, faz uma crítica à "Origem mítica":

> Um elemento constante da literatura Umbandista são as soluções forjadas pelos teóricos, em resposta ao problema da origem da religião. A insistência com que a *intelligentsia* religiosa enfoca a questão da antiguidade da Umbanda mostra como a procura dos fundamentos sagrados é importante para a legitimação da religião. O tema das origens aparece incessantemente a partir dos primeiros escritos de 1941, e até hoje domina o palco literário do discurso Umbandista. Pode-se distinguir duas correntes principais em relação ao problema da antiguidade da Umbanda: uma que concebe as origens, situada nas Índias; outra na África. A primeira corrente segue os passos do Primeiro Congresso Umbandista, enquanto a outra é de desenvolvimento mais tardio, e tenta reabilitar uma parte da África definitivamente perdida...
>
> [...] Esta teoria, que se encontra muitas vezes modificada nas obras umbandistas, esconde, como mostra Roger Bastide, uma vontade de embranquecimento.[214] Constrói-se desta forma um discurso imaginário, carente de qualquer objetividade histórica. A herança africana é assim rejeitada pela ideologia branca; a religião vai então se situar nas brumas de um passado mais "digno", as fontes sagradas originando-se na sabedoria hindu ou persa, como querem outros autores. (Ver Teixeira Neto, *Umbanda de Pretos-Velhos*, Rio de Janeiro: Ed.Eco, 1965)
>
> A segunda corrente vincula-se sobretudo à... Tancredo da Silva Pinto, e considera africana a origem da palavra Umbanda... Apesar da veracidade da informação, as fontes sagradas da origem aparecem descritas através de uma linguagem mitológica onde a antiguidade do homem se confunde com a antiguidade da religião... Não é surpreendente que tal conotação se encontre justamente no pensamento de um descendente de escravos africanos...
>
> [...] Apesar das diferenças entre estas duas teorias da gênese religiosa, um ponto permanece em comum: a preocupação pelas origens. Por que esta inquietação, esta insistência, senão a vontade de fundamentar as origens da religião?
>
> [...] O discurso aparece assim como fonte legitimadora, mito de fundação da gênese umbandista; pouco importa a veracidade das provas históricas, elas não são relevantes. O problema é montar logicamente, em um jogo de linguagem, um texto coerente que possa justificar a objetivação de uma instituição existente. Graças à teoria da evolução...

---

214. Bastide, Roger. *As religiões africanas no Brasil*, op. cit.

[...] Toda esta ginástica intelectual tem por finalidade reencontrar nos traços da evolução humana uma certidão de nascimento...

Não pretendo fazer considerações ou devaneios sobre essas críticas, apenas espero que possa se aprender com elas também. Só alguém medíocre não avalia, buscando certa neutralidade, as críticas que vêm de encontro a si ou à sua obra. Esses mesmos senhores que expressam sua crítica também demonstraram amor e dedicação aos seus estudos voltados para uma melhor compreensão da Umbanda. A colaboração dos mesmos é imprescindível a quem queira compreender a Umbanda sob pontos de vista diversos, pois apenas o olhar diverso sobre a unidade e a diversidade pode nos dar um panorama do todo. Não devemos, no entanto, confundir esse olhar diverso com um olhar único que procura entender a diversidade. Olhar diverso aqui é literalmente um conjunto de olhares, o que faz muita diferença. Um olhar diverso não é feito do meu olhar procurando entender o ponto de vista do outro, mas sim, literalmente, a presença do olhar do outro somando com o meu olhar. Para uma compreensão do outro, é preciso mais que se colocar no lugar do outro, pois geralmente nos colocamos no lugar do outro com a nossa lógica de pensar a realidade e, dessa forma, eu sou um outro no lugar do outro; portanto, nunca chego a compreender o fundamental: "a lógica do outro", como o outro busca dar sentido à sua realidade. Quando me coloco no lugar do outro com a minha lógica, não alcanço o ponto de vista do outro, simplesmente construo um terceiro ponto de vista, o meu novo ponto de vista no lugar do outro. Para compreender o outro é preciso alteridade, entendendo que o outro é outro universo, assim como eu mesmo também sou outro para o outro.

Ficam aqui estas críticas apenas como colaboração de um olhar "mais neutro" que nos ajude em nossas autorreflexões.

Haveria ainda muitas outras críticas, mas não é exatamente este o foco deste trabalho. Quem sabe em outros estudos nos debrucemos mais acuradamente sobre essas análises.

# Conclusão

Alcançamos aqui apenas uma pequena amostra do que é possível, no entanto, já nos enche de satisfação pensar que, neste momento, estamos tornando acessível esse conteúdo. Encanta-me a Umbanda, logo essas páginas foram escritas em um ambiente mágico. Se você que leu também se surpreendeu com algumas informações; se tomar conhecimento de alguns desses fatos fez de você um umbandista mais consciente e esclarecido sobre a sua religião, então o objetivo foi alcançado. Agora, se você que leu não é umbandista, mas conseguiu ter uma ideia do que é Umbanda e da sua trajetória, mais uma vez o objetivo foi alcançado. E ainda se, neste momento, você tem muito mais dúvidas, muitas outras informações que quer tomar conhecimento, e sente-se impelido a ler mais e observar com maior atenção esse universo umbandista, então terei certeza de que superamos a nossa expectativa. Ao longo do texto, buscamos a neutralidade e um certo afastamento emocional para uma justa colocação das ideias. No entanto, também me foi "revelado" que o amor pela Umbanda aqui é o que pode tornar essas palavras vivas dentro de cada um de nós e nos transformar para melhor. Pois mesmo aqui, neste livro, estão presentes os Orixás, eles vivem em mim, eu vivo neles e nós vivemos e respiramos cada letra desta obra. Que Oxalá nos abençoe e permita dias melhores para a Umbanda, se assim for a vontade de Olorum, Zambi ou Tupã..., como preferir, pois todos somos UM, somos a BANDA do UM.

Oxalá em mim saúda e reverencia Oxalá em você!

*Fiat Lux...*
Para o judeu...
Judaísmo é a melhor religião do mundo,
Para o católico...
Católicismo é a melhor religião do mundo,
Para o muçulmano...
Islã é a melhor religião do mundo,
Para o budista...
Budimo é a melhor religião do mundo,
Para o hinduísta...
Hinduismo é a melhor religião do mundo,
Para o taoísta...
Taoísmo é a melhor religião do mundo,
Para o candomblecista...
Candomblé é a melhor religião do mundo,
E... para o umbandista...
UMBANDA é a melhor religião
do mundo!!!
Mas, porém entretanto...
Nenhuma religião é melhor que as outras!
Apenas as pessoas são melhores ou piores que si mesmas!
Amor é a Medida, e, quando se mede já não é amor!
Ame e viva a Umbanda sem medidas!

# Anexo 1
# Zélio de Moraes

> COMO O MENOR ESPÍRITO QUE BAIXOU À TERRA, MAS AMIGO DE TODOS, NUMA CONCENTRAÇÃO PERFEITA DOS ESPÍRITOS QUE ME RODEIAM NESTE MOMENTO, PEÇO QUE ELES SINTAM A NECESSIDADE DE CADA UM DE VÓS E QUE, AO SAIR DESTE TEMPLO DE CARIDADE, POSSAIS ENCONTRAR OS CAMINHOS ABERTOS, OS VOSSOS ENFERMOS MELHORADOS E CURADOS E SAÚDE PARA SEMPRE EM VOSSAS MATÉRIAS.
>
> COM PAZ, SAÚDE E FELICIDADE PARA TODOS VÓS, COM HUMILDADE, AMOR E CARIDADE, SOU E SEREI SEMPRE O HUMILDE CABOCLO DAS SETE ENCRUZILHADAS.

Zélio de Moraes, filho de Joaquim Fernandino Costa e Leonor de Moraes, homem de fé e muito dedicado à família, casou-se cedo, aos 18 anos, com Dona Isabel, tendo quatro filhos, Zarcy, Zélio, Zélia e Zilméia.

Já foi um ilustre desconhecido aos umbandistas. Sua história foi contada, recontada e contestada por muitos. Hoje, Zélio de Moraes é quase um mito dentro da religião. O "Pai da Umbanda" teve sua história popularizada por Ronaldo Linares e, recentemente, encontrou em Rubens Saraceni mais um divulgador que contagia milhares de pessoas.

A comemoração do centenário da Umbanda é unanimidade nacional, fundamentada na história de Zélio, como marco zero e pedra fundamental para a religião.

Não pretendo, nestas linhas, repetir os fatos do dia 15 de novembro de 1908, espero antes que todos já os conheçam. Relato aqui, apenas, alguns dos fenômenos impressionantes da vida mediúnica de Zélio, que justificam tamanha adoração e encanto que ele exerce nas pessoas.

A postura, como ser humano, já era algo impressionante; ele costumava, por exemplo, recolher necessitados e doentes em sua casa até que se restabelecessem. Ouvi de Mãe Zilméia, filha carnal de Zélio, e li em alguns artigos a história de que Zélio e o Caboclo das Sete Encruzilhadas teriam ressuscitado uma jovem dada como morta, no entanto, desconhecia os detalhes do fato. Este ano me chegou às mãos, por intermédio de Diamantino Trindade, o livro *No mundo dos espíritos*, 1925, de autoria de Leal de Souza (primeiro autor umbandista), no qual essa história aparece narrada pelo sr. J. P. Brigadão:

> Há poucos dias, na vizinha cidade de Niterói, uma linda moça na flor da idade, cheia de sonhos azuis e ilusões douradas, adoeceu de enfermidade misteriosa. Foram chamados bons médicos e a enferma não melhorou. Antes, piorou. Novos doutores foram consultados, porém a donzela, agravando-se rapidamente o seu estado foi julgada sem salvação possível. Em desespero, seu pai, um comerciante abastadíssimo, ouviu os conselhos de um amigo e solicitou os socorros ao Centro Espírita Nossa Senhora da Piedade, onde se manifestam espíritos de caboclos, mas acabara de pedir tais auxílios, quando recebeu a notícia do desenlace fatal: sua filha falecera às 5 horas da tarde. Voltou o pai em pranto para o lar abalado. Veio um médico, examinou a moça e lavrou o atestado de óbito. Lavou-se e vestiu-se o corpo. Foi colocado, sob flores, na mesa mortuária, entre velas bruxuleantes. Um sacerdote fez a encomendação. Às 8 horas da noite, ao iniciar a sua sessão, o Centro Espírita Nossa Senhora da Piedade, não tendo sido

avisado do falecimento, fez uma prece pela saúde da moça já morta. Manifestando-se o espírito do guia e protetor do centro (Caboclo das Sete Encruzilhadas), disse:

"Um grave perigo ameaça a pessoa por quem orais. Continuai vossas preces com fervor e sem interrupção, até que eu volte, pois vou sair para socorrê-la". Os espíritas do Centro Nossa Senhora da Piedade, orando com fervor, esperaram cerca de duas horas, e, ao termo delas, manifestando-se, de novo, o espírito de seu guia e disse-lhes: "Está salva a moça". Espíritos maus, convocados por motivo de ordem pessoal, haviam envolvido a jovem em fluidos venenosos, que a estavam matando. Não se quebraria, porém, o fio que liga o espírito ao corpo. Às 8 horas da noite, terminou o narrador, a moça continuava na mesa funerária, com todos os sinais da morte. Às 9 horas, uma demonstração de vida animou-lhe a face e, percebendo-a, seu padrinho preveniu seu pai. Retirada da câmara mortuária e reposta em seu leito, a moça reabriu os olhos, e, momentos após, erguia-se curada, completamente boa. Os espíritos dos caboclos, em combate travado no espaço, tinham vencido os espíritos maus...

Talvez esse seja o caso mais impressionante. Para a Tenda Espírita Nossa Senhora da Piedade, acorriam enfermos, cegos e até paralíticos que encontravam ali, muitas vezes, a cura. O que é enfatizado no ponto de Pai Antônio:

*Dá licença, Pai Antônio,*
*Eu não venho visitar,*
*Eu estou bastante doente,*
*Venho para me curar.*

Uma das especialidades de Zélio e do Caboclo das Sete Encruzilhadas era a cura de loucos. Em razão do alto índice de acerto, médicos de sanatórios consultavam Zélio para saber quais doentes teriam a cura na Umbanda. A polícia quando prendia alguém descontrolado levava ao Zélio para saber se era louco ou obsediado. Conta Mãe Zilméia que não tinha hora, às vezes, duas ou três da manhã, batiam à porta de seu pai. Lembra ainda de certa ocasião em que acomodaram três pessoas desequilibradas em sua casa de uma só vez: "um queria tomar banho o tempo todo e outro não queria de jeito nenhum".

*No mundo dos espíritos*, Leal de Souza registra, em reportagem, sua primeira visita aos trabalhos de Zélio, como jornalista, onde, mesmo sem ser anunciado e desconhecido de todos os presentes, foi reconhecido pelo Caboclo das Sete Encruzilhadas, que se dirigiu a ele, conforme o relato: "Pode dizer que apertou a mão de um espírito. À minha esquerda, está uma irmã que entrou aqui com tuberculose e à minha direita, um irmão vindo do hospício. Curou-os, aos dois, Nossa Senhora da Piedade. Pode ouvi-los".

Leal de Souza, nesse dia, presenciou a cura de um "louco fugido do hospício", que se encontrava obsediado por duas entidades, que, após serem encaminhadas, se restabeleceu a saúde mental do cidadão.

Leal de Souza era um intelectual da época, jornalista e poeta parnasiano; tornou-se médium na Tenda Nossa Senhora da Piedade e foi preparado para dirigir a Tenda Espírita Nossa Senhora da Conceição, uma das sete Tendas fundadas pelo Caboclo das Sete Encruzilhadas.

João Severino Ramos, dirigente da Tenda São Jorge, mais uma das tendas fundadas pelo Caboclo das Sete Encruzilhadas, ao fazer sua primeira visita a Zélio, em Cachoeiras de Macacu, mostrava-se cético e incrédulo, pedindo provas para crer. O Orixá Malet (da vibração de Ogum) pegou uma pedra à beira do rio e acertou bem no meio da testa de Severino, que caiu dentro das águas. A entidade proibiu os amigos de socorrê-lo e pediu que esperassem; minutos depois, Severino atravessou as margens do Rio Macacu já incorporado de Ogum Timbiri, com quem trabalharia a gente da tenda citada.

José Álvares Pessoa, o Capitão Pessoa, de origem espírita, resolveu visitar a Tenda Espírita Nossa Senhora da Piedade para verificar de perto "as maravilhas" que afirmavam sobre Zélio de Moraes. Assim que pisou dentro da Tenda, o Caboclo das Sete Encruzilhadas anunciou que já poderiam fundar a última das sete tendas, a Tenda São Jerônimo, pois o seu dirigente acabava de chegar. Capitão Pessoa se surpreendeu com tal afirmação por não conhecer ninguém no ambiente, mas, ao conversar com o Caboclo, entendeu que este o conhecia e muito bem. O tempo mostrou a importância de José Álvares Pessoa na Umbanda, ao lado de Zélio de Moraes e à frente da Tenda a ele reservada.

Conta ainda Mãe Zilméia que o delegado de Neves, sr. Paula Pinto, vinha fechando as Tendas de Umbanda, e um dia chegou à porta da Tenda Espírita Nossa Senhora da Piedade, na hora dos trabalhos, quando estava em terra Pai Antônio. Mãe Zilméia foi avisar ao Preto-Velho, que falou: "Carneirinho [como chamava Zilméia], deixa ele entrar". O homem "que era gordo e grande", deu dois passos e caiu estirado no chão. Mãe Zilméia diz ter perguntado: "O que fazer agora?", e o preto-velho, calmamente, pediu-lhe que esperasse, logo o homem se levantaria. Passado algum tempo, o delegado "acordou", foi conversar com Pai Antônio e se tornou amigo de Zélio de Moraes e frequentador da casa.

Evaldo Pina, médium da Tenda Mirim Santo Expedito, fundada no Pará pelo Tenente Joaquim Bentes, mais tarde pertencente à TULEF. Em visita à Zélio, ouviu dele a "descrição da fundação da casa, em todos os pormenores, como se o fato datasse de semanas, apenas. E através de Zélio recebeu uma mensagem do dirigente, já desencarnado, citando fatos conhecidos apenas pelos dois.

E, para finalizar, faço lembrar os fatos narrados por Pai Ronaldo Linares sobre seu encontro com Zélio de Moraes. Quando finalmente conseguiu o telefone da residência da família Moraes, Pai Ronaldo, um desconhecido daquela família, fez a ligação e foi atendido por Zilméia, que comunicou, sem tapar o bocal do telefone, dizendo "Papai é para você". Pai Ronaldo, que sempre se emociona ao contar essa história, nos diz que ouviu uma voz no fundo dizer: "É Ronaldo, minha filha, o homem que vai tornar meu trabalho conhecido". Ao chegar na casa de Zélio, Pai Ronaldo, mais uma vez tomado de forte emoção, ajoelhou-se e tomou a bênção; Zélio de Moraes já sabia por que ele estava ali e todas as coisas que ele queria saber.

As palavras proféticas de Zélio se cumpriram; Pai Ronaldo Linares, então presidente da Federação Umbandista do Grande ABC e responsável pelo Santuário Nacional da Umbanda, criou o primeiro curso de Sacerdotes na Religião Umbanda, de onde brotou grande divulgação da mensagem do Caboclo das Sete Encruzilhadas.

Pai Ronaldo Linares viria a participar de programas de rádio e TV, além de jornais, divulgando a Umbanda e a história de Zélio de Moraes. Além disso, homenageou Zélio em vida, o que foi registrado por Jota Alves de Oliveira em sua obra *Umbanda cristã e brasileira*:

> Ouvimos, de Zélio e Zilméia, a descrição do que foi a grande concentração promovida pela Federação Umbandista do Grande ABC, de Santo André, Estado de São Paulo, em homenagem a Zélio... aquela Federação, presidida por Ronaldo Linares, visa uniformizar o culto dos templos umbandistas, excluindo gradativamente do ritual os preceitos já superados, a fim de atingir, na prática, o conceito definido pelo Caboclo: *Umbanda é a manifestação do Espírito para a caridade.*

Existem muitas histórias sobre o "Pai da Umbanda"; no entanto, a maioria delas é desconhecida no meio umbandista. Este é o nosso objetivo: resgatar os textos que nos revelam quem foi, o que fez e como viveu Zélio Fernandino de Moraes, ampliando a abordagem para sua prática mediúnica e a mensagem que foi dada pelo Caboclo das Sete Encruzilhadas ao longo dos anos.

*Anexo 1 – Zélio de Moraes* 329

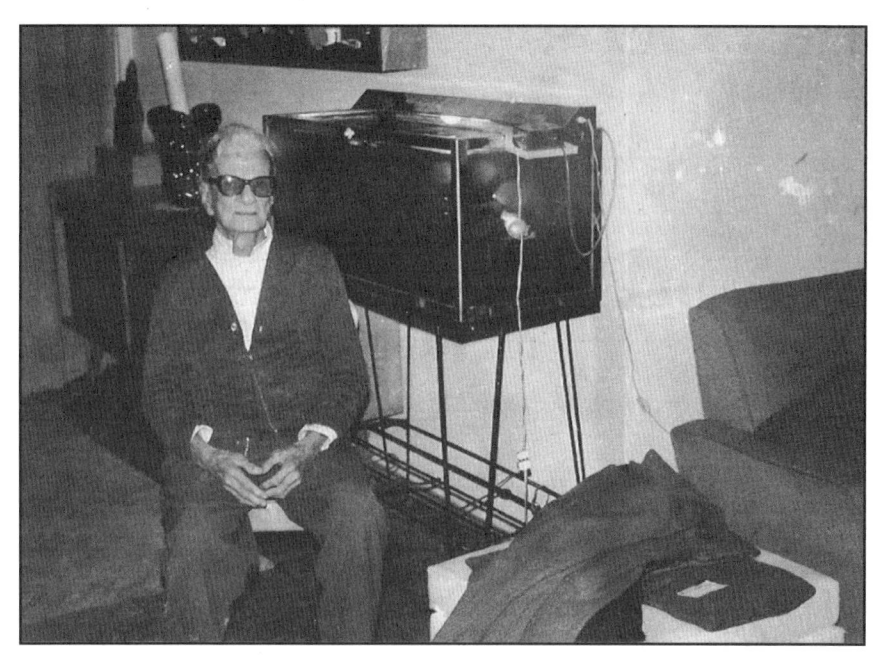

*Zélio de Moraes em sua residência*[215]

Nesses anos de pesquisa, estudo e prática da religião Umbanda, consegui juntar uma grande quantidade de material sobre Zélio Fernandino de Moraes e o Caboclo das Sete Encruzilhadas. Também devo confessar que uma das oportunidades mais marcantes dentro da Umbanda foi conhecer a filha carnal de Zélio, Zilméia de Moraes, que, de tão doce, era chamada de carneirinho pelas entidades que se manifestavam em seu pai.

Pude ouvir da querida Mãe Zilméia algumas de suas histórias; participamos da gira na qual Pai Antônio se manifestou por meio de Mãe Zilméia e, para nossa gratidão, nos deu sua bênção. Pai Ronaldo Linares nos confidenciou algumas de suas histórias ao lado do Pai da Umbanda, como ele chama Zélio de Moraes. Mais recentemente, Mãe Maria de Omolu, da Casa Branca de Oxalá, nos passou uma grande quantidade de material sobre Zélio de Moraes, que lhe foi confiado por Lilia Ribeiro, dirigente da TULEF.

Aqui, faço valer toda a colaboração astral e material para que essas informações não fiquem limitadas a umas poucas pessoas, pois seu destino é alcançar aqueles que buscam entender um pouco melhor a Umbanda e sua história.

---

215. Imagem cedida por Diamantino Fernandes Trindade.

*Zélio de Moraes na Cabana de Pai Antônio.*
*Acervo de Diamantino Fernandes Trindade.*

## Registros históricos de Zélio Fernandino de Moraes

Coloco, a seguir, alguns registros feitos pela sra. Lilia Ribeiro, da TULEF (Tenda de Umbanda Luz, Esperança, Fraternidade – RJ). Estes textos são transcrições das fitas que foram entregues por Lilia à Mãe Maria de Omulu, a quem muito agradecemos por participar conosco e estender este material. Tive ainda a oportunidade única de ouvir as duas fitas, que estão transcritas nas próximas linhas, na companhia de Lygia Cunha e Leonardo Cunha dos Santos (respectivamente Neta e bisneto de Zélio de Moraes), o que foi um momento de muita emoção e fundamental na correção do texto que se segue. Não tenho palavras para agradecer, pela atenção e carinho com que fui recebido, como sempre, nesta família querida, e em especial a atenção e dedicação que foi empenhada por ambos na leitura de todo este material.

Partes do texto a seguir já foram publicadas em outros locais, mas da forma como está aqui creio que seja inédita. Ficaram ainda outras fitas que espero, no tempo certo, venham a ser transcritas com auxílio técnico, por causa da precariedade do áudio, em consequência do estado de conservação do mesmo, o que é natural devido ao material primeiro ser fonte em fita cassete. Nosso objetivo único aqui é trazer à luz mais informações sobre Zélio de Moraes, especialmente sua palavra e pensamentos, bem como do Caboclo das Sete Encruzilhadas:

### Fita 52

A gravação a seguir foi realizada em novembro de 1971, no 63º aniversário da Tenda Nossa Senhora da Piedade e da Religião Umbanda no Brasil. Gravação esta feita por Lilia para o *Boletim Macaia* (informativo da TULEF). Parte desta gravação já foi transcrita também pelo autor Jota Alves de Oliveira em seu no título *Umbanda Cristã e Brasileira* (Ed. Edouro, s.d.) e desta foi repetida em muitos outros informativos e publicações. No entanto, aqui a mesma se encontra na íntegra, dentro do que foi possível por meio do áudio. Na abertura da gravação ouvimos o ponto de chamada do Caboclo das Sete Encruzilhadas ("Chegoou, Chegoou com Deus; Chegou, Chegou o Caboclo das Sete Encruzilhadas").

Observe que o texto começa com Zélio de Moraes falando: "ao meu lado está o Caboclo das Sete Encruzilhadas"; logo, confunde-se o caboclo com o médium, que está neste momento mediunizado. Em algum momento da fala de Zélio, ele manifesta o Caboclo que passa a falar na primeira pessoa do singular, em fala direta (psicofonia) referindo-se a si mesmo, caracterizando uma legítima comunicação do Caboclo das Sete Encruzilhadas por meio de seu médium, Zélio Fernandino de Moraes, Pai e Fundador da Umbanda no Brasil. E verifique que tanto Zélio quanto o Caboclo das Sete Encruzilhadas são diretos e incisivos em afirmar como se deu a criação, ou nascimento, da Umbanda:

> Queridos irmãos, ao meu lado está o Caboclo das Sete Encruzilhadas para dizer a vocês que esta Umbanda tão querida de todos nós fez ontem 63 anos, que na Federação Kardecista do estado do Rio, presidida por José de Souza, conhecido por Zeca e rodeado de gente velha, homens de cabelos grisalhos, um enviado de Santo Agostinho chamou meu aparelho, me chamou, para sentar a sua cabaceira. Trazia uma ordem, fora jesuíta até aquele momento, chamava-se Gabriel Malagrida; daquele instante, ele ia criar a Lei da Umbanda, onde o preto e o caboclo pudessem manifestar. Porque ele não estava de acordo com a Federação Kardecista, que não recebia pretos nem caboclos. Pois se o Brasil – o que existia no Brasil eram caboclos, eram nativos - se no Brasil, quem veio explorar o Brasil, trouxe para trabalhar, para engrandecer este país, eram os pretos da costa da África, como é que uma Federação Espírita não recebia caboclo nem preto?
> 
> Então disse eu, disse o espírito, amanhã na casa de meu aparelho, na Rua Floriano Peixoto, n° 30, será inaugurada uma Tenda Espírita com o nome de Nossa Senhora da Piedade, que se chamará Tenda de Umbanda, onde o preto e o caboclo pudessem trabalhar.
> 
> Houve balbúrdia, embora eles reconhecessem a mediunidade que eu trazia, mas eu era muito moço, pois tinha feito 17 anos e por doença fui levado à federação, porque os médicos não me davam jeito.
> 
> Então este espírito que nós chamamos O Chefe, o Caboclo das Sete Encruzilhadas, implantou na federação, chamando aqueles senhores, todos de cabelos grisalhos, senhores de responsabilidade, para assistirem

à sessão na Rua Floriano Peixoto, nº 30. E o presidente da federação perguntou:

– E o meu irmão vai acreditar que lá tenha alguém amanhã?

A minha resposta, a resposta do caboclo:

"– Botarei no cume de cada montanha que circula Neves, uma trombeta tocando, anunciando a existência de uma tenda espírita onde o preto e o caboclo pudessem trabalhar".

Foi a 15 de novembro de 1908; no dia 16 de novembro a nossa casa ficou cheia, e eu posso dizer aos meus irmãos: só o fiz levado por este espírito que é o nosso guia, porque eu não queria aceitar, eu estava sem saber, achando uma coisa extraordinária. Eu ia assumir uma responsabilidade de ter uma Tenda Espírita, de receber um guia para fazer que os doutos, doutores fossem lá, buscar a cura de seus entes queridos. Pois meu irmão, tudo isto fiz eu, o meu anunciar da tenda foi tomar o meu aparelho e começar a produzir, a curar aqueles que estavam lá, ou fosse por isso, ou fosse por aquilo, mas Deus, que é sumamente misericordioso, levou um cego e outras pessoas, como também paralíticos, na Tenda da Piedade, na minha frente. Eu disse à vista de todos: "Se tem fé, levanta e caminha, porque quando chegar perto de mim estarás curado".

Passaram-se os anos, e tudo aquilo que eu disse, apelando para quem está presente de muitos anos que me acompanha, falando, pedindo e trazendo exemplos de Jesus, quando passou na terra, que foram ao seu encalço pedir harmonia para sua casa, a resposta foi esta:

"– Você, feche os olhos para a casa dos seus vizinhos, feche a boca para não murmurar com quem quer que seja, não julgues para não ser julgado, pense em Deus que a paz entrará na sua casa."

É do Evangelho, e tomaram por ensinamento as minhas palavras e a tenda começou a seguir o seu ritmo, aquilo que eu desejava. Passados alguns anos, já em vinte e poucos, em dezoito no fim da guerra, eu anunciava que camadas negras[216] baixariam ao Planeta Terra e que em 69 e 68 esses espíritos já estariam encarnados em outros corpos e viriam trazer perturbação a este planeta.

A mulher perderia a honra e a vergonha, e o homem o caráter. Apelo para quem está presente, não é verdade? (ouve-se a afirmativa: "É verdade"). No entanto, a Igreja, o Vaticano... Eu sentia que os tempos se aproximavam, o Papa não seria respeitado, porque os bispos seriam os

---

216. Aqui a palavra "negras" não se refere a raça, e sim a "trevas", como ficou, embora erroneamente, comum se utilizar da mesma forma que o termo "Magia Negra", que não se refere a magia de uma raça, e sim "Magia Negativa", associação que hoje evitamos por saber que "negro é raça". Da mesma forma, é sabido que "preto é cor" e, no entanto, identifica-se o "velho negro" como Preto-Velho, termo atualmente indissociável de Umbanda.

primeiros a não querer ouvir as ordens emanadas do Vaticano.[217] Estão vendo o que está se passando. Atualmente nós estamos sabendo o que se passa pelo mundo inteiro. Não se respeita a palavra do Papa, infelizmente, porque a religião, seja ela qual for, desde que tenha por base acreditar em Deus, acredito que seja uma religião boa. Desejar ao seu próximo aquilo que deseja para si, cumprir os mandamentos da lei de Deus é ser perfeito, em qualquer religião. Mas principalmente na religião espírita para que o médium seja um instrumento que possa ser tocado por qualquer professor de música... que venha executar uma valsa ou qualquer coisa enfim.

Por isso, meus irmãos, criei sete tendas na Capital da República no Distrito Federal, a 1ª foi criada e entregue à nossa irmã Gabriela. Mais tarde, dois anos ou três anos depois, passei para José Meireles, que foi também, que era um deputado federal, que foi em busca de cura de sua filha, e a resposta do velho Pai Antônio: "Vai a tua casa, do último canteiro vai arrancar, mexer a terra e encontrar umas raízes, vai cozinhar essas raízes e dar a tua filha, que ela estará curada. Era batata d'Angélica, porque não havia naquela ocasião flores, as batatas estavam somente debaixo da terra, foi um esteio, foi um elo, foi um braço direito para me ajudar, para que esta Umbanda chegasse ao ponto que está chegando.

Depois das tendas criadas, criei a Tenda de Nossa Sra. da Guia, de Oxosse; criei a Tenda de Oxalá, a Tenda de Ogum, a Tenda de Xangô, a Tenda de Santa Bárbara, enfim, criei sete Tendas.

Depois delas funcionarem, depois de tirar os médiuns dessa tenda (Tenda Espírita Nossa Senhora da Piedade) para que os médiuns pudessem trabalhar em outras tendas, formadas estas tendas, vamos criar a Federação de Umbanda no Brasil. Chamei Idelfonso Monteiro, Maurício Marcos de Lisboa, Major Alfredo Marinho Ravache, hoje General, era Major naquele tempo; enfim, botei cinco pessoas para se fazer a Federação de Umbanda no Brasil (FEUB – Federação Espírita de Umbanda do Brasil, que seria mais tarde UEUB – União Espírita de Umbanda do Brasil).

Criou-se a federação, e ela começou. Então a Federação Kardecista veio embargando porque não podia ser espírita, não podia ter o nome, enfim

---

217. Nessa época, o Papa é Paulo VI, que sucede a João XXIII, os dois Pontífices que fizeram o Concílio Vaticano II, em que a Igreja reconhece que "Deus é Maior que a Igreja", portanto há salvação além desta Igreja, caindo a afirmação primeira de que "Fora da Igreja não há salvação". Esses dois Papas reconhecem os outros cristianismos, sentam junto a Atenágoras I, patriarca da Igreja Ortodoxa. Essa postura ecumênica e inclusiva que Roma passa a ter não agrada a todos, alimentando divisões de opinião em todo o mundo. Até os dias de hoje há resistências em aceitar toda esta abertura ao outro a outros cristianismos e a outras religiões, inclusive ao Judaísmo, como irmãos.

estas coisas do mundo, mas a Federação de Umbanda foi criada, está criada, está funcionando.

Mais tarde, a Tenda da Piedade continuou a trabalhar contando com a assistência deste aparelho que falo, continuou a produzir, a curar, porque a cura de loucos nestes 63 anos, trabalhando para uma casa de saúde, que os médicos nos procuravam, iam à nossa casa, a casa do meu aparelho, para pedir, para saber quais os loucos que tinham cura, dando os nomes e apontando: "_ Esse, esse, esse e esse tem cura, os outros não, porque esses são atuados por espíritos, e nós vamos afastar estes espíritos e a maluquice passa."

Veio então mais tarde a formação de um jornal de propaganda para a nossa Umbanda (*Jornal de Umbanda*), aí contamos com o secretário da tenda, Luiz Marinho da Cunha; contamos com Leal de Souza e outros que eram fervorosamente espíritas, pelas coisas que ele sentiu e pelas coisas que ele recebeu, das graças de Deus, transmitidas por nós à sua pessoa. E, meus irmãos, a Umbanda continua; nasceu em 1908 na Federação Kardecista de Niterói, está lá escrito, presidida por José de Souza, que conheciam por Zeca, que era chefe do Toc Toc... em Niterói... José Tavares, José, enfim, uma quantidade (de pessoas) que está tudo escrito.

E a Umbanda começou em 1908 na Federação Kardecista de Niterói! Hoje, a Umbanda está em todos os estados porque médiuns daqui saíram para o Rio Grande, porque não pude levar o meu aparelho lá, mas levei ao estado do Rio, levei a São Paulo onde criei mais de 20 tendas, em Minas, enfim, no Espírito Santo também tem, de curas que fez lá e foi necessário se fazer tendas espíritas da nossa Umbanda querida nesses estados.

A Umbanda tem progredido e vai progredir. É preciso haver sinceridade na Umbanda, sinceridade, este amor de irmão para irmão, porque eu prevenia, sempre prevenia, apelando para o Major, hoje General, e para companheiros que me acompanham há muitos anos: a vil moeda vai atrapalhar a Umbanda, médiuns que vão se vender e que serão mais tarde expulsos como Jesus expulsou os vendilhões do templo.

O perigo do médium homem é a consulente mulher; do médium mulher, o consulente homem; é preciso estar sempre de prevenção porque os próprios obsessores, os próprios espíritos que atacam as vossas casas, fazem com que toque alguma coisa ao coração da mulher que fala com o pai de terreiro, como faz atacar o coração do homem que fala à mãe de terreiro.

E é preciso ter muito cuidado, haver moral, para que a Umbanda progrida e seja uma Umbanda de humildade, amor e caridade. É esta a nossa bandeira. E acreditem vocês, meus irmãos, acreditem vocês, que neste momento me rodeiam diversos espíritos que vêm trabalhando na Umbanda do Brasil.

Porque havia necessidade; não vim por acaso, não. Eu trouxe uma ordem, uma missão, porque venho há muito tempo dizendo aquilo que ia acontecer, desde o terremoto de Lisboa em 1755[218] até este momento, e tudo aquilo que eu dizia que ia acontecer acontecia.

Pois bem, sejam humildes, tragam amor no coração, mas amor de irmão para irmão, porque as vossas mediunidades ficarão muito mais limpas e puras, úteis a qualquer espírito superior que possa baixar. Que os vossos aparelhos estejam sempre limpos, que os vossos instrumentos estejam sempre afinados com as virtudes que Jesus pregou na Terra, para que tenhamos boas comunicações, boas proteções, para todos aqueles que possam vir em busca de socorro nas nossas casas de Umbanda, nas nossas casas de caridade em todo o Brasil.

Meus irmãos, este aparelho está velho, já com 80 anos a fazer, mas começou antes dos 18. Se eu disser que eu o ajudei para que ele pudesse se casar, para que ele não pudesse andar dando cabeçadas, para que fosse um médium aproveitável, como eu disse na Federação e está lá escrito, fui procurar as mediunidades que ele tinha para fazer a nossa Umbanda no Brasil, e todos estes, a maior parte ou todos estes que trabalham em Umbanda, se não passaram por esta tenda, passaram por filhos saídos desta tenda que criaram outros terreiros.

Das sete tendas criadas por mim no Distrito Federal, muitas tendas têm saído para fazer a caridade ao seu semelhante, ao seu próximo.

Tenho uma coisa a vos pedir; a lembrança que Jesus veio ao Planeta Terra na humilde manjedoura não foi por acaso, não, foi porque o Pai assim quis e determinou. Porque poderia ter procurado a casa de um potentado, daquela época, Diocleciano e outros, mas não, foi escolher aquela que seria a Mãe de Jesus, o espírito que vinha traçar à humanidade os seus passos para ter saúde, paz e felicidade.

Aproveitando o nascimento de Jesus, a humildade que ele baixou neste planeta, na humilde manjedoura, que os anjos que anunciaram a Maria que ela ia ser mãe, sem ser esposa; os anjos, a estrela que iluminou aquele presépio, aquele estábulo, que levou os três Reis Magos à sua presença, sirva para vocês, iluminando os vossos espíritos, tirando os escuros de maldade por pensamentos com práticas e ações que tenham praticado. Que Deus perdoe tudo aquilo que vocês tenham feito; que

---

218. Aqui são palavras do Caboclo das Sete Encruzilhadas, que em vida foi um Jesuíta, frei Gabriel de Malagrida, que previu esse terremoto. Perseguido pelo Marques de Pombal, foi vítima de intrigas que o levaram à fogueira da "Santa Inquisição", tendo por acusação maior ter previsto esse terremoto.

Deus perdoe as maldades que possam ter sido pensadas, para que a paz possa reinar nos vossos corações e nos vossos lares.

Eu, meu irmão, como o menor espírito que baixou nesta terra, mas amigo de todos, numa concentração perfeita de espíritos que me rodeiam neste momento, que eles sintam a necessidade de cada um e, ao saírem deste templo de caridade, que vocês encontrem os caminhos abertos, os vossos enfermos melhorados e curados e a saúde para sempre nas vossas matérias.

Com paz, saúde e felicidade; com humildade, amor e caridade, sou e serei sempre o humilde Caboclo das Sete Encruzilhadas.

Aqui, no final do último parágrafo, é possível ouvir a emoção nas palavras do Caboclo das Sete Encruzilhadas, que ao término parece como que a emoção de Zélio de Moraes, dando-nos a impressão de que fala e ouve o que está sendo dito por seu intermédio. Temos a sensação de que, com as últimas palavras, o médium se encontra em lágrimas, ao que podemos no áudio ouvir o som característico de quem segura o choro aspirando o ar pelas narinas. Algo que realmente emociona a todos que se permitem tocar por uma sensibilidade mais aguçada dentro desta realidade e universo de significativos e sentido, de ser e ter fé em Deus e na Umbanda.

## Fita 31 A[219]

Gravação feita na casa da senhora Lilia Ribeiro, diretora da TULEF, no dia 16 de novembro de 1972, última vez que o Caboclo das Sete Encruzilhadas incorporava no médium Zélio Fernandino de Moraes.

Antes que se ouça a voz do Caboclo das Sete Encruzilhadas, logo no início da gravação, é possível ouvir seu ponto cantado de chamada: "Chegoou, Chegoou com Deus; Chegou, Chegou o Caboclo das Sete Encruzilhadas":

> Meus queridos irmãos, neste momento, vindo do espaço, permitam que neste estudo para amenizar sofrimentos dos que estão na terra, encarcerados em seus corpos, meus irmãos. Estou satisfeito porque estou junto de vocês, porque todos vocês vêm me ajudando na obra que tomei a missão, no espaço, de implantar, a Umbanda de humildade, amor e caridade, aproveitando um jovem moço em meio daqueles senhores, daqueles velhos kardecistas.
>
> Tomei a missão e vejo neste instante grandes representações, não estão todas, porque por este Brasil afora, criei Tendas da Umbanda construtivas, sadias, com moral e dando de graça o que de graça se recebe.

---

219. A numeração das fitas respeita a ordem original dada por Lilia Ribeiro – TULEF.

Do sul do país aos estados do norte, ouviam a minha palavra, desenvolviam médiuns e fui criando tendas. Grandes médiuns encontrei, grandes médiuns pude fazê-los, incorporei bem, trabalhei na caridade, tomando a direção de uma tenda, e assim foi se criando Tendas.

Meus irmãos, me satisfaz estar entre vocês porque naquele dia 15 de novembro, na federação kardecista, eu anunciei a Tenda de Nossa Senhora da Piedade, do modo que a mãe tinha piedade de seu filho, que tivesse piedade desta humanidade.

Grandes coisas foram feitas na Tenda, grandes coisas eu pude fazer para aqueles que estavam, com certeza, crentes que a Tenda não teria vida para que, um dia após, eu anunciasse a eles a Umbanda - Deus comigo, Deus conosco, do nosso lado – será a religião deste fim de século.

Meus irmãos, eu disse, vou levar daqui uma semente, vou plantar nas neves e aquela árvore ficará frondosa para dar a sombra para todos os seus filhos, a todos aqueles que precisarem de uma sombra amena, os que dizem sentirem o queimar do sol de crimes, de vícios, de paixões que se criavam, que existiam como existem ainda hoje no meio da humanidade.

A Tenda da Piedade foi criada e progrediu. Faz hoje 64 anos que dava a minha comunicação aos meus irmãos.

Aqueles coronéis que me cercavam, aqueles velhos que me cercavam... estavam admirados de um menino fazer e dizer aquilo que eu dizia, aquilo que eu pregava e que anunciava.

Pois bem, meus irmãos, ao formar a nossa Umbanda com grande sacrifício, porque é preciso curar, é preciso levar aos lares, àqueles que se julgavam deserdados da sorte, a misericórdia de Deus, o conforto, para eles compreenderem que a palavra do espírito é a continuação nossa, que fazia a harmonia dos lares e que curava os enfermos.

Chamei Pai Antônio, fui buscar Orixá Malé, para comigo trabalharem e criarem Tendas. Encontrei muitos descrentes. Aqui está o representante da Tenda São Jorge, talvez vocês não saibam como Severino, um grande médium que foi, como este médium se desenvolveu. Era descrente, Leal de Souza. A mãe de Geraldo Rocha foi pedir ao Orixá Malé uns pássaros para fazer um trabalho na beira do rio Macacu. Severino, que não acreditava nem em Deus, também, meus irmãos, à vista de todos aqueles que nos cercavam, todos que estavam assistindo à sessão, alguns já estão mortos, não podem dar aqui sua palavra, mas eu estou dizendo que tem aqui quem falta. Pois bem, meus irmãos, os pombos mandados por Geraldo Rocha, levados por Leal de Souza. Orixá (Male) tirou-os da gaiola em que estavam e, segurando eles, falou no bico dos pombos, dizendo: "Eles precisam trabalhar e mostrar para vocês o que é a força..." Severino Ria.

Era um dia de sol, algumas nuvens corriam no espaço. Orixá Malé disse: "Então, vamos trabalhar na chuva, vamos mandar estes pombos pro lado de lá do rio para que eles não se molhem, para eles voltarem e continuar o nosso trabalho." Não demorou poucos minutos e a chuva caía, molhando a todos nós que estávamos ali reunidos. Passada a chuva, os pombos fugiram para o outro lado do rio. Orixá Malé fez com que eles voltassem e cruzassem o céu. Severino duvidava. Então, como ele não acreditava em Deus, o Orixá Male, que era mais, pegou uma pedra redonda e, na margem do rio, deu-lhe com a pedra na testa e ele caiu dentro do rio... corre e tal... Orixá Malé afirma: "Não o pega!" Ele foi e se agachou numa pedra e veio o Ogum com quem ele trabalha... (Ogum Timbiri). Observem que ele não tinha fé em Deus, mas foi com uma pedra que se fez um médium nas matas à margem do Riu Macacu.[220]

Veem vocês que a luta foi grande para formar essas Tendas; tudo se fez, mas hoje estou satisfeito porque sinto no coração de vocês que os nossos corações estão unidos ao meu espírito para ir aos pés de Jesus, pedir perdão para que possamos ser seus alunos. Seus inimigos, que levem dos seus corações um perdão para aqueles que possam desejar o mal.

Feito isso, acredito que o manto de Nossa Senhora virá ao agasalho de todos vocês na Umbanda do humilde Caboclo das Sete Encruzilhadas.

Sempre fui pequenino e pequenino continuo, sou o mais humilde dos espíritos que baixa ao planeta. Tenho dito, tenho escrito e continuo a ser. Satisfeito pela Umbanda, todo dia, de estado a estado. A Umbanda hoje é grande, porque em São Paulo se criou vinte e tantas tendas; em Santos, em Minas Gerais, fora na capital da República que é no Distrito Federal, no Estado do Rio, nossa Umbanda continua progredindo, não como aquela que eu desejo, como aquela que é preciso encontrar, nesta casa, quando aqui estou trazendo ao coração daqueles que dirigem, que é a humildade, o amor que pratica a caridade.

E venho encontrando e dando força aos dirigentes dessas Tendas, e aos médiuns, para que esta Tenda possa sempre ser grande e ser o esteio das outras Tendas. Porque, meus irmãos, infelizmente, o nosso irmão Floriano que está ao meu lado sabe perfeitamente disto, que a nossa Umbanda criada por mim, um pequenino espírito, só desejava encontrar de branco, com roupas de pouco custo, nada de sedas, nada de cores...

---

220. É muito difícil entender com precisão as palavras do Caboclo das Sete Encruzilhadas nesta passagem da fita, mas é fato conhecido este evento em que Severino incorpora pela primeira vez o sr. Ogum Timbiri, com quem haveria de trabalhar à frente da Tenda Espírita São Jorge, hoje dirigida pelo irmão Pedro Miranda, que inclusive está presente em muitas das gravações de Lilia Ribeiro, nas quais vemos o Caboclo das Sete Encruzilhadas e Pai Antônio. Acredito que aqui também o Caboclo esteja se dirigindo a Pedro Miranda, quando afirma que há um representante daquela tenda presente.

A nossa Umbanda de humildade, amor e caridade, é esta que se pratica na nossa Tenda, Tenda de Nossa Senhora da Piedade.

Por isso, meus irmãos, se as outras tendas... possam fazer aquilo que muito bem desejarem, todos eles poderão fazer o que quiserem, mas eu posso garantir uma coisa: que o meu aparelho nunca aceitou a vil moeda em troca de uma cura ou de um feito, porque a vil moeda só serve para atrapalhar o homem ou mulher que é médium. E vocês sabem perfeitamente que existem Tendas que aceitam. Nós temos uma choupana em Boca do Mato, do Velho Pai Antônio... Naquela época, um cheque de um milhão era muita coisa; diversos cheques por cura foram dirigidos ao meu aparelho e eu dizia: "Não pegue." E ele devolvia.

Por isso, meus irmãos, que vocês possam fazer a caridade, possam receber de Deus sua misericórdia, porque todo médium pode fazer o bem, curar com suas mãos, com sua reza. A questão é andar numa linha reta, numa consciência pura e limpa. E não receber a vil moeda; enfim, olhar ao seu semelhante como se fosse um verdadeiro irmão, com este amor de irmão para irmão.

Como o menor espírito que baixa sobre a terra, eu saúdo estas linhas de Caboclos que me cercam, que me cercaram quando iniciei. Temos aqui diversos Caboclos... de Ogum, de Xangô, que formam as Sete Linhas, mas devo dizer que o Caboclo das Sete Encruzilhadas, que é o meu espírito, pertence a falange de Oxóssi – meu Pai. Que Oxóssi possa tomar conta de vocês... Que Oxóssi, que é padroeiro desta capital, abençoe a vocês neste momento. Este pequenino espírito deseja a todos presentes proteção, os corpos cheios de fluidos benéficos para suavizar os vossos males. Com fé, que tenham neste momento a proteção da falange de Oxóssi e as outras linhas que aqui estão presentes, para levar harmonia aos vossos lares, harmonia aos vossos corações. Que vocês possam gozar a vida conforme o Pai vem falando a seus filhos, dentro daquela humildade, dentro do amor de irmão para irmão e praticando a caridade.

Lembre-se, que eu sou e serei sempre o menor entre todos; o humilde Caboclo das Sete Encruzilhadas.

Ressalvo homenagem a Tupinambá e a outros espíritos, Sete Flechas, Caboclo Roxo, enfim, à quantidade de espíritos de Oxóssi, de Ogum, de Xangô que estão presentes. Eu solicito a vocês todos, que estão na matéria, para que estes espíritos comigo possam carregar o que há de ruim, invadindo, sacudindo as vossas casas de alguma coisa que possa estar por lá, para que vocês tenham dias melhores, para que vocês tenham mais saúde e paz para praticar a verdadeira Umbanda do humilde Caboclo das Sete Encruzilhadas.

Que a paz neste momento baixe... e reparta a todos vocês, debaixo do humilde manto, glorioso, de Nossa Senhora da Piedade.

Todas as fitas que contêm mensagens e entrevistas com Zélio de Moraes são de fundamental importância para o registro histórico da religião. Não apenas por se tratar daquele que foi instrumento de seu parto para o mundo material, mas também para tomarmos ciência de como o médium e seus mentores viviam e pensavam a Umbanda. Ler e ouvir suas palavras são um banho, um recarregar de fé e esperança na vida e em Deus. Zélio de Moraes, Caboclo das Sete Encruzilhadas e Pai Antônio, segundo o que pude ouvir das gravações, passam-nos uma mensagem de convicção e tranquilidade ao expor o que é e como foi fundada a Umbanda no Brasil. Carecemos ainda de mais estudo sobre o homem, o médium e seus mentores, para que seja cada vez mais conhecida a História da Umbanda em seu berço. E que estas pesquisas, dos primeiros momentos, nos inspirem em registrar, catalogar e apresentar ao público em geral outras histórias da Umbanda que venham a somar com esta na construção da memória de uma religião.

Estes dois textos acima são o resultado das fitas que têm o maior e melhor conteúdo, verdadeiras palestras de Zélio e do "Chefe" (Caboclo das Sete Encruzilhadas), em momentos muito especiais, comemorativos, de 63 e 64 anos de Umbanda no Brasil, aos quais o médium já se encontrava beirando os 80 anos de idade.

Encontram-se, entretanto, nas outras fitas, muitas informações e até curiosidades, que logo virão à tona.

Em pelo menos três das fitas, em meio a entrevistas, Zélio fala sobre a origem do nome, da palavra, Umbanda. Na fita 50-B, Zélio afirma que quem usou o nome Umbanda pela primeira vez foi o Caboclo das Sete Encruzilhadas; que primeiro afirmou Alabanda, que depois se tornaria Umbanda, referindo-se à religião fundada por ele em contraposição à possibilidade de existir uma religião em Angola com o mesmo nome.

## Fita 50 A

Na fita 50 A, ele é questionado por Lilia sobre esta questão e faz lembrar o posicionamento do Caboclo das Sete Encruzilhadas, que, com relação à palavra Umbanda na Federação Kardecista de Niterói, teria afirmado:

> "Na Federação, ele (Caboclo das Sete Encruzilhadas) procurou um nome que trouxesse Umbanda; então pensou primeiro em árabe, era ALÁ – que é Deus – BANDA; ficava feito. Então ele disse: vamos procurar em grego, AUM – Deus – BANDA, Deus Conosco, Deus do Nosso Lado."

## Fita 56 B

Na fita 56 B, em outra entrevista, provavelmente com Jota Alves de Oliveira, autor do livro *Umbanda Cristã e Brasileira*, ele volta a ser questionado, no que o entrevistador afirma perguntando e pergunta afirmando a origem da palavra desta forma:

– Essa palavra Umbanda foi dada pelo Caboclo das Sete Encruzilhadas, naquela ocasião?

– Sim, o Caboclo das Sete Encruzilhadas.

– Porque esta palavra é de origem... (aqui Zélio de Moraes teria dito uma certa origem, que não se ouve na fita. O entrevistador arremata com a negativa, para em seguida explicar ao Zélio qual é a origem da palavra segundo seu ponto de vista; depois então é que passa a ouvir a resposta de Zélio), não... não é!, não é... Esta palavra é de origem angolana, da língua dos quibundos, viu! A palavra! E a sua tradução, ou significação lá mesmo em Luanda, porque ela é de Luanda, significa "Arte de Curar", e nós acrescentamos: "Arte de Curar por Espíritos"; quer dizer: os espíritos curam e orientam naturalmente ao doente, ou orientam lá inclusive, dentro das matas, na parte selvagem ainda; chás, medicamentos da flora, não é verdade?

– Sim.

– Muito bem, então "Umbanda, a Arte de Curar", se foi dado por uma entidade que se diz ter habitado o Brasil e ter renascido em Portugal, naturalmente que havia ligações já com outros espíritos africanos para que esta palavra pudesse ser revelada. Porque ela não é (...) não. O Ramatiz revela isso e eu revelo isso no meu livro; ela é de origem angolana, e suas tônicas. (Zélio intervém aqui, no que parece que o "entrevistador" continuaria explicando para ele o que é a palavra Umbanda; segue a afirmativa de Zélio)

– Mas, naquela ocasião, perguntaram por quê, por que é que se vai chamar Umbanda, e a explicação dele (Caboclo das Sete Encruzilhadas); Orixá fala árabe (aqui se refere ao Orixá Malé, que teria encarnado como árabe): "AUM, Deus; Alá, Deus também; Tupi, Deus; Zambi, Deus. Mas não fica, não soa bem se colocar Alá, porque o Orixá fala muito árabe, se botar Alabanda, Deus conosco, Deus do nosso lado, nós estamos com Deus... Então vamos tirar do grego AUM Banda, Deus conosco..."

Embora saibamos que AUM vem do sânscrito, o que vale aqui é a expressão de Zélio sobre a palavra Umbanda. Parece que não fazia muita diferença se fosse Alabanda, Tupibanda, Zambibanda ou Aumbanda, desde que o resultado tivesse o significado de "Deus conosco", "Deus do nosso lado". Prevaleceu como nome para a religião a palavra que soava melhor e que tem uma força tônica maior: Umbanda, como corruptela de Aumbanda. Não no sentido esotérico como querem alguns, mas simplesmente, nas palavras de Zélio, uma palavra forte, de impacto, que traga o sentido de ser em qualquer religião, estar com Deus.

Ainda na Fita 56 B, Zélio conta que conheceu Benjamim Figueiredo, o qual trabalhava com Kardecismo e o procurou para se desenvolver na Umbanda. Teriam ido à Ilha do Braço Forte. Onde, incorporado com Orixá Malé, carregou Benjamim no ombro e andou meio quilômetro com ele nas costas, jogou-o no chão e começou a cantar algo que ninguém entendia. Benjamim foi rolando pela areia, até que o Orixá Malé o pegou outra vez e entrou com ele no mar. "Levou ele à profundeza, e eu não sei nadar, minha mulher dizia: 'Zélio não sabe nadar'... Quando chegou na praia, eu disse a ele: tá pronto para trabalhar com o Caboclo Mirim, está batizado... agora pode me dizer quem desenvolveu ele?".

Para finalizar, ficamos com as palavras de Zélio, na fita 49, segundo transcrição de Mãe Maria de Omulu, da Casa Branca de Oxalá:

> Eu estou velho, mas fiz mais de 1.000 médiuns e chefes de terreiro... Andei por todos os estados fazendo médiuns e instalando a Federação de Umbanda do Caboclo das Sete Encruzilhadas...
>
> A Umbanda, linha branca, pemba branca, água, flores e velas, humildade, amor e caridade. O médium, quando começa a cobrar, acabou-se. Então vem a manifestação, onde muitos médiuns na Umbanda se afundam. Ele começa logo a querer trabalhar com Exu na parte negativa, a receber isto, receber aquilo e acabou-se a entidade evoluída, a entidade que veio para a caridade; então começa a mistificação... Umbanda não pode ser cobrada, Umbanda é dada do coração.
>
> O Caboclo das Sete Encruzilhadas me disse que eu esqueci de dizer que ele é o mais humilde dos espíritos que baixam neste terreiro...

*Imagem de Pai Antônio feita pelo médium Jurandir.*

# Anexo 2
# Leal de Souza

*Leal de Souza*
Imagem retirada da obra **Antologia dos Imortais**, *de Chico Xavier.*

As histórias que cercam a vida do Pai da Umbanda são fascinantes e recheadas de fenômenos. Embora não tenha criado a religião em torno de uma instituição ou de um código, existe uma linha doutrinária e ritualística que caracterizou o trabalho da Tenda Nossa Senhora da Piedade e das suas afiliadas.

Conforme já afirmamos em outro capítulo, Zélio de Moraes não escreveu nada sobre a Umbanda, mas tinha ao seu lado Leal de Souza, que foi o primeiro autor umbandista.

Leal de Souza era jornalista e poeta parnasiano; era um intelectual em sua época, convivendo com personalidades como Olavo Bilac. Já era escritor consagrado com os títulos: *O álbum de Alzira* (1899);

*Bosque sagrado* (1917); *A mulher na poesia brasileira* (1918); *A romaria da saudade* (1919); *Canções revolucionárias* (1923); e também o livro *No mundo dos espíritos* (1925), que é uma coletânea de reportagens feitas para o jornal *A Noite* sobre o Espiritismo; entre essas reportagens aparecem, pela primeira vez, relatos de práticas umbandistas e o registro da primeira visita de Leal de Souza, como repórter e espírita, à Tenda Espírita Nossa Senhora da Piedade.

Por intermédio do amigo e irmão Diamantino Fernades Trindade, Hanamatan (autor do livro *Iniciação à Umbanda*, que está escrevendo um livro sobre Leal de Souza, tomei conhecimento do nome completo (Antônio Eliezer Leal de Souza) e de mais e melhores fatos e detalhes da vida desse que foi o primeiro escritor de Umbanda. O que foi, entre outras coisas, uma novidade para mim é que Leal de Souza, falecido no dia 1º de novembro de 1948, está presente como um dos espíritos comunicantes na obra *Antologia dos Imortais*, psicografado por Chico Xavier em 1963. Lembrando que Leal de Souza foi muito atuante no kardecismo, antes de tornar-se umbandista. Abaixo o texto de *Antologia dos Imortais*:

> Morte e Reencarnação
> Morrer!... Morrer!... A gente crê que esquece,
> Pensa que é santo em paz humilde e boa,
> Quando a morte, por fim, desagrilhoa
> O coração cansado posto em prece.
> Mas, ai de nós!... A luta reaparece...
> A verdade é rugido de leoa...
> A floração de orgulho cai à toa,
> Por joio amargo na Divina Messe.
> No castelo acordado da memória
> Ruge o passado que nos dilacera,
> Quando a lembrança é fel em dor suprema...
> Sempre distante o céu envolto em glória,
> Porquanto em nós ressurge a besta fera
>
> Buscando, em novo corpo, nova algema.

Ainda kardecista, Leal de Souza apresenta no livro *No mundo dos espíritos* como foi sua primeira visita à Tenda Espírita Nossa Senhora da Piedade, com intuito jornalístico de reportagem para o jornal *A Noite*, no qual realizava um inquérito sobre Espiritismo.

Nosso primeiro contato com a obra de Leal de Souza se deu por meio do título *Espiritismo, magia e as sete linhas de Umbanda*. Chegou até nossas mãos presenteado por Pai Ronaldo Linares, que, por sua vez, o recebeu de Dona Zilméia de Moraes Cunha, filha carnal de Zélio de Moraes. A referida obra traz na primeira página as assinaturas de Zélia, Zilméia e Lygia, as filhas e a neta de Zélio, como que a endossar o conteúdo de tal obra. Esse é o primeiro título de Umbanda, o primeiro livro publicado com a intenção de explicar a religião Umbanda. Consiste em um conjunto de reportagens para o jornal *Diário de Notícias*, sobre Umbanda, que foram feitas por Leal de Souza e, posteriormente, publicadas em formato de livro no ano de 1933.

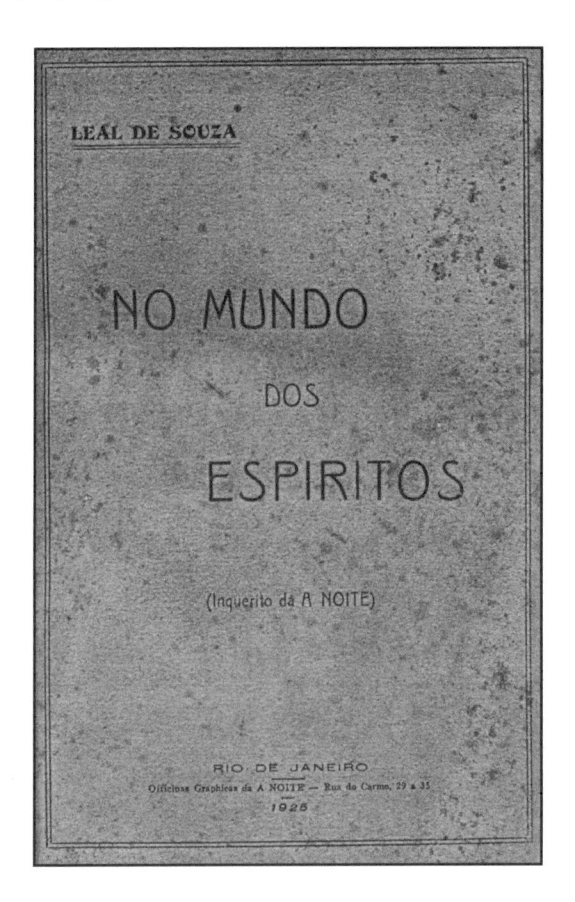

O primeiro livro a abordar Umbanda, não sendo um livro de Umbanda, também é de Leal de Souza, que, em 1924, ainda era kardecista e fazia uma série de reportagens sobre o Espiritismo para o jornal *A Noite*. Fazia um descritivo dessas visitas a centros espíritas e casas ou tendas onde houvesse trabalho mediúnico. Assim, ao término das

entrevistas, ele juntou o material e editou o livro *No mundo dos espíritos: inquérito de A Noite* no qual, entre outras reportagens, relata a sua primeira visita (1924) à Tenda Nossa Senhora da Piedade.
Vejamos o texto:

> O Centro Nossa Senhora da Piedade
>
> A falange da rua Laura de Araújo. – Um louco em uma Sessão espírita.
>
> Atravessando, em procura do arrabalde das Neves, a cidade de Niterói, perguntávamos, no bonde, a quanto passageiro ficava ao alcance da nossa voz:
>
> – Conhece, porventura, nas Neves, a farmácia do Senhor Zélio?
>
> – Não.
>
> – E o Centro Espírita Nossa Senhora da Piedade?
>
> Quase ao termo da viagem, porém, ouvimos, formulada pelo sr. Eurico Costa, a dupla resposta afirmativa, e, em companhia desse gentil cavalheiro, cujo destino, nessa noite, era o nosso, fomos, primeiro, à farmácia do presidente do centro, e, em seguida, com o farmacêutico, à sede da associação procurada.
>
> Varando, por um corredor, filas compactas de gente, conseguimos aproximarmo-nos da mesa mediúnica, ocupando uma cadeira, à esquerda do presidente, ao lado de uma senhorita que vigiava os médiuns, pronta a socorrê-los, ou auxiliá-los, em caso de transe violento.
>
> Não conhecíamos uma só das pessoas presentes, e a nossa entrada não foi vista pelo diretor da reunião, dr. José Meirelles, [221] que, no momento, de olhos fechados, fazia uma prece.
>
> Apenas ocupamos o lugar designado pelo nosso condutor; ao findar da oração do dirigente, a senhorita Zaira Heintze, em um grande pulo, e em transe, tentou levantar-se e sair, mas os seus movimentos eram desordenados e incoerentes. Auxiliou-a a senhorita de vigia, e a médium, atirando a cabeça para trás, sacudia, como um penacho, os cabelos cortados, e batia com as mãos na mesa, em cadência. Depois, prendendo, com os dois pés, os de sua cadeira, ergueu o corpo e dobrou o busto, inclinando a cabeça sobre a mesa, e, a babar-se, continuou a bater com as mãos. Nessa incômoda posição permaneceu por mais de meia hora, discutindo, por vezes, com o sr. Meirelles. As suas frases, porém, não passavam de repetições pejorativas ou raivosas das do diretor.
>
> – És um espírito infeliz!
>
> – Qual infeliz, seu hipócrita.
>
> Em meio desse debate, entrou em transe o Senhor Zélio de Moraes e, saudado como sendo o Caboclo das Sete Encruzilhadas, chefe espiritual

---

221. O dr. José Meirelles viria a ser o fundador da Tenda São Pedro.

do famoso centro, fez, em linguagem enérgica, uma vibrante exortação, suplicando e ordenando a intensificação da fé.

O médium, nesse transe, parecia dividido, em seu corpo, em duas partes, pela desconexão de seus movimentos. Tinha ereto e firme o busto, alçada a cabeça, o rosto torneado em desenho vigoroso, os braços agitados em gestos apropriados às expressões de seus lábios, mas da cintura para baixo, um tremor convulsivo, abalando-o, fazia-lhe bater com os pés nas tábuas do chão, produzindo um rumor apressado de caixa de guerra, em célere ruflo.[222]

Surpreendendo o dr. Meirelles, o médium pediu para apertar-nos a mão, e, sob o olhar espantado da assistência, acercando-nos do Senhor Zélio ouvimos:

– Pode dizer que apertou a mão de um espírito. À minha esquerda, está uma irmã que entrou aqui como tuberculosa e à minha direita, um irmão vindo do hospício. Curou-os, aos dois, Nossa Senhora da Piedade. Pode ouvi-los. Junto ao senhor, naquele canto, está o espírito de uma senhora, que diz ser sua mãe.

– Deve ser engano. Nossa mãe, graças a Deus, vive e goza saúde.

Era a terceira vez que, em uma sessão espírita, médiuns em transe acusavam a presença, a nosso lado, de uma senhora que, afirmavam eles, dizia ser nossa mãe. O Caboclo das Sete Encruzilhadas, porém, bradou:

– Quem é, então? Tem de falar! Há de incorporar e dizer quem é.

Despertou-se o Senhor Zélio de Moraes e o dr. Meirelles recomeçou o seu esquisito debate com a senhorita Zaira. Ao fim de minutos, caíram em transe simultâneo aquele médium e uma moça clara, de bom corpo, vestida com elegância. Esta saltou com fúria e tombou de flanco, batendo rijamente com a cabeça no solo, onde, por momentos, ficou estendida. Tornaram-se mais bruscos, então, os movimentos da senhorita Zaira.

Iniciando, com calma, a conversa com o sr. Meirelles, o médium Zélio entrou, depois, a queixar-se de violências que lhe estavam fazendo dizia, caboclos e pretos invisíveis para nós, e, acendendo-se em cólera contra nossa pessoa, chamando-nos "careca", disse que, com seus companheiros ali incorporados às duas médiuns, anda a seguir-nos, com o intuito de prejudicar o nosso serviço e a nossa vida, desde que fizemos, nesta reportagem, uma injustiça ao centro da Rua Laura de Araújo.

O dr. Meirelles, começando a compreender quem éramos, convidou a entidade presente a definir a injustiça por nós praticada. A resposta foi que havíamos dito que, naquele centro, o trabalho espírita é remunerado.

---

222. Ruflar = fazer tremular.

— Mas é ou não verdade?

— Não é!

Arriscamos, então, uma frase em nossa defesa, contestando-nos o médium:

— Ninguém é obrigado a dar. Dá quem quer.

— Foi o que noticiamos.

— Mas não devia ter noticiado! Objetou o médium.

— Por quê? O jornalista não cometeu uma injustiça. Disse uma verdade.

— Mas essa verdade prejudicou o Centro fazendo com que muita gente o abandonasse.

A moça clara, de pé, debatia-se em fúria, segura, pelos braços, por dois cavalheiros e a senhorita Zaira protestava:

— O Encruzilhada não é aquele que esteve aí. Sou eu!

O médium em transe, dirigindo-se ao diretor dos trabalhos, considerava:

— Você acha que o espiritismo não pode ser pago. Mas quem não tem emprego, como é que há de fazer espiritismo?

E, continuando, desenvolveu, em favor do centro da Rua Laura de Araújo, argumentos semelhantes aos que ouvimos, no Centro José de Abreu, à Rua dr. Bulhões, formulado por um dos dirigentes daquela associação. Dirigiu-se, em seguida, às duas moças, chamando-as, respectivamente, João e Eduardo. Acalmou-se a senhorita Zaira, e a outra, a clara, escapando-se dos braços que a amparavam, caiu sentada na cadeira.

— Bem. Vou-me embora! Vamos, João!

Vamos, Eduardo! Convidou o sr. Zélio.

Soergueram-se as duas moças, mas o dr. Meirelles declarou:

— É inútil! Não saireis daqui em estado de perseguir alguém. Escutai-me, e proferiu uma prece comovedora.

— Sou Sofia, disse o sr. Zélio. Se for para o nosso bem, iremos. Se formos enganados, pagarás. Vamos, João. Vamos Eduardo.

Despertaram-se, então, os três médiuns. Pediu concentração o diretor, e o sr. Zélio, novamente em transe, curvado, em uma linguagem deturpada, dizendo ser Pai Antonio, tomou as mãos de um enfermo, e, acompanhado pelos presentes, começou a cantar:

*Dá licença, Pai Antonio*

*Eu não venho visitar*

*Eu estou bastante doente*

*Venho para me curar*

Findo esse ato, e depois de um transe quase mudo da senhorita Severina de Souza, havendo o guia, como se disse, mandado que se realizasse um trabalho especial em benefício de um louco fugido do hospício e ali presente, declarou-se encerrada a sessão.

Retirando-se a assistência, foram afastados os bancos da sala e iniciados os preparativos para o trabalho especial. Só ficaram no recinto os médiuns, o louco, três homens que o acompanhavam e nós.

Uma senhorita, com o defumador fumegante percorreu a sala, envolvendo cada pessoa em ondas de fumaça aromática, e a cantar, acompanhada pelos circunstantes, uma canção cujo estribilho era:

*Quem está de guarda é São Jorge*

*São Jorge é quem está de guarda*

Entregou o defumador a um cavalheiro, que saiu a agitá-lo, caminhou em duas direções e, voltando, fechou a porta.

O sr. Zélio, assumindo a direção do trabalho, ocupou, ao lado de seu pai, perto da parede, a cabeceira da mesa, ficando um médium. Por detrás do enfermo, "fechando a concentração", sentaram-se o dr. Meirelles e uma senhorita, e, formando a terceira fila, os três companheiros do doente, ladeavam a mesa as médiuns Severina de Souza e Maria Isabel Morse, enfrentando a senhorita Zaira e a elegante moça clara. A jovem que empunhara o defumador e nós ocupamos lugares à esquerda da mesa.

Falando ao louco, disse o sr. Zélio:

– Vamos fazer um trabalho para o senhor ficar bom. Pense em Deus. Como o senhor não pode fazer uma ideia de Deus, veja se consegue reproduzir na mente a imagem de Jesus.

Fez, com fervor, três orações; a Deus, a N. S. da Piedade e ao Caboclo das Sete Encruzilhadas, e, convidando para começar, cantou, acompanhado pelos demais:

*Santo Antonio é ouro fino*

*Arria bandeira*

*Vamos começar*

O canto, monótono, melancólico, desdobrando-se em toada embaladora parecia acariciar as almas. Não faltava majestade ao ambiente. O louco, de súbito, rompeu em uma cantoria de sons inarticulados, e entraram em transe, atuadas – disseram-nos, por protetores, as médiuns Isabel e Zaira. Esta informou então ao sr. Zélio que, no momento, duas entidades agiam sobre o doente.

– Deixa o aparelho e faz incorporar em um deles. Manda o outro para outra máquina. Conto contigo.

Instantaneamente, recobrou-se e caiu em novo transe a senhorita Zaira. Sacudindo-se, a vociferar, quis deixar a cadeira, mas foi dominado pela senhorita de vigia. Ao mesmo tempo, dando uma ruidosa gargalhada, a moça clara, em um pulo, atirava-se de costas ao solo, enquanto o louco, asserenando a face, emudecia.

Entraram em discussão a senhorita Zaira, que dizia haver sido "o padre Alfredo, vigário do Meyer", e o sr. Zélio. Sustentava aquela que perseguir alguém é encaminhá-lo, pelo sofrimento, para o progresso espiritual, e sofria ardente contestação de parte do último.

De pronto abriu o presidente "novo ponto" cantando o coro: "Santo Antonio é Santo Maior". Erguendo-se a pouco e pouco do chão, a moça clara ocupou a cadeira, e, olhos fechados, encarando Zaira, acusou:

– Mentiste! Nunca praticaste a caridade! Não te acompanho mais! Tu me arrastaste!

Falando aos protetores, pediu o sr. Zélio que levassem aqueles irmãos "para o raio de luz" e o cântico entoado pelo coro reproduzia aos nossos ouvidos uma canção da macumba.

Sobre esse coro, cantando a meia voz, em tom forte, vibrando, um canto que saía dos lábios de Zaira, e começava:

"Oremos. Glória *in excelsis Deo*"!

Variou, ainda uma vez, o coro, a senhorita Zaira gritou que iria, mas voltaria; a moça clara, em gemidos lamentosos, implorou perdão, e as duas, quase tombando, saíram de transe, enquanto todos bradavam:

– Viva Deus.

Mas, sem demora, encurvaram-se em novo transe as duas médiuns.

Ambas são moças muito gentis, mas, de face subitamente deformadas, com os maxilares avançando, ficaram quase horríveis. Caminhando dobradas em passos arrastados, com a cabeça abatida na linha dos joelhos, percorreram a sala e fizeram passes no louco.

Zaira, que descalçara os pés e, por estar em transe, não havia, em estado consciente, assistido na primeira sessão, ao caso mediúnico relativo à Rua Laura de Araújo, agora, na segunda, conversando conosco, fazia referências aos três espíritos então reputados presentes.

Tornadas as duas médiuns ao estado de vigília, o sr. Zélio perguntou ao louco se estava melhor.

– Estou bem, respondeu ele serenamente.

– Bem. Vamos encerrar, disse o presidente, e o coro rompeu:

*Santo Antonio é ouro fino.*

*Suspende a bandeira.*

*Vamos encerrar.*[223]

---

223. In: *No mundo dos espíritos: inquérito de A Noite*. Rio de Janeiro: Oficinas Gráficas de *A Noite*, 1925, p. 369-373.

*Quadro do Caboclo das Sete Encruzilhadas – TENSP. Tela feita pelo médium Jurandir
Acervo de Alexândre Cumino.*

O Caboclo das Sete Encruzilhadas

Se alguma vez tenho estado em contato consciente com algum espírito de luz, esse espírito é, sem dúvida, aquele que se apresenta sob o aspecto agreste, e o nome bárbaro de Caboclo das Sete Encruzilhadas.

Sentindo-o ao nosso lado, pelo bem-estar espiritual que nos envolve, pressentimos a grandeza infinita de Deus, e, guiados pela sua proteção, recebemos e suportamos os sofrimentos com uma serenidade quase ingênua, comparável ao enlevo das crianças, nas estampas sacras, contemplando, da beira do abismo, sob as asas de um anjo, as estrelas no céu.

O Caboclo das Sete Encruzilhadas pertence à falange de Ogum, e, sob a irradiação da Virgem Maria, desempenha uma missão ordenada por Jesus. O seu ponto emblemático representa uma flecha atravessando um coração, de baixo para cima; a flecha significa direção, o coração sentimento, e o conjunto significam orientação dos sentimentos para o alto, para Deus.

Estava esse espírito no espaço, no ponto de intersecção de sete caminhos, chorando sem saber o rumo que tomasse, quando lhe apareceu, na sua inefável doçura, Jesus, e mostrando-lhe em uma região da terra, as tragédias da dor e os dramas da paixão humana, indicou-lhe o caminho a seguir, como missionário do consolo e da redenção. E em lembrança desse incomparável minuto de sua eternidade, e para se colocar ao nível dos trabalhadores mais humildes, o mensageiro de Cristo tirou o seu nome do número dos caminhos que o desorientavam, e ficou sendo o Caboclo das Sete Encruzilhadas.

Iniciou assim, a sua cruzada, vencendo, na ordem material, obstáculos que se renovam quando vencidos, e dos quais o maior é a qualidade das pedras com que se deve construir o novo templo. Entre a humildade e doçura extremas, a sua piedade se derrama sobre quantos o procuram, e não poucas vezes, escorrendo pela face do médium, as suas lágrimas expressam a sua tristeza, diante dessas provas inevitáveis a que as criaturas não podem fugir. .

A sua sabedoria se avizinha da onisciência. O seu profundíssimo conhecimento da Bíblia e das obras dos doutores da Igreja autorizam a suposição de que ele, em alguma encarnação, tenha sido sacerdote, porém, a medicina não lhe é mais estranha do que a teologia.

Acidentalmente, o seu saber se revela. Uma ocasião, para justificar uma falta, por esquecimento, de um de seus auxiliares humanos, explicou, minucioso, o processo de renovação das células cerebrais, descreveu os instrumentos que servem para observá-las, e contou numerosos casos de fenômenos que as atingiram e como foram tratados na grande guerra deflagrada em 1914. Também, para fazer os seus discípulos compreenderem o mecanismo, se assim posso expressar-me, dos sentimentos explicou a teoria das vibrações e a dos fluidos, e em uma ascensão gradativa, na mais singela das linguagens, ensinou a homens de cultura desigual as transcendentes leis astronômicas. De outra feita, respondendo a consulta de um espírita que é capitalista em São Paulo e representa interesses europeus, produziu um estudo admirável da situação financeira criada para a França, pela quebra do padrão ouro na Inglaterra.

A linguagem do Caboclo das Sete Encruzilhadas varia, de acordo com a mentalidade de seus auditórios. Ora chã, ora simples, sem um atavio, ora fulgurante nos arrojos da alta eloquência, nunca desce tanto, que se abastarde, nem se eleva demais, que se torne inacessível.

A sua paciência de mestre é, como a sua tolerância de chefe, ilimitada. Leva anos a repetir, em todos os tons, através de parábolas, por meio de narrativas, o mesmo conselho, a mesma lição, até que o discípulo, depois de tê-la compreendido, comece a praticá-la.

A sua sensibilidade, ou perceptibilidade é rápida, surpreendendo. Resolvi, certa vez, explicar os dez mandamentos da Lei de Deus aos meus companheiros, e, à tarde, quando me lembrei da reunião da noite, procurei, concentrando-me, comunicar-me com o missionário de Jesus, pedindo-lhe uma sugestão, uma ideia, pois não sabia como discorrer sobre o mandamento primeiro. Ao chegar à Tenda, encontrei o seu médium, que viera apressadamente das Neves, no município de São Gonçalo, por uma ordem recebida à última hora, e o Caboclo das Sete Encruzilhadas baixando em nossa reunião, discorreu espontaneamente sobre aquele mandamento, e, concluindo, disse-me: Agora, nas outras reuniões, podeis explicar aos outros, como é vosso desejo.

E esse caso se repetiu: havia necessidade de falar sobre as Sete Linhas de Umbanda, e, incerto sobre a de Xangô, implorei mentalmente, o auxílio desse espírito, e de novo o seu médium, por ordem de última hora, compareceu à nossa reunião, onde o grande guia esclareceu, em uma alocução transparente, as nossas dúvidas sobre essa linha.

A primeira vez em que os videntes o vislumbraram, no início de sua missão, o Caboclo das Sete Encruzilhadas se apresentou como um homem de meia idade, a pele bronzeada, vestindo uma túnica branca, atravessada por uma faixa onde brilhava, em letras de luz, a palavra "CARITAS". Depois, e por muito tempo, só se mostrava como caboclo, utilizando tanga de plumas, e mais atributos dos pajés silvícolas. Passou, mais tarde, a ser visível na alvura de sua túnica primitiva, mas há anos acreditamos que só em algumas circunstâncias se reveste de forma corpórea, pois os videntes não o veem, e quando a nossa sensibilidade e outros guias assinalam a sua presença, fulge no ar uma vibração azul e uma claridade dessa cor paira no ambiente.

Para dar desempenho à sua missão na terra, o Caboclo das Sete Encruzilhadas fundou quatro Tendas em Niterói e nesta cidade, e outras fora das duas capitais, todas da Linha Branca de Umbanda e Demanda.

As Tendas do Caboclo das Sete Encruzilhadas

O Caboclo das Sete Encruzilhadas fundou e dirige quatro Tendas: de Nossa Senhora da Piedade, a matriz, em Neves, subúrbio de Niterói encravado no município de São Gonçalo e as de N. S. da Conceição, São Pedro e de Nossa Senhora da Guia, na Capital Federal, além de outras no interior do Estado do Rio.

O processo de fundação dessas Tendas foi o seguinte: o Caboclo das Sete Encruzilhadas, que é vulgarmente denominado o "Chefe", quer pelos seus auxiliares da Terra, quer pelos do espaço, escolheu, para seu médium, o filho de um espírita e, por intermédio dos dois, agremiou os elementos necessário à constituição da Tenda de N. S. da Piedade.

Dez ou doze anos depois, com contingentes dessa Tenda, incumbiu a sra. Gabriela Dionysio Soares de fundar, com o Caboclo Sapoéba, a de N. S. da Conceição e quando a nova instituição começou a funcionar normalmente, encarregou o Dr. José Meirelles, antigo agente da municipalidade carioca e deputado do Distrito Federal, e os espíritos de Pai Francisco e Pai Jobá, com o auxílio das duas existentes, da criação da Tenda de S. Pedro. Mais tarde, ainda com o Dr. José Meirelles e o Caboclo Jaguaribe receberam a incumbência de organizar, com os egressos da Tenda do pescador, a de Nossa Senhora da Guia.

Cada uma dessas Tendas constitui uma sociedade civil, cabendo a sua responsabilidade legal, e a espiritual, ao respectivo presidente que é nomeado pelo Caboclo das Sete Encruzilhadas, independente de indicação ou sanção humana, e por ele transferido, suspenso, ou demitido livremente, bem como os médiuns que o "Chefe" designa e pode, se o entender, afastar de suas Tendas.

A organização espiritual é a seguinte: cada Tenda tem um chefe de terreiro, – presidente espiritual – um substituto imediato, e vários eventuais, chamados estes, pela ordem de antiguidade na Tenda, e todos designados pelo guia geral.

A Hierarquia, na ordem material, como na espiritual, é mantida com severidade. Cercam o Caboclo das Sete Encruzilhadas muitos espíritos elevados que ele distribui, conforme a circunstância, pelas diversas Tendas, mas esses espíritos e mesmo os Orixás não diminuem nem assumem autoridade dos presidentes espiritual e material, e trabalham de acordo com eles. Os próprios enviados especiais mandados, de longe em longe, com mensagens dos chefes e padroeiros das linhas, só as proferem depois do consentimento dos dois dirigentes. Até o "Chefe", quando baixa e incorpora em qualquer das Tendas, não se investe na direção dos trabalhos, mantendo o prestígio de seus delegados.

Na primeira quinta-feira de cada mês, celebra-se na Tenda Matriz, uma sessão privativa dos presidentes, e seus auxiliares, e médiuns dos chefes de terreiro, e nessa assembleia o Caboclo das Sete Encruzilhadas faz as observações necessárias, louvando ou admoestando, sobre os serviços do mês anterior, e dá instruções para os trabalhos do mês corrente.

As Tendas realizam, isoladamente, sessões públicas de caridade, sessões de experiência, e as de descarga. As segundas se dividem em duas categorias: as que têm por objetivo a escolha e o desenvolvimento dos médiuns das diversas linhas e a outra, facultativa, visando estudos de caráter científico. As sessões de descargas são consagradas à defesa dos médiuns.

Na segunda sexta-feira de cada mês, os presidentes, médiuns e auxiliares de cada Tenda trabalham conjuntamente na Matriz; no terceiro sábado, na de N. S. da Conceição e no quarto, na de N. S. da Guia.

Anualmente, as três Tendas fazem um retiro de vinte e um dias, fora da cidade, com cerimônias diárias em suas sedes e nas residências de seus componentes. Há, mensalmente, uma vigília de vinte e quatro horas, em que se revezam os filhos das Tendas de Maria. Efetuam-se em certas circunstâncias, atos idênticos, as mesmas horas, nessas três Tendas. Celebram-se, ainda, outras reuniões, internas ou externas, inclusive as festivas.

Em nenhuma Tenda é lícito realizar qualquer trabalho sem a autorização expressa do "Chefe", e nenhum presidente pode submeter ao seu julgamento pedido que não se inspire na defesa e no benefício do próximo.

Para o serviço de suas Tendas, o Caboclo das Sete Encruzilhadas tem as suas ordens Orixás e falanges de todas as linhas, incluída na de Ogum, a falange marítima do Oriente.

E bastam essas anotações para que se compreenda o que é uma organização da Linha Branca de Umbanda e Demanda, concebida no espaço e executada na Terra.

A Tenda Nossa Senhora da Piedade

Sob a presidência do sr. Zélio de Moraes, médium do Caboclo das Sete Encruzilhadas, erigida em sítio tranquilo, entre árvores, a Tenda de Nossa Senhora da Piedade é a casa humilde dos milagres...

Atacada de moléstia fatal, a filha de um comerciante de Niterói, agonizava sofrendo, e como a ciência humana se declarasse impotente para socorrê-la, seu pai, em desespero delirante, em uma tentativa extrema, suplicou auxílio à modesta tenda das Neves.

Responderam-lhe que só à noite, na sessão, o guia poderia tomar conhecimento do caso. Regressando ao lar, o desconsolado pai encontrou a filha morta, e, depois de fazer constatar o óbito pelo médico, mandou tratar do enterro.

No entanto, à noite, na Tenda de Nossa Senhora da Piedade, aberta a sessão, o Caboclo das Sete Encruzilhadas, manifestando-se, disse aos seus auxiliares da terra, ainda desconhecedores do desenlace da doença, que se concentrassem, sem quebra de corrente, e o esperassem, pois ia para o espaço, com suas falanges, socorrer a enferma que lhes pedira socorro.

Duas horas depois voltou, achando aqueles companheiros exaustos, do longo esforço mental. Explicou-lhes, então, na pureza de sua realidade, a situação, e mandou-os que fossem, em nome de Jesus, retirar a morta da mesa mortuária, e comunicar-lhe que a misericórdia de Deus, para atestar os benefícios do espiritismo, lhe permitira viver, enquanto não negasse o favor de sua ressurreição.

Confiantes em seu chefe, os humildes trabalhadores da Tenda Nossa Senhora da Piedade cumpriram as ordens recebidas, e a moça não só ficou viva, como curada. O médico, que lhe tratou da moléstia, e que lhe constatou o óbito, observou-a, por algum tempo, até desistir de penetrar o mistério de seu caso, classificando-o na ordem sobrenatural dos milagres.

Meses depois, à mesa do almoço, conversando, a ressurrecta contestou com firmeza, negando a ação espiritual que lhe restituiu a vida material, porém, nessa ocasião adoeceu de uma indigestão, falecendo em menos de vinte e quatro horas.

Uma associação de grande autoridade nos espiritismo, ao ter conhecimento desses fatos, resolveu apurá-los com severidade, para desmenti-los ou conformá-los sem sombra de dúvida, e, em um inquérito rigoroso, com o auxílio das autoridades do Estado do Rio de Janeiro, estabeleceu a plena veracidade deles, publicando, no órgão da Federação Espírita a sua documentação.

A média mensal da cura dos obsedados que iriam para os hospícios como loucos, é de vinte e cinco doentes, na Tenda da Piedade.

Os espíritos que baixam nesse recinto não procuram deslumbrar os seus consulentes com o assombro das manifestações portentosas, mas as produzem muitas vezes, quando lhes exigem as circunstâncias.

Os auxiliares humanos do Caboclo das Sete Encruzilhadas, na tenda que é, por excelência, a sua Tenda, mesmo os que têm posição de relevo na sociedade, não se orgulham dos favores que lhes são conferidos, e procuram, com doçura e humildade, merecer a graça de contribuir, como intermediários materiais para a execução, na terra, dos desígnios do espaço.[224]

---

224. Texto extraído do livro *O Espiritismo, a magia e as sete linhas de Umbanda*. Rio de Janeiro, 1933.

# Anexo 3
# Como Conheci Zélio de Moraes

Por Ronaldo Linares

*Para mim, ele, sem dúvida nenhuma, é o Pai da Umbanda.*

Ronaldo Linhares

Em julho de 1970, eu estava numa das minhas viagens ao Rio de Janeiro, com fragmentos de uma informação que havia colhido de uma conversa com o sr. Demétrios Domingues, segundo o qual a mais antiga Tenda de Umbanda seria a de Zélio de Moraes. Eu me encontrava em São João do Meriti-RJ, já de saída para São Paulo, quando decidi que procuraria essa pessoa, se é que ela realmente ainda existia. Após me informar de como chegar a Cachoeiras de Macacu, atravessei a ponte Rio-Niterói e, tomando a estrada para Friburgo, consegui chegar, depois de várias informações erradas. Caía à tarde naquela cidade. Era dia de jogo do Brasil na copa do mundo, o que serviu para complicar meu trabalho. Em todo local que pedia informações, todos estavam com olhos grudados na televisão. Meu carro, embora novo, tinha um mau contato no rádio e a minha companheira Norminha passou metade da viagem dando tapas embaixo do painel, para ouvir o jogo. Várias vezes ela me disse que aquilo era uma loucura e que o melhor era voltarmos ao Rio de Janeiro, mas eu estava determinado a esclarecer o assunto de uma vez por todas. Ao entrar na cidade, que é muito pequena, dirigi-me primeiro a um bar, pedindo as primeiras informações, pois contava encontrar uma pessoa muito popular na cidade. Fiquei muito surpreso com o fato de que ninguém soube dar-me nenhuma informação, nem quanto à figura de Zélio nem quanto à sua Tenda. Essa pessoa que eu procurava, se ainda estivesse viva, devia ser um ancião e, assim pensando, procurei uma farmácia, pois nessas pequenas comunidades os velhos quase sempre frequentam regularmente a farmácia. Nova decepção: ninguém conhecia Zélio nem havia ouvido falar de sua Tenda. Cheguei a procurar a Igreja local e indaguei ao padre, apresentando as minhas credenciais de repórter. Este também declarou nada saber a respeito de quem eu procurava (mais tarde vim a saber que a família Moraes era conhecida do padre, pois participava financeiramente das realizações sociais da igreja). Já quase desistindo, parei numa padaria, em uma das travessas da cidade, e foi lá que encontrei o "louco". Demo-lhe este nome porque durante a nossa conversa ele pareceu não ser um indivíduo equilibrado. Afirmou conhecer Zélio e disse-me que ele tinha um bar em Boca do Mato. Contestei imediatamente, pois as informações que eu tinha diziam que Zélio morava em Cachoeiras. Depois de muitas explicações, fiquei sabendo que Boca do Mato era um bairro desse micromunicípio, com praticamente uma única rua que terminava na mata, daí o nome que lhe deram: Boca do Mato. Um tanto temeroso ainda, convidei o "louco" para que nos levasse até o local. Norminha estava apavorada com a minha atitude, achando que estávamos sendo conduzidos a uma emboscada. O cair da tarde era frio e garoava muito, lembrando uma tarde de inverno paulistano. A região serrana talvez propiciasse esse clima. Ao voltarmos à estrada, o "louco" apontava para a propriedade mais bonita e dizia: "Eu vendi para o deputado, para o gerente do Banco do Brasil, etc". Se era fato ou não, o certo é que jamais ficaremos sabendo. Finalmente uma curva na estrada, nenhuma casa aparente, ele nos pede para entrarmos à direita. Só a menos de dez metros da entrada é que eu consegui enxergar a saída.

O receio transformou-se em medo. Apesar de tudo, fomos em frente: uma rua sinuosa, várias pontes, algumas casas esparsas, nenhuma casa de comércio aberta. Paramos, e ele disse: "É aqui!". A casa estava fechada. Bati palmas várias vezes; numa casa vizinha uma janela se abriu e uma senhora de meia-idade, muito atenciosa, perguntou: "Vocês estão procurando quem?" Mostrei-lhe as credenciais e expliquei tudo. "Sou repórter e preciso encontrar Zélio". Ela então me esclarece: "Seu Zélio está muito doente e não há ninguém em casa". Finalmente alguém confirmou que Sr. Zélio existia. Perguntei onde o encontrava, e ela disse: "Ele está na casa da filha, em Niterói". Senti como se tivesse pisado num alçapão, pois havia passado por Niterói e levei duas horas para chegar até ali. Teria de fazer todo o caminho de volta. Perguntei se ela teria o endereço. Ela, muito educada, respondeu:

"Não sei exatamente onde eles moram, mas tenho o telefone da filha". Depois de assegurar-me de que realmente o apartamento ficava em Niterói, despedi-me. O "louco" estava eufórico, a informação era correta. Paramos em Cachoeiras de Macacu e eu o gratifiquei. Ele agradeceu e saiu correndo com o dinheiro em direção ao primeiro bar, "como um louco". Voltei para Niterói. Norminha dizia que o louco era eu por continuar naquela busca inútil, mas me acompanhava, apesar de tudo. Já não se falava mais em futebol, somente se encontraríamos ou não o Sr. Zélio. Chegamos em Niterói por volta das 19 horas. Assim que deixei a estrada, cruzei algumas ruas e cheguei a uma farmácia. "Cariocamente", estacionei o carro na calçada, desci, apresentei minhas credenciais e pedi para usar o telefone. Logo, em minha volta estava estabelecida a confusão. "O senhor é repórter? Foi crime? Onde foi? Quem morreu?" Tentando ignorar as perguntas, consegui completar a ligação. Do outro lado da linha, uma voz de menina atendeu-me. Eu disse apenas que era de São Paulo, que queria entrevistar o Sr. Zélio e que havia sido informado de que ele se encontrava naquele telefone. A mocinha pediu-me que esperasse um instante. Eu a ouvi transmitindo as informações que lhe dera. Outra voz no aparelho, desta vez a de uma senhora; explico os objetivos da minha visita (em nenhum momento declinei meu nome). Ouço a pessoa com quem estou conversando dirigir-se a outra e explicar: "Papai, há um senhor de São Paulo ao telefone, que veio entrevistá-lo. O senhor pode atendê-lo?" E, para minha surpresa, ouço lá no fundo uma voz cansada responder: "É Ronaldo, minha filha, que estou esperando há muito tempo. O homem que vai tornar o meu trabalho conhecido em todo o mundo".

Eu ouvia e não acreditava. Eu não havia dito a ninguém o meu nome e, no entanto, ele sabia de tudo, como se estivesse informado. Pedi o endereço, trêmulo e emocionado. Não me saía da cabeça como ele sabia quem eu era. Agradeci ao farmacêutico e saí "pisando fundo". Na Avenida Almirante Ari Pereira, perguntei a um, a outro e, finalmente, estava defronte ao prédio. Um tanto receoso, encostei o veículo. Passam os andares e finalmente o elevador para Tive a impressão de que meu coração havia parado também. Descemos, na nossa frente havia duas portas. Bati à porta da direita. Ela abriu-se. Era a mocinha gentil que me atendera da primeira vez: "Sr. Ronaldo?" "Perfeitamente!" "Um momentinho". A porta da sala é a outra e Dona Zilméia vai atendê-lo. O espaço que separava uma porta da outra não ultrapassava três metros. Com quatro passos estava diante da outra, que já começava a abrir-se. Diante de mim, uma senhora sorriu muito educada e perguntou: "O senhor Ronaldo?" Confirmei e apresentei Norminha, minha esposa. A sala era um "L" e, no canto direito, um velhinho, usando pijama com uma blusa de lã por cima, sorriu para mim. O apartamento era modesto; havia um enorme aquário numa das pernas do "L". Ao ver a frágil figura do velhinho, veio-me à cabeça que aquele deveria ser, no mínimo, irmão gêmeo de Chico Xavier, tal a sua semelhança física com o famoso médium kardecista. Tomado de grande emoção, aproximei-me do senhor Zélio. Ele sorriu e disse, brincando: "Pensei que você não chegaria a tempo". Não sei por que, mas aproximei-me, ajoelhei-me diante daquela figura simpática e tomei-lhe a bênção. Ele tomou minhas mãos, fez-me sentar ao seu lado e repreendeu a Norminha, dizendo-lhe: "Por que você não queria vir para cá?". Quando consegui falar, disparei uma "rajada" de perguntas. Eu estava totalmente abalado, o homem parecia saber tudo sobre mim e procurava acalmar-me, dizendo: "Sei perfeitamente o que você quer saber e não há motivo para que esteja tão nervoso". Sua presença me acalmava. Dona Zilméia, depois de conversar conosco por 15 minutos, explicou que era seu dia de tocar os trabalhos e desculpou-se, dizendo que precisava sair. Pedi-lhe o endereço da Tenda e, depois de tudo anotado, ela retirou-se e fiquei na companhia do senhor Zélio. Ele realmente tinha todas as respostas para minhas perguntas e, na maior parte do tempo, antecipava-se a elas. Coisa que até hoje não consigo compreender. Eu estava diante de alguém como nunca havia visto antes. Finalmente, eu encontrara o "homem".

# Anexo 4
# Entrevista com
# Dona Lygia Cunha

Entrevista e matéria realizada por Cláudio Zeus, publicada em seu blog: http://www.umbandasemmedo.blogspot.com/ e consultada na data de 7 de maio de 2008.

UMA ENTREVISTA COM DONA LYGIA CUNHA, NETA DE ZÉLIO DE MORAES E RESPONSÁVEL PELA CONDUÇÃO DAS SESSÕES NA TENDA ESPÍRITA NOSSA SENHORA DA PIEDADE

No final do ano de 2007, descobri, por pura sorte, o perfil de um rapaz chamado Marcelo, que vinha a ser filho de Dona Lygia, neto de Dona Zilméia e bisneto de nosso já conhecido Zélio Fernandino de Moraes, a quem coube, ainda que alguns rejeitem, a CRIAÇÃO DE UMA NOVA RELIGIÃO, através da entidade que se apresentou como CABOCLO DAS SETE ENCRUZILHADAS, nos idos de 1908, como já é do conhecimento de todos os que já passaram por este Blog ou leram esta parte da história da UMBANDA em outros lugares.

De início confesso que fiquei meio tímido para contatá-lo, tanto que levei alguns dias pensando se deveria ou não, como seria recebido, se teria alguma resposta, embora achasse que deveria fazê-lo, pois, "viajando" por Comunidades como Orkut, MSN e outras, pude perceber que ainda são muitas as dúvidas que existem, não só sobre a figura de Zélio, do Caboclo e principalmente do CULTO RELIGIOSO que este batizou de UMBANDA. Além disto ainda havia encontrado, nessas viagens, as informações mais disparatadas sobre certos rituais que alguns afirmavam, até com "certa certeza"(?), que existiam nas práticas das Tendas fundadas por Zélio e o Caboclo das Sete Encruzilhadas, a quem passarei a chamar de "CHEFE", como carinhosamente até hoje ele é tratado pela família e por aqueles que com eles se alinham.

Pois bem. Tomei coragem e entrei em contato com o Marcelo que me respondeu até além de minha expectativa, fornecendo-me endereços e telefones que, é óbvio, não serão aqui divulgados, de forma que eu pudesse me contatar com sua mãe, Dona Lygia Cunha, o que fiz. E quando o fiz pela primeira vez, por telefone, ela deve se lembrar que cheguei a me espantar por ficar sabendo que a família residira por muitos anos em um prédio bem defronte ao que eu moro (local em que ela estava neste momento e se preparava para a última gira do ano que ocorreria dois dias após) e, por coisas que a vida não explica, eu nunca soubera.

Conversamos por um bom tempo, minha proposta de preparar este questionário que se segue foi muito bem aceito e cheguei a combinar de estar presente nessa próxima sessão – o que infelizmente, por motivos particulares, não me foi possível – ficando eu de enviar-lhe as perguntas por e-mail para que sobre elas refletisse e escolhesse sobre o que gostaria de escrever, acrescentar, modificar ou não, e tivesse tempo suficiente para até mesmo, em caso de necessidade, buscar subsídios junto a sua mãe, Dona Zilméia, sobre assuntos de que talvez não tivesse conhecimento – coisas que teriam acontecido quando ainda muito jovem e não tinha assumido seu cargo atual dentro da Tenda.

Com todas as suas ocupações de mãe, avó, dona de casa, da Tenda, etc., etc., Dona Lygia, pacientemente, nos forneceu respostas às principais perguntas que, de acordo com minhas "viagens" antes citadas, me pareciam necessárias para melhores informações, já que como vemos, muitos têm os acontecimentos de 15 e 16 de novembro de 1908 como marco inicial da Umbanda, mas mesmo entre esses, uma grande parte não sabe como foi ou é a Umbanda preconizada pelo CHEFE.

As perguntas e respostas que se seguem foram as que de mais importância via eu no momento, e as estou colocando da mesma maneira que foram e vieram, ou seja, SEM INTERPRETAÇÕES PESSOAIS MINHAS.

Peço a todos que tiverem acesso a este Blog que leiam, pensem, repensem, comparem com o que têm lido por aí, compreendam e divulguem o valor histórico deste testemunho, bem assim como sua seriedade; e agradeço verdadeiramente à Dona Lygia, seu filho Marcelo e sua esposa Simone, Dona Zilméia e toda a família por tão bem terem recebido esta proposta.

Questionário

PERGUNTA: Há pouco tempo em uma revista de Umbanda saiu uma reportagem na qual D. Zilméia teria dito que matavam um porco para Ogum uma vez por ano e que isso era feito desde os tempos do senhor Zélio. Por tudo que já conhecia da Umbanda do Caboclo das Sete Encruzilahdas, sempre soube que sacrifícios animais eram proibidos pelo Caboclo. Como se explica então essa "imolação de um porco para Ogum", se nem seria este o animal adequado, de acordo com os rituais afros?

OBS.: Esse comentário deu origem a diversos debates em que os africanistas afirmavam que o Caboclo das Sete Encruzilhadas também fazia sacrifícios.

RESPOSTA: O ritual para elaboração da comida de Ogum foi trazido por Orixá Malet (uma das entidades que atuavam junto ao Caboclo das Sete Encruzilhadas, também através de meu avô) que seria obrigatoriamente um sarapatel. O sarapatel era feito com os miúdos de um porco castrado, por isso usava-se o animal c/ esta característica. Ele era morto por uma pessoa de fora do terreiro, fora da TENSP, habilitado e contratado p/ tal. A carne era usada como alimento para qualquer refeição. Isto seria sacrifício?

Hoje não mais existe esta contratação e a comida é feita, como para todos os Orixás, compra-se os ingredientes nos mercados. E quanto a sua dúvida, não ser o porco adequado nos rituais afros, nada sei, nós estamos falando da Umbanda do Caboclo.

NÃO FAZEMOS SACRIFÍCIOS, qualquer dúvida é só visitar-nos.

PERGUNTA: Sobre Exus: Como eram e são agora compreendidos os Exus na visão da Umbanda do Caboclo das Sete Encruzilhadas? Já trabalham com eles? O que os fez mudar, se assim procedem? Pergunto isso porque há um texto na Internet em que o próprio Zélio explicava como o CHEFE e ele viam os Exus e o porquê de não trabalharem com eles.

RESPOSTA: Os Exus eram e são compreendidos da mesma forma, desde a fundação da TENSP, não houve qualquer mudança. Não há sessões de Exus. Continuam sendo, como dizia o Caboclo, os soldados, os trabalhadores do nosso Terreiro, são chamados somente quando necessário, normalmente nas descargas ou em outros trabalhos de defesa contra a magia.

PERGUNTA: Iniciei em um Centro Espírita que, embora kardecista em sua raiz, tinha sessões de umbanda mesa branca e que dizia seguirem a Umbanda preconizada pelo Caboclo das Sete Encruzilhadas. Nesse Centro não havia velas, atabaques, fumo ou Congá. Era assim na TENSP? O que mudou desde então para vocês que estão mais próximos da Umbanda do Caboclo das Sete Encruzilhadas?

RESPOSTA: A TENSP sempre trabalhou com velas, pemba, ponteiros, fumo, defumadores, temos gongá, que nada mais é que um altar c/ imagens de santos, nunca usamos atabaques. Trabalha-se também com pontos firmados que são usados nas sessões e os pontos cantados, sem qualquer acompanhamento instrumental, só voz. Para o nosso entender nada mudou na TENSP. Se houve mudanças em Tendas criadas por meu avô, isto não é de nossa alçada. Nós continuamos fiéis aos ensinamentos e preceitos do Chefe (como também chamamos o Caboclo das Sete Encruzilhadas) e esta será sempre a nossa luta.

PERGUNTA: Como é feita a iniciação de médiuns na Tenda? Quando eles são considerados prontos?

RESPOSTA: Existem na TENSP as chamadas Sessões de Desenvolvimento sob a responsabilidade de um Babá da casa, ajudado por outros médiuns antigos. As sessões dividem-se em duas partes, uma teórica e outra prática, na qual a incorporação dos médiuns em desenvolvimento é trabalhada. Após algum tempo participando desses trabalhos são considerados semiprontos pela indicação do Guia Chefe. Após esta indicação, deverão ser burilados nas Sessões de Caridade, muitas vezes trabalhando como médiuns de atração, até receberem ordem p/ trabalharem na casa, dando passes.

Não há tempo marcado e cada um tem o seu tempo p/ desempenhar tal tarefa.

PERGUNTA: Tendo a Umbanda do Caboclo das Sete Encruzilhadas tomado como ponto de partida os ensinamentos kardecistas, eu perguntaria em que momento as oferendas e/ou obrigações com comidas ou de outro qualquer tipo começaram a fazer parte dos rituais?

RESPOSTA: Apesar da primeira manifestação pública do Caboclo da Sete Encruzilhadas ter se dado na Sede da Federação Espírita de Niterói, as práticas da Umbanda não partiram de ensinamentos kardecistas, até porque os kardecistas de então rejeitavam as manifestações de pretos-velhos e caboclos por considerarem "espíritos pouco evoluídos". Aliás, o próprio Caboclo foi convidado a deixar o recinto na ocasião de sua incorporação. Não quero dizer com isto que rejeitemos os ensinamentos de Kardec. Os usamos para entender as questões relacionadas aos processos de evolução espiritual, reencarnação, etc. ... e temos profundo respeito pelas práticas dos kardecistas. Nossas práticas partiram dos ensinamentos que foram trazidos pelo próprio Chefe, por Pai Antonio e posteriormente por Orixá Malet (entidades recebidas por meu avô).

E quanto a sua pergunta sobre oferendas, etc. ..., foi a partir da chegada do Orixá Malet (segundo informações da minha mãe ).

PERGUNTA: Orixá Malê - Vocês devem ter tido bastante contato com essa entidade. Poderiam me responder se era uma entidade ligada ao africanismo? Seria ele um desses que se acostumou a chamar de "capangueiro de orixá"? Ou apenas uma entidade da linha de Ogum Malê? Ele era um espírito (que tivesse vivido antes na terra) ou um elemental/orixá como compreendem os ritos de candomblé?

RESPOSTA: Eu infelizmente não tive muito contato com Orixá Malet, pois era muito jovem e não frequentava assiduamente as suas sessões, os seus trabalhos. Orixá Malet não era ligado ao africanismo, nem "capangueiro de orixá", como você questiona. Ele era malaio e se apresentou com este nome, foi o guia que veio p/ resolver "as demandas" do Centro e da própria Umbanda em seu nascedouro. Falava pouco e sua comunicação se dava predominantemente por gestos, era bastante rápido e exigente nas suas ações e nos trabalhos que realizava. Como se apresentava como malaio e pelas descrições de sua aparência, acredito que tenha tido uma existência terrena como o Chefe e Pai Antônio.

PERGUNTA: O que vocês teriam a dizer dessas falanges que estão aparecendo na Umbanda como: Ciganos, Malandros, Boiadeiros, Lixeiros, Mendigos, Caipiras ...?

RESPOSTA: Sobre as falanges que você pergunta: Ciganos, malandros e boiadeiros, temos conhecimento. Lixeiros, mendigos e caipiras, nunca ouvi falar, nada sei sobre elas.

Na TENSP não trabalhamos com nenhuma delas, embora eventualmente alguma entidade possa se manifestar c/ trejeitos típicos de malandros e também com movimentos de um boiadeiro.

PERGUNTA: Qual a opinião de vocês quanto ao uso de paramentos, vestimentas que caracterizam certas entidades (boiadeiros, exus, caboclos), como cocares, chapéus de couro, chicotes, laços e outros dentro dos rituais de Umbanda?

RESPOSTA: Esta Umbanda com paramentos não conheço, não usamos e particularmente não vejo necessidade de roupas, adereços ou qualquer tipo de fantasias.

PERGUNTA: Qual a opinião atual de vocês sobre as vestimentas que devem usar os médiuns para trabalhos dentro da Umbanda? O que mudou desde o CDSE para cá?

RESPOSTA: A nossa Umbanda continuará a usar um uniforme simples, como é desde a sua fundação. Para as mulheres um vestido branco c/ comprimento normal complementado com um calção por baixo até o joelho e, os homens calça comprida branca e camisa branca. Por praticidade esta camisa vem sendo substituída por um jaleco branco simples.

Trabalhamos descalço. Os médiuns usam uma fita vermelha na cintura e os cambonos uma fita verde.

PERGUNTA: O Ponto riscado do Caboclo das Sete Encruzilhadas é uma encruzilhada encimado por um coração transpassado por uma flecha? Mais algum detalhe?

RESPOSTA: O ponto riscado do Caboclo é um coração transpassado por uma flecha somente.

PERGUNTA: Qual a opinião de vocês sobre essa volta do CDSE anunciada pela médium Adriana Berlinsky que escreveu recentemente dois livros aos quais ainda não tive acesso, que teriam sido psicografados pelo CHEFE?

RESPOSTA: O Caboclo continua tendo o seu Centro, a TENSP, com excelentes médiuns incluindo a filha carnal de Zélio de Moraes, sem qualquer mudança nas suas diretrizes e práticas desde a sua criação. Assim sendo me causa certo estranhamento que ele possa ter escolhido um médium sem nenhum contato com esta casa para se manifestar. Além disso, segundo informações recebidas através de outras entidades que com ele trabalhavam na TENSP, o Chefe, após cumprir sua missão junto a Zélio de Moraes, já estaria em esferas ainda mais elevadas do astral superior, não mais realizando trabalhos em nosso plano.

PERGUNTA: Após o falecimento de Zélio, já tiveram alguma notícia dele, do Caboclo das Sete Encruzilhadas ou de Pai Antônio, ou de qualquer outra entidade que com ele trabalhasse?

RESPOSTA: Sim, o meu avô já esteve conosco, a sua última mensagem foi em novembro de 2007 na abertura da Sessão do Amaci. O Caboclo aparece para nós, em momentos muito especiais em nosso Terreiro e os médiuns videntes percebem sua presença manifestada na forma de um clarão de luz azul. Os seus recados são trazidos através de caboclos e/ou pretos em algumas ocasiões. Pai Antônio já incorporou algumas vezes com minha mãe, também em nossas sessões, trazendo muita alegria e uma imensa saudade.

PERGUNTA: Há pouco tempo tive a oportunidade de ler em uma certa Comunidade do Orkut que talvez lhes interessasse (aos membros dessa comunidade) comprar a casa onde morou o Sr. Zélio, em Neves, para que ali fosse criado uma espécie de marco do início da Umbanda, mas que alguém que teria ido ao local teria se deparado com uma pessoa que, embora da família, seria evangélica e nada interessada em Umbanda ou qualquer coisa parecida. Vocês têm conhecimento desses fatos (da possível compra e da pessoa que lá reside)?

RESPOSTA: Frequenta hoje o terreiro da TENSP uma das pessoas da comitiva que esteve em visita a casa. Existia sim esta idéia, mas não sei como surgiu. A pessoa que os recebeu é católica (sic) e não evangélica e é bisneta da tia Zilka (única irmã de meu avô). São os atuais moradores da casa, seus pais e irmãos. O meu avô nunca foi favorável a qualquer culto a sua personalidade ou a valorização de algo material ligado a Umbanda, como um imóvel, por mais importante que seja para a nossa história. Assim sendo nos arrepia a ideia de um "Museu da Umbanda" ou coisa parecida, com fotos, objetos de meu avô ou algo similar. Uma "casa de Umbanda" só tem sentido para nós se for para a prática da caridade e para isto, como diria o Chefe, basta a copa de uma árvore.

PERGUNTA: A que fatos ou interpretações vocês atribuem essa diferenciação tão grande de Umbandas hoje existentes e a essas afirmações de que: "Já existia Umbanda antes do Caboclo das Sete Encruzilhadas e que ele não teria criado a Umbanda e sim anunciado ou mesmo, como afirmam outros, socializado?".

RESPOSTA: Em relação às diferenças acredito no lema "cada cabeça uma sentença". A Umbanda não é dogmática porque o Chefe assim o quis. Não foi criada uma doutrina, talvez para permitir que aquele que seja dotado de mediunidade e afeito aos seus ideais possa se tornar um trabalhador de suas causas. A coisa mais importante é que paute suas práticas na humildade, no amor e na caridade. Nós na TENSP procuramos manter as práticas como nos foram ensinadas pelas entidades recebidas por meu avô. Para cada uma delas existe uma razão, uma justificativa nem sempre muito clara. Procuramos ser um esteio do que foi preconizado por estas entidades, entretanto sem termos a pretensão de sermos melhores que quaisquer outros. Quanto a existência da Umbanda antes do Caboclo, só podemos falar por aquilo que está na nossa história e o que nos foi ensinado: A Umbanda é uma religião brasileira que incorpora elementos de todos os povos constituintes de nossa nação, especialmente do índio, do negro e do branco europeu, nascida por ordem do astral superior, através do Caboclo das Sete Encruzilhadas, voltada principalmente para a prática da caridade. Seu nascimento se deu em São Gonçalo – RJ, em 15 de novembro de 1908, no bairro de Neves.

PERGUNTA: Que tipo de mensagem vocês gostariam de deixar para os Umbandistas de todas as vertentes atuais?

RESPOSTA: Importante é que tenham pureza em seus corações. A fé é a maior alavanca. A Umbanda para nós sempre será baseada na simplicidade, no amor, na caridade e principalmente na humildade. Nunca se afastem desses ensinamentos.

Façam sempre suas orações pedindo orientação aos mestres espirituais.

Salve Oxalá e que Ele os abençoe.

*Lygia Cunha*

# Anexo 5
# Capitão Pessoa

José Álvares Pessoa, ou Capitão Pessoa como ficou conhecido, era espírita e estudioso do espiritualismo em geral. Já tinha ouvido falar sobre as "maravilhas de Neves" e do Caboclo das Sete Encruzilhadas, mas não acreditava muito nos fatos que ouvia, pois muitos deles parecem fantasia ou exagero de quem se refere ao fenômeno Zélio de Moraes. Resolveu ir pessoalmente conhecer a Tenda Nossa Senhora da Piedade e comprovar o que se realizava em nome de Umbanda. Isso se deu por volta de 1935, Zélio já tinha fundado as seis tendas e lhe faltava o médium que iria dirigir a Tenda São Jerônimo, que completaria sua missão de fundar Sete Tendas, segundo determinação do Chefe, Caboclo das Sete Encruzilhadas.

Assim que Capitão Pessoa adentrou no ambiente da Tenda, o Caboclo das Sete Encruzilhadas, devidamente incorporado, interrompeu sua palestra e afirmou: "Já podemos fundar a tenda São Jerônimo. O seu dirigente acaba de chegar".

O sr. Pessoa se surpreendeu com tal afirmação, pois não conhecia ninguém naquele ambiente. Em conversa com o Caboclo se surpreendeu mais ainda por mostrar que o conhecia profundamente, aceitando assim a sua missão dentro da religião umbandista.

A Tenda São Jerônimo tornou-se um exemplo para a Umbanda, e Capitão Pessoa, um umbandista dos mais atuantes. Legou-nos um texto intitulado "Umbanda: religião do Brasil", que faz parte de um livro com o mesmo título, o qual participa ao lado de mais três autores umbandistas (Carlos de Azevedo, Madre Yarandasã e Nelson Mesquita Cavalcanti).

Em *Umbanda: religião do Brasil* (1960, Editora Obelisco, São Paulo), Capitão Pessoa ressalta a Umbanda como "UMA RELIGIÃO GENUINAMENTE BRASILEIRA", vejamos alguns de seus conceitos:

> Há uns quarenta anos mais ou menos, aproveitando a enorme aceitação dos fenômenos espíritas por parte dos brasileiros, entidades que presidem o destino espiritual da raça resolveram levar avante a árdua tarefa de lhes dar uma religião que fosse genuinamente brasileira. Porque, filho de três raças – a branca, a negra e a índia – não era justo que coubesse ao brasileiro, como imposição, uma religião 100% importada, fosse ela qual fosse, e que não reunisse os anseios das três raças a que pertence.
>
> A religião que lhes estava destinada deveria ser uma religião eclética, cujas características principais fossem a caridade, a humildade e a perfeita tolerância para com a imensa ignorância dos homens... (p. 63)
>
> [...] Umbanda é o milagre vivo diante dos nossos olhos deslumbrados; Umbanda é ação do Cristo na sua Jornada pelo planeta, realizando a magia divina em favor da humanidade que se debate no sofrimento e na dor.
>
> Umbanda é magia, e magia é a mola que move este mundo...(p.84)
>
> [...] sobre os seus ombros tomou o Caboclo das "Sete Encruzilhadas", de organizar a Lei de Umbanda no Brasil... (p. 92)
>
> [...] Umbanda é a própria alma do mundo trabalhando em prol da regeneração dos homens... (p.102)

Ainda nesse mesmo livro, encontramos os seguintes textos de autoria do Capitão Pessoa: "Umbanda: religião do Brasil"; "Umbanda: a magia e os seus mistérios"; "O pastor da Umbanda"; e "Umbanda dentro do mundo". Destes, destaco, a seguir, o texto "O pastor da Umbanda", às páginas 91-98:

> **O pastor da Umbanda**
>
> Por José Álvares Pessoa – Capitão Pessoa
>
> Bem-aventurados os que têm fé, porque esses verão a Deus Nosso Senhor.
>
> A fé é uma das virtudes fundamentais de todas as religiões. Sublime por excelência, sem ela nada se poderá realizar no terreno espiritual e é por seu intermédio, dependendo da sua maior ou menor intensidade, que as almas se habilitam a levar avante a missão de que se incumbiram.
>
> A fé remove montanhas, cura as enfermidades do corpo e da alma, transforma os criminosos em cordeiros, faz o milagre – maravilhoso entre todos – do ladrão subir aos céus com Jesus Cristo.

Foi a fé que levou uma grande alma a realizar em nossa terra uma formidável obra de reforma religiosa, com a implantação, em nosso meio, da Lei de Umbanda. E esta realização é tanto maior quando todos nós sabemos que, no Brasil essencialmente católico, de há 40 anos passados, era quase um crime pensar-se em fazer modificações de ordem espiritual, que pudessem afetar, de leve sequer, o prestígio dos padres de Roma.

A realização da tarefa, por isso mesmo espinhosíssima, que sobre os seus ombros tomou o Caboclo das Sete Encruzilhadas, de organizar a Lei de Umbanda no Brasil, é um verdadeiro milagre de fé, que nos leva a um sentimento de grande amor e de profundo respeito por essa entidade, que se faz pequenina e que procura velar-se sob a capa de uma humildade perfeita.

É a ele – ao Pastor de Umbanda – que se deve a purificação dos trabalhos de magia nos terreiros; é a ele que espiritualmente está entregue a direção de todas as Tendas de Umbanda no Brasil.

O Caboclo das Sete Encruzilhadas é o verdadeiro Guia da Umbanda, o pastor das ovelhas de Iemanjá, aquele com quem todos os outros Guias lá no alto combinam, quando querem colaborar nos seus terreiros.

Foi ele quem assumiu perante Oxalá o compromisso de expurgar Umbanda do rito essencialmente africanista que se vinha praticando desde as primeiras levas de escravos trazidos pelos portugueses.

Foi ele quem provocando uma guerra com os espíritos das trevas, diretamente interessados com a implantação dos trabalhos de magia negra, não vacilou um só momento em seguir o programa traçado e arrebanhando as suas ovelhas – verdadeiro Pastor de Umbanda – vai continuando a sua obra de propagação com as constantes inaugurações de Tendas que, filiadas ou não à Tenda de N. S. da Piedade, são realmente suas, estão, queiram ou não queiram os seus organizadores, debaixo de sua orientação espiritual.

Que os que nos leem não se esqueçam desta verdade: o Caboclo das Sete Encruzilhadas é o legítimo senhor de Umbanda no Brasil; nenhuma entidade, por grande que seja, intervém nos trabalhos da magia branca sem uma prévia combinação com ele.

Sei que muitos não concordarão com o nosso pensamento, pelo que peço perdão e licença para elucidá-lo. O meu intuito não é diminuir qualquer das entidades que baixam nos terreiros de Umbanda e muito menos ferir qualquer suscetibilidade; eu sei, e todos sabem, que podem descer nos terreiros entidades maiores que o Caboclo das Sete Encruzilhadas, embora não se declarem como tal, mas essas entidades que vêm prestar socorro a filhos que sofrem, vêm e voltam sem a responsabilidade que cabe ao Caboclo das Sete Encruzilhadas, que recebeu a missão de purificar os trabalhos da magia.

Como prova, aí estão as suas tendas, formando um todo homogêneo, organização que não tem similar e que vem resistindo a todas as campanhas que tem sofrido.

As minhas declarações não têm outro sentido a não ser que o Caboclo das Sete Encruzilhadas foi realmente o Comissionado para esse fim; ele não vai inovar, veio apenas purificar o que já se fazia no país há algumas centenas de anos; ele não destruiu o ritual de Umbanda, antes deu-lhe força e método e o propagou com sua organização maravilhosa. Verdadeiro Mestre da Magia Branca, responsável pela pureza do seu ritual, ele não poderia abandoná-la, porque o considera sagrado; ao contrário, ele nos ensinou a amá-lo e a respeitá-lo, porque ninguém melhor do que ele sabe que não há religião sem ritual.

O que ele deseja, entretanto, é que este ritual de Umbanda, humilde, mas cheio de luz, seja nivelado ao ritual elevado das grandes religiões e isento de toda inferioridade e da prática de coisas inúteis e perniciosas. O que deseja, sobretudo, é que este ritual seja praticado apenas por Guias autorizados, porque não são todos espíritos que baixam nos terreiros que se acham à altura de praticá-lo.

Essas minhas declarações são tanto mais insuspeitas quanto todos sabem o grande amor que eu e todos os que fazem parte da Casa de São Jerônimo temos ao Caboclo da Lua, que é por nós considerado uma entidade de grandes poderes e elevada espiritualidade. Todavia, e para isso chamo a atenção de todos, por muito grande que seja, ele não hesitou em trabalhar sob a chefia do Caboclo das Sete Encruzilhadas, e foi ele quem organizou e lhe ofereceu a Tenda de São Jerônimo, que espero será um dos esteios de sua obra formidável.

Há alguns anos, previmos que Umbanda seria a futura religião do Brasil, em uma visão feliz que posteriormente foi plasmada em um estudo humilde e modestamente ofertado pelos filhos de São Jerônimo aos filhos de Santo Agostinho, que a nós são unidos pelo coração e pelos mesmos ideais. Então Umbanda era perseguida não só pelos outros credos religiosos, mas ainda, pelas autoridades constituídas que a rebaixavam ao nível da Magia Negra. Hoje, começamos a ver raiar a Alvorada de Umbanda, porque são as próprias autoridades que nos convocam para uma confissão pública de Umbanda como credo religioso, permitindo que, com essa designação, as Tendas de Umbanda funcionem.

É a nossa vitória, ou antes, a grande vitória do Caboclo das Sete Encruzilhadas.

O que nós todos lhe devemos é de valor inestimável; jamais poderemos pagar os benefícios espalhados a mancheias por ele e pelos espíritos que acorreram ao seu chamado para ajudá-lo no cumprimento de sua missão.

É uma felicidade para nós prestar ao Caboclo das Sete Encruzilhadas essa homenagem, rendendo-lhe um elevado preito de gratidão com o nosso reconhecimento público de que ele é o legítimo Pastor de Umbanda, o único diretamente responsável perante Oxalá por todas as Tendas já organizadas entre nós e por todas as que vierem a se organizar.

Este espírito de eleição, cuja a fé é um incentivo para os nossos espíritos entibiados, cheios de irresoluções, fracos no cumprimento do dever, rebeldes quando não vemos que as coisas marcham sempre ao sabor dos nossos desejos; este espírito de luz, cujo amor a Oxalá o levou a não ver os espinhos que o feriram ao longo da penosa jornada que teria de percorrer durante tão duros anos, bem merece ser enaltecido por todos os filhos de fé que se sentem felizes no ambiente humilde de Umbanda e que nem de leve suspeitam de seu verdadeiro valor, da sua singular grandiosidade.

Habituados a ouvir dizer: "o Caboclo das Sete Encruzilhadas baixa tal ou qual terreiro", os adeptos de Umbanda imaginam que ele é "mais um" entre os inúmeros que vêm para a sua missão de caridade.

Já é tempo de corrigir-se o erro; ele não é "um entre muitos", em Umbanda ele é o "primeiro entre todos", porque foi comissionado para purificar os seus trabalhos; não há entidade que lhe não preste a sua homenagem, e todos, sem vaidade, sentem-se felizes em auxiliá-lo na sua obra de comissionado, pela qual ele vem lutando há mais de 40 anos.

As injustiças, as ingratidões, os escárnios, a zombaria, que lhe têm sido feitas durante todo este tempo, jamais contribuíram para um desfalecimento, por minutos que fosse, de sua parte, em levá-la avante.

Assim como a tremenda campanha feita contra N.S. Jesus Cristo, por aqueles que, sem luz, desejavam o aniquilamento de sua obra e o desaparecimento de sua doutrina, só contribuiu para que ela com mais rapidez e segurança se propagasse pelo mundo inteiro, assim também toda a campanha de desmoralização e todo o sistema de intrigas urdidos até hoje contra a obra formidável do Caboclo das Sete Encruzilhadas só tem contribuído, e cada vez mais contribuirão, para o seu engrandecimento e para que por todos os séculos se mantenha de pé.

Foi a fé que o ajudou a realizar esta obra, que um dia será gigantesca e se espalhará também pelos confins do mundo; é pela fé que ele pretende nos levar aos pés do doce Oxalá, de quem é um humilde devoto.

Verdadeiro Pastor de Umbanda, ele vela constantemente pelas suas ovelhas, a fim de que não se contaminem com o hábito pestilencial da magia negra, e sereno, como só os grandes podem ser, ele sorri, confiante na vitória de sua obra, porque sabe que a fé é o seu alicerce, e a sustentará pelos séculos afora.

Observação: Acredita-se que essa homenagem ao Caboclo das Sete Encruzilhadas tenha se realizado na Tenda São Jerônimo, dia 30 de setembro de 1942, conforme cita Diamantino Trindade no livro *Umbanda brasileira*.

# Anexo 6
# Lourenço Braga

Lourenço Braga, em 1941, apresenta sua tese para o Primeiro Congresso Brasileiro do Espiritismo de Umbanda; o mesmo nem chega a constar dos anais do registro desse Congresso. Em 1942, Lourenço Braga publica sua tese com o título *Umbanda e Quimbanda*, no qual apresenta o primeiro esquema formulado e pensado das Sete Linhas de Umbanda com Sete Legiões para cada Linha; também marca seu pioneirismo a apresentação da Linha do Oriente e das Sete Linhas da Quimbanda.

Nas primeiras páginas do livro citado, encontramos as linhas, abaixo, que reforçam seu devido lugar no espaço e no tempo da cultura e da literatura umbandistas:

> HOMENAGEM
>
> Tenho grande prazer em assinalar neste livro, como homenagem, os nomes dos que procuraram divulgar conhecimentos sobre a Lei de Umbanda; assim, louvo os esforços dos srs. Leal de Souza, G. Anselmo, João de Freitas e Valdemar L. Bento, pelos trabalhos que apresentaram. (p. 5)
>
> Trabalho apresentado no 1º Congresso Brasileiro de Espiritismo, denominado Lei de Umbanda, realizado nesta cidade do Rio de Janeiro, entre 18 e 26 de outubro de 1941. (p. 6)

No Capítulo II, "A Lei de Umbanda e a Lei de Quimbanda", Lourenço Braga faz algumas observações, segundo seu ponto de vista, para definir a nomenclatura que se deve usar com relação às Sete Linhas de Umbanda, onde afirma que:

Não se deve dizer "Linha de Umbanda", mas sim "Lei de Umbanda"; Linhas são as 7 divisões de Umbanda [...]. (p.12)

Não devemos dizer "Linha Branca de Umbanda" e nem "Linha de Umbanda", no sentido que muita gente emprega quando se refere a Umbanda. Se dissermos "Linha Branca de Umbanda", compreender-se-á logo que há também "Linha negra de Umbanda", isto é, que na Umbanda há magia negra. É um grande erro, tal afirmativa! Umbanda é Magia Branca! Se chamarmos a Lei de Umbanda de Linha de Umbanda, que nome então daremos às Sete Linhas em que a Umbanda se divide [...].

Alguém quis justificar que Umbanda era Linha e que as chamadas Linhas eram pontos!...

Pergunto eu: e aquilo que todos nós conhecemos como ponto cantado e ponto riscado, que nome vai ter?... Não, caros leitores, não se deixem empolgar e nem arrastar pelas inovações bizarras e nem tampouco misturem Umbanda com Teosofia, Esoterismo ou Astrologia!

Umbanda é simplesmente Umbanda ou então é "Lei de Umbanda"! Quimbanda é simplesmente Quimbanda ou então é "Lei de Quimbanda"!

Linhas são as divisões de Umbanda! Pontos são os pontos riscados e os pontos cantados!

Agora transcrevemos, abaixo, na integra os capítulos III e IV desta obra onde define-se Sete Linhas de Umbanda e de Quimbanda.

## Capítulo III: A Lei de Umbanda e as suas Sete Linhas

A Lei de Umbanda ou a Magia Branca se divide em sete linhas.

Linha, nesse caso, quer dizer, um grande exército de espíritos obedientes a um chefe – Orixá, espíritos estes que têm no espaço uma missão, incumbência, tarefa ou coisa equivalente.

Cada linha subdivide-se em sete legiões, tendo cada uma, um chefe; cada legião divide-se em sete grandes falanges, tendo, também, cada qual, o seu chefe; falange grande, por seu turno, divide-se também em sete falanges menores, e assim sucessivamente.

Falanges são agrupamentos de espíritos que têm afinidade entre si; têm a mesma cor de luz e que têm uma roupagem fluídica igual ou parecida, sendo variável o número de seus componentes.

O catolicismo considera São Miguel Arcanjo como uma entidade incumbida da direção de todas as almas e eu, pelo que vi e aprendi, concluí da mesma forma, e desse modo, podemos dizer que São Miguel Arcanjo é a entidade a qual Deus incumbiu a direção de todos os espíritos reencarnados e desencarnados, em torno do Planeta terra. É ele portanto, o "REI DA UMBANDA".

Como já disse, divide-se a Lei de Umbanda em sete Linhas, a saber:

1ª Linha de Santo ou de Oxalá – dirigida por Jesus Cristo
2ª Linha de Iemanjá – dirigida pela Virgem Maria
3ª Linha do Oriente – dirigida por São João Batista
4ª Linha de Oxóssi – dirigida por São Sebastião
5ª Linha de Xangô – dirigida por São Jerônimo
6ª Linha de Ogum – dirigida por São Jorge
7ª Linha Africana ou de São Cipriano – dirigida por São Cipriano

A Lei de Umbanda tem também o auxílio de São Gabriel e são Rafael.

A LINHA DE SANTO OU DE OXALÁ

A linha de Santo ou de Oxalá é constituída por espíritos de várias raças terrenas, entre eles, os pretos de Minas, pretos da Bahia, padres, frades, freiras e espíritos que, quando na Terra, tiveram grande sentimento católico.

Os chefes das Legiões e das grandes falanges são espíritos conhecidos no catolicismo com o nome de Santos, tais como sejam:

Legião de Santo Antônio

Legião de São Cosme e São Damião

Legião de Santa Rita

Legião de Santa Catarina

Legião de Santo Expedito

Legião de São Benedito

Legião de Simirômba (Frade) São Francisco de Assis.

As falanges grandes e pequenas de espíritos desta Linha infiltram-se entre as Linhas da Lei de Quimbanda com o propósito de diminuir a intensidade do mal por eles praticado e habilmente arrastá-los para a prática do bem e, por este motivo, verificamos muitas vezes, nos trabalhos de Magia Branca aparecerem elementos ou falanges da Magia Negra e vice-versa.

A LINHA DE IEMANJÁ

A Linha de Iemanjá chefiada por Santa Maria, mãe de Jesus Cristo, é constituída da seguinte forma:

Legião das Sereias – Chefe Axún ou Oxún

Legião das Ondinas – Chefe Naná ou Nana Burucú

Legião das Caboclas do Mar – Chefe Indaiá

Legião das Caboclas dos Rios – Chefe Iara

Legião dos Marinheiros – Chefe Tarimá

Legião dos Calunguinhas – Chefe Calunguinha

Legião da Estrela Guia – Chefe Maria Madalena.

A missão dessas falanges é proteger os marinheiros, fazer as lavagens fluidíficas dos diferentes ambientes, de encaminhar no espaço os irmãos que desejarem progredir, amparar na Terra, em geral, as criaturas do sexo feminino e de desmanchar os trabalhos da Magia Negra feitos no mar ou nos rios e de fazer trabalhos para o bem, em prol daqueles que de tal necessitarem.

A Linha do Oriente

A Linha do Oriente que é chefiada por São João Batista, é constituída pelas seguintes Legiões:

Legião dos Indús – Chefiada por Zartú

Legião de Médicos e Cientistas – Chefiada por José de Arimateia e bafejada pelo Arcanjo Rafael

Legião de Árabes e Marroquinos – Chefiada por Jimbaruê

Legião de Japoneses, Chineses – Chefiada por Ori do Oriente

Legião dos Egipcianos, Aztecas, Mongóis e Esquimós,

Incas e outras raças antigas – Chefiadas por Inhoarairi, Imperador Inca antes de Cristo

Legião dos Índios Caraíbas – Chefiadas por Itaraiaci

Legião dos Gauleses, Romanos e outras raças europeias – Chefiada por Marcus I – Imperador Romano.

São falanges de caridade; são incumbidas de desvendar aos habitantes da Terra coisas para eles desconhecidas; são os grandes mestres do ocultismo (Esoterismo – Cartomancia – Quiromancia – Astrologia – Numerologia – Grafologia – etc.) – Magia Mental e Alta Magia.

A Linha de Oxóssi

A Linha de Oxóssi, chefiada por São Sebastião, é constituída por legiões de espíritos com a forma de caboclos e assim temos:

Legião de Urubatão

Legião de Arariboia

Legião do Caboclo das Sete Encruzilhadas

Legião dos Peles Vermelhas – Águia Branca

Legião dos Tamoios – Grajaúna

Legião da Cabocla Jurema

Legião dos Guaranis – Araúna.

São falanges de caridade, doutrinam os irmãos sofredores, desmancham trabalhos de Magia Negra, fazem curas, aplicam a medicina ervanária, dão passes, etc.

A LINHA DE XANGÔ

A Linha de Xangô, São Jerônimo, por ele mesmo chefiada, é a Linha da Justiça. Esta Linha é composta das seguintes Legiões:

Legião de Inhasã

Legião do Caboclo do Sol e da Lua

Legião do Caboclo da Pedra Branca

Legião do Caboclo do Vento

Legião do Caboclo das Cachoeiras

Legião do Caboclo Treme-Terra

Legião dos Pretos – Quenguelê.

É o povo da caridade e da justiça, dá a quem merece, pune com justiça, ampara os humildes, eleva os humilhados, desmancha trabalhos fortes de Magia Negra, etc.

LINHA DE OGUM

A Linha de Ogum, São Jorge, é dividida em sete Legiões, cujos chefes têm o nome de Ogum, seguido de um sobre nome especial; assim temos:

Ogum Beira-Mar

Ogum Rompe-Mato

Ogum Iara

Ogum Megê

Ogum Naruê

Ogum de Malei

Ogum de Nagô.

Esta é a Linha dos grandes trabalhos de demanda, exerce grande predomínio sobre os quimbandeiros e age em vários setores, conforme o nome deles indica. Ogum Beira-Mar nas praias; Ogum Iara nos Rios; Ogum Rompe-Mato nas matas; Ogum Megê, sobre a Linha das Almas; Ogum de Malei, sobre a Linha de Malei – povo de Erú (?); Ogum de Nagô, sobre a Linha de Nagô – povo de Ganga.

LINHA AFRICANA OU DE SÃO CIPRIANO

Linha Africana da Lei de Umbanda é composta de espíritos de pretos de várias raças, como sejam:

Legião do Povo da Costa – Pai Cabida (Cabinda?)

Legião do Povo do Congo – Rei do Congo

Legião do Povo de Angola – Pai José

Legião do Povo de Benguela – Pai Benguela

Legião de Moçambique – Pai Jerônimo

Legião do Povo de Luanda – Pai Francisco

Legião do Povo de Guiné – Zun-Guiné.

São os grandes feiticeiros de Umbanda, fazem importantes trabalhos de Magia, usando todos os rituais, porém com o fito de fazer o bem. Os componentes dessa falange infiltram-se com grande facilidade entre os quimbandeiros, causando muitas vezes confusão aos filhos da Terra.

Os espíritos desta Linha gostam muito de conversar com os filhos da Terra e nessas ocasiões costumam dizer Umbanda tem fundamento e fundamento de Umbanda tem Mironga. Não confundam a "Linha de Oxalá ou de Santo", de Umbanda, com a "Linha das Almas" que é da Quimbanda. A Linha das Almas é chefiada por Umulum, dono dos Cemitérios!

Inhasã não é linha, é uma "Legião" pertencente a Linha de Xangô!

## Capítulo IV: A Lei de Quimbanda e as suas Sete Linhas

A Lei de Quimbanda tem um chefe supremo, a quem chamam "maioral da Lei de Quimbanda", entidade esta que se entende diretamente com os chefes das Sete Linhas da Lei de Umbanda, aos quais presta obediência, recebendo e acatando ordens de São Miguel Arcanjo, por intermédio deles.

Divide-se a Lei de Quimbanda da mesma forma que a Lei de Umbanda, isto é, em Sete Linhas e as subdivisões também são feitas de modo igual à outra e dessa forma temos:

1ª Linha das Almas – Chefe UMULUM (São Lázaro), povo do Cemitério.

2ª Linha dos Caveiras – Chefe João Caveira.

3ª Linha de Nagô – Chefe Gererê (povo de Ganga), encruzilhadas.

4ª Linha de Malei – Chefe Exu Rei (povo de Exu), encruzilhadas.

5ª Linha de Mossurubi – Chefe Caminaloa – selvagens africanos, zulus, cafres, etc.

6ª Linha de Caboclos Quimbandeiros – Chefe Pantera Negra, selvagens americanos (Norte e Sul).

7ª Linha Mista – Chefe Exu da Campina ou Exu dos Rios, composta de espíritos de várias raças.

Os espíritos desta última linha (Mista) se comprazem na prática do mal, como todos os componentes das outras Linhas, porém, agem indiretamente, isto é, arregimentam espíritos sofredores, desconhecedores do estado espiritual em que se encontram, para colocá-los juntos da pessoa ou grupo de pessoas a quem desejam fazer o mal, provocando assim no paciente moléstias diversas, pelo contato fluídico desses espíritos com o perispírito da vítima. Geralmente, verifica-se que o espírito atuante transmite às vítimas as moléstias de que era portador, quando ainda preso à matéria, na Terra.

Os espíritos das outras Linhas da lei de Quimbanda são astutos, egoístas, sagazes, persistentes, interesseiros, vingativos, etc.; porém, agem diretamente e se orgulham das vitórias obtidas. Muitas vezes praticam o bem e o mal, a troco de presentes nas encruzilhadas, nos cemitérios, nas matas, no mar, nos rios, nas pedreiras e nas campinas.

Os médiuns da Magia Negra são também interesseiros e só trabalham a troco de dinheiro ou de presentes de algum valor.

Entre todos os espíritos Quimbandeiros, os mais conhecidos são Exus, porque os exércitos deles são enormes e poderosos: agem em todos os setores da vida na Terra e, dessa forma, são conhecidos os nomes de muitos chefes de Falanges e de Legiões, assim temos:

Exu das Sete Encruzilhadas – Exu das Sete Ventanias ou Exu do Vento – Exu das Sete Montanhas – Exu das Sete Cachoeiras – Exu das Sete Poeiras – Exu das Sete Escamas – Exu das Sete Espadas – Exu das Sete Pembas – Exu das Sete Capas – Exu das Sete Chaves – Exu Tranca Ruas – Exu Carangola – Exu Marabô – Exu Pagão – Exu Veludo – Exu Tiriri – Exu Mirim – Exu do Mar – Exu do Lodo – Exu Maré – Exu Brasa – Exu Bandeira – Exu Arranca-Toco – Exu das Sete Estrelas – Exu Corcovado ou Corcunda – Exu do Fogo – Exu Morcego – Exu da Lua ou Lalú – Exu Bauru – Exu Cinco Encruza – Exu da Campina – Exu dos Rios – Exu das Matas – Exu da Pedreira – Exu Tira-Teima – Pomba Gira (Mulher de Sete Exus).

Todos os espíritos da lei de Quimbanda possuem Luz vermelha sendo que o chamado "Maioral", conhecido no catolicismo como Satã, Satanás, Diabo, Capeta, Lúcifer, Príncipe do Fogo, Tinhoso, Anjo do mal, etc., possui uma irradiação de luz vermelha tão forte que nenhum de nós suportaria sua aproximação.

A palavra Exu é corruptela de Exu, que quer dizer "Anjo Decaído".

Dirão os católicos e protestantes: então é verdade que o diabo existe!

Dirão os espíritas: que absurda esta afirmação!

Eu explicarei da seguinte forma: Ele não é uma entidade eternamente devotada ao mal, conforme todos o conhecem ou acreditam, em absoluto. É ele um espírito efeito ao mal, pela sua obstinação, porém, tudo no mundo tem a sua razão de ser e não há bem que sempre dure e mal que nunca se acabe. Como sabemos, a Terra é um Planeta de Trevas, de expiações e de sofrimentos, por isso o mal predomina nos espíritos, reencarnados neste Mundo; somos todos imperfeitos, isto é, somos maus, orgulhosos, odientos, vaidosos, vingativos, ciumentos, invejosos, hipócritas, falsos, mentirosos, insinceros etc. Temos faltas a redimir, provinda das encarnações anteriores. Ora para que sofrêssemos as consequências dos nossos erros, era preciso existir o meio, pelos quais viéssemos a receber a paga das nossas maldades.

As Leis Divinas são imutáveis, os espíritos de luz, isto é, de luz roxa, rosa, azul, branca, amarela, alaranjada, verde, dourada, prateada e outras intermediárias, pela sua evolução espiritual, não seriam, como não são capazes de praticar a menor maldade, porque teriam repugnância de cometer qualquer ato que viesse a macular suas almas. Daí, surgir a necessidade de existência neste Planeta das falanges de espíritos Quimbandeiros, com o seu supremo chefe, para que pudéssemos pagar as nossas faltas, sofrendo as consequências dos nossos erros e das nossas maldades, etc. São eles, portanto, os agentes incumbidos de concorrer para as nossas provações, consoante as faltas do passado ou mesmo do presente.

"Quem com ferro fere, com ferro será ferido!"

"Nada ficarás devendo, pagarás até o último ceitil", disse Jesus, o nosso grande mestre.

Com o progresso da Terra, a tendência do mal vai diminuindo, até chegar a desaparecer definitivamente. Com esse nosso progresso, arrastaremos também aqueles irmãos Quimbandeiros e, com eles, o seu supremo chefe que, um dia, já cansado de sofrer e de praticar o mal, se arrependerá sinceramente e será, por São Miguel Arcanjo, encaminhado na senda do progresso espiritual.

Sobre a "Magia Negra" ou melhor, sobre a "Lei de Quimbanda", escuso-me de dar maiores esclarecimentos, para evitar que pessoas de maus sentimentos tentem praticá-la.

A MAGIA NEGRA DEVE SER BANIDA
DE NOSSO PENSAMENTO POR TODA
A ETERNIDADE

Podemos nos utilizar das falanges da lei de Quimbanda para a prática do bem.

Em 1955, o mesmo Lourenço Braga publica "UMBANDA E QUIMBANDA – VOLUME 2", onde ele mesmo admite que: "venho agora, embora contraditando alguma coisa do que eu já havia escrito, levantar a ponta do véu mais um pouco", completando na outra página, "Os brasileiros crentes de UMBANDA, em virtude da mentalidade implantada pelo catolicismo, procuraram dar aos Orixás, chefes das 7 linhas, nomes de entidades cultuadas na Religião Católica"... "A verdade, porém, é que os Orixás SUPREMOS, Chefes dessas linhas, em correspondência com os planetas e as cores, são os 7 arcanjos, os quais mantêm entidades evoluídas, chefiando essas linhas, obedientes às suas ordens diretas, as quais nada têm a ver com os santos do Catolicismo..."

Ficando assim:

    Linha de Oxalá ou das Almas – Jesus – Jupter – Roxo
    Linha de Yemanjá ou das Águas – Gabriel – Vênus – Azul
    Linha do Oriente ou da Sabedoria – Rafael – Urano – Rosa
    Linha de Oxóssi ou dos Vegetais – Zadiel – Mercúrio – Verde
    Linha de Xangô ou dos Minerais – Orifiel – Saturno – Amarelo
    Linha de Ogum ou das Demandas – Samael – Marte – Vermelho
    Linha dos Mistérios ou Encantamentos – Anael – Netuno – Laranja

"O Sol exerce influência sobre os 7 planetas e a Lua recebe influência dos 7 planetas"

Cita ainda o autor que: "A Linha de Oxalá ou das Almas, chefiada indiretamente por São Miguel e diretamente por Jesus, possue 7 Legiões chefiadas por um Anjo (Lilazio)" onde surgem 7 anjos identificados por cores, atuando junto dos chefes de cada linha, a saber:

Jesus – Anjo Lilazio – Luz roxo claro brilhante

Gabriel – Anjo Luzanil – Luz azul claro brilhante

Rafael – Anjo Rosânio – Luz rosa claro brilhante

Zadiel – Anjo Ismera – Luz verde claro brilhantel

Orifiel – Anjo Auridio – Luz ouro claro brilhante

Samael – Anjo Rubrion – Luz vermelho claro brilhante

Anael – Anjo Ilirium – Luz branca brilhante

Agora a Linha de Oxalá se subdivide em 7 Legiões de Anjos conforme abaixo está:

Legião do Anjo Efrohim – na Ásia

Legião do Anjo Eleusim – na Índia

Legião do Anjo Ibrahim – na África

Legião do Anjo Ezekiel – na Europa

Legião do Anjo Ismael – no Brasil

Legião do Anjo Zumalah – na Quimbanda

    Assim vemos as alterações que o próprio Lourenço Braga fez ao longo do tempo em suas Sete Linhas de Umbanda. Portanto, podemos até concluir que nem Lourenço Braga concorda com ele mesmo quando comparamos *Umbanda e Quimbanda* volume 1 com o volume 2.

# Anexo 7
# O Espiritismo é uma Religião?

Kardec foi muito indagado sobre essa questão e deu sua resposta na Sociedade Parisiense de Estudos Espíritas, em 1º de novembro de 1868, conforme nos é apresentado no livro *Instruções de Allan Kardec ao movimento espírita*, da Editora FEB, p. 487-495. Abaixo, destaco apenas o cerne de sua exposição, em que fica claro a posição delicada de Kardec sobre o assunto:

> Todas as reuniões religiosas, seja qual for o culto a que pertençam, são fundadas na comunhão de pensamentos; com efeito, é aí que podem e devem exercer sua força, porque o objetivo deve ser a libertação do pensamento das amarras da matéria. Infelizmente, a maioria se afasta deste princípio à medida que a religião se torna uma questão de forma. Disto resulta que cada um, fazendo seu dever consistir na realização da forma, se julga quites com Deus e com os homens, desde que praticou uma fórmula. Resulta ainda *que cada um vai aos lugares de reuniões religiosas com um pensamento pessoal, por sua própria conta e, na maioria das vezes, sem nenhum sentimento de confraternidade em relação aos outros assistentes; fica isolado em meio à multidão e só pensa no céu para si mesmo.*
>
> Por certo não era assim que o entendia Jesus, ao dizer: "Quando duas ou mais pessoas estiverem reunidas em meu nome, aí estarei entre elas."...
>
> [...] Dissemos que o verdadeiro objetivo das assembleias religiosas deve ser a *comunhão de pensamentos*; é que, com efeito, a palavra *religião* quer dizer *laço*. Uma religião, em sua acepção larga e verdadeira, é um laço que *religa* os homens em uma comunhão de sentimentos, de

princípios e de crenças; consecutivamente, esse nome foi dado a esses mesmos princípios codificados e formulados em dogmas ou artigos de fé...

[...] O laço estabelecido por uma religião, seja qual for o seu objetivo, é, pois, essencialmente moral, que liga os corações, que identifica os pensamentos, as aspirações, e não somente o fato de compromissos materiais, que se rompem à vontade, ou da realização de fórmulas que falam mais aos olhos do que ao espírito. O efeito desse laço moral é o de estabelecer entre os que ele une, como consequência da comunhão de vistas e de sentimentos, *a fraternidade e a solidariedade*, a indulgência e a benevolência mútuas. É nesse sentido que também se diz: a religião da amizade, a religião da família.

Se é assim, perguntarão então: o Espiritismo é uma religião? Ora, sim, sem duvida, senhores! No sentido filosófico, o Espiritismo é uma religião, e nós nos vangloriamos por isso, porque é a doutrina que funda os vínculos da fraternidade e da comunhão de pensamentos, não sobre uma simples convenção, mas sobre bases mais sólidas: as próprias leis da Natureza.

Por que, então, temos declarado que o Espiritismo não é uma religião? Em razão de não haver senão uma palavra para exprimir duas ideias diferentes, e que, na opinião geral, a palavra religião é inseparável da de culto; porque desperta exclusivamente uma ideia de forma, que o Espiritismo não tem. Se o Espiritismo se dissesse uma religião, o público não veria aí mais que uma nova edição, uma variante, se se quiser, dos princípios absolutos em matéria de fé; uma casta sacerdotal com seu cortejo de hierarquias, de cerimônias e de privilégios; não o separaria das ideias de misticismo e dos abusos contra os quais tantas vezes a opinião se levantou.

Não tendo o Espiritismo nenhum dos caracteres de uma religião, na acepção usual da palavra, não podia nem deveria enfeitar-se com um título sobre cujo valor inevitavelmente se teria equivocado. Eis por que simplesmente se diz: Doutrina filosófica e moral.

As reuniões espíritas podem, pois, ser feitas religiosamente, isto é, com o recolhimento e o respeito que comporta a natureza grave dos assuntos de que se ocupa; pode-se mesmo, na ocasião, aí fazer preces que, em vez de serem ditas em particular, são ditas em comum, sem que, por isto, sejam tomadas por *assembleias* religiosas. Não se pense que isto seja um jogo de palavras; a nuança é perfeitamente clara, e a aparente confusão não provém senão da falta de uma palavra para cada ideia...

# Anexo 8
# Chico Xavier e a Religião Umbanda

> "Nós respeitamos a religião Umbanda, como devemos respeitar todas as religiões."
> Chico Xavier*

Antes de qualquer citação a Chico Xavier, expondo seu posicionamento com relação à Umbanda, faz-se muito necessário revermos uma de suas obras mais importantes, que, no entanto, não chamou muita atenção do público, justamente por não se tratar nem de comunicação de parentes nem de revelações fantásticas; tampouco literatura que remonte ao tempo Cristo ou uma série, como a de André Luiz (Nosso Lar, em uma sequência de 16 livros), destinada ao estudo doutrinário, filosófico e científico do Espiritismo de Kardec.

Trata-se do título *Brasil: coração do mundo, pátria do Evangelho*, em que são exaltadas as qualidades da cultura brasileira e, em especial, a nosso ver, do índio e do negro, o que dá margem a uma certa validação ao cultivo cultural prestado pela Umbanda na figura de Preto--velho e Caboclo; o que, com certeza, é algo muito subliminar e que não agrada muito os "espíritas-ortodoxos-desinformados" que torcem o nariz para a Umbanda, crendo que é formada de espíritos que bebem ou fumam por apego à matéria ou vícios levados ao outro lado da vida. Desconhecem esses senhores que a manipulação de fumo e álcool faz parte de um ritual mágico, em que também são utilizadas velas, pontos mágicos semelhantes a pentáculos da magia europeia ou mandalas da cultura oriental. Também há, nessa religião, além do trabalho mediúnico por afinidade vibratória, um sistema de evocação de forças e poderes astrais, naturais e divinos para a prática da caridade. Um dos elementos incompreendidos pelos críticos fundamentalistas-kardecistas é o fato de se trabalhar com uma linhagem de espíritos que se apresentam como "os da banda da esquerda", ou seja, da via tortuosa. O que não imaginam é que esses que se apresentam como Exu e Pombajira são guardi-

---
*Programa "Pinga Fogo" – TV Tupi – 28/07/1971

ões e protetores que servem a todas as religiões no astral e não apenas à Umbanda. A única diferença é que, nessa modalidade de "Religião Mediúnica", os guardas e soldados do Templo são convidados a se "servir na mesma mesa" que o "dr. Filósofo" ou o "Médico Espacial", realizando uma atividade de resgate espiritual aos que se encontram aptos ao encaminhamento para faixas superiores, colônias, colégios e hospitais na realidade em que se encontram. Costumo dizer ainda que, quando um kardecista consegue entender, verdadeiramente, a Umbanda em sua essência e seus complexos, este se torna umbandista, pois essa foi a minha história. Vim de uma família kardecista por parte de mãe e avó; apenas não sabia eu que a avó também trabalhava com um Preto--Velho de nome "Pai João". Ao longo desta obra foram citados muitos umbandistas que vieram do Espiritismo para a Umbanda, o que torna desnecessário citá-los novamente; portanto, assim o faço para ressaltar sua importância na formação da religião, são eles: Leal de Souza, Capitão Pessoa, Benjamim Figueiredo, Lourenço Braga, Jota Alves de Oliveira, entre outros.

No capítulo 1, "Origens de Umbanda", pudemos ver algumas considerações importantes de Leal de Souza sobre o Kardecismo e a Umbanda, bem como tivemos a oportunidade de comentar.

Quanto a Chico Xavier, eu mesmo já tive o conhecimento de pelo menos umas cinco pessoas que foram encaminhadas por ele à Umbanda; entre elas, três são dirigentes espirituais na Religião. Se estes são apenas os que tenho conhecimento, faço crer que o Chico encaminhava muita gente à Umbanda.

O médium João Nunes Maia (autor de alguns livros psicografados, entre eles a *História de São Francisco de Assis*, ditada pelo espírito Mirames) recebeu uma receita de unguento (pomada) do espírito de Mesmer e, para tal, recebeu ajuda de uma corrente de Pretos-Velhos; em homenagem a eles a pomada foi nomeada de Vovô Pedro. A receita espiritual e o nome receberam o aval de Chico Xavier, e tem distribuição nos Centros Espíritas ligados a Bezerra de Menezes. Recentemente, fiquei sabendo que o nome foi mudado para "unguento de Luz", se não me engano, preciso ainda confirmar essa informação, mas a alteração seria em razão do nome anterior não soar bem para algumas pessoas.

Dessa forma, volto à questão inicial, que são algumas passagens do livro *Brasil, coração do mundo, pátria do Evangelho*, de autoria espiritual de Humberto de Campos e publicado pela primeira vez em 1938. Ao ler as "tais" considerações de Chico Xavier (digo Humberto de Campos), realmente, fez-me pensar a Umbanda como "um" kardecismo-brasileiro-reformado; a religião é tão brasileira que até o seu surgimento é decorrente do "jeitinho brasileiro", característica deste povo tropical, que consiste em dar um jeito para tudo e adaptar todas as tendências e modas para um jeito brasileiro de ser. Acredito que as palavras abaixo têm o poder de comover cada pessoa de uma forma diferente, mas quero repetir para dar ênfase: o umbandista com certeza lê essas "toscas" linhas abaixo com uma atenção e um valor diferenciados, pois vai ao encontro de muito que se prega nesse meio de uma forma muito mais intuitiva que racional ou intelectual. Enfim, vamos ao texto, começando com algumas letras de Emmanuel (Mentor Espiritual de Chico) que prefaciam a obra do espírito de Humberto de Campos:

> [...] Os dados que ele (Humberto de Campos) fornece nestas páginas foram recolhidos nas tradições do mundo espiritual, onde falanges desveladas e amigas se reúnem constantemente para os grandes sacrifícios em prol da humanidade sofredora. Este trabalho se destina a explicar a missão da terra brasileira no mundo moderno. Humboldt, visitando o vale extenso do Amazonas, exclamou, extasiado, que ali se encontrava o celeiro do mundo. O grande cientista asseverou uma grande verdade: precisamos, porém, desdobrá-la, estendendo-a do seu sentido econômico à sua significação espiritual. O Brasil não está somente destinado a suprir as necessidades materiais dos povos mais pobres do planeta, mas, também, a facultar ao mundo inteiro uma expressão consoladora de crença e de fé raciocinada e a ser o maior celeiro de claridades espirituais do orbe inteiro...
>
> [...] o Brasil terá também o seu grande momento, no relógio que marca os dias da evolução da humanidade...
>
> [...] o Brasil terá sua expressão imortal na vida do espírito...
>
> Peçamos a Deus que inspire os homens públicos, atualmente no lema da Pátria do Cruzeiro, e que, nesta hora amarga em que se verifica a inversão de quase todos os valores morais, no seio das oficinas humanas, saibam eles colocar muito alto a magnitude dos seus precípuos deveres. E a vós, meus filhos, que Deus vos fortaleça e abençoe, sustentando-vos nas lutas depuradoras da vida material.
>
> EMMANUEL
>
> [...] Não viram o Brasil espiritual... cuja alma é "a flor amorosa de três raças tristes", na expressão harmoniosa de um dos seus poetas mais eminentes...
>
> [...] Jesus transplantou da Palestina para a região do Cruzeiro a árvore magnânima do seu evangelho... (p. 14)
>
> [...] o Senhor (Cristo) desejou realizar uma de suas visitas periódicas à Terra, a fim de observar os progressos de sua doutrina e de seus exemplos nos

corações dos homens. Anjos e Tronos lhe formavam a corte maravilhosa. Dos céus à Terra, foi colocado outro símbolo da escada infinita de Jacob... (p. 19)

[...] Aproveitaremos o elemento simples de bondade, o coração fraternal dos habitantes destas terras novas, e, mais tarde, ordenarei a reencarnação de muitos Espíritos já purificados no sentimento da humildade e da mansidão, entre as raças oprimidas e sofredoras das regiões africanas, para formarmos o pedestal de solidariedade do povo fraterno que aqui florescerá, no futuro, a fim de exaltar o meu Evangelho, nos séculos gloriosos do porvir. Aqui, Helil, sob a luz misericordiosa das estrelas da cruz, ficará localizado o coração do mundo! (p.24)

(...) O elemento indígena foi chamado a colaborar na edificação da pátria nova; almas bem-aventuradas pelas suas renúncias se corporificaram nas costas da África flagelada e oprimida e, juntas a outros Espíritos em prova, formaram a falange abnegada que veio escrever na Terra de Santa Cruz, com os seus sacrifícios e com os seus sofrimentos, um dos mais belos poemas da raça negra em favor da humanidade. (p.25)

(...) Primeiramente, surgiram os índios, que eram os simples de coração; em segundo lugar, chegavam os sedentos da justiça divina e, mais tarde, viriam os escravos, como a expressão dos humildes e dos aflitos, para a formação da alma coletiva de um povo bem-aventurado por sua mansidão e fraternidade. (p.39-40)

(...) Os filhos da África foram humilhados e abatidos, no solo onde floresciam as suas bênçãos renovadoras e santificantes; o Senhor, porém, lhes sustentou o coração oprimido, iluminando o calvário dos seus indizíveis padecimentos com a lâmpada suave do seu inesgotável amor. Através das linhas tortuosas dos homens, realizou Jesus os seus grandes e benditos objetivos, porque os negros das costas africanas foram uma das pedras angulares do monumento evangélico do Coração do Mundo. Sobre os seus ombros flagelados, carrearam-se quase todos os elementos materiais para a organização física do Brasil e, do manancial de humildade de seus corações resignados e tristes, nasceram lições comovedoras, imunizando todos os espíritos contra os excessos do imperialismo e do orgulho injustificáveis das outras nações do planeta, dotando-se a alma brasileira dos mais belos sentimentos de fraternidade, de ternura e de perdão. (p.54-55)

[...)] Ali, encontravam-se representantes dos negros de Guiné, de Cabinda e de Benguela, que eram separados dos pais e das mães, dos irmãos e dos filhos, nos sucessivos martirológios da raça negra, na qual os próprios padres de Portugal não viam irmãos em humanidade, mas os amaldiçoados descendentes de Cam. Até há pouco tempo, podia-se ver na Luanda a cadeira de pedra do bispo, de onde um prelado português abençoava os navios negreiros, prontos para se fazerem ao mar largo, com a pesada carga de desgraçados cativos. A bênção religiosa visava conservá-los vivos até aos portos do destino, a fim de que os mais fartos lucros compensassem o trabalho dos hediondos mercadores. Estes últimos, no entanto, além da bênção, adotavam outras precauções, amontoando os desditosos africanos nos porões infectos, onde viajavam como animais ferozes, trancafiados na prisão, para que não vissem, pela última vez, os horizontes do berço ingrato em que haviam nascido... (p. 106)

[...] A realidade é que, considerada às vezes como excessivamente conservadora, pela inquietação do século, a respeitável e antiga instituição é, até hoje, a depositária e diretora de todas as atividades evangélicas da Pátria do Cruzeiro. Todos os grupos doutrinários, ainda os que se lhe conservam infensos, ou indiferentes, estão ligados a ela por laços indissolúveis no mundo espiritual. Todos os espiritistas do país se lhe reúnem pelas mais sacrossantas afinidades sentimentais na obra comum, e os seus ascendentes têm ligações no plano invisível com as mais obscuras tendas de caridade, onde entidades humildes, de antigos africanos, procuram fazer o bem aos seus semelhantes. (p. 223)

[...] Não é raro vermos caboclos, que engrolam a gramática nas suas confortadoras doutrinações, mas que conhecem o segredo místico de consolar as almas, aliviando os aflitos e os infelizes... (p. 227)

É importante salientar que estas palavras foram publicadas no ano de 1938, quando praticamente não havia literatura de Umbanda disponível além, claro, de Leal de Souza e João de Freitas, que nesse mesmo ano estava publicando o título *Umbanda*. Semelhante ao primeiro, também levou às gráficas textos jornalísticos de entrevistas e relatos de visitas a Tendas de Umbanda. Portanto, pouco ou nada Chico podia, nesta época, saber ou conhecer de Umbanda. Anos mais tarde, já desencarnado, Leal de Souza psicografaria um poema por meio de Chico, publicado sob o título *Antologia dos Imortais*.

Mas não são apenas minhas as impressões ou palavras acerca da simpatia de Chico pela Umbanda; o autor Luciano da Costa e Silva também registra no título *Nosso Amigo Chico Xavier*, à página 193, o texto "Chico Xavier e a Umbanda", de onde retiro apenas as considerações diretas deste escritor sobre o tema supracitado:

[...] Chico Xavier respeita todas as religiões e sincretismo religiosos e afirma que devemos respeitar o umbandismo, pois grande é a "legião de companheiros muito respeitáveis, consagrados à caridade que Jesus nos legou, grandes expositores da mediunidade que auxilia e alivia o próximo, credores do nosso maior carinho, da nossa maior veneração, conquanto estejamos vinculados aos princípios codificados por Allan Kardec. De nossa parte, devemos respeitar a todos e não contrariar a simpatia desse ou daquele irmão, conhecedores da Doutrina Espírita, a permanecer no ritual umbandista, pois há problema de fórum íntimo cuja solução pertence ao livre-arbítrio de cada um"... (p.194)

[...] A grande maioria dos espíritas, que seguem a Codificação de Kardec, afirmam ser Kardecistas. Popularmente, outros afirmam ser espíritas de mesa branca, outros que Umbanda é Umbanda, espiritismo é espiritismo, assim como Umbanda nunca foi espiritismo e sim sincretismo (fusão de elementos culturais diferentes ou até antagônicos).

*Não encontramos, em nenhuma declaração, Chico falar que Umbanda é sincretismo religioso e sim "ritual umbandista "e devemos "esperar sempre a melhor orientação da Federação Espírita Brasileira...".* Em julho de 1953, à página 149, o órgão oficial da Federação, "O Reformador", declarou oficial e textualmente: "*Todo aquele que crê nas manifestações espíritas é espírita*". Pelo que estamos entendendo, os umbandistas creem nas manifestações, logo são espíritas... (p. 195)

(...) E Allan Kardec? Ele afirma em um livro pouco conhecido, *Le Spiritisme est sa plus simple expressions*:

"pode-se, portanto, ser católico ortodoxo ou romano, protestante, judeu, muçulmano e crer nas manifestações dos espíritos e ser consequentemente espírita".

No ano de sua morte, Kardec declarou na *Revue Spirite*, de 1869, página 25: "Para que alguém seja considerado espírita, basta que simpatize com os princípios da doutrina... e que por ela paute a sua conduta."

Em nossas andanças por terreiros de Umbanda, um bom número deles, antes dos inícios dos trabalhos, chegam a ler trechos do Evangelho Segundo o Espiritismo, razão de serem estes Centros conhecidos por "*Umbanda Branca*". (p. 196)

*Chico Xavier na* Revista Seleções de Umbanda.

Mas não para por aí, vejamos algumas palavras do próprio Chico Xavier sobre a Umbanda, em duas entrevistas, uma para a *Revista Se-*

*leções de Umbanda* e outra para o programa "Pinga Fogo", para então fecharmos com uma pequena citação do livro *Dos hippies aos problemas do mundo*.

Parte da entrevista concedida à jornalista Alcione Reis, editora da *Revista Seleções de Umbanda*, com a presença do Babalorixá Omolubá, recebido com muito carinho pelo médium espírita. Presentes na ocasião, entre outros, o professor Paulo Garrido, presidente da Fraternidade Espírita Bezerra de Menezes.

Seleções de Umbanda: A Umbanda e o Espiritismo caminharão juntos na evolução do Brasil?

Chico Xavier: Acreditamos que todos nós os cristãos estamos caminhando para a vitória do Cristianismo no Brasil.

Seleções de Umbanda: Por que a mediunidade no Brasil é mais do que no resto do mundo? Estará esse fenômeno incluído na evolução do povo brasileiro?

Chico Xavier: Os espíritos amigos sempre nos informaram que estes fenômenos se devem a características de povo cristão que marca a comunidade brasileira. O espírito do Cristo é profundamente assimilado pela maioria daqueles que nasceram na terra abençoada do Brasil. E por isso mesmo a revelação tem aqui dimensões talvez maiores que em outras partes do mundo até que o espírito de Cristo consiga também ser assimilado no Brasil e até outros países.

Seleções de Umbanda: A seu ver como sente a Umbanda atual?

Chico Xavier: Eu sempre compreendi a Umbanda como uma comunidade de corações profundamente veiculados a caridade com a bênção de Jesus Cristo e nesta base eu sempre devotei ao movimento umbandista no Brasil o máximo de respeito e a maior admiração.

Seleções de Umbanda: Chico, cada religião traz ou deve trazer algo de verdadeiro que possa contribuir a salvação de seus proficientes (o Hinduísmo trouxe o darma para os Hindus, o Hermetismo a ciência e o poder das forças ocultas, o Orfismo é a religião da beleza para os gregos, o Cristianismo o amor e assim por diante) o que traz de positivo a Umbanda?

Chico Xavier: A meu ver o movimento de Umbanda no Brasil está igualmente ligado ao espírito de amor do cristianismo. Sem conhecimento de alicerces umbandísticos para formar uma opinião específica eu prefiro acreditar que todos os umbandistas são também grandes cristãos construindo a grandeza da solidariedade cristã no Brasil para a felicidade do mundo.

Seleções de Umbanda: O que você acha do mediunismo na Umbanda através de "caboclos" e "pretos-velhos?".

Chico Xavier: Acredito que o mediunismo no movimento de Umbanda é tão respeitável quanto a mediunidade das instituições kardecistas com uma única diferença que eu faria se tivesse um estudo mais completo de Umbanda; e que seria extremamente importante se a mediunidade recebesse a doutrinação do espírita do evangelho com as explicações de Alan Kardec fosse onde até mesmo noutras faixas religiosas que não fosse a Umbanda. Porque a mediunidade esclarecida pela responsabilidade decorrente dos princípios cristãos é sempre um caminho de interpretação com Jesus de qualquer fenômeno mediúnico.[225]

## Pinga Fogo, Chico Xavier e a Umbanda

Na noite de 28 de julho de 1971, Chico Xavier esteve presente no programa de entrevistas Pinga Fogo, na antiga TV Tupi (Canal 4), onde cativou toda a nação brasileira com seu jeito simples e humilde, apresentando em cada sentença a sabedoria do mundo espiritual. Nunca um "Pinga Fogo", depois de realizado ao vivo, teve o seu videoteipe transmitido mais duas vezes nos dias seguintes. O *Diário de São Paulo*, depois da publicação do resumo do "Pinga Fogo" pelo *Diário da Noite*, teve de publicá-lo por extenso em seu suplemento chamado "Jornal de Domingo".

Tivemos a oportunidade de assisti-lo em DVD e rever o texto que foi transcrito no livro *Pinga Fogo*, pela Editora Cultural Espírita (Edicel), de onde extraímos o texto abaixo, em que o sr. Reali Jr. trouxe à baila a questão da Umbanda para que Chico desse seu parecer, ao vivo, nesse grande canal de TV da época. Vejamos pergunta e resposta, respectivamente, desse inesquecível Pinga Fogo:

> Reali Júnior – O senhor acha que os espíritos que se manifestam nos Terreiros de Umbanda, dizendo-se guias de cura, pretos-velhos, índios, caboclos, são espíritos evoluídos? Como explica as curas conseguidas por muita gente conhecida, em terreiros? Será que o mal pode apresentar-se através do bem, ou então tomando a sua forma?
>
> Chico Xavier – Nós respeitamos a religião Umbanda, como devemos respeitar todas as religiões. Vamos recorrer aos casos das leis cármicas. Nos séculos passados, nos três, quatro séculos passados, nós – vamos dizer coletivamente – não estamos falando do ponto de vista individual, mas na condição de brasileiros, buscamos no berço onde nasceram milhões de irmãos nossos reencarnados nas plagas africanas para que eles servissem nas nossas casas, nas nossas famílias, instituições e organizações, na condição de alimárias. Eles se incorporaram, depois de desencarnados, às nossas famílias. Eles renasceram de nosso próprio sangue, nas condições de nossos irmãos para receberem, de nossa parte,

---

[225]. Foto e texto retirados do site: <http://www.omolu.com.br/chicoxavier.htm>. Acesso em: 14 fev. 2009.

uma compensação que é a compensação chamada do amor, para que eles sejam devidamente educados, encaminhados, tanto quanto nós pretendemos educar-nos, e encaminhar-nos para o progresso. Então temos a religião da Umbanda, que vem como uma organização dos espíritos, recentemente, porque quatro séculos significam um tempo curto nos caminhos da eternidade. Recentemente trazidos para o Brasil eles se organizaram agora, seja em uma condição ou noutra. Nós, no Brasil, não conseguimos pensar em termos de cor. Nós todos somos irmãos. De modo que eles organizaram uma religião sumamente respeitada também. Eles também veneram a Deus, com outros nomes. Veneram os emissários de Deus, com outros nomes. Respeitamos todos e acreditamos que em toda parte onde o nome de Deus é pronunciado, o bem pode se fazer. Agora, encontramos na doutrina espírita, individualmente e coletivamente, a faixa que nos compete no campo de nossa evolução, para estudos do nosso destino, para estudos da imortalidade. Quanto a problemas de cura, permitimo-nos lembrar uma coisa: às vezes nós pedimos socorro a determinadas organizações para a cura imediata de determinados impedimentos físicos. Essa cura, parece, talvez, forçada, por nossas exigências, porque muitas vezes os nossos irmãos, trazidos das plagas africanas, se habituaram de certo modo, a obedecer-nos quase que cegamente. Eles se afeiçoam a nós com uma afeição terrível, do ponto de vista de egoísmo de que nós todos, por enquanto, principalmente se referindo a mim, somos portadores. Então exigimos uma cura que se faz de imediato no campo físico, mas nos esquecemos de que, às vezes, a cura física é um caminho para encontrarmos, mais adiante, desastres morais de consequências imprevisíveis. Então, se as curas demoram no ambiente kardequiano, ou se demoram no campo da medicina, vamos respeitar o problema dessa demora, porque aquilo se verifica em nosso próprio benefício. Porque muitas vezes uma doença física, ou determinada provação em nossa vida doméstica, nos poupam de acidentes afeitos ou acidentes materiais, ou de fenômenos extremamente desagradáveis em nossa vida.

## Dos hippies à Umbanda

Chico Xavier – "Respeitamos na Umbanda uma grande legião de companheiros muito respeitáveis, consagrados à caridade que Jesus nos legou, grandes expositores da mediunidade, da mediunidade que auxilia, alivia o próximo. Credores da nossa maior veneração, conquanto estejamos vinculados aos princípios codificados por Allan Kardec, de nossa parte." (Publicado na obra *Dos hippies aos problemas do mundo*, de Chico Xavier, ed. Lake)

# Anexo 9
# Umbanda Fundada ou Anunciada?[226]

Carta à Umbanda
São Paulo, 16 de maio de 2008.
Umbanda,
Chegamos ao ano de seu centenário, neste ano iremos comemorar seu aniversário, são 100 anos de vida!
Comemoramos o seu nascimento dia 15 de novembro de 2008.
Todos concordam que neste dia você veio à luz, pois todos estão comemorando o seu aniversário.
No entanto, é desconhecida a forma que se deu o seu parto, não se sabe se por fundação ou anunciação, não sabem se foi cesária ou parto normal.
Entendo que não deveria haver dúvida sobre uma questão tão simples e muito menos deveria polemizar, como se fizesse tanta diferença dizer que você foi trazida, anunciada ou fundada.
Todos entendem que você já existia no astral antes dessa data.
Mas, as crianças também não existem no astral antes de nascer? E o que vale aqui na terra não é sua data de nascimento carnal, e quem são os seus pais?
Os pais não são criadores do seu espírito, mas são criadores de seu corpo, de sua forma.
Assim, como os homens você já existia em essência, antes de nascer. Seria apenas uma anunciação se não tivesse sido concretizada no plano material, se não tivesse tomado forma.
Bem, então, podemos dizer que o Caboclo das Sete Encruzilhadas anunciou sua chegada e Zélio de Moraes lhe deu condições de materializar-se, literalmente lhe deu a forma material de concretização.

---
226. Texto de Alexândre Cumino, publicado no *Jornal de Umbanda Sagrada* em maio de 2008.

Mais que isso, este homem deu sua vida por você, assim como pais dão a vida por seus filhos.

Talvez agora eu esteja lhe entendendo, afinal, sua essência fala dentro de cada um de nós.

Pois bem, o Caboclo das Sete Encruzilhadas anunciou e Zélio de Moraes fundou, afinal, o que é um fundador senão aquele que traz algo do mundo dos deuses para este nosso mundo?

Em tempo: Para que não se dê margem a dúvidas sobre quem é seu Pai, ou melhor, seu anunciador e fundador, coloco abaixo o significado das palavras fundador e anunciador, segundo o dicionário *Aurélio Buarque de Hollanda*:

FUNDAR – 1. Assentar os alicerces de (construção); 2. Edificar, construir. 3. Criar, estabelecer. 4. Apoiar, basear.

ANUNCIAR – 1. Dar a conhecer; noticiar. 2. Pôr anúncio de; 3. Indicar, prenunciar; 4. Promover, custear a divulgação de anúncio.

Acredito que todos sabem que muito mais do que "dar a conhecer; noticiar", Zélio de Moraes "assentou os alicerces" da Umbanda, "edificou e construiu" a primeira tenda de Umbanda e mais ainda, "criou e estabeleceu", mediunicamente, as normas e regras básicas da religião que é "a manifestação do espírito para a caridade", "aprender com quem sabe mais e ensinar a quem sabe menos".

E neste fato se "apoia e baseia" o centenário da Umbanda e seu nascimento dia 15 de novembro de 1908.

Espero, assim, ter contribuído para o entendimento de que a Umbanda não apenas foi anunciada pelo Caboclo das Sete Encruzilhadas, e sim, foi fundada e fundamentada por Zélio de Moraes. Quanto ao fato de ter sido fundamentada, fica para uma outra reflexão.

# Bibliografia

AZEVEDO, Carlos de. *O culto de Umbanda em face da Lei*. Rio de Janeiro: Biblioteca Espiritualista de Umbanda, 1944.
BANDEIRA, Cavalcanti. *O que é Umbanda*. 2. ed. Rio de Janeiro: Eco, 1973.
BASTIDE, Roger. *As religiões africanas no Brasil*. 2 v. São Paulo: Pioneira, 1971.
_____. *Candomblé da Bahia*. São Paulo: Companhia das Letras, 2001.
BIBLIOTECA PÚBLICA VIRTUAL. Primeiro Congresso Brasileiro do Espiritismo de Umbanda. Disponível em: <http://ebooks.brasilpodcasl.net/>. Acesso em: 12 set. 2008.
BERGER, Peter. *O dossel sagrado*. São Paulo: Paulus, 2004.
BETTIOL, Leopoldo. *O batuque na Umbanda*. Rio de Janeiro: Aurora, 1963.
BLAVATSKY, Helena Petrovna. *Glossário teosófico*. 4. ed. São Paulo: Ground, 2004.
BITTENCOURT, José Maria. *No reino dos Exus*. 6. ed. Rio de Janeiro: Pallas, 2002.
BIRMAN, Patrícia. *O que é Umbanda*. São Paulo: Brasiliense, 1985.
BOAVENTURA, Frei. *Posição católica perante a Umbanda*. 3. ed. Petrópolis, RJ: Vozes, 1957.
BRAGA, Lourenço. *Trabalhos de Umbanda ou Magia Prática*. 5. ed. Rio de Janeiro: Fontoura, 1956.
_____. *Umbanda e Quimbanda*. 12. ed. Rio de Janeiro: Spiker, 1961.
BROW, Diana; CONCONE, Maria Helena Villas Boas; NEGRÃO, Lísias Nogueira; BIRMAN, Patrícia; SEIBLITZ, Zélia. *Umbanda & Política*. Rio de Janeiro: Marco Zero, 1985.
CAMARGO, Candido Procópio Ferreira de. *Kardecismo e Umbanda*. São Paulo: Pioneira, 1961.
CAMPBELL, Joseph. *Mitos de luz*. São Paulo: Madras, 2006.
_____. *Tu és Isso*. São Paulo: Madras, 2003.
CARNEIRO, Edison. *Candomblés da Bahia*. Rio de Janeiro: Conquista, 1961.

CASCUDO, Luís da Câmara. *Dicionário do folclore brasileiro*. 5. ed. Belo Horizonte: Itatiaia, 1984.
CONCONE, Maria Helena Vilas Boas. *Umbanda: uma religião brasileira*. São Paulo: FFLCH/USP-CER, 1987.
CROATO, José Severino. *As linguagens da experiência religiosa*. São Paulo: Paulinas, 2004.
CUMINO, Alexândre. *Deus, deuses, divindades e anjos*. São Paulo: Madras, 2008.
_____. O mundo da Umbanda. *Revista Anol*, n. 1, 1973.
D'ALCÂNTARA, Alfredo. *Umbanda em julgamento*. Rio de Janeiro: Mundo Espírita, 1949.
D'ALVEYDRE, Saint-Yves. *O arqueômetro*. São Paulo: Madras, 2004.
DANDARA e LIG1ÉRO, Zeca. *Iniciação à Umbanda*. Rio de Janeiro: Nova Era, 2000.
DECELSO, Celso Alves Rosa. *Babalaôs e IalOrixás*. Rio de Janeiro: Eco, 1967.
_____. *Umbanda de caboclos*. 2. ed. Rio de Janeiro: Eco, 1972.
_____. *Umbanda para todos*. 5. ed. Rio de Janeiro: Eco, [s.d.].
DEUS, Paulo de. *Kardecistas e umbandistas*. Rio de Janeiro: Espiritualista, 1965.
EPIÁGA, Domingos Magarinos. *Muito antes de 1500*. São Paulo: Madras, 2005.
FERAUDY, Roger Pierre. *Serões do Pai Velho*. Cidade Baixa: F.E.E.Universalista, 1987.
FERREIRA, Aurélio Buarque de Holanda. *Novo Dicionário da Língua Portuguesa*. Rio de Janeiro: Nova Fronteira, 1986.
FIGUEIREDO, Benjamim. *Okê Caboclo!*. Rio de Janeiro: Eco, [s.d.].
FONTENELE, Aluízio. *Exu*. 2. ed. Rio de Janeiro: Aurora, 1954.
_____. *O espiritismo no conceito das religiões e a lei da Umbanda*. 3. ed. Rio de Janeiro: Espiritualista, [s.d.].
_____. *Umbanda através dos séculos*. 5. ed. Rio de Janeiro: Espiritualista, [s.d.].
FRANCO, Florisbela M. *Umbanda*. 4. ed. Rio de Janeiro: Espiritualista, 1964.
_____. *Umbanda para os médiuns*. 5. ed. Rio de Janeiro: Espiritualista, [s.d.].
FREITAS, João de. *Umbanda*. 8. ed. Rio de Janeiro: Eco, [s.d.].
_____. *Xangô Djacutá*. 2. ed. Rio de Janeiro: Cultura Afro-aborígine, [s.d.].
FREIRE, Gilberto. *Casa Grande & Senzala*. 50. ed. São Paulo: Global, 2005.
KARDEC, Allan. *O Livro dos Espíritos*. Rio de Janeiro: FEB, 2006.
_____. *O que é Espiritismo*. Rio de Janeiro: FEB, 2006.

_____. *Instruções de Allan Kardec ao movimento espírita.* Rio de Janeiro: FEB, 2005.
KUNG, Hans. *História das religiões.* Campinas: Verus, 2004.
LINARES, Ronaldo; TRINDADE, Diamantino Fernandes; COSTA, Wagner Veneziani. *Iniciação à Umbanda.* São Paulo: Madras, 2008.
MACIEL, Silvio Pereira. 2. ed. *Alquimia de Umbanda.* Rio de Janeiro: Espiritualista, [s.d.].
_____. *Irradiação universal de Umbanda.* 3. ed. Rio de Janeiro: Espiritualista, [s.d.].
_____. *Umbanda mista.* 3. ed. Rio de Janeiro: Espiritualista, [s.d.].
MAES, Hercílio; RAMATIS. *A missão do espiritismo.* 6. ed. Rio de Janeiro: Freitas Bastos Editora, 1996.
MAGGIE, Yvone. *Guerra de Orixá.* 3 ed. Rio de Janeiro: Jorge Zahar, 2001.
MAGNO, Oliveira. *Umbanda esotérica e iniciática.* 3. ed. Rio de Janeiro: Aurora, 1956.
_____. *Práticas de Umbanda.* 7. ed. Rio de Janeiro: Espiritualista, [s.d.].
_____. *Umbanda e ocultismo.* 3. ed. Rio de Janeiro: Espiritualista, [s.d.].
_____. *Ritual prático de Umbanda.* 4. ed. Rio de Janeiro: Espiritualista, [s.d.].
MOLINA, N. A. *Trabalhos de Quimbanda na força de um Preto.* 3. ed. Rio de Janeiro: Espiritualista, [s.d.].
_____. *Gira dos Exu.* Rio de Janeiro: Ed. Espiritualista, [s.d.].
NEGRÃO, Lísias Nogueira. *Entre a cruz e a encruzilhada.* São Paulo: Edusp, 1996.
NETO, Antônio Alves Teixeira. *Despachos e oferendas na Umbanda.* Rio de Janeiro: Eco, 1974.
_____. *O livro dos médiuns de Umbanda.* Rio de Janeiro: Eco, 1967.
_____. *Umbanda dos Pretos-Velhos.* 4. ed. Rio de Janeiro: Eco, [s.d.].
_____. *Livro dos Exus.* 4. ed. Rio de Janeiro: Eco, [s.d.].
NUNES FILHO, Átila. *Antologia de Umbanda.* Rio de Janeiro: Ecoscientia, 1966.
_____. *Umbanda: religião – desafio.* Rio de Janeiro: Espiritualista, 1970.
OLIVEIRA, José Paiva de. *Filosofia afro-umbandista e seus mistérios.* Rio de Janeiro: Espiritualista, [s.d.].
_____. *Orixás africanos na Umbanda.* Rio de Janeiro: Espiritualista, [s.d.].
OLIVEIRA, Jota Alves de. *Umbanda cristã e brasileira.* Rio de Janeiro: Ediouro, [s.d.].
_____. *O Evangelho na Umbanda.* Rio de Janeiro: Eco, 1970.
_____. *Magias da Umbanda.* 2. ed. Rio de Janeiro: Eco, [s.d.].
OLIVEIRA, Paulo Gomes de. *Umbanda Sagrada e Divina.* Rio de Janeiro: Aurora, 1957.

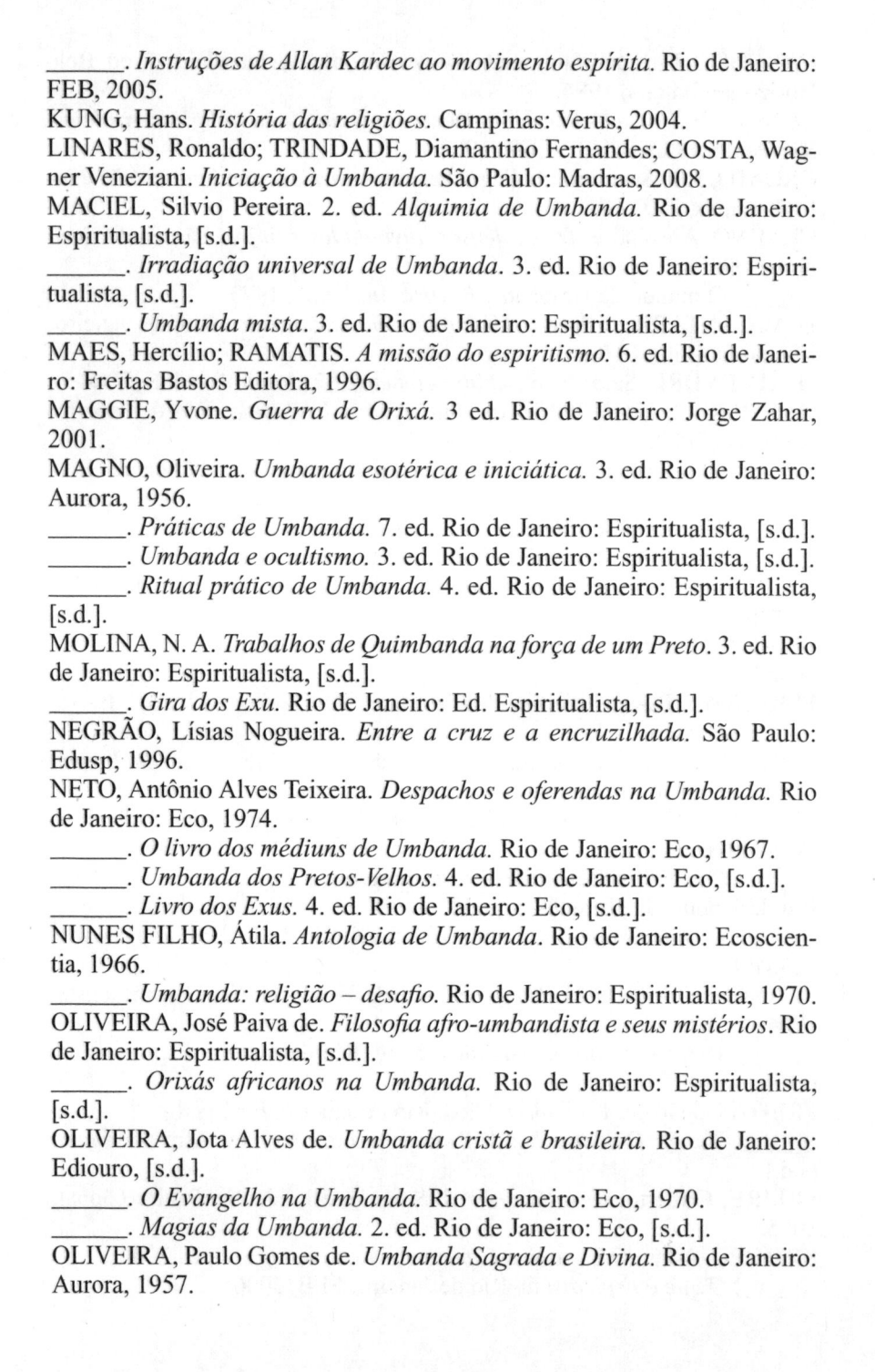

OMOLUBÁ; CISNEIROS, Israel. *Fundamentos de Umbanda: revelação religiosa.* Rio de Janeiro: Palas, [s.d.].
ORTIZ, Renato. *A morte branca do feiticeiro negro.* São Paulo: Brasiliense, 1988.
PALEARI, Giorgio. *Visão do mundo e evangelização: uma abordagem antropológica.* São Paulo: Ave Maria, 1994.
PALMER, Maria Toledo. *Jesus: a chave de Umbanda.* 5. ed. Cartilha registrada na Biblioteca Nacional. Rio de Janeiro: [S.l.], 1949.
_____. *A nova lei espírita: Jesus a chave de Umbanda.* Rio de Janeiro: [S.l.], 1953.
PESSOA, José Álvares. *Umbanda religião do Brasil.* São Paulo: Obelisco, 1960.
PINTO, Altair. *Dicionário da Umbanda.* Rio de Janeiro: Eco, 1971.
PINTO, Tancredo da Silva. *A origem da Umbanda.* Rio de Janeiro: Espiritualista, 1970.
_____. *O Eró da Umbanda.* Rio de Janeiro: Eco, [s.d.].
PINTO, Tancredo da Silva; FREITAS, Byron Torres. *Camba de Umbanda.* Rio de Janeiro: Aurora, [s.d.].
_____. *Doutrina e ritual de Umbanda.* Rio de Janeiro: Espiritualista, 1951.
_____. *Horóscopo de Umbanda.* Rio de Janeiro: Eco, [s.d.].
_____. *As Mirongas de Umbanda.* 4. ed. Rio de Janeiro: Espiritualista, [s.d.].
_____. *Umbanda: guia e ritual para organização de terreiros.* 7. ed. Rio de Janeiro: Eco, 1972.
PONZE, Samuel. *Lições de Umbanda.* 4. ed. Rio de Janeiro: Espiritualista, [s.d.].
RAMOS, Arthur. *As culturas negras no novo mundo.* São Paulo: Companhia Editora Nacional, 1979.
_____. *O negro brasileiro.* 5. ed. Rio de Janeiro: Graphia, 2001.
RAMOS, João Severino. *Umbanda e seus cânticos.* Rio de Janeiro: Independente, 1953.
REFKALEFSKY, Eduardo; LIMA, Cyntia R. J. Posicionamento e marketing religioso lurdiano: uma liturgia semi-importada da Umbanda. In: MELO, José Marques de; GOBI, Maria Cristina; ENDO, Ana Claudia Braun (Orgs.). *Mídia e religião na sociedade do espetáculo.* São Bernardo do Campo, SP: Universidade Metodista, 2007.
RIO, João do. *Religiões do Rio.* Rio de Janeiro: Versão digital e-book, 1904. Disponível em: <http://cbooks.brasilpodcast.net/>.
RODRIGUES, Nina. *Os africanos no Brasil.* São Paulo: Madras, 2008.
RUANDA, AB'D. *Lex Umbanda: catecismo.* 3. ed. Rio de Janeiro: Autora, [s. d.].

SARACENI, Rubens. *Os arquétipos da Umbanda*. São Paulo: Madras, 2007.

_____. *As sete linhas da Umbanda: a religião dos mistérios*. São Paulo: Madras, 2003.

_____. *Código de Umbanda*. São Paulo: Madras, 2006.

_____. *Doutrina e teologia de Umbanda Sagrada*. São Paulo: Madras, 2003.

_____. *Formulário de consagrações umbandistas*. São Paulo: Madras, 2005.

_____. *Guardião da meia noite*. São Paulo: Madras, 2006

_____. *Os guardiões dos sete portais*. São Paulo: Madras, 2005.

_____. *Rituais umbandistas*. São Paulo: Madras, 2007.

_____. *As linhas de Umbanda*. São Paulo: Madras, 2003.

_____. *Tratado geral de Umbanda*. São Paulo: Madras, 2009.

_____. *Umbanda: o ritual do culto à Natureza*. São Paulo: New Transcendentalis, 1995.

_____. *Umbanda Sagrada: religião, ciência, magia e mistério*. São Paulo: Madras, 2001.

SARACENI, Rubens; Mestre Xaman. *Os decanos: fundadores, mestres e pioneiros da Umbanda*. São Paulo: Madras, 2003.

SILVA, Francisco Xavier da. *Sarava Umbanda*. Rio de Janeiro: Eco, 1965.

SILVA Jr., Hédio. Notas sobre sistema jurídico e intolerância religiosa no Brasil. In: SILVA, Vagner Gonçalves da. *Intolerância religiosa: impactos do neopentecostalismo no campo religioso afro-brasileiro*. São Paulo: Edusp, 2007.

SOUZA, Leal de. *No mundo dos espíritos*. Rio de Janeiro: Oficinass do Jornal *A Noite*, 1925. Trata-se de uma coletânea de matérias publicadas neste jornal por Leal de Souza.

_____. *O Espiritismo, a magia e as sete linhas de Umbanda*. Rio de Janeiro: Coletânea de reportagens para o Jornal *Diário de Notícias*, 1933.

SOBRINHO, J. Dias. *Forças ocultas, luz e caridade*. 5. ed. Rio de Janeiro: Espiritualista, 1972.

XAVIER, Francisco Cândido. *Brasil, coração do mundo, pátria do Evangelho*. Rio de Janeiro: FEB, 1938.

XAVIER, Francisco Cândido; VIEIRA, Waldo. *Antologia dos imortais*. Rio de Janeiro: FEB, 1963.

YOKAANAM. *Evangelho de Umbanda: escrituras e codificação*. 4. ed. Planalto de Goiás: Fundação Eclética, 1969.

ZESPO, Emanuel. *Codificação da lei da Umbanda*. 2. ed. Rio de Janeiro: Espiritualista, 1960.

_____. *O que é Umbanda?*. 2. ed. Rio de Janeiro: Biblioteca Espiritualista Brasileira, 1949.